古代歷史文化_{研究輯刊}

四 編

王 明 蓀 主編

第 **18** 冊

唐代僧俗交涉之研究
——以僧人世俗化爲主（下）

葉 珠 紅 著

國家圖書館出版品預行編目資料

唐代僧俗交涉之研究——以僧人世俗化為主（下）／葉珠紅
著—初版—台北縣永和市：花木蘭文化出版社，2010〔民
99〕
目 8+230 面；19×26 公分
（古代歷史文化研究輯刊 四編；第 18 冊）
ISBN：978-986-254-238-5（精裝）
1. 佛教史 2. 僧伽 3. 宗教與社會 4. 唐代
228.2 99012981

ISBN - 978-986-254-238-5

9 789862 542385

古代歷史文化研究輯刊
四 編 第十八冊 ISBN：978-986-254-238-5

唐代僧俗交涉之研究——以僧人世俗化為主（下）

作 者	葉珠紅
主 編	王明蓀
總 編 輯	杜潔祥
印 刷	普羅文化出版廣告事業
出 版	花木蘭文化出版社
發 行 所	花木蘭文化出版社
發 行 人	高小娟
聯 絡 地 址	台北縣永和市中正路五九五號七樓之三
	電話：02-2923-1455／傳真：02-2923-1452
電子信箱	sut81518@ms59.hinet.net
初 版	2010 年 9 月
定 價	四編 35 冊（精裝）新台幣 55,000 元

唐代僧俗交涉之研究
——以僧人世俗化爲主（下）

葉珠紅　著

目

次

第六章　唐代文士與佛教（下）

第五節　訪僧不遇與共僧同宿

　　杜甫與李白，「醉眠秋共被，攜手日同行。」〔註1〕顯示兩人如兄如弟的交情，唐代文人與僧人論情交份，則通常出現在訪僧不遇，以及遊寺後與僧同宿之作；訪僧不遇的遺憾，是因長時間的懷念所導致的真情流露；與僧同宿，是來自當下相處甚歡所迸發的激情難抑，從中可看出不管是文士或僧人，其實都是紅塵場中的有情人，特別是含有亦師亦友之交情者。〔註2〕唐代文人喜歡結交僧徒，雖不排除「借僧為梯、借僧之薦以達到求官求名、青雲直上的目的。」〔註3〕然由文人訪僧不遇時的落寞感受，以及與僧共宿後的悟道心情，文士個人的氣象風度表露無遺，其真性情可略窺一、二。

一、訪僧不遇

　　趙州從諗禪師之「玄言」，人稱「趙州門風」，趙州與真定帥王公的晤面，

〔註1〕　唐・杜甫，〈與李十二白同尋范十隱居〉：「李侯有佳句，往往似陰鏗。余亦東蒙客，憐君如弟兄。醉眠秋共被，攜手日（一作月）同行。……不願論簪笏，悠悠滄海情。」《全唐詩》卷224，頁2394。

〔註2〕　宋・釋贊寧，《宋高僧傳》卷17〈唐盧山歸宗寺智常傳〉：「及到歸宗，李（李渤）問曰：『教中有言：須彌納芥子，芥子納須彌。如何芥子納得須彌？』常曰：『人言博士學覽萬卷書籍，還是否耶？』李曰：『忝此虛名。』常曰：『摩踵至頂，只若干尺身。萬卷書向何處著？』李俛首無言，再思稱歎。」《大正藏》第50冊，頁817。

〔註3〕　王秀林，〈唐代士大夫喜歡結交僧徒的原因探討〉，《中國青年政治學院學報》2007年第5期。

歷來傳爲僧俗接禮之佳話，〔註4〕受到趙州門風的影響，一般士人到寺訪僧，更多的是如見故交的熟稔；李肇言靈一與皎然：「近代文僧，二人首出。」〔註5〕趙璘以「會稽二清」、「東陽二乾」言「江南多名僧」，〔註6〕與靈一、皎然同作聯句詩的浙東詩人群，其人數之多，可看出中唐文人訪僧之動機，大半是欽仰僧人的文采；僧人作詩爲文，所謂「文章大德」，大概也只有趙璘，會對「文章大德」有意見；〔註7〕觀皎然以「古體十數篇爲贄」，求教於韋應物一事，〔註8〕可知竭誠相待，是僧人與文人互動漸深的基礎，文人在訪僧不遇時，也就更增悵惘之情。

　　李白尋山僧不遇，面對著階有鳥跡，室無人開，仍不死心窺窗而探，見白拂都已生塵，李白依然繞著房子，裴回不忍離開，最後感嘆：「了然絕世事，此地方悠哉。」〔註9〕熱情的李白最後是熱情的肯定了山僧的「好山居」；慣愛訪僧的姚合，其訪僧不遇的心情就複雜許多，姚合訪法通不遇時，寫道：「訪師師不遇，禮佛佛無言。依舊將煩惱，黃昏入宅門。」〔註10〕姚合常在訪僧時暫逢清涼，在歸路中又自增塵埃，除了慣於把煩惱隨身攜帶，〔註11〕姚合

〔註4〕　宋‧錢易，《南部新書》（辛）：「眞定帥王公，一日携諸子入趙州院。坐而問，曰：『大王會麼？』王云：『不會。』師云：『自小持齋身已老，見人無力下禪床。』王公尤加禮重。翌日令客將傳語，師下禪床受之。侍者問：『和尚見大王來，不下禪床；今日軍將來，爲什麼却下禪床？』師云：『非汝所知。第一等人來，禪床上接；中等人來，下禪床接；末等人來，三門外接。』頁123。

〔註5〕　唐‧李肇，《唐國史補》卷（下）：「楚僧靈一，律行高潔，而能爲文。吳僧皎然，亦名晝，盛工篇什，著詩評三卷，及卒，德宗降史取其遺文。近代文僧，二人首出。」楊家駱主編，《唐國史補等八種》，頁55。

〔註6〕　會稽二清，指越州清江（靈一）、清晝（皎然）；東陽二乾，指婺州乾俊、乾輔。

〔註7〕　唐‧趙璘，《因話錄》卷4：「至有號文章大德者，夫文章之稱，豈爲緇徒設耶？訛亦甚矣！」頁28。

〔註8〕　唐‧趙璘，《因話錄》卷4，載韋應物看了皎然刻意爲之的古體詩，「全不稱賞」，要皎然拿舊作來看，看後「大加歎詠」，韋應物言：「人各有所得，非卒能致。」皎然則是「大伏其鑒別之精。」頁28。

〔註9〕　唐‧李白，〈尋山僧不遇作〉：「石徑入丹壑，松門閉青苔。閒階有鳥跡，禪室無人開。窺窗見白拂，挂壁生塵埃。使我空歎息，欲去仍裴回。香雲遍山起，花雨從天來。已有空樂好，況聞青猿哀。了然絕世事，此地方悠哉。」《全唐詩》卷182，頁1854。

〔註10〕　唐‧姚合，〈訪僧法通（一作法通師）不遇〉，《全唐詩》卷501，頁5702。

〔註11〕　唐‧姚合，〈過無可上人院〉：「寥寥聽不盡，孤磬與疏鐘。煩惱師長別，清涼我暫逢。蟻行經古蘚，鶴毳落深松。自想歸時路，塵埃復幾重。」《全唐詩》卷500，頁5684。

還偶爾會「反客爲主」：

> 入門愁自散，不假見僧翁。花落煎茶水，松生醒酒風。
>
> 拂床尋古畫，拔刺看新叢。別有遊人見，多疑住此中。〔註12〕

姚合尋僧不遇，將僧舍視如己宅，熟門熟路的當下，還恐遊人誤會，姚合與該名僧人的交情，不言可知；于武陵半夜尋僧，「石路幾回雪，竹房猶閉關。」訪道者（指僧人）是：「獨倚松門久，陰雲昏翠微。」〔註13〕相較之下，姚合與僧人交往，顯得十分主動；〔註14〕皮日休訪寂上人不遇時，也只會在草堂裡暫眠，〔註15〕觀姚合的「反客爲主」，應是其個人率直心性的直接表現。陸龜蒙一群人訪僧不遇，寫道：「蒙莊弟子相看笑，何事空門亦有關。」〔註16〕以「蒙莊弟子」（蒙莊，莊子的別名）自居，明擺著是以道批佛；崔道融訪僧不遇，也同樣吃了閉門羹，把念頭轉到：「松竹雖無語，牽衣借晚涼。」〔註17〕連松竹之無情物，也與人一樣變得風流可愛，若說「詩品」即「人品」，在期待落空之後，要如何自處，文人的訪僧不遇之作，確實多少可以看出其人格特質。

僧人如雲似水的行腳生活，文人訪僧人不遇，是天經地義；僧人以詩酬答來訪不遇的文人，則較爲少見，含曦上人〈酬盧仝見訪不遇題壁〉：

> 長壽寺石壁，盧公一首詩。渴讀（一作飲）即不渴，飢讀（一作食）
> 即不飢。鯨吞海水盡，露出珊瑚枝。海神知貴不知價，留向人間光

〔註12〕唐‧姚合，〈尋僧不遇〉，《全唐詩》卷501，頁5703。

〔註13〕唐‧于武陵，〈夜尋僧不遇（一作夜尋僧，僧遊山未歸）〉：「數歇度煙水，漸非塵俗間。泉聲入秋寺，月色遍寒山。石路幾回雪，竹房猶閉關。不知雙樹客，何處與（一作伴）雲閒。」《全唐詩》卷595，頁6892。〈訪道者不遇（一作訪僧不遇）〉：「人間惟此路（一作道），長得（一作獨長）綠苔衣。及戶無行跡，遊方應未歸。平生無（一作何）限事，到此盡知非。獨倚松門久，陰雲昏翠微。」《全唐詩》卷595，頁6892。

〔註14〕唐‧姚合，〈過無可僧院〉：「憶師眠復起，永夜思迢迢。月下門方掩，林中寺更遙。鐘聲空下界，池色在清宵。終擬修禪觀，窗間卷欲燒。」《全唐詩》卷500，頁5683。

〔註15〕唐‧皮日休，〈訪寂上人不遇〉：「何處尋雲暫廢禪，客來還寄草堂眠。桂寒自落翻經案，石冷空消洗缽泉。爐裏尚飄殘玉篆，龕中仍鎖小金仙。須將二百籤迴去，得（一作待）得支公恐隔年。」《全唐詩》卷614，頁7085。

〔註16〕唐‧陸龜蒙，〈訪僧不遇〉：「櫂倚東林欲問禪，遠公飛錫未應還。蒙莊弟子相看笑，何事空門亦有關。」《全唐詩》卷629，頁7224。

〔註17〕唐‧崔道融，〈訪僧不遇〉：「尋僧已寂寞，林下鎖山房。松竹雖無語，牽衣借晚涼。」《全唐詩》卷714，頁8202。

照夜。〔註18〕

盧仝曾作〈訪含曦上人〉:「三入寺,曦未來。轆轤無人井百尺,渴心歸去生塵埃。」〔註19〕盧仝題之於壁,含曦之詩是針對盧仝的題壁詩而作;含曦誇盧仝之詩,盧仝〈寄贈含曦上人〉,形容含曦:「論語老莊易,搜索通神鬼。起信中百門,敲骨得佛髓。此外雜經律,泛讀一萬紙。」含曦曾把丹藥分給盧仝享用(盧仝詩中明說把藥丟了),還是一個「近來愛作詩」的和尚;〔註20〕盧仝讚美含曦的佛學功夫,一看便知不大切合實際,含曦此詩之讚美盧仝,一如盧仝之溢美含曦,可視爲雙方之應酬語。

　　僧人訪文人,最有名的當推皎然訪陸羽,陸羽辛苦採茶,研究茶的發酵過程,最後寫成《茶經》,皎然訪陸羽的詩,爲後人提供了研究陸羽製茶的第一手資料;皎然尋陸鴻漸(陸羽字鴻漸)不遇,「扣門無犬吠,欲去問西家。報道山中去,歸時每日斜。」〔註21〕皎然詩中,雖問了陸羽的鄰居,卻未明說陸羽每天忙到黃昏才回家,究竟在忙些什麼,另一首訪陸羽不遇詩:「何山賞春茗,何處弄春泉。莫是滄浪子,悠悠一釣船。」〔註22〕指出陸羽非但忙著找好茶,還四處尋找煮茶的好水,四處尋茶找水的陸羽,皎然訪之不遇應是常有之事,〈往丹陽尋陸處士不遇〉:

> 遠客殊未歸,我來幾惆悵。叩關一日不見人,繞屋寒花笑相向。寒
> 花寂寂遍荒阡,柳色蕭蕭愁暮蟬。行人無數不相識,獨立雲陽古驛
> 邊。鳳翅山中思本寺,魚竿村口望歸船。歸船不見見寒煙,離心遠
> 水共悠然。他日相期那可定,閒僧著處即經年。〔註23〕

「遠客殊未歸,我來幾惆悵。」「他日相期那可定,閒僧著處即經年。」皎然如此「執著」的語氣,不類釋子口吻。訪僧不遇,有時訪的是「故居」,文人在詩中之所以稱爲「故居」,主人應是換了道場,一去不再回來;抑或已經亡

〔註18〕 唐・含曦,〈酬盧仝見訪不遇題壁〉,《全唐詩》卷823,頁9273。

〔註19〕 唐・盧仝,〈訪含曦上人〉,《全唐詩》387,頁4372。

〔註20〕 唐・盧仝,〈寄贈含曦上人〉,《全唐詩》卷389,頁4389。

〔註21〕 唐・皎然,〈尋陸鴻漸不遇〉:「移家雖(一作唯)帶郭,野徑入桑麻。近種籬邊菊,秋來未著花。扣門無犬吠,欲去問西家。報道山中去(一作出),歸時每日斜(一作歸來日每斜)。」《全唐詩》卷815,頁9178。

〔註22〕 唐・皎然,〈訪陸處士羽(一作訪陸羽處士不遇)〉:「太湖東西路,吳主(一作一王)古山前。所思不可見,歸鴻(一作雁)自翩翩。何山賞春茗,何處弄春泉。莫是滄浪子,悠悠一釣船。」《全唐詩》卷816,頁9192。

〔註23〕 唐・皎然,〈往丹陽尋陸處士不遇〉,《全唐詩》卷817,頁9210。

故，徒留故居供來訪的舊識憑弔，文人在面對這種「最後一次的別離」時，所表現出來的，往往是最深摯的感情，劉長卿過隱空和尚故居，感嘆的是「林下之期」不再；〔註24〕過法崇禪師故居，嘆的是：「惆悵湘江水，何人更渡杯。」〔註25〕再美的自然景物，也撫慰不了劉長卿內心深處，無道侶可依止的徬徨；方干經曠禪師舊院，但覺花鳥有恨無情；〔註26〕麴信陵過真律師舊院，深感「堅冰銷盡還成水」，〔註27〕方、麴二人均企圖以佛教難以說明的「緣起」，努力消解訪僧不遇的失落感。

二、與僧同宿

代宗下〈禁斷公私借寺觀居止詔〉：「道、釋二教，用存善誘。至於像設，必在尊崇。如聞州縣公私，多借寺觀居止，因茲褻黷，切宜禁斷，務令清肅。」〔註28〕朝廷規定寺院內不得留客居住的原因，是為了妨止「褻黷」情事的發生，此外，代宗依常袞建議，下〈禁天下寺觀停客制〉：

> 如聞天下寺觀，多被軍士及官吏，諸客居止，狎而黷之，曾不畏忌。
> 緇、黃屏竄，堂居毀撤，寢處於象設之門，庖廚於廊廡之下。……
> 自今已後，切宜禁斷。〔註29〕

對於〈禁天下寺觀停客制〉與〈禁斷公私借寺觀居止詔〉，與僧共宿的官吏文人如何看待？寺僧若自動邀宿，官吏文人又可保證並無「褻黷」情事發生，是否可以視同無妨？《纂異記》載：「進士楊積家于渭橋，以居處繁雜，頗妨肄業，乃詣照應縣，長借石甕寺文殊院居。」〔註30〕可知暫寓佛寺得先報官

〔註24〕唐・劉長卿，〈過隱空和尚故居〉：「自從飛錫去，人到沃洲稀。林下期何在，山中春獨歸。踏花尋舊徑，映竹掩空扉。寥落東峰上，猶堪靜者依。」《全唐詩》卷147，頁1504。

〔註25〕唐・劉長卿，〈自道林寺西入石路至麓山寺過法崇禪師故居〉：「山僧候谷口，石路拂（一作掃）莓苔。深入泉源去，遙從樹杪回。香隨青靄散，鐘過白雲來。野雪空齋掩，山風古殿開。桂寒知自發，松老問誰栽。惆悵湘江水，何人更渡杯。」《全唐詩》卷148，頁1527。

〔註26〕唐・方干，〈經曠禪師舊院〉：「谷鳥散啼如有恨，庭花含笑似無情。更名變貌難（一作換面無）休息，去去來來第幾生。」《全唐詩》卷653，頁7501。

〔註27〕唐・麴信陵，〈過真律師舊院〉：「寂然秋院閉秋光，過客閒來禮影堂。堅冰銷盡還成水，本自無形何足傷。」《全唐詩》卷319，頁3593。

〔註28〕清・董誥等編，《全唐文》卷46，頁508。

〔註29〕宋・宋敏求編、洪丕謨等點校，《唐大詔令集》卷113，頁542。

〔註30〕轉引自宋・李昉等編，《太平廣記》卷373〈楊積〉，頁2963～2964。

登記，至於離開或死後等異動情形，則不得而知；與韓愈同朝的劉軻，少年時曾爲僧（僧名「溢納」），曾數次夢見一書生，自言死於寺裡，寺主將屍體隨便亂埋，〔註31〕書生求劉軻代爲安葬，可知寺院對於居寺的俗眾，應是管進不管出，而從中晚唐詩人多有與僧同宿之作，以及筆記小說中，未曾有過官府到寺「攬客」的記載，可見代宗此二詔並未發揮功效。

任翻一宿巾子山禪寺後，〔註32〕寫下〈再遊巾子山寺〉〔註33〕、〈三遊巾子山寺感述〉，〔註34〕野鶴、竹房僧、明月，應是任翻二游、三游巾子山寺的原因；歐陽詹與諸人訪福先寺道宣上人，歐陽詹以「千燈智慧心，片玉清贏顏。」形容持律甚嚴的道宣，天晚人須歸去，若能與道宣同宿，歐陽詹自不會有「惆悵歸人寰」〔註35〕的感嘆，此亦可見律宗僧人不同於一般會留宿客人的僧人。一般來說，會與僧人流連信宿，忘了歸去的文人，多是早發道心，本身就是佛弟子，或是一夕遭逢變故，心境突然改變，此外，與僧同宿最常見的原因就是一時興起，有單獨共僧與夜，也有群體參與，單獨行動的，有部分是應僧之邀；群體參與的，多因好友見招或是在寺裡舉行集會，會後留宿。

初唐已有士人在僧房舉行餞別宴，永淳二年（即弘道元年，683），陳子昂於「暉公別舍」餞齊少府，〔註36〕在僧房餞別，僧俗兩造自是交情匪淺；任華〈薦福寺後院送辛嶼尉洛郊序〉，之所以選在後院餞別，除了「終南曉晴，洗然黛色。」景色怡人之外，最重要的是「僧院客少」；〔註37〕閣防宿岸道人精舍，坦承自己不是懷才隱居而「願言捨塵事」，而是「早歲參道風，……遂果巖下諾。」

〔註31〕 唐・范攄，《雲谿友議》卷中：「頃因遊學，逝此一室。以主寺僧不聞郡邑，乃瘞於牖下，而屍骸踡促，死者從直，何以安也？」頁22。

〔註32〕 唐・任翻，〈宿巾子山禪寺〉：「絕頂新秋生夜涼，鶴翻松露滴衣裳。前峰月映半江水，僧在翠微開竹房。」《全唐詩》卷727，頁8335。

〔註33〕 唐・任翻，〈再遊巾子山寺〉：「靈江江上幀峰寺，三十年來兩度登。野鶴尚巢松樹遍，竹房不見舊時僧。」《全唐詩》卷727，頁8335。

〔註34〕 唐・任翻，〈三遊巾子山寺感述〉：「清秋絕頂竹房開，松鶴何年去不迴。惟有前峰明月在，夜深猶過半江來。」《全唐詩》卷727，頁8335。

〔註35〕 唐・歐陽詹，〈同諸公過福先寺律院宣上人房〉：「律座下朝講，晝門猶掩關。叩同靜者來，正值高雲閒。寂爾方丈內，瑩然虛白間。千燈智慧心，片玉清贏顏。松色落深井，竹陰寒小山。晤言流曦晚，惆悵歸人寰。」《全唐詩》卷883，頁9978。

〔註36〕 唐・陳子昂，〈暉上人房餞齊少府使入京府序〉，《全唐文》卷214，頁2165。

〔註37〕 清・董誥等編，《全唐文》卷376，頁3822。

〔註38〕屬於早發道心者；溫庭筠宿輝公精舍，末聯：「擁褐寒更徹，心知覺路通。」
〔註39〕乃因為與輝公終宵清話，欲罷不能的結果；馬戴宿無可上人房，一夕清話，馬戴道：「坐臥禪心在，浮生皆不知。」〔註40〕方干宿無可上人房，下棋喝茶，互聊從前過往；〔註41〕戴叔倫宿無可上人房，最後提出：「倘許棲林下，僧中老此身。」〔註42〕的要求，可見無可令戴叔倫顛倒的程度，遠勝方干；賈島宿賫上人房，描述寺裡的風光景物後，一本他曾有「佛種」的因緣，寫道：「此時無他事，來尋不厭重。」〔註43〕李郢與漵上人是舊識，與其同宿，「一夕話勞生」，關心的是道身是否無病，道心是否增長；〔註44〕徐凝宿冽上人房，是應冽上人之邀，「覺後始知身是夢」，〔註45〕此宿於徐凝是價值非凡；李洞宿經上人房，「臥聽曉耕者，與師知苦勞。」〔註46〕知經上人是因客來訪，才暫時沒有參加晨耕。

〔註38〕唐・閻防，〈宿岸道人精舍〉：「早歲參道風，放情入寥廓。重因息（一作經因息）心侶，遂果巖下諾。斂跡辭人間，杜門守寂寞。秋風翦蘭蕙，霜氣冷淙鑿。山牖見然燈，竹房（一作臼）聞搗藥。願言捨塵事，所趣非龍蠖。」《全唐詩》卷253，頁2851。

〔註39〕唐・溫庭筠，〈宿輝公精舍〉：「禪房無外物，清話此宵同。林彩水煙裏，澗聲〔山〕（三）月中。橡霜諸壑齊，杉火一爐空。擁褐寒更徹，心知覺路通。」《全唐詩》卷582，頁6745。

〔註40〕唐・馬戴，〈宿無可上人房（一作宿翠微寺）〉：「稀逢息心侶，細話遠（一作故）山期。河（一作雲）漢秋深（一作生）夜，杉梧露滴時。風傳林磬響（一作久），月掩（一作螢掠）草堂遲。坐臥禪心在，浮生皆不知。」《全唐詩》卷555，頁6435。

〔註41〕唐・方干，〈寒食宿先天寺無可上人房〉：「雙扉檜下開，寄宿石房苔。幡北燈花動，城西雪霰來。收棋想雲夢，罷茗議天台。同憶前年臘，師初白閣回。」《全唐詩》卷649，頁7459。

〔註42〕唐・戴叔倫，〈宿無可上人房〉：「偶來人境外，何處染囂塵。倘許棲林下，僧中老此身。」《全唐詩》卷274，頁3099。

〔註43〕唐・賈島，〈宿賫上人房〉：「階前多是竹，閒地擬栽松。朱點草書疏，雪平麻履蹤。御溝寒夜雨，宮寺靜時鐘。此時（一作室）無他事，來尋（一作多）不厭重。」《全唐詩》卷572，頁6639。

〔註44〕唐・李郢，〈宿憐（一作漵）上人房〉：「重公舊相識，一夕話勞生。藥裹關身病，經函寄道情。嶽寒當寺色，灘夜入樓聲。不待移文誚，三年別赤城。」《全唐詩》卷590，頁6848。

〔註45〕唐・徐凝，〈宿冽上人房〉：「浮生不定若蓬飄，林下真僧偶見招。覺後始知身是夢，更聞寒雨滴芭蕉。」《全唐詩》卷474，頁5384。

〔註46〕唐・李洞，〈秋宿經（一作荊）上人房〉：「江房無葉落，松影帶山高。滿寺中秋月，孤窗入夜濤。舊真懸石壁，衰髮落銅刀。臥聽曉耕者，與師知苦勞。」《全唐詩》卷721，頁8278。

　　文人相互邀引宿於僧院，對於僧人的感情，通常較單獨訪僧同宿者，來得不那麼濃烈；而參加集會活動，會後宿於僧寺所體會到的，是與會時當下的感受，比較具有個人色彩，王昌齡與劉晏等人，在天宮寺岸道上人房舉行「茶集」，會後寫道：「各有四方事，白雲處處通。」〔註47〕天涯遠宦，良會難得，是王昌齡主要的心情；周賀同朱慶餘宿翊西上人房，雪比燭高，茶是遠泉，「莫怪多時話，重來又隔年。」〔註48〕周賀於雪夜期待重聚，可見翊西上人在他心中份量不小；顧非熊陪同僧人無可宿於輝公院，僧比士多，顧非熊受益良多，寫道：「儻許雙摩頂，隨緣萬劫生。」〔註49〕對無可與輝公的傾心溢於字裡行間；朱慶餘與賈島、顧非熊、無可上人、齊宿萬年姚少府宅，在士比僧多的情形下，朱慶餘體會到：「開門各有事，非不惜餘歡。」〔註50〕身處凡宅與身處僧院，心情是大不相同。

　　雍陶與賈島宿無可上人院，賈島與無可二人爲從兄弟，感情親如手足，攜囊就宿，在雪夜無燈的情形下，雍陶寫道：「還因愛閒客，始得見南能。」〔註51〕以南宗惠能喻無可；劉得仁冬夜與蔡校書宿無可上人院，「晤語到天明」之後，寫道：「真門猶是幻，不用覺浮生。」〔註52〕身爲主人的無可，雍、劉二人對他的感覺卻是兩般，雖是與交情深淺有關，實際上是跟作者對佛門的歸屬感有關。王樹海認爲唐詩發展到後期，失去了先前的「信力」與「激情」

〔註47〕唐·王昌齡，〈洛陽尉劉晏與府掾（一作縣）諸公茶集天宮寺岸道上人房〉：「良友呼我宿，月明懸天宮。道安風塵外，灑掃青林中。削去府縣理，豁然神機空。自從三湘還，始得今夕同。舊居太行北，遠宦滄溟東。各有四方事，白雲處處通。」《全唐詩》卷141，頁1432。

〔註48〕唐·周賀，〈同朱慶餘宿翊西上人房〉：「溪僧還共謁，相與坐寒（一作中）天。屋雪凌高燭，山茶稱遠泉。夜清（一作深）更徹寺，空闊雁衝煙。莫怪（一作惜）多時話，重來又隔年。」《全唐詩》卷503，頁5719。

〔註49〕唐·顧非熊，〈與無可宿輝公院〉：「夜僧同靜語，秋寺近嚴城。世路雖多梗，玄心各自明。寒池清月彩，危閣聽林聲。儻許雙摩頂，隨緣萬劫生。」《全唐詩》卷509，頁5785。

〔註50〕唐·朱慶餘，〈與賈島顧非熊無可上人宿萬年姚少府宅〉：「莫厭通宵坐（一作話），貧中會聚難。堂虛雪氣入，燈在漏聲殘。役思般生病（一作成疾），當禪豈覺寒。開門各有事，非（一作誰）不惜餘歡。」《全唐詩》卷514，頁5868。

〔註51〕唐·雍陶，〈同賈島宿無可上人院〉：「何處銷愁宿，攜囊就遠僧。中宵吟有雪，空屋語無燈。靜境唯聞鐸，寒床但枕肱。還因愛閒客，始得見南能。」《全唐詩》卷518，頁5912。

〔註52〕唐·劉得仁，〈冬夜與蔡校書宿無可上人院〉：「儒釋偶同宿，夜窗寒更清。忘機於世久，晤語到天明。月倒高松影，風旋一磬聲。真門猶是幻，不用覺浮生。」《全唐詩》卷544，頁6295。

所產生之諸多條件，「在詩體的表現上，更多的展示著一種『人造自然』的風格。」〔註53〕中晚唐文人與僧人共遊同宿，在最近距離的接觸中，較多的是直陳真情實感的紀錄，此爲中晚唐詩最具真性情的區塊。

第六節　戲僧與悼僧

　　爲懺情禪空色相的僧人，其題壁之作相較於文人，本就不多；文人遊寺欣賞風景人物，爲表「到此一遊」，常於僧壁題詩，其中不乏嘲笑僧人之作，戲僧之作，往往是文人對僧人最「真實」的看法，側面披露僧人不爲人知的一面，就此而言，文人可說是僧人的親密知己，有一方離開人世，另一方會寫墓誌銘以表哀悼，就此而論，文人的悼僧之作，更能看出彼此間的情份。

一、文人戲僧

　　文士之所以用文字藝玩僧人，多是與僧人不守清規戒律有關，在唐代詩人筆下，很難找到戲嘲律僧的作品；禪宗於中唐初興，柳宗元視無法即體即用者，爲「世之大患」，〔註54〕至元和十年（815），柳宗元在惠能去世「百有六年」之後，應邀爲惠能作碑文，對於「今布天下，凡言禪皆本曹溪。」的南宗禪，柳宗元仍言之泛泛，〔註55〕柳宗元與劉禹錫對衡山律門，卻頗爲心折，爲諸多大律師作碑銘，〔註56〕可見在中唐後大行的禪宗，在士人心中，

〔註53〕王樹海，〈「貶官禪悅」與後期唐詩的「人造自然」風格〉，《禪魄詩魂──佛禪與唐宋禪詩的變遷》（北京：知識出版社，2000年），頁119。

〔註54〕唐·柳宗元，〈送琛上人南遊序〉：「而今之言禪者，有流盪舛誤，迭相師用，妄取空語，而脫略方便，顛倒真實，以陷乎己，而又陷乎人。又有能言體而不及用者不知二者之不可斯須離也。離之外矣，是世之所大患也。」《全唐文》卷579，頁5853。又：〈龍安海禪師碑〉提到：「故今之空愚失惑，縱傲自我者，皆誣禪以亂其教。」《全唐文》卷587，頁5937。

〔註55〕唐·柳宗元，〈曹溪第六祖賜諡大鑒禪師碑〉：「其道以無爲爲有，以空洞爲實，以廣大不蕩爲歸。其教人始以性善，終以性善。」《全唐文》卷587，頁5933。按：柳宗元所作爲「前碑」，作後三年，僧道琳請劉禹錫作第二碑，劉禹錫特就惠能佛衣不傳之舉，言：「豈以是爲筌蹄耶？芻狗耶？將人人之莫己若而不若置之耶？吾不得而知耶？」認爲：「口傳手付，則礙於有。留衣空堂，得者天授。」《全唐文》卷610，頁6161～6162。

〔註56〕唐·劉禹錫，〈唐故衡嶽律大師湘潭唐興寺儼公碑〉：「故言律藏者，宗衡山，……南嶽律門，以津公爲上首，津之後，雲峰證公承之（按：見柳宗元〈南嶽雲峰寺和尚碑〉），證公之後，湘潭儼公承之。」《全唐文》卷610，頁6163～6164。

並非是全然一面倒的接受；而從元和年間，邱元素爲天王道悟禪師所作之碑文，提到連院主也說不清禪師的用意，〔註57〕更遑論其他對禪宗不甚了解的文人，而在同爲禪門的自家人眼中，情形又是如何呢？晚唐陸希聲爲仰山慧寂作墖銘，提到禪宗：

> 以曹溪心地，用之千變萬化。欲以直截指示學人，無能及者。而學者往往失旨，揚眉動目，敲木指境，遞相效斅，近於戲笑，非師之過也。〔註58〕

陸希聲言「非師之過也」，顯示南宗禪到了晚唐，在普遍被文人接受的同時，文人對禪宗僧人，並沒有相對的尊敬。三階教盛行於貞觀初年，除了異於他教的教義，遭帝王之禁，〔註59〕一般百姓對三階教義卻是瘋狂奉行，其無盡藏院的財產，不可勝計，來源多是：「城中士女有大車載錢帛，捨之棄去，不知姓名者。」其用途爲：「一分供天下伽藍修理之用，一分施天下飢餓。一分充舊供無遮之會。」無盡藏院的錢財使武則天大爲覬覦，派法藏前往檢校，《太平廣記》載貞觀中，道士裴玄智在化度寺（奉行「三階教」之寺）灑掃十多年，寺僧因他戒行修謹，如同高人，便派他看守無盡藏院，一日，裴玄智攜財他遁，裴玄智於房內壁上留下一絕：「將肉遣狼守，置骨向狗頭。自非阿羅漢，焉能免得偷。（首二句一作放羊狼領下，置骨狗前頭。）」〔註60〕裴玄智此詩交代自己盜財的動機，此戲作雖是針對化度寺「無盡藏」財產之誘，同時也幽了寺僧一默，引起俗人之譏的不只三階教，張謂曾任潭州刺史，〈長沙失火後戲題蓮花寺〉：

> 金園寶刹半長沙，燒劫旁延一萬家。樓殿縱隨煙焰去（一作盡），火中何處出（一作有）蓮花。〔註61〕

〔註57〕唐・邱元素，〈天王道悟禪師碑〉，記天王道悟禪師現神通讓節度使爲其蓋天王寺，另記禪師平日常云：「快活！快活！」臨終反叫：「苦！苦！……閻羅王來取我也。」院主問禪師：「和尚當時被節度使拋向水中，神色不動，如今何得恁麼地？」禪師舉枕子云：「汝道當時是？如今是？」院主無對。《全唐文》卷713，頁7321。

〔註58〕唐・陸希聲，〈仰山通智大師墖銘〉，《全唐文》卷813，頁8554。

〔註59〕唐・釋智昇，《開元釋教錄》卷18，載開元13年：「勅諸寺三階院並令除去隔障，使與大院相通，眾僧錯居不得別住。所行《集錄》悉禁斷除毀。若綱維縱其行化誘人，而不乿者，勒還俗。幸承明旨，使革往非。」《大正藏》第55冊，頁679。

〔註60〕轉引自宋・李昉等編，《太平廣記》卷493〈裴玄智〉，頁4047~4048。

〔註61〕唐・張謂，〈長沙失火後戲題蓮花寺〉，《全唐詩》卷197，頁2022。

上聯諷刺的是面積佔了半個長沙的蓮花寺，下聯是用了《維摩詰所說經》「火中生蓮花」的典故，〔註62〕「在欲而行禪」有如火中生蓮，此作與白居易的新樂府〈兩朱閣〉，〔註63〕同是刺佛寺寖多。

　　遭戲之僧人，多為文士之至交，似成汭自取其辱的例子，並不多見；〔註64〕唐代文人的戲僧之作，大都題於僧壁，趙嘏〈題僧壁〉：「溪頭盡日看紅葉，卻笑高僧衣有塵。」〔註65〕韋蟾〈題僧壁〉：「剃頭未必知心法，要且閒於名利人。」〔註66〕內容除了有自我標榜的用意，還可以看出題詩者的胸襟氣度，然而，僧人未必盡如趙嘏與韋蟾形容的，不知心法，只知紅塵名利，杜荀鶴所題的九華山僧，就是「聽我吟詩供我酒，不曾穿得判齋錢。」〔註67〕十分樂善好施的好僧；常於佛寺活動的白居易，對自己生活態度的描述，代表其學佛的心得，〈詠懷寄皇甫朗之〉：

　　　　老大多情足往還，招僧待客夜開關。學調氣後衰中健，不用心來鬧處閒。養病未能辭薄俸，忘名何必入深山。與君別有相知分，同置身於木雁間。〔註68〕

白居易以《莊子‧山木》所舉的無用之木與不鳴之雁，所代表的「中庸之道」，與皇甫湜共勉；詩佛王維向來被視為「中隱」的代表，然而，白居易的「忘

〔註62〕姚秦‧鳩摩羅什譯，《維摩詰所說經》卷中：「火中生蓮華。是可謂希有。在欲而行禪。希有亦如是。」《大正藏》第14冊，頁550。

〔註63〕唐‧白居易，〈兩朱閣〉：「……借問何人家，貞元雙帝子。帝子吹簫雙得仙，五雲飄颻飛（一作迎）上天。第宅亭臺不將去，化為佛寺在人間。……寺門敕牓金字書，尼院佛庭寬有餘。青苔明月多閒地，比屋疲（一作齊）人無處居。憶昨平陽宅初置，吞并平人幾家地。仙去雙雙作梵宮，漸恐人間（一作家）盡為寺。」《全唐詩》卷427，頁4701。

〔註64〕宋‧孫光憲，《北夢瑣言》卷4，記唐乾寧中，成汭曾為僧，盜據渚宮，以澧、朗二地被土豪雷滿所佔，奏請割隸，相國徐彥若不理，成汭因此不滿；一日接待相國時，相國曰：「令公位尊方面，自比桓、文。雷滿者，偏州一夥草賊耳，令公不能加兵，而怨朝廷乎？」成汭羞慚之餘，竟以嶺外黃茅瘴患者髮落，開徐彥若的玩笑，曰：「黃茅瘴望相公保重。」徐彥若反譏：「南海黃茅瘴，不死成和尚。」頁33。

〔註65〕唐‧趙嘏，〈題僧壁〉：「曉望（一作傍）疏林露滿巾，碧山秋寺屬閒人。溪頭盡日看紅葉，卻笑高僧衣有塵。」《全唐詩》卷550，頁6378。

〔註66〕唐‧韋蟾，〈題僧壁〉：「一竹橫籧掛淨巾，灶無煙火地無塵。剃頭未必知心法，要且閒於名利人。」《全唐詩》卷566，頁6558

〔註67〕唐‧杜荀鶴，〈醉書僧壁〉：「九華山色真堪愛，留得高僧爾許年。聽我吟詩供我酒，不曾穿得判齋錢。」《全唐詩》卷693，頁7984。

〔註68〕唐‧白居易，〈詠懷寄皇甫朗之〉《全唐詩》卷457，頁5190。

名何必入深山」的「中隱」心態,是:「進不趨要路,退不入深山。」〔註69〕
也正因其在「深山」與「要路」間得其所哉,白居易〈宿誠禪師山房題贈〉:

> 不出孤峰上,人間四十秋。視身如傳舍,閱世似東流。法爲因緣立,
> 心從次第修。中宵問眞偈,有住是吾憂。〔註70〕

論白居易得南宗禪法之要,其對南宗禪「三無」(無住爲本,無相爲體,無念
爲宗。)的體會,與王維不相上下,〔註71〕對於相知甚深的僧人,白居易是
以「別具隻眼」來形容,〈題靈隱寺紅辛夷花戲酬光上人〉:「紫粉筆含尖火燄,
紅胭脂染小蓮花。芳情鄉(一作香)思知多少,惱得山僧悔出家。」〔註72〕
花開也能妨礙道心,白居易的戲僧,反應的是自己隨緣泰適的生活態度,也
就是馬祖道一洪州禪所謂的「平常心是道」,〔註73〕劉禹錫針對白居易愛戲僧
的動機一語道破,〈答樂天戲贈〉:

> 才子聲名白侍郎,風流雖老尚難當。詩情逸似陶彭澤,齋日多如周
> 太常。矻矻將心求淨法,時時偷眼看春光。知君技癢思歡謔,欲倩
> 天魔破道場。〔註74〕

「欲倩天魔破道場」,說的是白居易心求淨法的同時,又難捨歡謔,此由前述白
居易齋畢後所寫的詩最能看出。孟郊〈戲贈無本〉,言無本(賈島)「瘦僧臥冰
凌,嘲詠含金痍。」以「冰凌」喻清寒,言其因嗜詩而導致口舌生瘡。〔註75〕
詩人最常拿來當戲僧題材的是寺院景物,其中又以花最能表現謔而不虐的高度
幽默,白居易以紅辛夷花戲僧,晚唐吳融則是詠牡丹戲僧:「萬緣銷盡本無心,
何事看花恨卻深。都是支郎足情調,墜香殘蕊亦成吟。」〔註76〕吳融不說自己
有心詠牡丹,卻怪僧人令他思念牡丹;呂溫〈戲贈靈澈上人〉:

〔註69〕 唐・白居易,〈閒題家池寄王屋張道士〉,《全唐詩》卷459,頁5220。

〔註70〕 唐・白居易,〈宿誠禪師山房題贈〉,《全唐詩》卷462,頁5261。按:《全唐
詩》卷357,題爲劉禹錫作,頁4020。

〔註71〕 金・元好問,〈感興四首〉之二:「詩印高提教外傳,幾人針芥得心傳。并州
未是風流減,五百年中一樂天。」楊家駱主編,《新校元遺山箋注》卷13(臺
北:世界書局,1982年),頁605。

〔註72〕 唐・白居易,〈題靈隱寺紅辛夷花戲酬光上人〉,《全唐詩》卷443,頁4957。

〔註73〕 白居易不僅親近講究「平常」的洪州禪僧人,與北宗、荷澤、牛頭之僧,均
有往來。參見:詳見:蕭馳,《佛法與詩境》〈洪州禪與白居易閒適詩的山意
水思〉,頁163~203。

〔註74〕 唐・劉禹錫,〈答樂天戲贈〉,《全唐詩》卷360,頁4064。

〔註75〕 唐・孟郊,〈戲贈無本〉,《全唐詩》卷377,頁4235。

〔註76〕 唐・吳融,〈和僧詠牡丹〉,《全唐詩》卷685,頁7875。

僧家亦有芳春興，自是禪心（一作心源）無滯境。君看池水湛然時，

何曾（一作時）不受花枝影。〔註77〕

呂溫對靈澈可謂觀察入微，靈澈看水中的花枝影而動凡心，不管僧俗，均不會認爲此詩有損靈澈道行；權德輿的戲僧，是把僧人「思凡」的角度放大，〈戲贈天竺靈隱二寺寺主〉：「石路泉流兩寺分，尋常鐘磬隔山聞。山僧半在中峰住，共占青巒與白雲。」〔註78〕竊佔青山白雲的，不僅是天竺、靈隱二寺的寺主，〔註79〕權德輿調侃的對象，應包含了被他形容爲「五言長城」，「竊占青山白雲，春風芳草。」的劉長卿。

二、別僧與悼僧

　　《全唐詩》中，有爲數不少的別僧之作，能看出僧人與文人間的往來頻仍，而在《全唐文》中，送別的場景亦多能傳達出高僧爲人景仰的情形，楊炯形容旻上人：

　　旻上人天骨多奇，神情獨王。法門梁棟，豈非龍象之雄；晉國英靈，即是河汾之寶。道尊德貴，所以名稱並聞，靈性窮神，所以身心不動。〔註80〕

旻上人「道尊德貴」的龍象風範，無怪乎「雞山法眾」與「麟閣良朋」會一起同來送行；崔趙公曾問徑山法欽，自己有無出家的資格，徑山言：「出家是大丈夫事，非將相所爲。」〔註81〕文人面對素所崇敬的僧人，於生前死後，不吝表達內心的欽仰之情，任華任幕僚時，受命爲道標和向歸南岳作贈別之序，任華形容道標：「弟子瀰漫江嶺間，不下萬二千人。」視道標爲：「禪師伯之，律師仰之，法師宗之，儒流服之。」〔註82〕道標的形象，或多或少與唐代文人內心的，「出家乃大丈夫之事」的看法有關。

　　文士別僧之作，大都有意突顯兩人交心的程度，鄭谷別修覺寺無本上人：

〔註77〕唐・呂溫，〈戲贈靈澈上人〉，《全唐詩》卷370，頁4162。

〔註78〕唐・權德輿，〈戲贈天竺靈隱二寺寺主〉，《全唐詩》卷322，頁3628。

〔註79〕明・胡震亨，《唐音癸籤》卷7：「大歷中，詞人劉長卿、李嘉祐、兩皇甫等，竊占青山白雲，春風芳草，以爲己有。」《四庫全書》文淵閣本，集部，詩文評類。

〔註80〕唐・楊炯，〈送并州旻上人詩序〉，《全唐文》卷191，頁1927。

〔註81〕唐・李肇，《唐國史補》卷上，轉引自楊家駱主編《唐國史補等八種》，頁21。

〔註82〕唐・任華，〈送標和尚歸南岳便赴東都序〉，《全唐文》卷376，頁3823。

「山門握手無他語，祇約今冬看雪來。」〔註83〕邀今冬看雪，勝過萬語千言；僧人與文人交往人數最多的，當屬無可，從文人致無可的詩，可看出無可之塵緣深重；姚合〈送無可上人遊邊〉，提到無可：「出家還養母，持律復能詩。」〔註84〕是個孝子；賈島〈僻居無可上人相訪〉：「野客將禪子，依依偏往還。」〔註85〕〈送無可上人〉：「終有煙霞約，天台作近鄰。」〔註86〕在賈島心中，無可出家人的身份並不突顯，這是因爲無可的行事作風，與當時熱烈體會俗世生活的僧人，沒什麼兩樣；與多數的詩僧一樣，無可「獨寡區中學，空論樹下禪。」〔註87〕「會當隨假務，一就白雲禪。」〔註88〕此外，無可也跟當時的詩人一樣愛「苦吟」，〔註89〕無可〈題崔駙馬林亭〉，建議崔駙馬：「更買太湖千片石，疊成雲頂綠嵾峨。」〔註90〕此種附和「木妖」的言論，實非僧人所應爲；李郢〈傷賈島無可〉：「惠休歸寂賈生亡。」〔註91〕嘆賈島的早亡，

〔註83〕唐・鄭谷，〈別修覺寺無本上人〉：「松上閒雲石上苔，自嫌歸去夕陽催。山門握手無他語，祇約今冬看雪來。」《全唐詩》卷 675，頁 7733。

〔註84〕唐・姚合，〈送無可上人遊邊〉：「一缽與三衣，經行遠近隨。出家還養母，持律復能詩。春雪離京厚，晨鐘近塞遲。亦知蓮府客，夜坐喜同師。」《全唐詩》卷 496，頁 5620。

〔註85〕唐・賈島，〈僻居無可上人相訪〉：「自從居此地，少有事相關。積雨荒鄰圃，秋池照遠山。硯中枯葉落，枕上斷雲閒。野客將禪子，依依偏往還。」《全唐詩》卷 572，頁 6640。

〔註86〕唐・賈島，〈送無可上人〉：「圭峰霽色新，送此草堂人。麈尾同離寺，蛩鳴暫別親（一作秦）。獨行潭底影，數息樹邊身。終有煙霞約，天台作近鄰。」《全唐詩》卷 572，頁 6633。

〔註87〕唐・無可，〈秋暮與諸文士集宿姚端公所居〉：「宵清月復圓，共集侍臣筵。獨寡區中學，空論樹下禪。風多秋晚竹，雲盡夜深天。此會東西去，堪愁又隔年。」《全唐詩》卷 814，頁 9163。

〔註88〕唐・無可，〈冬中（一作日）與諸公會宿姚端公宅懷永樂殷侍御〉：「柱史靜開筵，所思何地偏。故人爲縣吏，五老遠峰前。賓榻寒侵樹（一作燒），公庭夜落泉。會當隨假務，一就白雲禪。」《全唐詩》卷 814，頁 9162。

〔註89〕唐・無可，〈奉和裴舍人春日杜城舊事〉：「早晚辭絺綌，觀農下杜西。草新池似鏡，麥暖土如泥。鸂鷘依川宿（一作息），驊騮向野嘶。春來詩更苦，松韻亦含淒。」《全唐詩》卷 814，頁 9160。

〔註90〕唐・無可，〈題崔駙馬林亭〉：「宮花野藥半相和，藤蔓參差惜不科。纖草連門留徑細，高樓出樹見山多。洞中避暑青苔滿，池上吟詩白鳥過。更買太湖千片石，疊成雲頂綠嵾峨。」《全唐詩》卷 814，頁 9165。

〔註91〕唐・李郢，〈傷賈島無可〉：「卻到京師事事傷，惠休歸寂賈生亡。何人收得文章籬，獨我來經苔蘚房。一命未霑爲逐客，萬緣初盡別空王。蕭蕭竹塢斜陽在，葉覆閒階雪擁牆。」《全唐詩》卷 590，頁 6853。

亦哀無可的謝世；無可〈弔從兄島〉：「青門臨舊卷，欲見永無因。」〔註92〕
〈哭張籍司業〉：「遺文禪東岳，留語葬鄉山。」〔註93〕無可不論是弔賈島或
哭張籍，均可證明前述多位詩人，經常與無可同遊共宿的原因，就在於無可
之難免俗情。

鄭谷在西蜀待了六年左右，與新羅僧圓昉為「淨侶」，鄭谷離開西蜀，聽
到圓昉去世的消息，愴吟四韻以弔之：

　　每（一作幾）思聞淨話，雨夜對禪床。未得重相見，秋燈照影堂。
　　孤雲終負約，薄宦轉堪傷。夢繞長松塔，遙焚一炷香。〔註94〕

鄭谷因為宦遊，無法親赴圓昉生前的「他日訪會」之邀，只有心香以寄；李
益〈哭柏巖禪師〉：「遍與傍人別，臨終盡不愁。」〔註95〕柏巖禪師的自在無
礙，使得曾經為僧的賈島：「自嫌雙淚下，不是解空人。」〔註96〕嚴維〈哭靈
一上人〉，讚靈一：「經論傳緇侶，文章遍墨卿。」〔註97〕個人的傾慕溢於言
表；張喬〈弔造微上人〉：「松上齋鳥在，遲遲立夕陽。」〔註98〕張喬以齋鳥
尚且不捨人世，表達對造微上人的哀悼。

文士對於僧人的難捨之情，有時強烈到會相信前世今生，元稹與如屏上
人、韋載，三人同遊碧澗寺並各賦詩，元稹詩曰：「他生莫忘靈山座，滿壁人

〔註92〕唐‧釋無可，〈弔從兄島〉：「盡日歎沉淪，孤高碣石人。詩名從蓋代，謫宦竟
　　　終身。蜀集重編否，巴儀薄葬新。青門臨舊卷，欲見永無因。」《全唐詩》卷
　　　814，頁9165。

〔註93〕唐‧無可，〈哭張籍司業〉：「先生抱衰疾，不起茂陵間。夕臨諸孤少，荒居弔
　　　客還。遺文禪東岳，留語葬鄉山。多雨銘旌故，殘燈素帳閒。樂章誰與集，
　　　蕢樹即堪攀。神理今難問，予將叫帝關。」《全唐詩》卷814，頁9168。

〔註94〕唐‧鄭谷，《全唐詩》卷674，頁7723。

〔註95〕唐‧李益，〈哭柏巖禪師〉：「遍與傍人別，臨終盡不愁。影堂誰為掃，坐塔自
　　　看修。白日鐘邊晚，青苔缽上秋。天涯禪弟子，空到柏巖遊。」《全唐詩》卷
　　　283，頁3218

〔註96〕唐‧賈島，〈哭柏巖和尚〉：「苔覆石床新，師曾佔（一作吾師去）幾春。寫留
　　　行道影，焚卻坐禪身。塔院關松雪（一作路），經房鎖隙塵。自嫌雙淚下，不
　　　是解空人。」《全唐詩》卷572，頁6630。

〔註97〕唐‧嚴維，〈哭靈一上人〉：「一公何不住，空有遠公名。共說岑山路，今時不
　　　可行。舊房松更老，新塔草初生。經論傳緇侶，文章遍墨卿。禪林枝幹折，
　　　法宇棟梁傾。誰復修僧史，應知傳已成（一本無後四句）。」《全唐詩》卷263，
　　　頁2921。

〔註98〕唐‧張喬，〈弔造微上人〉：「至人隨化往，遺路自堪傷。白塔收真骨，青山閉
　　　影堂。鐘殘含細韻，煙（一作印）滅有餘香。松上齋鳥在，遲遲立夕陽。」《全
　　　唐詩》卷638，頁7309。

名後會稀。」如展吟此二句後,「因話釋氏緣會所以,莫不悽然久之。」不到
十天如展去世,元稹認為「他生」二句是一朕兆,後有詩誌此事:

> 重吟前日他生句,豈料踰旬便隔生。會擬一來身塔下,無因共繞寺
> 廊竹。紫毫飛札看猶濕,黃字新詩和未成。縱使得如羊叔子,不聞
> 兼記舊交情。〔註99〕

羊祜五歲時,討來前世身為隔壁李氏之子,幼時所把玩的金環,〔註100〕元稹用
此典故,可見對如展懷念之深;事隔一年,元稹到公安縣遠安寺水亭,看到如
展的題壁詩,漂然淚流又題一詩;〔註101〕劉禹錫遊碧澗寺,看到元稹與如展上
人、韋載三人當年的和詩,也忍不住針對「三生之句」題詩以和:「廊下題詩滿
壁塵,塔前松樹已皴鱗。古來唯有王文度,重見平生竺道人。」〔註102〕晉太元
中,沙門竺法印與王文度相知,常提及「死生報應,茫昧難明。」約好死後誰
先得知「罪福」,定要相告,竺法印病死後,果真依約來告王文度:「罪福不虛,
應若影響。」〔註103〕劉禹錫引竺法印死後告王文度「罪福」之事,是要強調三
生之說可信。

　　由元稹與劉禹錫對有關輪迴因果故事,信手拈來的情形,可見中唐文人
與僧相親的同時,佛教的業報觀已深植士人內心,晚唐鄭谷曾說:「詩無僧字
格還卑」,透露出晚唐文士與僧人的交往更加密切,上述文士與僧人交往頻
繁,已顯示出中晚唐文士的傾心向佛,是前所未有的熱烈,〔註104〕晚唐與佛
教、僧人有關的作品之所以大量增加,亦即因此。

〔註99〕《全唐詩》卷403,頁4505。

〔註100〕唐・房玄齡等撰,《晉書》卷34〈羊祜〉:「祜年五歲時,令乳母取所弄金鐶。
　　　　乳母曰:『汝先無此物。』祜即詣鄰人李氏東垣桑樹中探得之。主人驚曰:『此
　　　　吾亡兒所失物也,云何持去?』乳母具言之,李氏悲惋。時人異之,謂李氏
　　　　子則祜之前身也。」楊家駱主編,《新校本晉書並附編六種》(臺北:鼎文書
　　　　局,1976年),頁401。

〔註101〕唐・元稹,〈公安縣遠安寺水亭見展公題壁漂然淚流因書四韻〉:「碧澗去年會,
　　　　與師三兩人。今來見題壁,師已是前身。芰葉迎僧夏,楊花度俗春。空將數
　　　　行淚,灑遍塔中塵。」《全唐詩》卷403,頁4506。

〔註102〕唐・劉禹錫,〈碧澗寺見元九侍御和展上人詩有三生之句因以和〉,《全唐詩》
　　　　卷365,頁4120。

〔註103〕詳見:唐・釋道世,《法苑珠林》卷61。《大正藏》第53冊,頁746。

〔註104〕參見:胡遂,〈人格的標榜——佛教與晚唐酬贈詩〉,《佛教與晚唐詩》(北京:
　　　　東方出版社,2005年),頁262。

第七節　唐代士人之釋門文章

　　唐代文人有關佛教或僧人的文章，無形中加速了佛教的中國化，此可從文人為佛寺、經像撰碑銘、序記；為譯經、注經作序；為僧人作塔銘、碑文、序文看出，其中，少部分是帝王敕作，絕大部分是應邀或基於雙方的情誼主動撰寫；柳宗元喜與僧人遊，除了僧人當中，有能通《易經》、《論語》的學問僧，如浩初；也有愛作詩且與人論作詩方法的詩僧，如元暠〔註105〕、文郁〔註106〕、元舉；〔註107〕正因有儒、釋互通的因子存在，唐代文士寫給僧人的書信，感覺如對老友，特別是在中唐之後，文士寫給僧人的詩作大增，顯示中唐的僧人與文士，酬唱之風十分密切；〔註108〕宗教與文學，在中唐詩僧心中孰輕孰重，是值得進一步探究的問題。〔註109〕唐代文人之佛事文章，有為僧圓寂後，撰碑銘「蓋棺論定」；述寺門院落新成；〔註110〕為常住四方財物貯庫作記；〔註111〕為寺謝額，為僧尼謝賜告身、袈裟，〔註112〕但凡與寺院或僧人有關者均含括，佛事文章是僧俗交涉的第一手資料，最能看出唐代文人涉入佛教的密切程度；唐代文人還經常應僧人之邀，為佛寺、經像、鐘幢撰碑銘，在碑銘文中，除了表達自身對佛法的了解，更主要的，羅列出參與營建修造的功德主，其姓名、事蹟，外兼提高一己的知名度；而參與譯經事業的文人，雖為官吏，為譯經作序文，更是至高無上的榮耀；而最能看出文人涉

〔註105〕唐·柳宗元，〈送元暠師序〉：「元暠師，與劉（劉禹錫）遊久且暱，持其詩與引而來，……其來而從吾也，觀其為人，益見劉之明且信。」《全唐文》卷579，頁5852～5853。

〔註106〕唐·柳宗元，〈送文郁師序〉：「今有文郁師者，讀孔氏書，為詩歌逾百篇，其為有意乎文儒是矣。」《全唐文》卷579，頁5853。

〔註107〕唐·柳宗元，〈送元舉歸幽泉寺序〉：「今所謂元舉者，……而持詩句以來求予。……既曰為予來，故於其去，不可以不告也。」《全唐文》卷579，頁5853～5854。

〔註108〕李寶玲，《唐代長安佛寺發展及其對詩歌之影響》，統計唐代詩人與僧人交往的作品（見附錄十），以中唐詩人為多，認為與大曆詩人所帶起的風氣有關。東海大學中國文學系博士論文，2006年5月，頁232。

〔註109〕彭雅玲，《唐代詩僧的創作論研究——詩歌與佛教的綜合分析》，認為中唐詩僧的宗教關懷高於文學表現。政治大學中國文學研究所博士論文，1999年6月，頁201。

〔註110〕唐·梁肅，〈常州建安寺止觀院記〉、〈祗園寺淨土院志〉，《全唐文》卷519、520，頁5275、5285。

〔註111〕唐·顧少連，〈嵩嶽少林寺新造廚庫記〉，《全唐文》卷514，頁5220～5221。

〔註112〕唐·令狐楚，〈謝賜僧尼告身並華嚴院額狀〉、〈為五臺山僧謝賜袈裟等狀〉，《全唐文》卷541，頁5496～5497。

入佛事之深的，莫過於為已故僧人所作的碑銘；文士與僧人日常書信的往來，更是僧俗交涉最直接的證明，本節就上述四點，以《全唐文》為主要參考資料，旁及僧傳，略述唐代士人佛事文章之內容，略窺唐代士大夫學佛之心理。

一、為佛寺、經像撰碑銘、序記

唐代三教共存，佛寺立有老子像，〔註113〕道觀亦有浮屠形，唐代文人平日為佛寺裡的諸佛、菩薩、變相、繡像，作像讚、畫讚；為佛寺的鐘、碑、塔、經樓、舍利作銘文；就連被貶，也會忍不住為當地佛寺生發的大小事作記志之，〔註114〕不論是帝王敕作或受人請託，此種出現在文人文集與寺記的佛事文章，見證了唐代文士與佛教相涉之深與廣。

唐代最大規模的，帝王敕令為佛寺作碑文，發生在貞觀四年五月，魏徵勸唐太宗行仁義，太宗想起當年打天下，曾經「手誅千餘人」，為懺此殺業，太宗命令在各個戰場建寺超渡亡魂，寺成之後，敕李百藥、許敬宗、朱子奢、褚遂良、虞世南、顏師古、岑文本七人為撰碑文，〔註115〕此外，太宗還下了〈為戰亡人設齋行道詔〉，捨出個人的衣物充作檀捨；〔註116〕不信佛教的太宗，敕命造寺的動機，頗堪玩味，貞觀四年在各戰場建寺，是因魏徵勸太宗行仁義而起，而在此之前，李世民的造寺動機，有因睹見釋門神異而起。〔註117〕

〔註113〕唐・張敬忠，〈新津縣佛殿成老君聖像狀〉，《全唐文》卷277，頁2812。

〔註114〕柳宗元被貶後，以其學佛三十年的機緣，分別在永州、柳州為許多佛寺留下紀錄，如：〈永州龍興寺息壤記〉、〈永州龍興寺東邱記〉、〈永州法華寺新作西亭記〉、〈永州龍興寺西軒記〉、〈柳州復大雲寺記〉、〈永州龍興寺修淨土院記〉。參見：《全唐文》卷581，頁5866～5869。

〔註115〕唐太宗下詔於戰場建七寺，見釋道宣，《廣弘明集》卷28〈唐太宗於行陣所立七寺詔〉（《大正藏》第52冊，頁328～329）。命大臣撰碑文，詳見：宋・釋志磐，《佛祖統紀》卷39：「戰場建寺成，勒群臣撰碑。破劉武周於汾州，立弘濟寺，李百藥撰；破宋老生於呂州，立普濟寺，許敬宗撰；破薛舉於幽州，立昭仁寺，朱子奢撰；破宋金剛於晉州，立慈雲寺，褚遂良撰；破王世充於邙山，立昭覺寺，虞世南撰；破竇建德於汜水，立等慈寺，顏師古撰；破劉黑闥於洺州，立昭福寺，岑文本撰。」《大正藏》第49冊，頁363。觀朱子奢〈昭仁寺碑銘并序〉、顏師古〈等慈寺碑〉，均洋灑千言，謂之應制文可也。參見：《全唐文》卷135、148，頁1362～1366、1497～1499。

〔註116〕唐・釋道宣，《廣弘明集》卷28〈唐太宗為戰亡人設齋行道詔〉。《大正藏》第52冊，頁329。

〔註117〕唐・陸德明，〈敕建廣武山觀音寺碑〉記武德五年，李世民在打敗王世充、竇建德後，班師凱歸，於廣武夜見觀音顯金身，謂群臣曰：「乃者武事告成，天

　　文人為寺作記，多為應邀，儀鳳二年，實性寺寶堂內畫有釋迦像一鋪，所謂一鋪，是指一整面牆，張鷟應「鄉人等九州令族，四海良家。」為釋迦像作碑銘，﹝註118﹞可見初唐時即有供養人邀名人為佛像作碑銘的風氣；大曆九年（774），成德軍李寶臣在定惠寺建文殊師利菩薩堂，邵真任李寶臣書記，應邀作記，﹝註119﹞此記有兩點值得注意：一、文殊師利菩薩已取代了原為應供羅漢的賓頭盧尊者；二、邵真提到文殊師利菩薩堂中，另立「隴西王洎夫人邠國夫人谷氏真形於其次」，可見供養人像出現在佛像旁，是由畫佛像供養以邀功德的觀念，進一步的延伸。

　　除了地方大官與供養人，有些寺僧亦會請文人作碑文，垂拱元年（685），建興寺僧惠靜造彌勒像一鋪，請朱寶積為作〈彌勒尊佛碑〉，言此像乃：「奉為皇家地主及州縣官僚師僧父母一切庶類。」﹝註120﹞文人主動作佛菩薩像讚，多具有個人的祈福心理，李白替「清風豪俠，極樂生疾。」的竇滔，作〈地藏菩薩讚〉祈竇滔病瘥；﹝註121﹞張說為蘇頲所造的觀世音菩薩等身像作頌；﹝註122﹞王勃作有〈釋迦佛賦〉、〈釋迦如來成道記〉，﹝註123﹞王勃二十歲時，於〈遊山廟序〉言自己：「常學仙經，博涉道記。」﹝註124﹞在益州、梓州、廣州、彭州，所作的寺碑、浮圖碑、舍利塔碑，共有十處之多，﹝註125﹞此跟王勃個人的信仰無關，是當時好為文之風氣使然。走「終南捷徑」的盧藏用，其涉佛事之用心，從替沙門惠日等十八人作傳，略可得窺，﹝註126﹞在〈衡嶽十八高僧序〉中，盧藏用言同鄉之楊誕平等人，「眾君子博我以道德，訪我以文章。」所作之〈景星寺碑銘〉，將景星寺由天授年間改為大雲寺，神龍初改為龍興寺，而後再改為景星寺的過程，有最詳細的交代；﹝註127﹞請文人為寺

　　　授神祐，厥功溥哉，遂勒建茲寺。」董誥等編，《全唐文》卷147，頁1484。
﹝註118﹞唐・張鷟，〈滄州弓高縣實性寺釋迦像碑〉，《全唐文》卷174，頁1776～1779。
﹝註119﹞唐・邵真，〈易州抱陽山定惠寺新造文殊師利菩薩記〉，《全唐文》卷445，頁4535。
﹝註120﹞清・董誥等編，《全唐文》卷234，頁2368～2370。
﹝註121﹞清・董誥等編，《全唐文》卷350，頁3545～3546。
﹝註122﹞唐・張說，〈龍門西龕蘇合宮等身觀世音菩薩像頌〉，《全唐文》卷222，頁2238～2239。
﹝註123﹞清・董誥等編，《全唐文》卷177、卷182，頁1800～1801、1850～1853。
﹝註124﹞清・董誥等編，《全唐文》卷181，頁1845。
﹝註125﹞參見：清・董誥等編，《全唐文》卷183～185，頁1863～1885。
﹝註126﹞唐・盧藏用，〈衡嶽十八高僧序〉，《全唐文》卷238，頁2403。
﹝註127﹞清・董誥等編，《全唐文》卷238，頁2407～2410。

院作碑文，目的多是記百姓爭睹寺院壁畫之盛況，有名人手書之碑文，對於寺院的佛畫、佛像，是錦上添花，睿宗朝黃元之，曾爲金陵瓦棺寺的維摩詰畫像作碑文，文中描述當時的金陵百姓，對東晉顧愷之所作的維摩變相，競相施捨的情形：

> 由是士女騈比，擁路爭趨。車馬軒轟，傾都盛集。玉貝交獻，須臾而寶藏忽盈。……納繒帛者繼踵，施衣布者架肩。……非夫精義入神者，孰能與於此乎？〔註128〕

黃元之所記的瓦棺寺維摩詰畫像，雖是在南方，亦可看出唐代造像風氣之普及，百姓對膜拜佛像以邀福的瘋狂程度，不亞於皇室貴族；玄宗朝孫逖，替宰相上表賀開元寺釋迦牟尼像，「殊祥異應，昔所未聞。」〔註129〕此當是在民間的交口稱譽下，才借「開元寺」所鑄的佛像，上表於對佛教不甚熱中的玄宗，使其得知寺有祥異，寺裡的造像有祥異，自然有官吏將含靈的佛像上進朝廷，張說就曾在朔州忍辱尼寺，「見有高祖、太宗造金像銀趺，刻題尊號。彼州士女，屢瞻佛光。」立即將金像隨表奉進，〔註130〕官吏在規模上意的同時，也證明初、盛唐帝王「道先佛後」的主張，民間百姓的看法恰是相反。

二、爲譯經、注經作序

　　唐代襄助譯經事業的帝王，多爲新譯成的佛經親自作序（詳見第二章），此外，也有命大臣爲譯經作序，奉敕作序的大臣，本身不一定有參與譯經工作，序文中除了對譯經工作以及參與譯經的僧俗二眾，詳述其工作內容與其名之外，更重要的，表達出作序者對佛學的見解，以及時人對該經的看法。

　　文士爲譯經、注經作序，通常有帝王敕作與應邀而作二種，玄奘未取經回唐之前，貞觀朝最大規模的譯事，是貞觀四年，來自中天竺的波羅頗蜜多羅（一云「波頗」），於勝光寺所主譯的《大乘莊嚴經論》，除了義淨等十五位僧人參與外，有房玄齡、杜正倫「詮定義學」，蕭璟「監掌修葺」，貞觀七年譯經完成，太宗命李百藥爲作序文，李百藥在序文中特別提到無著菩薩所著

〔註128〕唐·黃元之，〈潤州江寧縣瓦棺寺維摩詰畫像碑〉，《全唐文》卷266，頁2698～2701。

〔註129〕唐·孫逖，〈爲宰相賀開元寺釋迦牟尼佛白光等瑞表〉：「身現金色，頂含白光。發濃紫於聖容，散純黃於佛體。未加瑩飾，已成相好。」《全唐文》卷311，頁3160。

〔註130〕清·董誥等編，《全唐文》卷223〈進佛像表〉，頁2249～2250。

的《大乘莊嚴論》之〈菩提品〉：

> 最爲微妙，轉八識以成四智，束四智以具三身，詳諸經論，所未曾
> 有。可謂聞所未聞，見所未見。〔註 131〕

李百藥對《大乘莊嚴論》的高度讚許容或有些誇大，但在提到譯主波頗描述《大
乘莊嚴論》：「外國凡大、小乘學，悉以此論爲本。若於此不通，未可弘法。」
〔註 132〕或許正因波頗認爲未通《大乘莊嚴論》者不可弘法的說法，謗隨議生，
道宣《續高僧傳》載：「有人云：『頗僥倖時譽，取馳於後。故聚名達，廢講經
論。』」〔註 133〕衡諸波頗言未通《大乘莊嚴論》者不可弘法之說，道宣言「有人
云」的「有人」，指的應是僧人；道宣形容波頗：「意在傳法，情望若絃，而當
世盛德自私諸己。」此更可確定波頗確實是受到當時僧人的誤解與排擠，道宣
另外引同時參與翻譯《大乘莊嚴論》的釋靈佳，對波頗的看法：

> 有沙門靈佳，卓犖拔群，妙通機會。對監護使具述事理云：「頗遠投
> 東夏，情乖名利。欲使道流千載，聲振上古。昔符、姚兩代，翻經
> 學士乃有三千，今大唐譯人不過二十。」〔註 134〕

靈佳感嘆的雖是譯經事業不若前、後秦，然從他對波頗的肯定，更可旁證唐
初譯經事業不發達，連外來的有德和尚都不被看好，道宣言東鄙之人咎彼西
賢，爲之浩嘆，〔註 135〕可謂的論；貞觀十九年（645）玄奘取經回唐，將攜回
長安的六百五十七部三藏梵本，〔註 136〕奉太宗之命，與其他二十一位沙門於
弘福寺譯經，許敬宗奉詔監閱，貞觀二十二年，《瑜伽師地論》譯成後，許敬
宗爲作序，序中提及弘福寺譯場分工詳盡，玄奘譯場的譯經人數，比起波頗

〔註 131〕清・董誥等編，《全唐文》卷 142〈大乘莊嚴經論序〉，頁 1442。

〔註 132〕清・董誥等編，《全唐文》卷 142〈大乘莊嚴經論序〉，頁 1442～1443。

〔註 133〕唐・釋道宣，《續高僧傳》卷 3〈唐京師勝光寺中天竺沙門波頗傳〉。《大正藏》
第 50 冊，頁 440。

〔註 134〕唐・釋道宣，《續高僧傳》卷 3〈唐京師勝光寺中天竺沙門波頗傳〉。《大正藏》
第 50 冊，頁 440。

〔註 135〕唐・釋道宣，《續高僧傳》卷 3〈唐京師勝光寺中天竺沙門波頗傳〉：「頗誓傳
法化，不憚艱危。遠度慈河，來歸震旦。經途所亘，四萬有餘。躬齎梵本，
望並翻盡。不言英彥，有墜綸言。本志頹然，雅懷莫訴。因而搆疾，自知不
救。分散衣資，造諸淨業。端坐觀佛，遺表施身。……既而人喪法崩，歸（上
保下言）斯及。伊我東鄙，匪咎西賢。悲夫！」《大正藏》第 50 冊，頁 440。

〔註 136〕清・董誥等編，《全唐文》卷 152〈瑜伽師地論新譯序〉：「貞觀十九年，持如
來肉舍利一百五十粒，佛像七軀，三藏聖教要文凡六百五十七部，還至長安。」
頁 1550～1551。

譯場，人數增加有限，譯場的分工十分詳盡，參與人數卻未見增多，究其原因，應是在地和尚玄奘，比起外來的波頗，更有號召力。

高宗於永淳二年（中宗弘道元年，683），遣使迎接南天竺國三藏沙門菩提流志入唐，菩提流志在武則天篡唐前夕到長安，曾受則天之命，於東都福先寺翻譯《華嚴經》等十一部佛經，是武則天以女主稱國的造神運動中，負責以佛經力證則天爲彌勒下生的關鍵人物（詳見第二章）；中宗神龍二年（706），令菩提流志於崇福寺翻譯《大寶積經》，先天二年（開元元年，713）經成，徐鍔在〈大寶積經述〉，除了介紹與菩提流志共同翻譯《大寶積經》的中、外大德，更提到先進「太上皇」（睿宗）再進「皇帝」（玄宗），〔註137〕還提到睿宗親爲《大寶積經》作序，〔註138〕〈大寶積經序〉是睿宗生平唯一與佛教相涉的文章，「太上皇」爲佛經作序，而非當朝皇帝，亦爲特例。

慧淨曾參與波頗譯場，應入室弟子庾初孫之請，爲《金剛經》作註，太常博士褚亮，爲作〈金剛般若經注序〉，〔註139〕褚亮認爲《金剛經》：「顯大乘之名相，標不住之宗極。出乎心慮之表，絕於言象之外。」在唐初《法華經》大行之際，文士早對《金剛經》予以留心，六祖惠能於市街聽聞《金剛經》而悟道之說，也就不無可能；王維除了曾經日飯十僧，還爲惠幹所注之《仁王經》上表以進，〔註140〕在安史亂後，爲舜闍黎謝御題之先師塔額；〔註141〕爲某寺寺僧上表請賜佛殿梁，〔註142〕王維之不吝佛事文章，充分顯示他的奉佛熱忱。

三、爲僧人作塔銘、碑文、序文

褚遂良判同州時，夜夢司馬遷之侍妾來討墓銘，〔註143〕可知唐代文士爲人撰墓誌銘十分普遍，文士爲僧人作塔銘、碑文，大別有三種情形：一是奉

〔註137〕清·董誥等編，《全唐文》卷295，頁2992～2993。

〔註138〕清·董誥等編，《全唐文》卷19，頁231～232。

〔註139〕清·董誥等編，《全唐文》卷147，頁1485～1486。按：「庾初孫」，《全唐文》作「庾初孩」，據釋道宣，《廣弘明集》卷22、《續高僧傳》卷3改。

〔註140〕唐·王維，〈爲幹和尚進注仁王經表〉，《全唐文》卷324，頁3288～3289。

〔註141〕唐·王維，〈爲舜闍黎謝御題大通大照和尚塔額表〉，《全唐文》卷324，頁3289。

〔註142〕唐·王維，〈爲僧等請上佛殿梁表〉，《全唐文》卷324，頁3289。

〔註143〕永徽二年（651），褚遂良知同州，夜夢一位名叫隨清娛的女子，自稱是司馬遷的侍妾，十七歲時跟著司馬遷，司馬遷至京後不久去世，隨清娛在同州憂傷而死，天帝憫其天年未盡，命其司同州土地，因此向褚遂良討墓誌銘。《全唐文》卷149〈故漢太史司馬公侍妾隨清娛墓誌銘〉，頁1515～1516。

敕而作；二是應邀而作；三是基於和僧人的私人交情。奉敕而作與應邀而作，顯示該名僧人在帝王與百姓心中地位崇高，對當時的社會、人心有一定的影響，基於個人交情所作的碑銘，則較能突顯文士本身的佛學素養。

（一）帝王敕作

李百藥受命爲《大乘莊嚴經論》作序，普光寺的玄琬律師曾爲皇太子及諸王、六宮等受菩薩戒，玄琬圓寂後，李百藥爲「製碑立于塔所，時爲冠絕。」〔註144〕普光寺的法常法師曾爲太子、皇后戒師，爲新羅王子金慈藏授菩薩戒，法常圓寂後，李百藥爲撰碑文，〔註145〕普光寺乃太宗爲皇太子承乾所建，爲皇家寺院，寺主人選曾由皇帝欽選，〔註146〕李百藥除了爲普光寺的兩位高僧撰碑文，還爲當時盛行的三階教僧人，化度寺僧邕禪師的舍利塔撰塔銘，李百藥提到僧邕先是投稠禪師門下，繼而依三階教創始人信行禪師，李百藥爲僧邕所撰之塔銘，替鮮爲人知，盛行於隋至唐初的三階教，留下珍貴的資料；而從太宗贈帛爲僧邕追福，命李百藥撰塔銘，令歐陽詢書，〔註147〕可見唐初的三階教在僧邕的領導下，教內事務是如日中天，李百藥在塔銘中形容貞觀五年僧邕圓寂後，「四部奔馳，十方號慕。」〔註148〕顯示僧邕確爲信行之後，對三階教最有貢獻的領導人，李百藥爲僧邕撰塔銘，證明了三階教在唐初，確實有不小的影響力。

（二）應邀而作

士人爲僧人作行業讚，多在其生前，玄宗朝王璵，稱讚眞法師爲「大醫王」；〔註149〕文士受僧俗請託，爲已故高僧作碑銘，在唐代十分普遍，白居易言東林寺僧二十餘輩，白黑眾千餘人，「贄錢十萬」來謁，請爲景雲寺上宏和

〔註144〕唐・釋道宣，《續高僧傳》卷22〈唐京師普光寺釋玄琬傳〉。《大正藏》第50冊，頁617。

〔註145〕唐・釋道宣，《續高僧傳》卷15〈唐京師普光寺釋法常傳〉：「弟子德遜等，爲立碑于普光之門，宗正卿李百藥爲文。」《大正藏》第50冊，頁541。

〔註146〕高宗曾命紀國寺上座慧淨法師爲普光寺主，仍兼紀國寺上座。詳見：唐・釋道宣，《續高僧傳》卷3〈唐京師紀國寺沙門釋慧淨傳〉。《大正藏》第50冊，頁445。

〔註147〕宋・釋志磐，《佛祖統紀》卷39：「十一月，化度寺僧邕禪師亡。上敬悼賜帛，勅右庶子李百藥撰碑，更令歐陽詢書。」《大正藏》第49冊，頁364。

〔註148〕清・董誥等編，《全唐文》卷143〈化度寺故僧邕禪師舍利塔銘〉，頁1447。

〔註149〕唐・王璵，〈大唐會稽郡餘姚縣化寺主眞法師行業讚〉，《全唐文》卷363，頁3688～3689。

尙作碑銘，〔註150〕此外，文士也常在碑文中發表本身對佛教的看法，奉佛三十年的柳宗元，爲代宗朝法照國師的老師彌陀和尙作碑文，提到彌陀和尙之「異德」：「凡化人，立中道而教之權。俾得以疾至，故示專念，書塗巷，刻谿谷，丕勤誘掖，以援天下。」〔註151〕柳宗元就連爲高僧作碑文，都不忘「援儒入佛」。

文士爲僧人作碑銘、塔銘，除了受僧人囑託，另外的情況是，文士本身爲高僧之入室弟子，責無旁貸；玄宗朝李適之，爲龍興寺法現禪師的入室弟子，碑銘中描述法現禪師的神異事蹟，令人目不暇給，半信半疑；〔註152〕若正值僧人圓寂不久，碑文中有意在強調其神通，如玄宗朝嚴挺之與太僕卿杜昱，「共集禪師眾所知見實錄」，二人爲神秀弟子義福作〈大智禪師碑銘〉，〔註153〕描述義福夜半念《法華》、《維摩》，「空中落舍利數百」；義福圓寂之前，「有白虹十餘道，通亘輝映，久而不滅。」特別是引用萬迴所說的：「宏通正法，必此人也。」〔註154〕有意思的是，嚴挺之在爲自己撰寫的墓誌銘中，卻遺言要葬在義福之師普寂之塔的西面。〔註155〕

不空三藏，爲玄、肅、代三朝灌頂國師，嚴郢受其弟子惠朗之託，爲作碑銘，文中詳述唐代密宗的傳承，〔註156〕對於密宗在華的傳法經過，留下十分珍貴的資料；李吉甫爲徑山法欽作碑銘，提到了承四祖道信的，〔註157〕「牛

〔註150〕唐·白居易，〈唐撫州景雲寺故律大德上宏和尙石塔碑銘〉，《全唐文》卷678，頁6936～6939。

〔註151〕唐·柳宗元，〈南嶽彌陀和尙碑〉，《全唐文》卷587，頁5933～5934。

〔註152〕唐·李適之，〈大唐蘄州龍興寺故法現大禪師碑銘〉，從法現大師吃「胎裡素」，到偶逢神僧告知當名「法顯」（後因避中宗諱改爲「法現」）；大旱之地郿陽受戒後，「其夜雨雪盈尺」；三婆羅門寄金銀珠寶，賊劫房後，「此寶獨在」；有人以非人工之力，爲禪師之母掘墓，「信宿掘成」；最神奇的，是「置椀佛前，乃成舍利，……其後漸多至百餘粒，他州造塔者，皆來請之。」《全唐文》卷304，頁3091～3093。

〔註153〕清·董誥等編，《全唐文》卷280，頁2841～2844。

〔註154〕清·董誥等編，《全唐文》卷280，頁2842～2843。

〔註155〕唐·嚴挺之，〈自撰墓銘〉，《全唐文》卷280，頁2844。

〔註156〕唐·嚴郢，〈大唐興善寺大廣智不空三藏和尙碑銘〉：「昔金剛薩埵親於毗盧遮那佛前受瑜伽最上乘義，後數百歲，傳於龍猛菩薩；又數百歲，傳於龍智阿闍梨；龍智傳金剛智阿闍梨；金剛智東來，傳於和尙，……凡六葉矣。」《全唐文》卷372，頁3782～3783。

〔註157〕呂澂，〈南北宗禪學的流行〉，認爲道信的著作中引用了許多般若經類，其禪法重視實踐並以「明淨之心」作爲根源，顯示出正由《楞伽》逐漸過渡至《金剛》、《般若》。《中國佛學源流略講》（臺北：里仁書局，1985年），頁223。

頭禪」的傳承；〔註158〕唐伸因其從母兄之請，爲藥山惟儼作碑銘，從中可得知侍奉馬祖道一長達二十年的惟儼，獲得道一傳法的經過；〔註159〕代宗朝李華，爲其師常超作塔記，除了強調常超乃是得普寂眞傳的弟子，更提及佛教在安史亂後，爲人心所歸的情況，〔註160〕此可另由李華〈台州乾元國清寺碑〉，言國清寺在「元惡掃除」之後，改名爲「乾元國清寺」得知；〔註161〕王維之弟王縉，爲大證禪師（南陽國師慧忠）作碑文，對北宗的傳承有詳細的交代；〔註162〕陳詡爲馬祖道一的弟子百丈懷海作塔銘，提到馬祖道一的弟子「多諸龍象，或名聞萬乘，入依京輦；或化洽一方，各安郡國。」〔註163〕更顯示棲於百丈山的懷海，「遺名而德稱益高，獨往而學徒彌盛。」〔註164〕權德輿爲百巖大師作碑銘，自言三十年前聞道於馬祖道一，三十年後，於百巖處，「頃因哀傷，以獲悟入。則知煩惱，不遠菩提。」〔註165〕觀權德輿爲啓蒙老師馬祖道一所作的塔銘，〔註166〕可以感受其三十年的人事歷練，於晚年親近百巖時，內心的孺慕遠勝於馬祖；權德輿爲契微和尙所作的塔銘，顯示出唐代比丘尼，確實有「和尙」之稱；〔註167〕記金剛智與不空師徒二人的影堂碣銘，更透露出肅宗朝，密宗於皇廷一枝獨秀的情形；〔註168〕玄宗朝萬齊融，爲其師事十

〔註158〕唐・李吉甫，〈杭州徑山寺大覺禪師碑銘〉：「又自達摩二世傳法於信禪師，信傳牛頭融禪師，融傳鶴林馬素禪師，素傳於徑山，山傳國一禪師。」《全唐文》卷512，頁5206～5208。

〔註159〕唐・唐伸，〈澧州故藥山惟儼大師碑銘〉，《全唐文》卷536，頁5443～5445。

〔註160〕唐・李華，〈故中岳越禪師塔記〉，《全唐文》卷316，頁3210～3211。

〔註161〕清・董誥等編，《全唐文》卷318，頁3224～3225。

〔註162〕唐・王縉，〈東京大敬愛寺大證禪師碑〉：「夫修行之有宗旨，如水木之有本源。始自達摩，傳付慧可，可傳僧璨，璨傳道信，信傳弘忍，忍傳大通，大通傳大照，大照傳廣德，廣德傳大師。一一授香，一一摩頂。相承如嫡，密付法印。」《全唐文》卷370，頁3757～3758。

〔註163〕馬祖道一的入室弟子，見《馬祖道一禪師廣錄》卷1：「師入室弟子，一百三十九人，各爲一方宗主，轉化無窮。」《卍續藏》第69冊。

〔註164〕唐・陳詡，〈唐洪州百丈山故懷海禪師塔銘〉，《全唐文》卷446，頁4548～4549。

〔註165〕唐・權德輿，〈唐故章敬寺百巖大師碑銘〉，《全唐文》卷501，頁5103～5104。

〔註166〕唐・權德輿，〈唐故洪州開元寺石門道一禪師塔銘〉，《全唐文》卷501，頁5106～5107。

〔註167〕唐・權德輿，〈唐故東京安國寺契微和尙塔銘〉，《全唐文》卷501，頁5105～5106。按：權德輿言契微「欲刃其膚」拒母兄爲擇婿，權德輿自稱「姪孫」，契微應是其姑祖母；又：契微弟子尼惠操爲「兄子」，權德輿〈唐故潤州昭代寺比邱尼元應墓誌銘〉，自稱「族外弟」（卷506，頁5152～5153）。可見其爲奉佛家族。

〔註168〕唐・權德輿，〈唐大興善故大宏教大辯正三藏和尙影堂碣銘〉，《全唐文》卷

餘年的元儼律師的戒壇院作碑文，提到元儼律師自開元二十四年起，爲玄宗御注之《金剛經》開講，得交賀知章、徐安貞等人爲友，「緇黃道俗受法者，殆出萬人。」〔註169〕此碑文交代了在玄宗開元二十六年，戒壇恩制度人的盛況；神湊與白居易共結香火社，生前即託白居易爲其作銘；〔註170〕白居易爲神照門人，神照死後，白居易被公推爲作塔銘；〔註171〕白居易還爲授其八關齋戒的智如和尚作荼毗幢記，智如和尚遺言於荼毗處「唯造佛頂尊勝陀羅尼經一幢」，〔註172〕效法的是其師如信大師的作法。〔註173〕不管是主動或受託，文士爲高僧所作的塔銘或碑銘，除了可看出文士個人學佛的心路歷程，爲高僧所作的碑銘，和替寺院作碑文一樣，是唐代佛教第一手的宗教史料。

　　文士爲僧人之文集作序，初唐已有之，慧淨曾參與波頗譯場的譯經工作，還爲《金剛經》作註，繼劉廷尉《詩苑》之後，慧淨撰《續英華詩苑》十卷，慧淨除了是個義學沙門之外，還是個文僧，劉肅《大唐新語》提到慧淨曾言《續英華詩苑》：「作之非難，鑒之爲貴。吾所搜揀，亦《詩》三百篇之次矣。」〔註174〕劉孝孫在〈沙門慧淨詩英華序〉提到《續英華詩苑》一書，是平日就意在「商榷翰林」的慧淨，經他「刪詩」之請而成，〔註175〕可見兩人亦師亦友的交情，慧淨選詩成集，劉肅以「行於代」一語形容，劉孝孫於序末言：「凡預能流，家藏一本。」可見慧淨《續英華詩苑》在貞觀朝已引起不小的迴響；于頔爲皎然《杼山集》作序，言皎然：「得詩人之奧旨，傳乃祖之菁華。江南

506，頁 5153～5156。按：權德輿入金剛智弟子惠應之門，言惠應等人：「或爲肅宗灌頂阿闍梨，清涼山功德使，或爲內教場三藏大德，或爲僧錄。皆偉然龍象，爲法棟梁。」

〔註169〕清·董誥等編，《全唐文》卷 335〈法華寺戒壇院碑〉，頁 3392～3394。

〔註170〕唐·白居易，〈唐江州興果寺律大德湊公塔碣銘〉：「以先師嘗辱與予游，託爲銘碣。初予與師相遇，如他生舊識，一見欣合，不知其然。」《全唐文》卷678，頁 6937～6938。

〔註171〕唐·白居易，〈唐東都奉國寺禪德大師照公塔銘〉：「眾以余忝聞法門人，結菩提之緣甚熟。」《全唐文》卷 678，頁 6936。

〔註172〕唐·白居易，〈東都十律大德長聖善寺鉢塔院主智如和尚荼毗幢記〉，《全唐文》卷 676，頁 6902～6903。

〔註173〕唐·白居易，〈如信大師功德幢記〉：「唯立佛頂尊勝陀羅尼一幢，幢高若干尺，圓若干尺，六隅七層，上覆下承。佛儀在上，經咒在中，記讚在下。皆師所屬繫，門人奉遺志也。」《全唐文》卷 676，頁 6907。

〔註174〕唐·劉肅，《大唐新語》卷 9，頁 133。

〔註175〕清·董誥等編，《全唐文》卷 154〈沙門慧淨詩英華序〉：「固請法師，暫迴清鑒。採撫詞實，耘剪繁蕪。蓋君子不常矜莊，刪詩未爲斯玷。」頁 1573～1574。

詞人，莫不楷範。」序末就皎然與其十世祖謝靈運同爲詩人，提出「豈佛書所爲習氣云爾」的疑問，〔註176〕劉孝孫與于頔之親近僧人，爲僧人之文集作序，也正基於他親近佛教的習氣。

四、唐代士人與佛事文章

　　唐代文士中，大作佛事文章者，背景與動機不一，白居易爲惟寬傳法堂作碑銘，除了詳述惟寬師承馬祖，與其他禪宗門派之間的關係，最重要的，還記他向惟寬的「四問道」，〔註177〕此四問可視爲中唐士大夫對禪宗共同會有的疑問，文士當中，除了本身爲書法或碑記高手之外，對於佛學浸淫甚深的文士，也會不自覺的提筆爲文，大作佛事文章，此與好文的風氣有關。唐代文士作佛事文章，多爲寺碑與院碑作記，或記載高僧之神異事蹟，顯示出士人對佛教經典與佛教制度的整體看法。

（一）寺碑與院碑

　　書法高手李邕，受奐上人之託，爲神秀弟子普寂作〈大照禪師塔銘〉，〔註178〕將普寂從神秀弟子到帝錫「大照」諡號的經過，羅縷迫來，可視爲普寂的個人傳記；此外，李邕於各地所作的「院碑」、「寺碑」之多，在唐一代，無人能出其右，〔註179〕李邕也同其他撰寺碑的文人一樣，一開頭先述佛理，再談沿革；工勃共有十篇寺院碑銘之作，多採用駢對，對外在事物的歌頌多過內心情感的抒發，相形之下，李邕的碑文作品，可謂質好量佳，除了屢道佛理，李邕對於一寺的人文景觀，寺中僧人的氣象，均有別出心裁之記，如普光王寺碑與嵩岳寺碑，一開頭就提出他個人對「塔廟」的看法，因李邕碑文的跌宕開闔，使得多位刺史、將軍的後人，都樂於請他作比墓誌銘更能顯揚名門高第的「神道碑」。〔註180〕

〔註176〕唐・于頔，〈釋皎然杼山集序〉，《全唐文》卷544，頁5519～5520。

〔註177〕白居易之「四問」，分別是：一、既曰禪師，何故說法？二、既無分別，何以修心？三、垢即不可念，淨無念可乎？四、無修無念，亦何異於凡夫也？《全唐文》卷678〈西京興善寺傳法堂碑銘〉，頁6928～6929。

〔註178〕清・董誥等編，《全唐文》卷262，頁2657～2661。

〔註179〕李邕所作碑文，見於《全唐文》的有：國清寺、泰望山法華寺、鄭州大雲寺、嶽麓寺、靈巖寺、泗州普光寺、嵩岳寺、大相國寺、海州大雲寺、東林寺、五台山清涼寺。卷262～264，頁2661～2680。

〔註180〕詳見：清・董誥等編，《全唐文》卷264～265，頁2680～2691。

　　相較於李邕多作「院碑」、「寺碑」，李華是唐代爲僧人作碑文，數量最多
的，除了爲常超作塔記之外，還爲八位和尚作碑文，〔註181〕其中不乏高僧，
如開元三大士之一，來自中天竺的善無畏，以及天台宗的左溪玄朗；「詩佛」
王維，其母師事北宗神秀弟子普寂禪師，長達三十餘年，王維爲南宗慧能作
碑銘，〔註182〕其佛學思想的轉移，或許是他替禪師作碑銘，在數量上不如李
華的原因。〔註183〕

　　張說曾爲玄奘獻給太宗的《大唐西域記》，以及由一行禪師主編，獻給玄宗
的《大衍曆》，駙馬鄭萬鈞的石刻《般若心經》作序文；〔註184〕沙門履徹，爲丈
六高的盧舍那佛鐵像裝金，乃是替張說之母追福，張說爲此而作〈盧舍那像贊〉；
藍田法池寺的初上禪師，是個「正書」高手，「擅鍾、王品格」，其弟子出力建
「三歸堂」、「善法堂」，張說也爲之作序；〔註185〕至於〈陳州龍興寺碑〉則是在
刺史至縣令共三十四人同請張說的共識下，寺成而碑作；〔註186〕張說最著名的
佛事代表作，是爲有「兩京法主，三帝國師。」之稱的神秀，所作的〈唐玉泉
寺大通禪師碑銘并序〉，描述中宗神龍二年（706），神秀的喪事排場，帝王百官
「如執親焉」，〔註187〕張說廣受道俗器重，作各種碑銘文，除了他本身是個御用
文人之外，與李華一樣，涉入佛教之深，才是他廣作佛事文章的原因。

　　獨孤及爲靈一作塔銘，言靈一是「江謝之闕文，公能綴之。」對張繼、
皇甫冉等方外之友，「循循善誘，指以學路。」〔註188〕獨孤及肯定了靈一詩僧
兼釋門領袖的地位；張延賞因比丘惠融與開悟二人，嘆天寶年間所起之三祖
塔將不保，於是狀聞朝廷，大曆七年（772），朝廷冊賜三祖「鏡智」，塔曰「覺
寂」，獨孤及爲作碑銘，傳述五祖以前的傳法心要，說道：「能公退而老曹溪，
其嗣無聞焉。」提到神秀弟子普寂，門徒萬人，「升堂者六十有三」，〔註189〕

〔註181〕詳見：清·董誥等編，《全唐文》卷319～320，頁3233～3248。
〔註182〕唐·王維，〈六祖能禪師碑銘〉，《全唐文》卷327，頁3313～3314。
〔註183〕王維除了〈六祖能禪師碑銘〉，另作有〈大薦福寺大德道光禪師塔銘〉、〈大唐
　　　　大安國寺故大德淨覺師塔銘〉，《全唐文》卷327，頁3312～3315。
〔註184〕清·董誥等編，《全唐文》卷225，頁2269～2271。
〔註185〕清·董誥等編，《全唐文》卷226，頁2279～2280。
〔註186〕清·董誥等編，《全唐文》卷226，頁2284～2285。
〔註187〕清·董誥等編，《全唐文》卷231，頁2335～2336。
〔註188〕唐·獨孤及，〈唐故揚州慶雲寺律師一公塔銘〉，《全唐文》卷390，頁3962
　　　　～3964。
〔註189〕唐·獨孤及，〈舒州山谷寺覺寂塔隋故鏡智禪師碑銘〉、〈舒州山谷寺上方禪門
　　　　第三祖璨大師塔銘〉，《全唐文》卷390、392，頁3972～3974、3991。

可見直到大曆七年，惠能南宗禪在士大夫之間仍未廣爲流行；顏眞卿〈撫州寶應寺律藏院戒壇記〉，詳述中國僧人受戒的歷史沿革，並且記載了四分律的傳承；〔註190〕顏眞卿記宋州官吏參與八關齋，分別設五百人、一千五百人、五千人爲一會，由顏眞卿之記，知中唐時百姓參與「佛會」的盛況；〔註191〕顏眞卿〈撫州寶應寺翻經臺記〉，言謝靈運等文章四友，著木屐登山，「上則去其前齒，下則去其後齒。」〔註192〕最特殊的，是記他與皎然、陸羽等人，在杼山妙喜寺，效謝靈運的「遺民之會」，共組湖山詩會，〔註193〕以上所述，不論是南、北禪宗登場的時間問題，或是佛門制度的沿革問題，文士與僧人以文會友之「風流藪澤」，均靠文士的佛事文章保留了下來。

（二）神異與功德

　　文人之佛事文章，如記一寺沿革、佛門制度的「寺碑」與「院碑」之外，還有意在突顯靈異的動機，任華記一位「誕生中土，如從西域而來。」的雅和尚，曾應其所請，爲具有不可思議神力，能除八難的「大自在陀羅尼神咒經」作序；〔註194〕裴度爲九十九歲圓寂的善無畏，其眞身塔作記，強調善無畏說法時的種種神異事蹟，雖僅舉其二，「其神異多類此」的形容，〔註195〕亦足以引人遐想；李訥記東林寺舍利塔，可視爲宋武帝時來華的，佛馱跋陀羅的個人傳記；〔註196〕岑勛記千福寺多寶佛的感應事蹟，從懷忍禪師見寶塔從空中而下，於花萼樓下迎御賜的多寶塔額，以及後來，「前後道場所感舍利，凡二千七十粒。」

〔註190〕清・董誥等編，《全唐文》卷338，頁3422～3423。

〔註191〕唐・顏眞卿，〈有唐宋州官吏八關齋會報德記〉，《全唐文》卷338，頁3424～3425。

〔註192〕清・董誥等編，《全唐文》卷338，頁3421。

〔註193〕唐・顏眞卿，〈湖州烏程縣杼山妙喜寺碑銘〉，《全唐文》卷339，頁3435～3437。按：有關湖山詩會的盛況，可見《全唐詩》卷152、卷788，顏眞卿與陸羽、皎然等人唱和的情況，以及《全唐詩》卷788、卷815，皎然在杼山與顏眞卿等人往來的聯句詩。另：亦可參見：孟郊〈送陸暢歸湖州因憑題（一作弔）故人皎然塔陸羽墳〉，《全唐詩》卷379，頁4253。

〔註194〕唐・任華，〈隨求即得大自在陀羅尼神咒經序〉，《全唐文》卷376，頁3824～3825。

〔註195〕唐・裴度〈三藏無畏不空法師塔記〉：「初在烏荼國演《遮那經》，須臾眾會，咸見空中有毘盧遮那四金字，各尋丈排列。又嘗過龍河，一扢駝負經沒水，畏懼失經，遽隨之入水，於是龍王邀之入宮講法，不許，彼請堅至，爲留三宿而出。所載梵夾，不濕一字。其神異多類此。」《全唐文》卷538，頁5462。

〔註196〕唐・李訥，〈東林寺舍利塔銘〉，《全唐文》卷438，頁4470～4471。

〔註197〕岑勛此記，可說是集多寶佛塔種種神驗的集大成之作；顧況〈虎邱西寺經藏碑〉，從因造藏而得授記作佛的覺華、鹿仙長者說起，接著敘述八萬四千藏種種不可思議功德，〔註198〕除了多述神異之外，文人之佛事文章，多記當代的大事或逸事，萬齊融之〈阿育王寺常住田碑〉，除了載明該寺建於晉安帝義熙元年（405），更重要的，清楚點明了中國佛寺最早的，常住田的設置（宋元嘉二年，425）；〔註199〕德宗朝張彧，記法門寺的「大聖眞身寶塔」，除了提及法門寺的沿革，也述及釋迦眞身舍利，可視爲「法門寺傳奇」；〔註200〕梁肅爲智者大師的修禪道場作碑銘，旁及天台宗的由來；〔註201〕白居易長慶二年，爲重元寺法華院的石壁經作碑文，臚列各部經典的殊勝處，〔註202〕側面披露了當時奉佛的士大夫，對於佛經的了解程度；賈餗爲武則天的族孫大悲禪師作碑銘，說明了禪宗自師子比丘傳袈裟以爲信，十世後到惠能之手，中間是：「增上慢者，徇名迷實，至決性命以圖之。故每授受之際，如避仇敵。」此「法衣」最後被神會祕於惠能之塔，〔註203〕傳衣遂絕；穆員記均上人「精苦之能」的功德：「兩臂爲爐，爇香千度。……刺體之血，以嚴經像。」相較於中唐文人對律僧的崇仰，知時至晚唐，如此修苦行的僧人仍大受尊敬，〔註204〕以上文人之佛事文章，均有補強唐代佛教大事紀之功。

五、文士與僧人之書信往來

　　唐代文士與僧人作方外遊，除了僧人本身的佛學涵養，僧人是否兼通儒、釋，是文士心中重要的考量因素，柳宗元對於文暢師有「統合儒釋」的肯定，〔註205〕也正因此，才完全不在乎韓愈譏其平日多言浮屠，與浮屠遊；〔註206〕

〔註197〕唐・岑勛，〈西京千福寺多寶佛塔感應碑〉，《全唐文》卷379，頁3844～3847。
〔註198〕清・董誥等編，《全唐文》卷530，頁5377～5379。
〔註199〕清・董誥等編，《全唐文》卷335，頁3389～3391。
〔註200〕唐・張彧，〈聖朝無憂王寺大聖眞身寶塔碑銘〉，《全唐文》卷516，頁5245～5247。
〔註201〕唐・梁肅，〈台州隋故智者大師修禪道場碑銘〉，《全唐文》卷520，頁5286～5288。
〔註202〕唐・白居易，〈蘇州重元寺法華院石壁經碑文〉，《全唐文》卷678，頁6926。
〔註203〕唐・賈餗，〈揚州華林寺大悲禪師碑銘〉，《全唐文》卷731，頁7546～7547。
〔註204〕唐・穆員，〈東都龍興寺鎮國般舟道場均上人功德記〉，《全唐文》卷783，頁8185～8186。
〔註205〕唐・柳宗元，〈送文暢上人登五臺遂遊河朔序〉：「服勤聖人之教，尊禮浮屠之事者，比比有焉。上人之往也，將統合儒釋，宣滌疑滯。」《全唐文》卷579，

披僧服而言儒之僧人，直至晚唐，仍被視爲是「釋子之高傑者」，〔註207〕側面反應出唐代士大夫與僧人的交往，儒、釋思想的交流是爲主因；柳宗元曾坦言：「浮屠誠有不可斥者，往往與《易》、《論語》合。」〔註208〕一語道出文人之所以樂與僧人交往，就在於能與僧人論道。

權德輿〈送靈澈上人廬山迴歸沃州序〉，言靈澈「心冥空無，而跡寄文字。」更提到皎然「掇六義之清英，首冠方外。」〔註209〕韓愈送文暢，「解其裝，得所得序詩累百餘篇。非至篤好，其何能致多如是耶？」〔註210〕文人別僧之書信，提到僧人的文章造詣，多的是一份難得的肯定；梁肅與靈沼上人相交三十年，其敘二人交往的情形是：「初用文合，晚以道交。淡而文，文而敬，他人未之知也。」〔註211〕梁肅送鑒虛歸越時，希望鑒虛若是見到元浩，「幸說鄙夫擾擾俗狀」，〔註212〕可見梁肅之奉佛，是真正以紅塵爲道場，〔註213〕文人對僧人的難捨之情，是基於視「釋子」爲「人子」的心理，唐代文士寫給僧人的書信，或招僧人彈琴，如王維；〔註214〕或憂其健康狀況，〔註215〕或爲求

頁5851。

〔註206〕唐・柳宗元，〈送僧浩初序〉，《全唐文》卷579，頁5852。

〔註207〕唐・黃滔，〈華嚴寺開山始祖碑銘〉，記行標法師曾爲功德使入內道場：「儒書皆通三皇五帝之道，言未嘗及，而人知其博占也；經論綜貫天堂地法之說，舌未嘗舉，而人皆務崇善也。所至清風凜凜，政所謂釋子之高傑者也。」《全唐文》卷826，頁8702。

〔註208〕唐・柳宗元，〈送僧浩初序〉，《全唐文》卷579，頁5852。

〔註209〕清・董誥等編，《全唐文》卷493，頁5027。

〔註210〕唐・韓愈，〈送浮屠文暢師序〉，《全唐文》卷555，頁5617～5618。

〔註211〕唐・梁肅，〈送靈沼上人遊壽陽序〉，《全唐文》卷518，頁5268～5269。

〔註212〕唐・梁肅，〈送沙門鑒虛上人歸越序〉，《全唐文》卷518，頁5269。

〔註213〕梁肅所作的石幢讚、畫讚、像讚，多是因人追福，受人之託而作，如：〈金剛般若波羅密經石幢讚〉，爲常州刺史獨孤公爲其伯姊隴西李氏追福；〈藥師琉璃光如來畫像讚〉，蘭陵蕭位爲其父追福，德宗爲其女唐安公主追福；〈繡觀世音菩薩像讚〉，尚書吏部郎趙郡李公第六女爲其追福；〈地藏菩薩讚〉，秘書少監兼侍御史李公之甥，太原王氏之女爲母追福；〈藥師琉璃光如來繡像讚〉，新城令柳誠之室，爲其皇姑豆盧氏夫人追福；〈千手千眼觀世音菩薩像讚〉，京兆杜氏爲其夫，壽王府士曹參軍韋侯追福；〈繡西方畫像讚〉，扶風馬氏爲其夫中書舍人贈華州刺史吳郡朱君追福；〈釋迦牟尼如來像讚〉，鮑君游爲其母追福。參見《全唐文》卷519，頁5279～5282。

〔註214〕唐・王維，〈招素上人談琴簡〉，《全唐文》卷325，頁3294。

〔註215〕唐・穆質，〈與僧彥範書〉：「和尚薄於滋味，深於酒德。所食僅同嬰兒，所飲或同少壯。常恐尊體有所不安，中夜思之，實懷幽戀。」《全唐文》卷524，頁5329。

謁，〔註216〕內容萬端，思想交流的結果，往往落實到對於佛理的稽疑辨惑；永徽二年（651）春正月，瀛州刺史賈敦頤與杜正倫等人，公餘之暇遊慈恩寺，蒙玄奘法師授菩薩戒，〔註217〕玄奘開示的內容，雖未論及甚深佛法，杜正倫等聞後亦歡喜捨財而去，高僧對於具有佛學素養的文士，導其接受佛教教理的最有效行爲，就是釋疑，長期浸染佛理的柳宗元，亦不能免此病，柳宗元曾提到世人對於「文章浮屠」，是「寬而不誅」，〔註218〕然對於能文章、喜作詩的僧人，柳宗元卻是好爲僧人師，〔註219〕除了其本身爲文章大家之外，學佛三十年的自信，〔註220〕應是主因。

褚亮名列唐十八學士之一，曾在華山建精舍，邀請暹律師等人來長住，褚亮信中寫道：「法師等學洞經典，譽宣眞俗，實宜共化蒼生，升於彼岸。」〔註221〕請僧常住，目的是在提供一個方便請教的處所，而從文士稽疑的內容，可得知高僧肩負著「大醫王」的角色；白居易〈與濟法師書〉，就《首楞嚴三昧經》、《法王經》、《金剛經》等，針對說法對象不同，以及如何因病與藥的不同說法，提出他的疑問；〔註222〕太子文學權無二，曾就釋典所載，如：龍女成佛之說，提出共十點疑問，大慈恩寺沙門復禮，作《十門辯惑論》以答之，〔註223〕權無二作〈答沙門復禮辯惑書〉以謝，《全唐文》收錄此信僅三分

〔註216〕唐·韓愈，〈與大顚師書〉：「久聞道德，切思見顏。……倘能暫垂見過，實爲多幸。」《全唐文》卷 554，頁 5610。

〔註217〕唐·沙門慧立本、釋彥悰箋，〈大唐大慈恩寺三藏法師傳〉卷 7：「瀛州刺史賈敦頤，蒲州刺史李道裕，穀州刺史杜正倫，恒州刺史蕭銳因，朝集在京。公事之暇，相命參法師請受菩薩戒，法師即授之，并爲廣說菩薩行法。勸其事君盡忠，臨下慈愛，群公歡喜辭去。癸卯各捨淨財，共修書遣使參法師，謝聞戒法。」《大正藏》第 50 冊，頁 260。另見：賈敦頤〈謝參法師戒法書〉，《全唐文》卷 161，頁 1652～1653。

〔註218〕唐·柳宗元，〈送方及師序〉：「代之遊民，學文章不能秀發者，則假浮屠之形以爲高；其學浮屠不能願慰者，則又託文章之流以自放。以故爲文章浮屠，率皆縱誕雜亂，世亦寬而不誅。」《全唐文》卷 579，頁 5850～5851。

〔註219〕與柳宗元論文的僧人，見〈送元暠師序〉、〈送文郁師序〉、〈送元舉歸幽泉寺序〉，《全唐文》卷 579，頁 5852～5853。

〔註220〕唐·柳宗元，〈送巽上人赴中丞叔父召序〉：「吾自幼好佛，求其道，積三十年。」《全唐文》卷 579，頁 5851～5852。

〔註221〕清·董誥等編，《全唐文》卷 147〈與暹律師等書〉，頁 1485。

〔註222〕清·董誥等編，《全唐文》卷 675，頁 6893～6895。

〔註223〕復禮所列之十門辯惑，分別爲：「通力上感門一；應形俯化門二；淨穢土別門三；迷悟見殊門四；顯實得記門五；反經贊道門六；觀業救捨門七；隨教抑揚門八；化佛隱顯門九；聖王興替門十。」《十門辯惑論》卷上。《大正藏》

之一，全部內容見於復禮《十門辯惑論·權文學答書》：

> ……。且宣尼將聖之德，尚問老聃；慈氏次佛之尊，猶詢師利。況
> 以下愚之蔽，披上聖之文。千門萬戶，觸塗多惑。所以罄肝膽，露
> 昏矇，竭鄙誠，請高德。遂引三車之駕，開八正之塗。續晨鳧之足，
> 鑿混沌之竅。百年之疑，一朝頓盡。方當永遵覺路，長悟迷源。爇
> 煩惱之薪，餐涅槃之飯。請事斯語，以卒餘年。謹遣尺書，敢謝不
> 敏。弟子權無二和南。〔註224〕

權無二對佛理致疑，釋疑後能誠意感謝，相形之下，尚醫奉御呂才剽竊諸師
之說以為己有，就顯得居心可鄙；玄奘《因明論》譯成之後，尚醫奉御呂才
作《因明註解立破義圖》，該書是呂才就神泰、靖邁、明覺三位法師，對《因
明論》所作之義疏，親加請益之後，加上舊識栖玄法師來信，敘述世人之難
解《因明論》，〔註225〕呂才採以上四位法師的看法，作《因明註解立破義圖》，
慧立將呂才對《因明論》的「立破、註解」，致書於左僕射燕國公于志寧：

> 才以公務之餘輒為斯注，至於三法師等所說善者，因而成之；其有
> 疑者，立而破之，分為上中下三卷。號曰：立破注解。其間墨書者，
> 即是論之本文；其朱書注者，以存師等舊說；其下墨書注者，是才
> 今之新撰，用決師等前義。凡有四十餘條，自鄶已下猶未具錄。至
> 於文理隱伏稍難見者，仍畫為義圖，共相比挍。仍更別撰一方丈圖，
> 獨存才之近注論，既外無人解。無處道聽途說。〔註226〕

于志寧早在貞觀十九年，玄奘開譯《成唯識論》時，與許敬宗同時擔任「潤
色」的工作，〔註227〕對玄奘所譯之經典不無熟悉，慧立此狀是告對人了，呂
才剽竊玄奘之譯，以及神泰等四位法師對《因明論》之論，附上一己圖文並
具的「臆說」而成書，呂才還於序末言：「猶擬質之三藏」，此語引發慧立大
加撻伐，宋僧贊寧就慧立致書于志寧，形容慧立乃「釋門之季路」，〔註228〕

第 52 冊，頁 551。

〔註224〕唐·釋復禮，《十門辯惑論》卷下。《大正藏》第 52 冊，頁 559。
〔註225〕清·董誥等編，《全唐文》卷 160〈因明註解立破義圖序〉：「此論極難，深究
　　　　玄妙。比有聰明博識，聽之多不能解。今若復能通之，可謂內外俱悉矣。」
　　　　頁 1637～1638。
〔註226〕唐·沙門慧立本、釋彥悰箋，〈大唐大慈恩寺三藏法師傳〉卷 8。《大正藏》
　　　　第 50 冊，頁 266。
〔註227〕唐·沈玄明，〈成唯識論後序〉，《全唐文》卷 205，頁 2074～2075。
〔註228〕宋·釋贊寧，《宋高僧傳》卷 17〈唐京兆魏國寺惠立傳〉：「初立見尚醫奉御

十分貼切；永徽六年（655），呂才妄造「因明圖」的下場，先是太常博士柳宣作〈檄譯經僧眾書〉，〔註229〕柳宣在收到譯經僧代表釋明濬的回信後，上奏彈劾呂才，高宗「勅遣群公學士等，往慈恩寺請三藏，與呂公對定，詞屈謝而退焉。」〔註230〕呂才「註解、立破」《因明論》一事，是初唐最大樁的「智慧財產權」之爭，燕國公于志寧經由譯經工作，與義學沙門建立深厚情誼，攜手與僧人將剽竊諸法師論點的呂才繩之以法，可見唐初對於佛理的問難答辯，已普遍行於士大夫與僧人之間，其中的書信往來，除了有助於對佛理之辨惑，還兼具還原事件真相的價值。

第八節　　小　結

　　唐代文士與僧人之交涉，在中唐以後是前所未有的熱烈，呈現出的風貌是大異前代；中唐時，在百丈叢林制度下，獨領風騷的洪州禪，經過會昌毀佛、士大夫反佛，使得唐代佛教文化呈現新的契機，會昌法難後的晚唐時期，在僧俗交涉下的唐代社會，與佛教有關的文化現象，風貌之多樣，唐以後是再無出其右；安史之亂（755～763）到會昌毀佛（845～846）的八、九十年間，是唐代宗教的大變動時期，除了密宗盛行、叢林制度興起，與僧人最切身相關的，就是唐朝廷一連串影響佛教發展的措施，〔註231〕唐代排佛最徹底的武宗，在會昌二年以前，仍按祖宗規矩，在「降誕日」（生日）當天，〔註232〕請兩街供奉

呂才，妄造釋因明圖注三卷，非斥諸師正義，立致書責之。其警句有云：『奉御於俗事少閑，遂謂真宗可了。何異乎鼫鼠見釜竈之堪陟，乃言崑丘之非難；蛛蝥覘棘林之易羅，亦謂扶桑之可網。』……其外禦其侮，釋門之季路也。」《大正藏》第 50 冊，頁 813。

〔註229〕清·董誥等編，《全唐文》卷 168，頁 1718～1719。

〔註230〕唐·沙門慧立本、釋彥悰箋，〈大唐大慈恩寺三藏法師傳〉卷 8。《大正藏》第 50 冊，頁 266。

〔註231〕黃運喜，《唐代中期的僧伽制度——兼論與其當代社會文化之互動關係》，認為此一時期，唐朝廷影響佛教發展的措施，如：「功德使的設置與職權的擴大，夷夏之防思想所產生的排佛論調，大量斯度僧侶引起的逃避賦役問題，影響國家的經濟發展，成為排佛者有力的口實及會昌法難的原因之一。」中國文化大學史學研究所博士論文，1997 年 6 月，頁 6。

〔註232〕玄宗的生日，稱為「千秋節」：《舊唐書·玄宗紀》載開元十七年（729），百僚請以八月五日玄宗生日為「千秋節」，毛水清舉顧況〈八月五日歌〉：「開元九年燕公說提，奉詔聽置千秋節。」除了確定「千秋節」是因張說之請而非「百僚」，同時也將「千秋節」的時間提前八年。《唐代樂人考述·前言》（北

講論大德入內講經，會昌二年以後，只請道不請僧，會昌四年甚至敕召國子監學士，以及天下及第進士，「身有學者，令入道教。」圓仁記其結果是「未曾有一人，入其道者也。」〔註233〕由側面點出會昌毀佛前，佛教已深入士大夫階層。

從六朝開始，士族大家已有養「門僧」的情形，〔註234〕名士與名僧之「珠聯璧合」，來自於儒、釋、道之三教合流，〔註235〕唐代官吏，府中蓄養「官妓」，家中擁有「家妓」，〔註236〕仍不礙其佛事的進行，信佛的官吏文人，很多是終其一生與佛教相涉，以白居易為例，早年作《策林》七十五篇，乃「揣摩當代之事」而作，其中第六十七〈議釋教·僧尼〉，不僅提到僧尼耗蠹國財，且認為南朝諸代之亡，皆出於僧尼過多；〔註237〕白居易老來中風痺，卻願捨俸錢三萬，請畫工杜宗敬按照《阿彌陀》、《無量壽》二經的內容，畫了一部「阿彌陀佛坐中央，觀音勢至二大士侍左右。」的西方世界圖，〔註238〕白居易又意圖「同彌勒上生，隨慈氏下降。」請人畫「彌勒上生」一幀，〔註239〕此與現今吾人所見，佛寺所供之西方三聖，以及彌勒當來的民間信仰，實無二致，白居易之奉佛行為，可說是中唐士大夫崇佛的代表。

文人由朝中大臣被貶為地方官吏，常會因其個人的詩才與聲望，形成區域性的創作中心，〔註240〕與地方大員來往密切的佛教寺院或僧人，往往因

京：東方出版社，2006年），頁14。

〔註233〕〔日〕圓仁，《入唐求法巡禮行記》卷4，頁97。

〔註234〕王永平，〈文采風流：吳郡張氏之家風與家學〉，言張裕諸子與比丘尼往來的情形，其中，引《比丘尼傳·僧猛尼傳》，張岱請僧猛尼為門師。《六朝江東世族之家風家學研究》（江蘇：古籍出版社，2003年），頁183。

〔註235〕范子燁，《中古文人生活研究》：「中古時代，儒、釋、道三家合流，互融互補。名士追慕名僧，名僧攀附名士，都是由這一文化背景決定的。」（山東：教育出版社，2001年），頁226。

〔註236〕唐代之州郡官府可以蓄養「官妓」，稱之為「府娼」、「郡娼」，《唐六典》記載官員：「三品以上得備女樂五人，五品以上三人。」而實際上遠超過規定，「比誰家的家妓數量多，誰家的家妓年輕貌美，誰家的家妓歌舞技藝高。從而，使蓄養家妓的風氣愈演愈烈。」轉引自：李劍亮〈唐宋歌妓制度面面觀〉，《唐宋詞與唐宋歌妓制度》（浙江：浙江大學出版社，2006年），頁22。

〔註237〕清·董誥等編，《全唐文》卷671，頁6852。

〔註238〕唐·白居易，〈畫西方幀記〉，《全唐文》卷676，頁6903～6904。

〔註239〕唐·白居易，〈畫彌勒上生幀〉，《全唐文》卷676，頁6904。按：長壽寺僧道嵩等六十人，與優婆塞八十一人，合力供養「兜率陀天宮彌勒菩薩上生內眾一鋪」，白居易爲作〈畫彌勒上生幀讚〉，提到親近供養的功德可以「除九十九億劫生死之罪。」《全唐文》卷677，頁6917。

〔註240〕戴偉華，〈地域文化的表述與詩歌創作（一）〉，認為被貶的地方要員形成區域

地方大員的親臨，在不同名目的宴會中，藉由與會人士的詩文記載，不論是寺院名氣，或是奇聞軼事，〔註241〕都因聚會之作而流傳千古。本論文之第五、六兩章，探討文人在寺院環境氛圍，以及僧人的影響下，於詩、文所透顯出的，受佛教沾漑的痕跡，論述內容，不就僧人是否習禪，作爲僧人是否寫作禪詩的依據，〔註242〕而是透過詩人、小說家之筆，力圖呈現文人眼中的僧人樣貌，此外，亦不探討與文筆有關的分類，〔註243〕而較強調其僧俗互動的方式。《全唐文》中，多有僧人與文士互動的第一手資料，如：文士爲已故的僧人作塔銘、碑銘，多詳述與該名僧人交往的當朝聞人，〔註244〕此外，文士或嘆僧人之書藝驚人，如顏眞卿〔註245〕、韓愈，〔註246〕或嘆其善爲文，〔註247〕以講論文藝爲出發點，是文士與僧人交涉的「起點」；而在

的創作中心，經常是以城市爲依托，如：張九齡荊州、張說岳州、元稹越州詩歌的創作。《地域文化與唐代詩歌》（北京：中華書局，2006年），頁91。

〔註241〕宋·李昉等編，《太平廣記》卷201〈權長孺〉引《乾月巽子》，記長慶末年，權德輿之近親權長孺，「將詣闕求官，臨行，群公飲餞於禪智精舍。狂士蔣傳知長孺有嗜人爪癖，乃於步健及諸傭保處薄給酬直，得數兩削下爪，或洗濯未精，以紙裹，候其酒酣，進曰：『侍御遠行，無以餞送，今有少佳味，敢獻。』遂進長孺。長孺視之，忻然有喜色，如獲千金之惠，涎流於吻，連撮噉之，神色自得，合坐驚異。」頁1517。

〔註242〕李淼，〈文人禪詩類別〉，以皎然、齊己、貫休、寒山、拾得，視爲非具有禪宗法嗣的一般禪僧，「其詩作和其他文人詩也無二致，他們和文人詩人一樣也寫了大量世俗生活的詩，所以也應算是文人詩人。」《禪宗與中國古代詩歌藝術》（高雄市：麗文文化事業公司，1993年），頁124。

〔註243〕郭紹林，〈士大夫關於佛教的文字活動〉，將士大夫有關佛教的文字，分爲：應制、遊覽、譯經、贈答、碑銘、記贊表書、佛理、注疏、反佛共九類。《唐代士大夫與佛教》（臺北：文史哲出版社，1993年），頁103。

〔註244〕如：梁肅，〈樂州開元寺律和尚塔碑銘〉，提到與臺一交往的人，有陸象先、賀知章、李邕、徐安貞、褚庭誨、萬齊融。《全唐文》卷520，頁5288。劉禹錫〈澈上人文集序〉：「以是上人之名，由三公而颺。」《全唐文》卷605，頁6113～6114。按：「三公」爲：包佶、李紓、皎然。許堯佐〈廬山東林寺律大德熙怡大師碑銘〉，提到與熙怡爲「參禪之侶」的，有：顏眞卿、趙憬、盧群、楊於陵。《全唐文》卷633，頁6395～6396。

〔註245〕唐·顏眞卿，〈懷素上人草書歌序〉，嘆懷素的書法「縱橫不群，迅疾駭人。」可爲張旭的入室弟子。《全唐文》卷337，頁3416。又：陸羽，〈僧懷素傳〉，記顏眞卿與懷素切磋書法的經過。《全唐文》卷433，頁4421～4422。

〔註246〕唐·韓愈，〈送高閑上人序〉，提到高閑上人的書法，自言：「然吾聞浮屠人善幻，多技能，閑如通其術，則吾不能知矣。」《全唐文》卷555，頁5621～5622。

〔註247〕唐·韓愈，〈送浮屠令縱西遊序〉，述及與令縱論文的情形：「促膝接談，譏評文章，商較人士，浩浩乎不窮，惜惜乎深而有歸。於是乎吾忘令縱爲釋氏之

僧人部分，唐末詩僧，不論是可朋、尚顏還是可准，詩作總數動輒千首以上，貫休跟齊己兩人更是唐代詩僧存詩之最，詩名對他們來說，其價值可能遠高於釋門成就，〔註248〕此可從兩人熱衷於和僧俗共結林中社，所留下的詩篇得知；不獨僧人愛作交遊詩，文人涉足佛寺後，也熱衷作記遊詩，韓愈與李翱、孟郊、柳宗元等人登遊寺、塔，題名以志；〔註249〕白居易等十七人遊大林寺，還看到蕭存等三人於二十年前留下的題名；〔註250〕楊巨源認爲寺壁題名之舉是：「氣象須文字，逢君大雅篇。」〔註251〕他人與自己互蒙其利；鄭谷更道出：「未省求名侶，頻於此地逢。」〔註252〕既尷尬又彼此心照不宣；元稹在〈閬州開元寺壁題樂天詩〉，〔註253〕擺明了是爲白居易打知名度；白居易〈駱口驛舊題詩〉，〔註254〕同樣是爲元稹跟自己作宣傳；元稹題智藏師蘭若，寫道：「僧臨大道閱浮生，來往憧憧利與名。二十八年何限客，不曾閒見一人行。」〔註255〕對心懷名利的遊寺之人，有警示的作用；相對來說，寺院也因名人題詩，繼而成爲名寺，〔註256〕以吸引更多文士遊歷；此外，

〔註248〕李定廣，〈唐末五代世風、士風與文學〉認爲唐末五代的緇流，「只不過是把宗教作爲一種謀生手段，以便更好的鍛煉詩歌，提高詩名。」《唐末五代亂世文學研究》（北京：中國社會科學出版社，2006年），頁52。

〔註249〕唐・韓愈，〈長安慈恩塔題名〉、〈洛北惠林寺題名〉、〈福先塔寺題名〉。《全唐文》卷559，頁5658～5659。

〔註250〕唐・白居易，〈遊大林寺序〉：「既而周覽屋壁，見蕭郎中存，魏郎中弘簡，李補闕渤三人姓名文句，因與集虛輩歎且曰：『吁！此地實匡廬間第一境，由驛路至山門，曾無半日程，自蕭、魏、李遊，迨今垂二十年，寂寥無繼來者。』」《全唐文》卷675，頁6895。

〔註251〕唐・楊巨源，〈同趙校書題普救寺〉：「東門高處天，一望幾悠然。白浪過城下，青山滿寺前。塵光分驛道，嵐色到人煙。氣象須文字，逢君大雅篇。」《全唐詩》卷333，頁3720。

〔註252〕唐・鄭谷，〈題莊嚴寺休公院〉：「秋深庭色好，紅葉間青松。病客殊無著，吾師甚見容。疏鐘和細溜，高（一作孤）塔等遙峰。未省求名侶，頻於此地逢。」《全唐詩》卷676，頁7756。

〔註253〕唐・元稹，〈閬州開元寺壁題樂天詩〉：「憶君無計寫君詩，寫盡千行說向誰。題在閬州東寺壁，幾時知是見君時。」《全唐詩》卷415，頁4587。

〔註254〕唐・白居易，〈駱口驛舊題詩〉：「拙詩在壁無人愛，鳥汙苔侵文字殘。唯有多情元侍御，繡衣不惜拂塵看。」《全唐詩》卷437，頁4849。

〔註255〕唐・元稹，〈題漫天嶺智藏師蘭若僧云住此二十八年〉，《全唐詩》卷414，頁4585。

〔註256〕後蜀・何光遠，《鑑誡錄》卷7：「長安慈恩寺浮圖，起開元至太和之歲，舉子前名登遊，題紀者眾矣。文宗朝，元稹、白居易、劉禹錫唱和千百首，傳

再度重遊的感受，〔註257〕常是文人經歷人事滄桑後，內心最直接的表露。

　　高祖武德九年下詔整頓佛、道，是因「京師寺觀，不甚清淨。」至開元年間，玄宗限制官吏與僧、道往來，至代宗朝，爲保寺院、道觀無「褻黷」情事發生，代宗曾下〈禁天下寺觀停客制〉與〈禁斷公私借寺觀居止詔〉，可見從唐初開始，寺觀多有俗人往來居止，禁無可禁的結果，使得官吏、文人借住寺觀習以爲常，由《纂異記》所載楊積「詣照應縣，長借石甕寺文殊院居。」知暫寓佛寺得先報官登記，離開或死後等異動情形，則不得而知，而由《全唐詩》中，許多夜宿寺院的詩作，以及筆記小說中，沒有官府到寺「攪客」的記載，可知「報官」登記的手續，在寺僧自動邀宿或是地方官吏本身借宿時，當是能免則免，一般來說，與僧人流連信宿者，多是早發道心，其本身爲佛弟子；或是一夕遭變的避寺隱居者，此外，與僧同宿單獨行動的，多是應僧之邀；群體參與的，則多是因好友見招，或是齊在寺裡舉行集會，會後留宿。文人互相邀宿於僧院，對於僧人的感情，較之單獨訪僧同宿者，自是不那麼濃烈；而參加寺中的集會活動，文士所體會到的，是與會當下的感受，此則較具個人情感，中晚唐文人與僧共遊同宿，多是直陳眞情實感的紀錄，此爲中晚唐詩，頗值得留意的部分。

　　唐代襄助譯經事業的帝王，除了爲新譯之經親自作序，也會命大臣爲譯經作序，奉敕作序的大臣，在序文中除了詳列參與譯經的僧俗二眾名單，更重要的是，表達一己對佛學的見解，以及一般人對該經的看法；唐代文士爲僧人作塔銘、碑文，大別有三種：一是奉敕而作；二是應邀而作；三是基於和僧人的私交而作，奉敕而作與應邀而作，顯示該名僧人對於當時的社會、人心，有相當程度的影響，而基於和僧人私交所作的碑銘，最能突顯文士本身的佛學造詣，文士受僧俗之託，爲已故高僧作碑銘，在唐代十分普遍，不管是主動或受人之託，文士爲高僧所作的塔銘或碑銘，除了是文士個人學佛的心得總結，爲高僧所作的碑銘，和替寺院作碑文一樣，均是唐代佛教第一手的宗教史料。

　　文士除了本身爲書法或碑記高手之外，對佛學有所浸淫的同時，也會不

　　　　於京師，誦者稱美，凡所至寺觀臺閣林亭，或歌或詠之處，向來名公詩板潛自撤之，蓋有媿於數公之詩也。」頁51。

〔註257〕唐・竇群，〈重遊惠山寺記〉：「元和二年五月三日，重遊此寺，獨覽舊題，二十年矣當時三人，皆登諫列。……復此躊躇，吁嗟存歿。……因命題壁，以誌所懷。」《全唐文》卷612，頁6185。

自覺的提筆爲文，文士大作佛事文章，此與唐代好文的風氣有關，以李邕的「院碑」、「寺碑」爲例，除了道出其對佛理的見解，對於一寺的人文景觀，寺中僧人的氣象，均有他獨到的看法，也使得名門望族的後人，多請他作光耀門楣的神道碑；爲唐代僧人作最多碑文的李華，以及廣受道俗器重的張說，應邀作各種碑銘文，其涉入佛教之深，是他們廣作佛事文章的原因，而由獨孤及與顏眞卿的佛事文章，可見不論是南、北宗擅場的時間問題，或是佛門制度的沿革問題，在文士的佛事文章中都有線索可尋。

　　文人之佛事文章，有意在突顯僧人神異的動機，此外，亦多記載當代的大事或逸事，足以爲佛門大事紀增彩；文士與僧人作方外遊，僧人是否兼通儒、釋二道，是文士心中首要的衡量因素，僧人之所以讓文人樂與結交的原因，就在於能相互論道，《全唐詩》中，多見文士嘲僧的作品，此與僧人不守戒律有關，但較少見戲嘲律僧之作，此亦可見唐代律宗僧人備受肯定，柳宗元與劉禹錫爲諸多大律師作碑銘，對衡山律門觀感頗佳，禪宗僧人被柳宗元視爲「世之大患」，至晚唐陸希聲爲潙仰宗之仰山慧寂作墖銘，言禪宗：「揚眉動目，敲木指境，遞相效斆，近於戲笑。」顯示到了晚唐，文人對禪宗僧人的觀感仍不如律宗。

　　唐代文士寫給僧人的書信中，有招僧人彈琴如王維；有憂僧人之健康狀況，如穆質；有擺明只爲求一見，如韓愈與大顚，書信交流的結果，難免一提的，經常是有關佛理的稽疑辨惑；高僧對於有佛學素養的文士，導其親近佛教最快的方式，就是釋疑，文士請高僧常住，提供一個便於請教的固定處所，高僧如同「大醫王」；于志寧參與譯經工作，與義學沙門所建立的深厚情誼，共同對付剽竊諸法師論點的呂才，文士與僧人的書信往來，在對佛理辨惑釋疑之外，還兼具還原事件眞相的作用。

　　深受僧人影響的文人，在日常生活中，與僧人共譜之生命樂章，表現在喝茶、弈棋、彈琴、種花、種藥、結社，其中，深受道教餌食延壽觀念影響的種花藥行爲，更是唐代僧人佛、道不分的證明；文人種花藥養生求長生，其兼攝佛、道的觀念，可由文人詩中，對於擁有特殊能力的佛門僧侶，樂於傳述彼此的交往過程得知，如：杜荀鶴〈贈休糧僧〉，〔註258〕辟穀本爲道家爲

〔註258〕唐‧杜荀鶴，〈贈休糧僧〉：「自言因病學休糧，本意非求不死方。徒有至人傳道術，更無齋客到禪房。雨中林鳥歸巢晚，霜後巖猿拾橡忙。爭似吾師無一事，穩披雲衲坐藤牀。」《全唐詩》卷 692，頁 7971。

求飛昇,所作的「輕身」準備,「爭似吾師無一事,穩披雲衲坐藤牀。」杜荀鶴對這位辟穀僧,讚嘆的是他求「不死」的清淨。

　　文人藉由詩、文,表達出對於高僧的崇敬,對藝僧的激賞,對詩僧的相惜,生前曾結爲莫逆者,死後往往爲其寫墓誌銘,文士與僧人的近距離接觸,由與僧同宿之情誼,到戲僧、悼僧之哀惋,唐代文人均是眞情無隱;文士爲寺院或僧人所作之佛事文章,則顯現對佛教的高度認同,唐代僧侶與文士來往,所留下的大量僧詩,是唐代文學最耀眼的成就,文人所留下的碑銘、塔銘,更是直擊唐代與佛教有關的,社會文化的第一手資料。

第七章 唐代庶民與佛教

　　唐代寺院除了宗教功能之外,以文化娛樂功能為主(詳見第八章),唐代聲勢最浩大的兩次宗教活動,是憲宗元和十四年(819)與懿宗咸通十四年(873)的迎佛骨活動,特別是懿宗咸通十四年迎佛骨,唐人參與之熱烈,並非因為多信佛教,而是李肇說的,「以不佞佛為恥」的湊熱鬧心理居多。唐代帝王、官吏與文士的佞佛事蹟,與僧人的各類接觸,正史、別集多有記載,至於唐代庶民之佛教信仰,則須從筆記小說,佛教典籍,金石文獻去爬梳,方能見其梗概。本章首論唐人與佛教有關的法事活動,有個人自發,如:金錢布施、捨宅為寺;有團體行為,如:立社、造經、鑄像等,下有所好,上必甚之,庶民奉佛是來自大環境的影響,故旁引帝王、官吏之奉佛行為作為比較;其次,庶民之超感經驗,是各種類型的冥報故事的濫觴,僧人與百姓各自領受到的,社會上不同的佛典流行,其所代表的意涵,足以代表唐代百姓對佛教的整體看法;再次,中唐以後,因家貧而出家的婦女人數驟增,由尼師的墓誌銘,可以略窺唐代婦女的社會地位;最後,論唐代僧人世俗化的問題,唐代僧人與庶民的多方往來,意即僧人之社會化,此與佛教內部的教規戒律關係密切,朝廷按佛教戒律定出控管僧侶的辦法,探討僧人之社會化,可知佛教內部的教規戒律,與朝廷對佛教的控管,同樣對過度世俗化的僧人起不了作用。

第一節　消災追福之法事活動

　　黃永年認為《太平廣記》之〈釋證〉與〈報應〉,多收信佛之後可免病、死、

災等諸多例子，是佛教能戰勝道教的原因；〔註1〕實際上，中國人敬天畏神的思想，多表現在對法事的投入，以及對咒術的敬畏，唐代百姓到佛寺，除了希望生時求福得壽，死後能夠升天，更希望累世父母以及六親眷屬，全都能免遭三途（餓鬼、畜生、地獄）之苦，唐代百姓對於能夠消災追福的法事活動，其熱衷的程度，從《太平廣記》卷一〇二至卷一一五之「報應類」故事最能看出。捨宅爲寺是百姓個人最大宗的布施，至於大規模的崇佛行爲，短期的，如拜迎佛骨；〔註2〕長期固定的，如房山地區由百姓成立的，專門從事造經活動的「造經社」，此外，就是各州百姓所立的，供奉不同佛像的「邑社」。

一、捨宅與立社

　　王維之母師事大照禪師（神秀弟子普寂）長達三十餘年，母親亡後，王維將母親在藍田縣持齋奉佛的莊園，捨爲寺院，目的是爲追福；〔註3〕唐代百姓布施是爲邀福，與帝王、官吏一樣，信仰佛教多出自功利的動機，有錢的百姓與天潢貴胄、幹吏文人一樣，亦熱衷於捨宅爲寺，自南北朝至晚唐，在僧俗互動下，最具志願性的布施團體，非邑社莫屬，邑社的功能主要有兩種：鄰里互助與舉辦法事活動，邑社的規模大小不一，少者數十人，多者上千人，〔註4〕其中與法事活動有關的，多由出家人帶領。

（一）捨宅為寺以邀福

　　貞觀元年（627），唐太宗把高祖龍潛時的舊宅捨爲興聖寺；貞觀六年（633），太宗將高祖另一處舊宅捨爲天宮寺，〔註5〕雖然《唐律疏議》明定祖父母、父母尚在，而「別籍、異財」者，列爲「十惡」之第七──「不孝」，〔註6〕唐帝王將「捨宅爲寺」倡於上，唐代官吏之「捨宅爲寺」，也從未被以

〔註1〕　黃永年，〈佛教爲什麼能戰勝道教──讀《太平廣記》的一點心得〉，《唐代史事考釋》（臺北：聯經出版公司，1998年），頁637～643。

〔註2〕　唐代總共有六次迎佛骨，分別在高宗顯慶五年（660）、武后長安四年（704）、肅宗至德二載（760）、德宗貞元六年（790）、憲宗元和十三年（818）、懿宗咸通十四年（873）。

〔註3〕　唐・王維，〈請施莊爲寺表〉，《全唐文》卷324，頁3290。

〔註4〕　湛如，〈敦煌的齋文齋會法會辨析〉，將邑社的法事活動內容，歸爲：誦經、造像、寫經、行像、修寺。《敦煌佛教律儀制度研究》（北京：中華書局，2003年），頁349。下引版本同。

〔註5〕　宋・王溥，《唐會要》卷48〈議釋教〉下，頁845、847。

〔註6〕　唐・長孫無忌等編、劉俊文點校，《唐律疏議》卷1，頁12。

「不孝」問罪。

　　唐帝王以宅爲寺，更改寺名的動機，多是爲亡者追福（詳見後）；唐代官吏之捨宅動機，則多是因信仰而發心，淮西節度兵馬使李重倩，上表請捨所居延壽里住宅爲佛經坊，代宗許之，賜名「寶應一切經坊」；幽州節度使劉總，於穆宗長慶初奏請以私第爲佛寺；李鼎在寶應初年爲鳳翔尹，百姓爲李鼎立生祠，李鼎抗表「乞改置佛寺度僧七人」；山南東道節度梁崇義，大曆末抗表「乞以襄陽舊宅爲寺」，以上所列之官吏，不論離京遠近，由捨宅爲寺可見其以信仰爲動機；幽州節度張仲武，見「每有新帥，多創招提，以邀福利。」張仲武曰：「勞人求福，何福之有。」於是出己所俸，請善書者「錄其釋氏之典，傳之於人。」張仲武謂賓客曰：「此非取福貴，助其教化耳。」〔註7〕張仲武出錢寫善書的舉動，以及與圓觀交好的李源，其父李憕將別墅施予慧林寺，作爲「公用無盡財」，〔註8〕可說是唐代官吏奉佛之最佳表率。

　　白居易將元稹託其作墓誌銘的「文贄」，價值約六、七十萬，用來修香山寺，寺成後，白居易言此功德應歸元稹，「必有以滅夙殃薦冥福也。」〔註9〕盧懷愼暴卒而蘇，言「冥司三□爐，日夕爲張說蚣鑄貨財，我無　焉。」〔註10〕雖是中傷張說的成分居多，然亦可見官吏大都相信邀冥福是功德行爲；唐代百姓捨宅爲寺求功德的動機，異於帝王與官吏，多因畏於今生惡業追討，或懼於來生得惡報，欲邀冥福以爲祐護；《太平廣記》載貞觀十一年，百姓方山開，以遊獵爲業，暴死後，經宿蘇醒，方山開自言死後被帶到一處十分可怕的地方，於是「遂捨妻子，以宅爲佛院，恆以誦經爲業。」〔註11〕方山開是懼於殺業過重，才捨妻捨宅，虔心向佛；長安安邑坊立（一作玄）法寺，本爲張頻住宅，張頻曾經供養一僧，該僧念《法華經》長達十多年，「門人譖僧通其侍婢，因以他事殺之。僧死後，闔宅常聞經聲不絕，張尋知其冤，因捨宅爲寺。」〔註12〕張頻枉殺好僧，因而捨宅爲寺，其動機與方山開相同，均是害怕惡業相追。

〔註7〕　宋・王欽若等撰，《冊府元龜》卷821，頁4306。

〔註8〕　宋・釋贊寧，《宋高僧傳》卷20〈唐洛京慧林寺圓觀傳〉：「天寶末陷於賊中，遂將家業捨入洛城北慧林寺，即憕之別墅也，以爲公用無盡財也。」《大正藏》第50冊，頁839。

〔註9〕　唐・白居易，〈修香山寺記〉，《全唐文》卷676，頁6906～6907。

〔註10〕　宋・錢易，《南部新書》（丙），頁38。

〔註11〕　宋・李昉等編，《太平廣記》卷132〈方山開〉，頁937。

〔註12〕　唐・段成式，《酉陽雜俎》續集卷5，頁251。

唐代百姓建立佛寺，動機與捨宅不同，多因善業所感，《桂林風土記》載調露年間，桂州人薛甲常供養一位法號道林的僧人，十多年後道林辭去，云：「貧道在此撓瀆多年，更無所酬，今有舊經一函，且寄宅中，一周年不回，即可開展。」〔註13〕一年後道林未歸，薛甲開鎖，見內有黃金數千兩，薛甲賣金後，買地造菩提寺，建道林眞身供養，可見唐代百姓因懼惡業追逼，不得不捨宅，有感於善業而建寺之例，則不多見；李芳民認爲造像立寺求福田，是中古社會崇佛的不同階層，最常見的表現型態，〔註14〕筆者以爲，「立寺」多見於唐代帝王、官吏，然對唐代一般百姓而言，實非財力所能負擔。

（二）立邑社同修福

唐代百姓以個人財力造寺並不多見，然參與「教壇」活動的「結社」行爲，則普遍流行；振響寺沙門明概，在〈決對傅奕廢佛法僧事〉中，針對傅奕第三論點：「諸州及縣減省寺塔，則民安國治。」明概強調佛教有些神明已經「深入民間」，且提到佛、道二教「教壇」普遍共存的事實。〔註15〕佛經中，不論是「封邑」、「國邑」、「城邑」、「郡邑」、「村邑」，可解釋爲同一個地區，或同一地區的居民，由出家人帶領一般信眾從事此一公共活動，在佛經中屢見不鮮，《瑜伽師地論》載菩薩「若見有情求飲食等十資身具，即便共彼立要契言。」其中一種就是「或有來求共作邑會」。〔註16〕《雜寶藏經》記舍衛城，有一個「邪見不信」的外道婆羅門女，見佛陀的弟子與女人「作邑會」，共作生天解脫的佛齋功德，引出一段「隨喜作齋，由是善業，得來生天。」的因緣；〔註17〕《雜寶藏經》於北魏譯出，其中出家人與在家信女共作邑會的思想，尚未在中國成形，贊寧認爲慧遠等一百二十三人人共結「白蓮華社」（蓮社），「社之名始於此也。」〔註

〔註13〕宋・李昉等編，《太平廣記》卷95〈道林〉，頁636。

〔註14〕李芳民，〈故事的來源、場景與意味——唐人小說中佛寺的藝術功能與文化蘊涵〉，《唐五代佛寺輯考》（北京：商務印書館，2006年），頁397。

〔註15〕唐・釋明概，〈決對傅奕廢佛法僧事〉：「竊見標樹爲社，立墇石以稱君；累土成壇，束茅纂而爲飾。至於急厄求請微有感靈，雨旱祈誠片致恩福。況佛神儀嶷爾靈相儼然，而欲輕毀，其可得也。」轉引自：釋道宣《廣弘明集》卷12〈辯惑篇〉第二之八。《大正藏》第52冊，頁171。

〔註16〕唐・釋玄奘譯，《瑜伽師地論》卷45〈本地分中菩薩地〉第十五〈初持瑜伽處菩提分品〉第十七之二。《大正藏》第30冊，頁541。

〔註17〕元魏・吉迦夜共曇曜譯，《雜寶藏經》卷第五〈外道婆羅門女學佛弟子作齋生天緣〉。《大正藏》第4冊，頁473～474。

〔註18〕宋・釋贊寧，《大宋僧史略》卷下〈結社法集〉：「晉宋間有廬山慧遠法師，化行潯陽。高士逸人輻湊于東林，皆願結香火。時雷次宗、宗炳、張詮、劉遺

18〕慧遠等人「立彌陀像，求願往生安養國。」其結社的目的是祈願往生西方淨土，此可說是中唐法照五會念佛之先導，唐代不論文士或庶民之結社，均始於慧遠倡導之蓮社，現今流行的念佛法會應溯及此。

王耘認為唐人之淨土願力，「由於文人的介入而添為極致。」〔註19〕其實，由僧人所帶領的，有關佛教法事的邑社組織，對唐人嚮往佛國淨土，將願力實踐、推動，其功遠在寫佛事文章的文人之上；僧人所帶領的邑社組織，在貞觀年間已十分盛行，《續高僧傳》記寶瓊貞觀八年去世，寶瓊生前喜誦《大品》（《摩訶般若波羅密多經》），晚年在福壽寺結邑，「每結一邑必三十人」，以合誦《大品》為主，道宣言：「如此義邑，乃盈千計。」〔註20〕道宣另記智聰於貞觀二十年去世，生前集合揚州三百位信徒，成立「米社」；〔註21〕贊寧《宋高僧傳》記神皓貞元六年去世：「別置西方法社，誦《法華經》九千餘部。」〔註22〕神皓的「西方法社」，性質與寶瓊的「福壽寺結邑」誦《大品般若》相同，可見「結社」與「結邑」，兩者應為同義。

不空曾為西河縣百姓上奏乞頒御區，西河縣百姓各出家私修葺佛堂，〔註23〕雖沒有出家人帶領進行佛事活動，儼然已是有組織的，自動自發的宗教團體，贊寧認為：

> 濟事成功，莫近於社。今之結社，共作福因。條約嚴明，愈於公法。

民、周續之等，共結白蓮華社，立彌陀像，求願往生安養國，謂之蓮社。社之名始於此也。」《大正藏》第54冊，頁250。

〔註19〕王耘，〈淨土與意境〉，《唐代美學範疇研究》（上海：學林出版社，2005年），頁239～241。

〔註20〕唐・釋道宣，《續高僧傳》卷28〈唐益州福壽寺釋寶瓊傳〉：「（寶瓊）讀誦《大品》，兩日一遍，為常途業。歷遊邑洛，無他方術，但勸信向尊敬佛法。晚移州治住福壽寺，率勵坊郭，邑義為先。每結一邑必三十人，合誦《大品》人別一卷，月營齋集各依次誦。如此義邑乃盈千計。四遠聞者皆來造欵，瓊乘機授化，望風靡服。」《大正藏》第50冊，頁688。

〔註21〕唐・釋道宣，《續高僧傳》卷20〈唐閬州攝山栖霞寺釋智聰傳〉：「聰以山林幽遠，糧粒艱阻。乃合率揚州三百清信，以為米社。人別一石，年一送之。由此山糧供給，道俗乃至禽獸通皆濟給。」《大正藏》第50冊，頁595。

〔註22〕宋・釋贊寧，《宋高僧傳》卷15〈唐吳郡包山神皓傳〉。《大正藏》第50冊，頁803。

〔註23〕唐・釋圓照集，《代宗朝贈司空大辨正廣智三藏和上表制集》卷第三〈勅賜汾州西河縣西苑房佛堂寺額〉：「西河縣社邑百姓，於至德年中，創共修葺志願。妖孽喪亡，國家剋復。伏以先聖孝感取為社名，並不煩擾公家，亦不私有求乞。其社人等各自擧家資遂共成辦，
自茲已來修葺不輟。」《大正藏》第52冊，頁840。

行人互相激勵，勤於修證，則社有生善之功大矣。〔註24〕
佛教僧侶與信徒共結「社」，從宋代道誠《釋氏要覽》將古代的「社」與宋代的「社」作比較，〔註25〕最可看出其「生善之功」，宋代「淨社」、「蓮社」的「祈福求生淨土」，與東晉慧遠所創的「白蓮社」，已幾乎沒什麼兩樣；玄宗朝，神秀高足普寂設大會，邀請徵士盧鴻「爲導文序讚邑社」，〔註26〕看不出普寂所設的「大會」目的爲何，然從「計逾千眾」的場面，此「邑社」應是不定期法會的組織。

唐代與佛教有關的，定期舉辦活動的邑社，當推專門爲了刻寫石經，作爲信仰功德的房山石經社邑最具規模，時間長達半世紀，從天寶六載（747）到貞元十五年（799），張國剛根據房山石經題記中五十四條記載，歸納出三點：一、參與社邑的人數，最多兩百，最少十三人；二、人數並非固定不變，在安史之亂前後至大曆年人數最多；三、活動每年舉行，上經儀式多在四月八日佛誕節，少數在二月八日舉行。〔註27〕大同坊雲華寺觀音堂，建中末年有百姓屈儼，患瘡將死，夢到一位菩薩摩其瘡，曰：「我住靈華寺。」屈儼驚覺後，「汗流數日而愈。」後來在雲華寺聖畫堂找到夢中的菩薩，消息傳開，傾城百姓瞻仰禮拜，屈儼於是「立社建堂移之。」〔註28〕屈儼爲觀音「立社建堂」，未載參與「觀音社」的人數有多少，由此可見百姓經由「立社」，集眾人之力的奉佛行爲，確實在中唐時已十分普遍。

唐代百姓「立社」的奉佛行爲，並非始於建中年間屈儼之「觀音社」，牛肅《紀聞》載開元初年，同州界有數百戶人家，同奉普賢菩薩，分爲東、西普賢邑社，兩社奉普賢像卻不識「普賢」的故事，牛肅此記意在強調：「菩薩變現，豈凡人能識。」〔註29〕然亦可看出開元初，一州之內有「百家」規模

〔註24〕宋·釋贊寧，《大宋僧史略》卷下〈結社法集〉。《大正藏》第54冊，頁250。

〔註25〕宋·釋道誠，《釋氏要覽》卷上〈住處〉：「《白虎通》云：『王者所以有社何爲？天下求福報土，人非土不食。土廣不可遍敬故，封土以立社。』今釋家結慕，緇白建法，祈福求生淨土。淨土廣多，遍求則心亂，乃確指安養淨土。爲棲神之所，故名蓮社、淨社爾。」《大正藏》第54冊，頁263。

〔註26〕宋·釋贊寧，《宋高僧傳》卷5〈唐中嶽嵩陽寺一行傳〉：「寂師嘗設大會，遠近沙門如期必至，計逾千眾。時有徵士盧鴻隱居於別峯，道高學富。朝廷累降蒲輪，終辭不起。大會主事先請鴻爲導文序讚邑社。」《大正藏》第50冊，頁732。

〔註27〕張國剛，〈隋唐佛教與民眾信仰〉（下），《佛學與隋唐社會》（河北：人民出版社，2002年），頁213。下引版本同。

〔註28〕唐·段成式，《酉陽雜俎》續集卷5，頁250。

〔註29〕宋·李昉等編，《太平廣記》卷115〈普賢社〉，言數百家每日設齋，東社邑家

的邑社存在，可見百姓「每日設齋」的奉佛能力，反應了開元時期，良好的經濟條件；此外，《酉陽雜俎》載陝州西北白徑嶺上邏村田氏村民，「其家奉釋，有像設數十。」田氏鑿井得了一根「大如臂，節中粗，皮若茯苓，氣似朮。」的東西，將此物供在佛像前，〔註 30〕田氏一戶奉佛人家，就能夠設像數十，可見百姓之奉佛能力，而在唐代文人中，參與僧人結社最熱衷的應數白居易，白居易除了與神湊、如滿等人結「菩提香火社」，還詳細記載南操成立的「華嚴經社」；杭州龍興寺僧南操，於長慶二年（822），請靈隱寺僧道峰講《大方廣佛華嚴經》，有感於〈華藏世界品〉之殊勝，因而發願成立「華嚴經社」，白居易記該社的組織與規模：

> 於白黑眾中，勸十萬人，人轉《華嚴經》一部，十萬人又勸千萬人，人諷《華嚴經》一卷。每歲四季月，其眾大聚會，於是攝之以社，齋之以齋，自二年夏至今年秋，凡十有四齋。每齋，操捧香跪啟於佛曰：……又於眾中募財，置良田十頃，歲取其利，永給齋用。〔註 31〕

南操成立「華嚴經社」有成，於寶曆二年（826）八十一歲，恐社與齋，「來者不能繼其志」，希望白居易誌石記之；不獨出家人有心，直至晚唐，訪悟達國師智玄，「擬結蓮社」的，就有大官多人，〔註 32〕可見自唐初至唐末，與佛教有關的結社行為，從未間斷。

二、造像與寫經

陳子昂向武后上〈為將軍程處弼謝放流表〉：「懷戴之心，祈懇冥報。遂用於天宮寺寫經造像，半為聖主，半為老親。」〔註 33〕由此表可知，在唐人

的青衣生子，取名「普賢」，「普賢」年至十八，負責「愚賢廟役之事」，有一天「普賢」在設齋之日，推倒「普賢身像而坐其處」，邑老見狀又罵又打，「普賢」笑曰：「吾以汝志心故生此中，汝見真普賢，不能加敬，而求此土像何益？」說完變成：「身黃金色，乘六牙象，空中飛去，放大光明。天花綵雲，五色相映。」的普賢菩薩。西社為普賢邑齋時，僧徒方集，有孕婦入菩薩堂中產下一男，初生時，因汙穢而為諸人詬辱，婦人忽然不見，所生的汙穢嬰兒變為普賢菩薩：「光明照燭，相好端麗。其所汙穢，皆成香花。於是乘象，騰空稍稍而滅。」頁 800。

〔註 30〕唐・段成式，《酉陽雜俎》續集卷 2，頁 213。
〔註 31〕唐・白居易，〈華嚴經社石記〉，《全唐文》卷 676，頁 6907～6908。
〔註 32〕宋・釋贊寧，《宋高僧傳》卷 6〈唐彭州丹景山知玄傳〉。《大正藏》第 50 冊，頁 743。
〔註 33〕宋・李昉等編，《文苑英華》卷 618，頁 3204。

心目中，寫經造像的功德，是亡者與生者均享，此種功德，上自帝王下至庶民，是普遍的共識。

（一）造　像

唐代帝王造像邀福，以武則天爲最，武則天「命僧懷義作夾紵大像，其小指中猶容數十人。」〔註 34〕造大像有邀大功德的心理動機，而造不同的佛像，其背後的文化因素，頗值得注意；盧宏正言四大天王中，居北方的毗沙門天王，爲帝釋「外臣」，領藥叉眾，護南贍部洲，「在開元，則玄宗圖象於旂章；在元和，則憲皇交神於夢寐。佑人濟難，皆有陰功。」〔註 35〕知在開元時，已有北方「毗沙門」（唐言：多聞）天王能「護國」的傳說，〔註 36〕此傳說從天寶戰爭、安史亂後，直至晚唐仍盛行不衰，〔註 37〕傳說盛行的原因，是與唐帝國自中唐以後，國家多亂有關。

釋道宣《四分律刪繁補闕行事鈔》，言釋門何以要造經像：「如來出世有二益：一、爲現在生身說法；二、未來經像流布，令諸眾生於彌勒佛，聞法悟解，超升離生，此大意也。」〔註 38〕造經像的功德，能「聞法悟解，超升離生。」此種大誘因，使得武則天於長安末年，決定在白馬坂造大像，要僧尼人出一錢，所獲功德自是歸她，李嶠上疏諫曰：

> 稅非戶口，錢出僧尼，不得州縣祗承，必是不能濟辦，終須科率，豈免勞擾！天下編戶，貧弱者眾，亦有傭力客作以濟糇糧，亦有賣舍貼田以供王役。造像錢見有一十七萬餘貫，若將散施廣濟貧窮，人與一千，濟得一十七萬餘戶。〔註 39〕

李嶠建議將十七萬貫用來造大像的錢，濟十七萬戶貧民，此議未被武則天採納；代宗朝，吐蕃多次寇邊，常袞對奉佛過度的代宗諫曰：「今軍旅未寧，王畿戶口十不一在，而諸祠寺寫經造像，……歲巨萬計。」〔註 40〕除了帝王崇佛的心理，

〔註 34〕宋・司馬光，《資治通鑑》卷 205〈唐紀〉21，頁 6498。
〔註 35〕唐・盧宏正，〈興唐寺毗沙門天王記〉，《全唐文》卷 730，頁 7530。
〔註 36〕唐・黃滔，〈靈山塑北方毗沙門天王碑〉：「自天寶中，使于闐者得其眞還，愈增宇内之敬，……，凡百城池，莫不一之。」《全唐文》卷 825，頁 8695。
〔註 37〕唐・段成式，〈塑像記〉：「毗沙門得方便救護之門，……近于闐聚落西羌，覩像而來降。」《全唐文》卷 787，頁 8234。另：大中年間，鄉貢進士王洮曾受託爲慧聚寺天王堂作記。見：《全唐文》卷 791，頁 8287。
〔註 38〕唐・釋道宣，《四分律刪繁補闕行事鈔》卷下三。《大正藏》第 40 冊，頁 133。
〔註 39〕五代、後晉・劉昫等撰，《舊唐書》卷 94，頁 2994～2995。
〔註 40〕宋・歐陽修、宋祁撰，《新唐書》卷 150，頁 4809。

當時的社會風氣，認爲造像的功德，能使人超離生死，應是主要的誘因；武德初年，李大安之妻爲遠行的李大安造像，使將死的大安得救；〔註41〕元和末，蜀市人趙高因好鬭常入獄，趙高滿背鏤刺毗沙門天王像，使得「吏欲杖背，見之輒止。」趙高恃此而成坊市患害，李夷簡以新造筋棒，「叱杖子打天王」，打得趙高旬日後，「袒衣而歷門，叫呼乞修理功德錢。」〔註42〕李夷簡棒打「肉身」的天王像，事雖令人解頤，但也可看出造像觀念之普遍。

上述皇甫政與其妻於寶林寺求子，其妻「別繪神仙」的口吻，〔註43〕與寫經造像能夠使自己或他人「聞法悟解，超升離生。」似乎沒多大關聯，但由此記可看出唐代百姓是佛、道不分，〔註44〕同時也顯示百姓以繪佛像作爲還願的內容，是普遍的行爲；《紀聞》載韓光祚之妾被華山府君看上，華山府君使韓光祚之妾暴卒，欲強取之，韓光祚一再爲愛妾鑄觀世音菩薩像，其妾因而能夠三番兩次死去而又活來，又因造像工以造像錢救下將被宰之豬，妾得以繼續存活人間，免爲鬼妻，〔註45〕牛肅此記頗饒興味，極盡光怪陸離之能，間接也顯示造像觀念之深植人心。

（二）寫　經

一般民間的造經（寫經）活動，南朝便已風行，陳宣帝太建十三年（581），隋主詔境內之民，聽任出家，「仍令計口出錢，營造經像。於是時俗隨風而靡，民間佛書，多於六經數十百倍。」〔註46〕釋門造石經，則起於隋代，幽州沙門釋智苑，擔心皇帝滅佛，佛法因此而滅，在隋大業中便發心造石經，智苑在幽州北山鑿巖爲石室，把四壁磨平用來寫經，此外，又找來方形大石，磨而後寫，寫好後「藏諸室內，每一室滿，即以石塞門，用鐵錮之。」內史侍郎蕭瑀與其姊（煬帝之后），分別施絹、錢物以助成，「朝野聞之，爭共捨施。」

〔註41〕唐‧唐臨，《冥報記》卷中，記越州總管李大亮之兄李大安，武德年中，李大安從京往省，被大亮派來照顧的家奴謀殺，將至於死，夢見庭前池水西岸，金佛像化爲僧，爲大安摩傷口，該僧之袈裟甚新淨，背有紅繪補塊，大安爲家人說僧像事，一婦說大安初行，其妻使婢詣像工爲大安造佛像，有一點朱漫汗在僧像背上，大安遂崇信佛法。參見：《大正藏》第51冊，頁794。

〔註42〕唐‧段成式，《酉陽雜俎》前集卷8，頁76。

〔註43〕宋‧李昉等編，《太平廣記》卷41〈黑叟〉，頁259～260。

〔註44〕穆員爲晚唐時人，作有〈畫原始天尊釋迦牟尼佛讚〉，《全唐文》卷783，頁8189。

〔註45〕轉引自宋‧李昉等編，《太平廣記》卷303〈韓光祚〉，頁2399。

〔註46〕宋‧司馬光，《資治通鑑》卷175〈陳紀〉9，頁5449。

智苑所造之刻經石滿七室，貞觀十三年卒後，其弟子繼其功。〔註47〕

　　唐代百姓造像、寫經的目的，除了追福，亦包含懺罪的心理，此心理之普遍性，可由家人或相關人等，幫忙造像或寫經亦能獲得功德得以證明；《廣異記》載開元中，崔日用爲汝州刺史，所居之地爲凶宅，夜半有或跛或眇的烏衣十數名，自言魂居此宅，其「業身」爲散在諸寺的「長生豬」，因爲崔日用膽大，不怕「異形」現身來告，因此得以向崔日用申說明白，崔日用於是將各寺的長生豬：「殺而賣其肉，爲造經像。」〔註48〕封丘縣老母李氏，貞觀年中，病死後被冥司追問：「擬作《法華經》已向十年，何爲不造？」李氏言已付錢一千文，請隱師造經，隱師當晚即夢有赤衣人來問造經之事，〔註49〕可見不管是造經或造像，在唐代百姓心中，同樣是消今生厄，追來生福之舉；《雲谿友議》載韋皋年輕時，與荊寶之青衣玉簫，相約少則五載多則七年來娶，玉簫「逾時不至，絕食而死。」韋皋於是「廣修經像，以報夙心。」並請來祖山人，山人有少翁之術，能使逝者與生者相見，齋戒七日後，玉簫乃至，謝曰：「承僕射寫經造像之力，旬日便當托生。却後十三年再爲侍妾，以謝鴻恩。」〔註50〕玉簫絕食自殺之罪，當入惡道，卻因韋皋爲其寫經、造像，旬日便得托生爲人，范攄意在強調寫經、造像功德之大。

　　唐人輸錢造石經者，「鮮不附於經石之列」，贊助者的名字必刻於石，元稹記杭州永福寺的石壁《法華經》：「必以輸錢先後爲次第，不以貴賤老幼多少爲先後。」〔註51〕此外，從文獻中，無法判定唐代是否有專門寫好經書，並且賣經書的「經坊」，但從《太平廣記》所記，確實有專門替人寫經的寫經手，而且僧俗皆有，如：卷九十九〈劉公信妻〉，提到龍朔三年（663）：「有一經生，將一部新寫《法華經》未裝潢者，轉向趙師子處質錢。」可見佛經可作爲流行「商品」；卷一○九〈李氏〉，記貞觀年間的李氏，要一部《法華經》，先付一千文給「隱禪師」，禪師「雇諸經生，眾手寫經。」可見唐初已經有以抄佛經爲業之人，而且有一定的市價行情；同卷〈尼法信〉，記武德年間尼法信，拿出比市價高多倍的價錢，請來「工書者一人」，關出淨室請他寫《法華

〔註47〕唐·唐臨，《冥報記》卷上。《大正藏》第51冊，頁789。
〔註48〕宋·李昉等編，《太平廣記》卷439〈豕·崔日用〉，頁3581。
〔註49〕宋·李昉等編，《太平廣記》卷109〈李氏〉，頁665。
〔註50〕唐·范攄，《雲溪友議》卷中〈玉簫化〉，轉引自楊家駱主編，《唐國史補等八種》，頁23～25。
〔註51〕唐·元稹，〈永福寺石壁法華經記〉，《全唐文》卷653，頁6645。

經》，〔註52〕以上諸記，除了抄經者並非爲了種一己福田而抄經（因有收取費用），更可見初唐時，《法華經》確實是天下第一經。

三、爲亡者追福

　　唐人「厚葬」之風，於開、天時期爲盛，因經濟安定、社會繁榮，更重要的是受到佛教「輪迴」觀念的影響；與佛教相違背的厚葬習俗，多表現在爲死者追福，〔註53〕北涼曇無讖所譯之《優婆塞戒經》，提到男性之俗家信佛者（優婆塞）爲亡者追福，〔註54〕《優婆塞戒經》言追福的「三時」，在唐人力追一切眾生福的作風下，並未被確實遵守；追福是亡者得安，生者於來生得利的行爲，「是福追人，如影隨形。」可說是一種「超級布施」，在此種大引誘下，唐代上自帝王，下至官吏、百姓，其追福的對象已不限於死人，而其追福的名目，可說是無奇不有。

　　玄宗朝姚崇，反對造經像追福，臨死前告誡子孫：「若未能全依正道，須順俗情，從初七至終七，任設七僧齋。……亦不得妄出私物，徇追福之虛談。」〔註55〕知唐代百姓爲亡者追福，普遍設「七僧齋」，此外，《報應記》載龍朔三年，可元少常伯崔義起之妻死後，家人爲修「初七齋」；〔註56〕貞元十二年，趙齊嵩選授成都尉，就任途中遇到山難，脫困月餘後才得返家，家人爲他「始作三七齋」；〔註57〕除了民間最普遍的「七僧齋」、「三七齋」之外，請人於寺院作畫，是具有布施及追福的雙重功德，吳道子曾應裴旻之請，在洛陽大宮寺畫〈除災患變〉，爲裴旻之母追福；〔註58〕李白記馮翊郡秦夫人，爲亡夫於佛寺請人用金銀泥畫西方淨土變相；〔註59〕任華〈西方變畫讚〉，記將氏兄弟

〔註52〕宋・李昉等編，《太平廣記》，頁 665～666、745～747。

〔註53〕參見：姚平，《唐代婦女的生命歷程・序言》（上海：古籍出版社，2004 年），頁 4。

〔註54〕北涼・曇無讖譯，《優婆塞戒經》卷 5：「爲亡追福則有三時，春時二月、夏時五月、秋時九月。若人以房舍、臥具、湯藥、園林、池井、牛、羊、象、馬種種資生，布施於他，施已命終，是人福德，隨所施物，任用久近，福德常生。是福追人，如影隨形。」《大正藏》第 24 冊，頁 1059～1060。

〔註55〕五代、後晉・劉昫等撰，《舊唐書》卷 96，頁 3028～3029。

〔註56〕轉引自宋・李昉等編，《太平廣記》卷 115〈崔義起妻〉，頁 799。

〔註57〕宋・李昉等編，《太平廣記》卷 421〈趙齊嵩〉，頁 3431～3432。

〔註58〕詳見拙作，〈論吳道子因妒殺人〉，《興大人文學報》第 38 期，頁 9～10、14。2007 年 3 月。

〔註59〕唐・李白，〈金銀泥畫西方淨土變相讚并序〉，《全唐文》卷 350，頁 3544～3545。

以〈妙法蓮華變〉一鋪,爲先人追福;〔註60〕玄宗朝邱悅,造石佛爲亡母追福;〔註61〕德宗朝呂溫西使吐蕃,其妻爲求其安然來歸,繡藥師如來像,呂溫爲此作〈藥師如來繡像讚〉,呂妻相信藥師如來「能度群品,出諸幽厄。」〔註62〕在唐代的百姓心中,以「繡像」爲人追福乃第一首選,白居易道出其中緣故:

> 夫範銅設繪,不若刺繡文之精勤也;想形念號,不若觀像好之親近也。即造之者誠不得不著,感不得不通;受之者罪不得不滅,福不得不集。〔註63〕

刺繡像與追福者,爲同一女性,也因這樣的誠心,唐代許多文人爲名門大戶之女作「繡像讚」;〔註64〕穆員將奉佛的虔心與刺繡像追福合而論之,認爲其功德無可比量,〔註65〕從穆員所作的,爲死者追福,爲生人求福的諸佛菩薩的繡像讚、畫像讚中,〔註66〕可見時至晚唐,繡像讚、畫像讚已成爲百姓追福的主要內容。

除了爲去世之人追福,唐代百姓亦有爲各種動物追福,漢地百姓爲動物追福,多因懺罪的因素,動機與敦煌百姓爲辛苦終生的動物追福大爲不同;《冥報記》載貞觀初,交州都督遂安公李壽,罷職歸京,李壽性好畋獵,「常籠鷹數聯,殺鄰狗餧鷹。」後因病見五犬來索命,經過一番談判,李壽答應爲犬追福;〔註67〕京兆殷安仁家中富有,素來供養慈門寺僧,殷安仁本身並非殺驢之直接兇手,卻因接受一塊驢皮,最後必須「爲驢追福,而舉家持戒菜食。」〔註68〕京兆人潘果,武德中曾與里中少年數人,「出田遊戲」,經過塚間要偷

〔註60〕 清・董誥等編,《全唐文》卷 376,頁 3824~3825。
〔註61〕 唐・邱悅,〈石佛銘〉,《全唐文》卷 362,頁 3673。
〔註62〕 清・董誥等編,《全唐文》卷 629,頁 6349。
〔註63〕 唐・白居易,〈繡西方幀讚〉,《全唐文》卷 677,頁 6917。
〔註64〕 以白居易所作之「繡像讚」爲例,〈繡西方幀讚〉是弘農楊姓女爲姊追福;〈繡阿彌陀佛讚〉,是京兆杜氏女爲皇妣追福,〈繡觀音菩薩讚〉,是白行簡之妻,「奉爲府君祥齋」,白居易並詳述其規格爲:「長五尺二寸,闊一尺八寸。」《全唐文》卷 677,頁 6917~6918。
〔註65〕 唐・穆員,〈繡西方大慈大悲阿彌陀佛記〉:「西方之教,念爲斯至。劋是像也,一縷一哀,一哀一聖。凡億萬縷,爲億萬聖。億萬大慈大悲,一之乎爾願。其爲追護也可訾量哉。」《全唐文》卷 783,頁 8184。
〔註66〕 清・董誥等編,《全唐文》卷 783,頁 8184~8189。
〔註67〕 轉引自宋・李昉等編,《太平廣記》卷 132〈李壽〉,頁 936。
〔註68〕 唐・唐臨,《冥報記》卷下,載煬帝義寧初年,有客寄安仁家,送了塊驢皮給

羊，怕羊叫而將羊舌割掉，潘果的舌頭因而日漸變小，最後得爲羊追福，舌頭才又長出，〔註69〕從百姓爲犬、驢、羊等動物追福，可知寺院裡之所以豢養「長生豬」、「長生羊」、「長生牛」，都是追福行爲下的產物。

第二節　冥報故事與佛典啓示

　　唐代士大夫多是爲了追求心靈經驗而親近佛教，百姓一遇到天災人禍，在人窮呼天無告的情形下，極易受到宗教的影響，百姓要解決的是現實人生的問題，其奉佛的行爲也就多含功利成分，亦即以自身利益考量爲出發點，最能反應此一心態的是冥報故事，冥報故事中的人物經歷，反應出在當時，百姓對佛教報應觀的篤信。李鵬飛認爲，唐代文人寫作精怪小說，是爲了表現「天眞、詼諧與機智意趣。」〔註70〕唐代小說家將冥報故事，以及自身或他人的宗教體驗記錄下來的同時，還多了一份身爲佛教徒的使命感。

一、報應之福善禍淫

　　唐臨《冥報記》二卷，在唐初已「大行於世」，〔註71〕唐臨以士大夫的角度，述隋末唐初，佛教之因果業報說，流行於士大夫及庶民間的概況，唐臨是爲了向「習因而忘果」的俗士，力陳「後報」的深遠影響，〔註72〕可見佛教之現報、生報、後報三種報應說，〔註73〕在隋及唐初已深植人心。

他，貞觀三年時，安仁見一路人曰：「官追汝，使人明日至，汝當死也。」安仁徑往慈門寺佛堂中，至明日，有數十人，手拿兵杖入寺，安仁遙見，念佛誦經而不應。鬼謂曰：「昨日不即取之，今其修福如此，何由可得？」留下一鬼餘皆去，鬼謂安仁曰：「君往日殺驢，驢今訴君，故我等來攝君耳。終須共他對，不去何益？」安仁遙答他只拿皮，不是直接兇手，最後提出爲驢追福而事得解。《大正藏》第51冊，頁798。

〔註69〕唐·唐臨，《冥報記》卷下。《大正藏》第51冊，頁798。
〔註70〕李鵬飛，《唐代非寫實小說之類型研究》（北京：北京大學出版社，2004年），頁340。
〔註71〕五代、後晉·劉昫等撰，《舊唐書》卷85，頁2813。
〔註72〕唐·唐臨《冥報記》卷上。《大正藏》第51冊，頁788。
〔註73〕佛教之報應說，共分三種：一、現報，此生作善、惡業，於此身受報；二、生報，此身作業，不於此生受，隨其業之善惡，死後生於諸道；三、後報，過去身所作之善、惡業，於多生受，亦即現在作業，未便受報，於未來或五生或十生受報。

（一）因善得福

隋至唐初，梁武帝及其後人奉佛的事蹟，《冥報記》多有記載；武帝之孫蕭璟誦《法華經》，死前言普賢菩薩來接，此爲初唐之後，蕭氏家族奉佛的動力來源之一；〔註74〕大理丞董雄，「少誠信佛道，蔬食數十年。」因在獄中專念《法華經・普門品》，使得鉤鎖自解，也影響從不信佛的李敬玄寫《法華經》；〔註75〕隋末唐初流傳的「嚴法華」的故事，則可說是百姓奉《法華經》得福之最佳例子；〔註76〕蕭璟建塔、董雄吃素、嚴恭寫經，都是因長期善行而得善報，除此之外，《冥報記》所載，亦有修短期的功德便得「現報」之例。

《冥報記》載貞觀十三年，殿中侍御醫孫迴璞，兩次被鬼帶走，一次是抓錯人；一次是魏徵給他「冥官」做，最後因「造像寫經」修福被放還，孫迴璞親口說與唐臨；〔註77〕鄭縣人張法義，貞觀十年入華山砍柴，遇見一僧坐巖中，

〔註74〕蕭璟，梁武帝之孫，梁王歸之第五子，《冥報記》卷（中），載蕭璟依《法華經》的內容，蓋了座「多寶塔」，後來在前院草中發現了一尊製作異於中國的鍮石佛像，佛像函內有舍利百餘枚，其出家爲尼的女兒想驗胡僧說「舍利鎚打不破」之說，取三十粒以試，「舍利了無著者。」女就地檢拾卻只剩三四枚，懼以告璟，「璟往塔中視之，則舍利皆在如舊。」蕭璟因此事，日誦法華經一遍。貞觀十一年臨終時，只留蕭瑀及女爲尼者，謂其女：「我欲去，普賢菩薩來迎。」《大正藏》第 51 冊，頁 791。

〔註75〕唐・唐臨，《冥報記》卷（中）載：貞觀十四年春，董雄與李敬玄、王忻等人，「坐爲連李仙僮事」，二人與雄同屋閉禁，被鎖牢固，董雄夜中獨坐，專心念《法華經・普門品》，「鎖忽自解落地。」監察御史張敬一，令「紙封緘其鎖，書署封上。」至天明，「鉤鎖各離在地，而鎖猶合。其封署處，全因不動。」忻、玄二人共同目睹其事。李敬玄曾笑其妻讀經，見此事，二人亦誦八菩薩名，「滿三萬遍，盡日鎖自解落。」三人俱雪之後，李敬玄乃寫《法華經》，畫八菩薩像。《大正藏》第 51 冊，頁 794。

〔註76〕唐・唐臨《冥報記》卷（上），記嚴恭，本泉州人，弱冠時以錢五萬，往揚州市物。在江中逢一船載黿將賣，嚴恭欲贖之，黿主曰：「我黿大頭，千錢乃可。」結果嚴恭以五萬贖回全部五十頭黿，全放生江中，黿主與恭別後行十餘里，船沒而死。當日黃昏，有烏衣客五十人，到嚴恭家寄宿，并送錢五萬，對恭父曰：「君兒在楊州市，附此錢歸。」此錢「皆水濕。」一個月後，嚴恭還家，說及五萬錢事，父子驚歎，於是共往揚州建精舍，專寫《法華經》，家轉富後，更大起房廊爲寫經之室，寫經生多達數十人，揚州道俗號曰「嚴法華」。造室寫《法華經》之後，嚴恭多遇異事，有神托夢商人，以供物轉送嚴恭寫《法華經》之用；上街買經紙途中，異人送錢言說買紙，隋末盜賊至江都，相約勿入嚴法華里，全里之人因而獲全。《大正藏》第 51 冊，頁 790。

〔註77〕唐・唐臨《冥報記》卷（中），記孫迴璞從車駕幸九城宮，於二更時分，聞門外有人喚「孫侍醫」，說是「官喚」，越走四周「如晝日光明」，見到有兩人帶著韓鳳方，對帶著孫迴璞的兩人說：「汝等錯，我所得者是，汝宜放彼人。」

僧「令洗浴清淨，被僧衣，爲懺悔。」九年後法義病死，冥司錄其貞觀十一年時，曾經張目罵父，認爲張法義「不孝，合杖八十。」嚴穴僧向判官言法義爲其弟子，已懺其罪，「天曹案中已勾畢，今枉追來不合死。」〔註78〕此記透露出，只要懺其罪，事後若有犯錯，仍可從輕量刑；侍郎劉軻年少爲僧時，於寺院改葬先前被寺主隨便掩埋的書生，劉軻事後在夢中得書生所贈三雞子，食一粒便「精於儒學，而隸文章，因榮名第，歷任史館。」劉軻不便爲此行善之殊遇作傳記，韓愈曾言：「待余餘暇，當爲一文贊焉。」〔註79〕也因左遷而罷，幸有范攄爲之記，可知不論親身所遇或聽聞而得，對於因善得福之冥報，唐人是深信不疑。

（二）不善致禍

王福昌就圓仁《入唐求法巡禮行記》對農村民風的描寫，統計出褒義與中性佔三分之二，貶義佔三分之一，歸結出唐代中期農村民風有趨惡的傾向。〔註80〕民風之趨惡，是跟經濟環境有關，圓仁所記爲開成五年至會昌五年間，經濟受迫之下，仍不敢違法的一般百姓，會昌毀佛時，王義逸以大筆家財，買下各寺院拆下來的瓦木，「取其精者，遂太營市邸，并治其第，爲岐下之甲焉。」王義逸發佛難財三年後，不聽信小吏夢見其因貪「佛材」而遭難之「冥告」，王義逸最後是：「腦發癰，三日而卒。」〔註81〕《法苑珠林》載渤海長河人封元則，顯慶中，爲光祿寺太官掌膳，于闐王託其將數十百口羊送往僧寺當「長生羊」，封元則「竊令屠家烹貨收直」，龍朔元年夏六月，洛陽下大雨，封元則在宣仁門外街道上，被雷震死，「折其項，血流灑地，觀者盈衢，莫不驚愕。」〔註82〕王義逸與封元則，以佛財圖利自身的報應故事，對於佛

韓鳳方是夜暴死。貞觀十七年，孫迴璞在洛州東孝義驛，一人來問：「君是孫迴璞不？」孫迴璞反問，答曰：「我是鬼耳。」出文書示璞，說是魏徵有文書，追孫迴璞爲記室；孫迴璞驚訝於魏徵尚未死，爲何遣鬼送書，鬼曰：「已死矣，今爲太陽都錄大監。」孫迴璞以尚有要務在身，欲緩其召，於是和鬼共食，「晝則同行，夜同宿。」度關過驛，鬼曰：「勿食薰辛」後，讓璞在家等死，璞以必死，「請僧行道，造像寫經。」六、七天後，鬼來召璞，見眾君子來迎，曰：「此人修福，不得留之，可放去。」《大正藏》第51冊，頁793～794。

〔註78〕唐・唐臨《冥報記》卷下。《大正藏》第51冊，頁801。
〔註79〕唐・范攄，《雲谿友議》卷中，頁22。
〔註80〕參見：王福昌，〈日人圓仁視野中的唐代鄉村社會〉，《華南農業大學學報》，2007年第1期。
〔註81〕宋・李昉等編，《太平廣記》卷116〈王義逸〉，頁812～813。
〔註82〕宋・李昉等編，《太平廣記》卷393〈封元則〉，頁3137～3138。

教的推動，有收效宏大之正面影響；貪佛財而被追到底的，不獨百姓，劉昌美典夔州，蜀川將校王尙書，曾把俸錢三百千捐給雲安縣僧玄悟修觀音堂，僧玄悟把剩下的三十千納爲己有，玄悟死去活來告訴弟子「鬻衣鉢而償之。」〔註83〕貞元中，河內太守崔君，爲人貪而刻，曾於佛寺中，「假佛像金凡數鎰，而竟不酹。」崔君死後轉世爲寺裡的「長生牛」。〔註84〕

　　以上所述王義逸、封元則、玄悟、崔君，盜的全是佛財，至於盜父母財的，《冥報記》載長安東市筆工趙士次之女，盜父母錢一百，死後變青羊以償，最後被送到寺裡當「長生羊」，〔註85〕盜父母財的下場與盜佛財者之死於非命或轉爲畜生差不多，至於損毀經像，其報應反不如盜佛財嚴重；〔註86〕對於《冥報記》之類的宣教小說，王青認爲：

> 由於佛教的傳入，小説的創作被神聖化了。它再也不是遠離大達的瑣屑之言，也不是稗官野史們的道聽途説，而是一項有助於證明聖靈極近、緣如影響、以使讀者產生敬信之心的神聖事業，做好這項事業是信徒的本分。〔註87〕

〔註83〕 宋・孫光憲，《北夢瑣言》卷7，記玄悟死後經過七天，在身體接近腐壞的情形下，忽然醒來告訴弟子：「初至一官曹，見劉行軍（昌美）説云：『何乃侵用功德錢？以舊曾相識放歸，須還此錢。』」玄悟於是吩咐弟子「鬻衣鉢而償之。」頁55。

〔註84〕 唐・張讀，《宣室志》卷2，記寺僧因崔君曾爲太守，終不敢言其貪佛像金之事，不久崔君卒，當天寺裡母牛生產，小牛的頂上有成縷的白毛呈現三字：「崔某者。」寺僧看後且嘆且異，都説崔君當太守，借寺中佛像金卻不還，崔君的家人聞之，以他牛換此小牛，剪去毛上的文字，不久又生，也不食草，最後帶回寺裡當「長生牛」。《四庫全書》文淵閣本。

〔註85〕 唐・唐臨，《冥報記》卷下，載長安有個風俗，每年元日已後，輪流作飲食相邀，號爲「傳坐」。輪到東市筆工趙士次，有一客先到，如廁時見有童女，泣謂客人，言生前盜父母錢一百買脂粉，説完「化爲青羊白項。」客人驚告主人，知是死了二年的小女，於是把羊送到僧寺，「合門不復食肉。」《大正藏》第51冊，頁798。

〔註86〕 唐・道世撰，《法苑珠林》卷79，記武德末年，姜勝生忽遇惡疾，身體長爛瘡，手足指落，夢見一尊白石像曰：「但爲我續手，令爾即差。」姜勝生方想起武德初年，在黍地裏打麻雀，在村佛室中拿《維摩經》，撕破後綁在杖頭嚇麻雀，有人見狀勸説：「盜裂經大罪。」勝生反入佛堂中，把白石像的右手打到脱落，勝生雇匠續佛像之手，「造經四十卷，營一精舍。一年之內，病得瘥。」《大正藏》第53冊，頁877。

〔註87〕 王青，〈西域文化對中古小説觀念層面的影響（上）〉，《西域文化影響下的中古小説》（北京：中國社會科學出版社，2006年），頁111。

從唐臨《冥報記》、道世《法苑珠林》等釋氏輔教之書強調福善禍淫，可知自唐初開始，寫作宣教小說者，不論是文士或僧人，其視文章事業，亦即個人畢生之神聖事業。

二、佛典的流行

唐代的觀音傳說最流行，其中，與馬郎婦觀音相關的故事，多有所本；《釋氏稽古略》載元和十二年，菩薩欲以大慈悲力化陝右百姓，示現為一美女，以能誦《法華經・普門品》、《金剛經》、《法華經》七卷，作為擇偶的條件，美女死後留下黃金鎖骨，見證其確為菩薩再來，〔註88〕此記所載雖為元和年間事，但也透露《金剛經》漸為人所重，與《法華經》同是唐代最受矚目的兩大經典。

（一）初唐《法華經》流行概況

西晉惠帝永康年中，長安青門燉煌菩薩竺法護初翻《法華經》，名曰《正法華》；東晉安帝隆安年中，龜茲三藏法師鳩摩羅什重翻，更名為《妙法蓮華經》；隋代大竺沙門闍那笈多所翻者，亦名《妙法蓮華經》，道宣言：「三經重沓，文旨互陳。時所宗尚，皆弘秦本。自餘支品別偈，不無其流。」道宣言後世所有依經而生之說解，皆宗鳩摩羅什之本，對於《法華經》的價值，道宣認為：「自漢至唐六百餘載，總歷群籍四千餘軸，受持盛者，無出此經。」〔註89〕《宣室志》記貞觀中，玉潤山悟真寺僧，挖到一塊能誦《法華經》的「顱骨」，〔註90〕可見唐初最風行的佛經是《法華經》。

唐臨《冥報記》，多在故事的最後道出親聞何人所說以為證，內容多述隋至唐初，《法華經》受歡迎的情形；貞觀二年，僧法端親自向唐臨說自己曾經強索《法華經》不得的故事；〔註91〕《法苑珠林》載龍朔三年，劉公信之妻

〔註88〕元・覺岸，《釋氏稽古略》卷3。《大正藏》第49冊，頁833。

〔註89〕唐・釋道宣，《妙法蓮華經・弘傳序》。《大正藏》第9冊，頁1。

〔註90〕唐・張讀，《宣室志》卷7，記悟真寺僧夜於藍溪忽聞有人讀《法華經》，四望數十里，「闃然無覩，其僧慘然。」羣僧隔夜俱於藍溪聽之，尋聲標記後，挖出一塊顱骨，「其骨槁然，獨唇吻與舌，鮮而且潤。」帶回寺後放入石函，「自是每夕常有讀《法華經》聲」，長安士女觀者千數，能誦《法華經》的石函，後來被新羅客僧盜走，時開元末。《四庫全書》文淵閣本，子部，小說家類，異聞之屬。

〔註91〕唐・唐臨《冥報記》卷上，載河東有個練行尼，常誦《法華經》，用比一般還高數倍的價錢，請人寫經，此尼還特地造了個「淨室」，寫經人「一起一浴，

陳氏暴死,至冥司見其亡母受苦,指定要陳氏爲其寫《法華經》,陳氏還陽之後,以寫經生寄在其妹夫處質錢的《法華經》供養,其亡母仍被獄卒打至脊破,原因是陳氏取他家佛經以爲己經,是大罪過,〔註92〕故事如此,無非是要突顯《法華經》至高無上的地位。

(二)中唐《金剛經》之流佈

禪宗六祖惠能聞客讀《金剛經》,「一聞心名便悟。」客言曾在黃梅五祖弘忍處,「在彼門人有千餘眾」,「見大師勸道俗,但持《金剛經》一卷,即得見性,直了成佛。」可知《金剛經》之盛行,始於五祖弘忍。〔註93〕《金剛經》的醒世傳奇,不獨見於佛教典籍,在唐代筆記小說中亦多有記載;自中唐禪宗大行後,有關持誦《金剛經》的功德,不斷增溫,直至唐末,〔註94〕《玉泉子》載楊希古:

> 性酷嗜佛法,常置僧于第,陳列佛像,雜以幡蓋,所謂道塲者。每
>
> 凌旦,輒入其內,以身俛地,俾僧據其上誦《金剛經》三遍。〔註95〕

楊希古以身俯地,請僧代誦《金剛經》的行爲,可謂奉佛太過;《報應記》載李

燃香熏衣。」寫經室外鑿壁穿一孔,尼要求寫經人「每欲出息,輒遣含竹筒,吐氣壁外。」八年寫完之後,龍門僧法端欲以此尼「供養嚴重,盡其恭敬。」的經本作爲講經本,尼不與,法端責讓,尼不得已親自送付,法端一開:「唯見黃紙,了無文字。更開餘卷,皆悉如此。」法端慚懼送還,尼悲泣以受,「以香水洗函,沐浴頂戴。遶佛行道,於七日七夜,不暫休息。既而開視,文字如故。」《大正藏》第51冊,頁789。

〔註92〕轉引自宋・李昉等編,《太平廣記》卷99〈劉公信妻〉,頁665～666。
〔註93〕唐・釋法海集,《六祖壇經》卷1。《大正藏》第48冊。
〔註94〕《廣異記》載寶應初,張嘉猷爲明州司馬,因病而死,葬於廣陵南郭門外;永泰初,其故友勞氏,見猷乘白馬自南來,告訴勞氏因爲素持《金剛經》,故死後無累,因爲別有所適,託勞氏代爲轉達其兄,爲他誦《金剛經》一千遍,且建議勞氏「幸爲轉誦,增己之福。」轉引自:《太平廣記》卷105〈張嘉猷〉,頁710～711。另:《報應記》載唐太和五年,梓州人倪勤典涪州,素持《金剛經》,廳事面江,乃設佛像而讀經,六月九日江水大漲,等水退後,周圍數里室屋盡溺,「唯此廳略不沾漬,倉亦無傷,人皆禮敬。」轉引自:《太平廣記》卷108〈倪勤〉,頁732。另:《廣異記》載盧弁訪伯父,晚上夢見二黃衣吏來追,盧弁被追到一處屋上有蓋屋下無梁柱的地方,十幾個自轉的大磨旁有婦女數百,十幾個牛頭卒用「大箕抄婦人,置磨孔中,隨磨而出,骨肉粉碎,苦痛之聲,所不忍聞。」盧弁驚見其伯母也在其中,伯母道出是因妬忌以至於此,要素持《金剛經》的盧弁替她誦經,最後度得伯母生還。轉引自:《太平廣記》卷382〈盧弁〉,頁3048～3049。
〔註95〕宋・李昉等編,《太平廣記》卷498〈楊希古〉,頁4086。

丘一，萬歲通天元年（696）任揚州高郵丞，寫《金剛經》贖殺生之罪，〔註96〕弘忍卒於高宗上元二年（675），李丘一事在萬歲通天元年（696），「冥間號《金剛經》最上功德」，《金剛經》取代《法華經》，成爲唐代百姓心中的「最上功德」，應在此二十多年間。

持誦《金剛經》的功德，段成式〈金剛經鳩異〉可謂集大成，〔註97〕韋皋鎮蜀時，有左營伍伯在西山行營，從劫走他的蕃騎手中逃脫，一夜之間就回到東市的家中，伍伯於被劫之前，與同夥學念《金剛經》的「經題」，被劫後因反覆唸誦「經題」而得救；〔註98〕陳昭在元和初年，因病被拘至趙判官前當證人，陳昭因曾經私取一頭牛，必須呈功德以抵罪，陳昭言：「陳設若干人齋，畫某像。」判官云：「此來生緣爾！」陳昭因爲「曾於表兄家轉《金剛經》」，才得以當世還陽；王翰暴卒三日，自述被拘至冥司，允爲其亡兄作功德，「設齋及寫《法華經》、《金光明經》」，均不如「持《金剛經》日七遍。」〔註99〕段成式筆下持誦《金剛經》的各色人等，可說是有求必應，有：怪病得以痊癒；〔註100〕能夠履險如夷，〔註101〕受重刑若承輕傷；〔註102〕得以死

〔註96〕 李丘一性好鷹狗畋獵，忽一日暴死，見以往所殺禽獸，皆作人語云：「急早處分。」冥王因李丘一曾造《金剛經》一卷，合掌云：「冥間號《金剛經》最上功德，君能書寫，其福不小。」冥王於是召集李丘一所殺生類，令李丘一還陽後寫《金剛經》一百卷，結局是皆大歡喜。參見：《太平廣記》卷103〈李丘一〉，頁699。

〔註97〕 段成式之作〈金剛經鳩異〉，自言乃因其父段文昌誦《金剛經》十餘萬遍，且兩次臨難，均因持經之故得全身以退。參見：《酉陽雜俎》續集卷7，頁265。

〔註98〕 唐‧段成式，《酉陽雜俎》續集卷7〈金剛經鳩異〉，頁267。

〔註99〕 唐‧段成式，《酉陽雜俎》續集卷7〈金剛經鳩異〉，頁272。

〔註100〕 長慶初，荊州僧會宗嘗中蠱，發願念《金剛經》50遍以待盡，後夢見有人從其口中拉出髮十餘莖，又吐出長一肘餘的大蟲，病遂癒。《酉陽雜俎》續集卷7〈金剛經鳩異〉，頁269。

〔註101〕 張齊丘爲朔方節度使，小將煽動數百軍人欲反時，突然出現長數丈之二甲士幫忙解危，乃因張齊丘日誦《金剛經》15遍，積十數年。《酉陽雜俎》續集卷7〈金剛經鳩異〉，頁266。溪陽鎮將王沔常持《金剛經》，遇船難，同行皆死，獨以不知何處丟來的竹竿得以不溺，上岸後，竹竿變成了《金剛經》，頁269。

〔註102〕 左廂虞侯王某，被誣將對汴州刺史劉逸淮不利，坐杖三十，年老的王某對右廂虞侯韓弘言受棒時：「見巨手如簸箕，翕然遮背。」連撻痕都無，均因讀《金剛經》四十年，使得一向不信佛的韓弘，連盛暑時也揮汗寫《金剛經》。《酉陽雜俎》續集卷7〈金剛經鳩異〉，頁266。石首縣沙彌道蔭，常持《金剛經》，夜行遇虎，道蔭坐而默唸，虎「伏草守之」，天明才去，頁270。

去多日又活過來，〔註103〕甚至回到陽間又能添壽；〔註104〕還有因目睹《金剛經》之靈驗而決定捨宅、出家；〔註105〕荊州法性寺「一寺二害」，其中一害是僧惟恭，惟恭念《金剛經》三十餘年，一日五十遍，爲人不拘僧儀，好酒且多是非，如此違戒的僧人竟能因念《金剛經》，死後得生「不動國」，感動了法性寺另外「一害」虔心奉佛，〔註106〕可見到了晚唐，《金剛經》不論在民間或釋門，均有其影響。

元和時，軍人董進朝因常持《金剛經》，於時之將至前夕，在城東樓上宿直，聽到有四名黃衣人言董進朝持經的時候，「以一分功德祝庇冥司，我輩久蒙其惠。」最後決定以同姓同年，而且壽相埒之鄰人以代其死，類似董進朝持《金剛經》可暫免死的例子，亦見於《宋高僧傳》，違戒僧人如惟恭，可得生東方不動國土，俗人可暫且免死，與僧洪正「同名異實者，可互死。」〔註107〕持誦《金

〔註103〕百姓王從貴之妹常持《金剛經》，暴卒後被埋三日尚活，乃因持經功德被放還，頁 267。元和三年，李同捷作亂，劉祐麾下的八將官王忠幹，持《金剛經》二十餘年，混戰中，「身中箭如蝟」，屍棄水濠岸；夢見長丈餘之人指營路，歸而復活，頁 270～271。

〔註104〕荊州天崇寺僧智燈常持《金剛經》，死後七日得活，對弟子言冥王說：「更容上人十年在世。」《酉陽雜俎》續集卷 7〈金剛經鳩異〉，頁 267。江陵開元寺般若僧法正，日持《金剛經》三七遍，病卒至冥司，冥王「令登繡坐，念經七遍。」言：「上人更得三十年在人間。」頁 270。

〔註105〕襄州小將孫咸暴卒，至冥王處目睹生前好食肉但持《金剛經》之人，「左邊有經數千軸，右邊積肉成山。」經堆中出一星火飛向肉山，肉山銷盡人履空而去。孫咸還陽後「破家寫經，因請出家。」《酉陽雜俎》續集卷 7〈金剛經鳩異〉，頁 266～267。軍人董進朝常持《金剛經》，宿直時聽聞四名黃衣人言董進朝持經時，「以一分功德祝庇冥司。」決定找鄰居一同姓同年者「枉命相代」。董進朝後出家，「法號慧通，住興元唐安寺。」頁 269。

〔註106〕唐·段成式，《酉陽雜俎》續集卷 7：「同寺有僧靈巋，其迹類惟恭，爲一寺二害。因他故出，去寺一里，逢五六人，年少甚都，衣服鮮潔，各執樂器如龜茲部。問靈巋：『惟恭上人何在？』靈巋即語其處，疑其寺中有供也。及晚迴入寺，聞鐘聲，惟恭已死，因說向來所見。其日合寺聞絲竹聲，竟無樂人入寺。當時名僧云：『惟恭蓋承經之力，生不動國，亦以其迹勉靈巋也。』靈巋感悟，折節緇門。」頁 269。

〔註107〕宋·釋贊寧，《宋高僧傳》卷 24〈唐成都府靈池縣蘭若洪正傳〉，載釋洪正因病發，誓恒誦《金剛般若經》，鄰僧守賢夜坐時，見二鬼手拿文牒要拿僧洪正，其一說：「爲其默念《般若》，傍有大奇荷護，無計近得。」二鬼又擔心遲延，決定把一俗姓常，又跟僧洪正同名的還俗僧攝去；守賢聽後，隔天打聽到還俗僧常洪正已死，原本持《彌陀經》的守賢，從此改誦《金剛經》。《大正藏》第 50 冊，頁 864。

剛經》之功德，眞可謂無以復加。

第三節　唐代婦女與佛教

　　唐代負責皇帝祭祀郊社、宗廟事宜的「齋郎」，一向由男性擔任，自古便有皇后不合祭天的規矩，景龍三年，中宗親祀南郊，國子祭酒祝欽明爲了諂媚韋后，建議皇后登壇亞獻，中宗詔禮官議，最後，中宗納祝欽明之議，「仍補大臣李嶠等女爲齋娘」，禮畢後，「特詔齋娘有夫婿者，咸爲改官。」〔註108〕唐初女性「齋郎」的出現，以及女性偶一參與執籩豆，到武后以女主臨天下，可作爲唐初婦女地位提高的證明，但亦僅止於唐初；〔註109〕安史亂後，隨著政治、經濟的大轉變，婦女的地位下降；〔註110〕而在釋門方面，裴鉶〈五臺山池〉記五臺山下有個約二畝大的龍池，是佛經上說的「禁五百毒龍之所」，裴鉶言只要比丘尼及女人靠近，龍池就會出事，〔註111〕此記不僅看山在民間，比丘尼的地位低於「淨行居士」，在號稱大乘佛教的佛門，對女性也一樣歧視，透露出在晚唐人的觀念中，唐代女性的地位仍是最低，女性出家爲尼的情況，在安史亂後之所以激增，是不足爲奇。黃清發認爲唐代僧尼之世俗化傾向，表現在與家族保持密切關係，出家後仍盡忠孝之道，死後採取世俗葬法，〔註112〕以下就比丘尼生前多參與家庭事務，死後得以歸葬先塋，以及家人出面爲其舉辦世俗喪禮，以見唐代比丘尼與家庭、家族的關係，十分密切，不論是上層婦女或一般婦女，出家後與親屬多有生活互動，故一併論之。

一、唐代婦女與比丘尼的社會地位

　　唐代婦女改嫁、再嫁，人均不以爲非，婦女有離婚的自主權，是因爲社

〔註108〕宋・王溥，《唐會要》卷9（上），頁160。

〔註109〕唐・張說，〈祭天不得以婦人升壇議〉，針對婦人升壇參與祭天一事，認爲：「以宮闈接神，有乖舊典。上元不祐，遂有天授易姓之事。」《全唐文》卷224，頁2260。

〔註110〕參見：段塔麗，〈唐前後期婦女地位的特點及其與社會發展之關係〉，《唐代婦女地位研究》（北京：人民出版社，2000年），頁124～187。下引版本同。

〔註111〕唐・裴鉶，《傳奇・五臺山池》：「每至亭五，昏霧暫開，比丘及淨行居士，方可一觀。比丘尼及女子近，即雷電風雨時大作。如近池，必爲毒氣所吸，逡巡而沒。」轉引自楊家駱主編，《唐國史補等八種》，頁22。

〔註112〕黃清發，〈唐代僧尼的出家方式與世俗化傾向〉，《南通師範學院學報》第18卷第1期，2002年3月。

會風氣開放，禮教寬鬆，社會對離婚的婦女不加歧視，使得婦女離婚之後，再嫁不難，〔註 113〕但不表示唐代婦女的地位提高；出家的婦女，與家庭關係的密切程度，更顯示其地位與一般婦女無別；陳弱水認爲唐代尼僧大體上是自願出家，其與本家保持密切聯繫，「確證了對血親關係的重視是中古文化中最強大的力量之一。」〔註 114〕此強大力量所引起的，唐代一般婦女的社會地位問題，值得重視。

（一）唐初婦女地位的提升

李淵之女平陽公主，爲助父兄奪天下，曾散盡家財，廣招亡命之徒，組一支紀律嚴明的「娘子軍」，武德六年（623），平陽公主去世，唐太宗視平陽公主如開國元勛，「葬加前後部羽葆、鼓吹、大路、麾幢、虎賁、甲卒、班劍。」太常官員道：「婦人葬，古無鼓吹。」太宗不從，認爲「故吹，軍樂也。往者主身執金鼓，參佐命，于古有邪？宜用之。」〔註 115〕仍堅持以軍樂鼓吹送平陽公主；貞觀十四年（640），唐太宗於禮官奏事時，曾提到喪服的問題：

> 同爨尚有緦麻之恩，而叔嫂無服。又舅之與姨，親疏相似，而服紀
> 有殊，理未爲得。宜集學者詳議。〔註 116〕

太宗針對同爨共居之下，經常有長嫂爲母的情形，認爲喪禮中只有嫂爲叔服，而無叔爲嫂服的規定，不合常情；而同爲母親手足的舅、姨，亦不應有甥爲舅服緦麻三月，爲姨服小功五月的分別，太宗命魏徵與令狐德棻等決議，決議的結果是：「叔嫂舊無服，今請服小功五月。……舅服緦麻，請與從母（姨）同服小功。」〔註 117〕這項決議後納入《貞觀禮》，唐太宗可說是唐代帝王中，首位抬高女性地位的決策者。

唐初婦女地位的抬高，還可見於對諸母之服的調整，〔註 118〕顯慶二年（657），長孫無忌對《貞觀禮》刪除了子爲庶母服緦麻的規定，提出異議，

〔註 113〕段塔麗，〈唐代女性的社會地位及其評價〉，指出唐代婦女再嫁，除了是「擅自離棄丈夫」而改嫁，要受到法律約束，其他像「仲裁離婚」（出妻），「協議離婚」（和離），女性改嫁完全不受約束。《唐代婦女地位研究》，頁 112～113。

〔註 114〕陳弱水，〈隋唐五代的婦女與本家〉，《唐代的婦女文化與家庭生活》（臺北：允晨文化，2007 年），頁 170。

〔註 115〕宋‧歐陽修、宋祁撰，《新唐書》卷 83，頁 3643。

〔註 116〕五代、後晉‧劉昫等撰，《舊唐書》卷 27，頁 1019。

〔註 117〕五代、後晉‧劉昫等撰，《舊唐書》卷 27，頁 1021。

〔註 118〕諸母，即「八母」，包含有：慈母、繼母、嫡母、養母、出母、嫁母、乳母、庶母。

高宗准予恢復；龍朔二年（662），司文正卿蕭嗣業，因「嫡繼母改嫁身亡，請申心制。」蕭嗣業欲解官，服嫡繼母之心喪，高宗付所司議定，司衛正卿房仁裕等七百三十六人，贊成蕭嗣業不應解官；右金吾衛將軍薛孤等二十六人，贊成應解官，這次的大爭議，最後制定了往後有關「八母之服」的規定。〔註119〕

　　武則天時，為生母服喪三年的建議，是其為抬高婦女地位所作的努力，上元元年（674），武后上表高宗，認為古禮的「父在為母服止一朞」，應改為「父在為母終三年之服。」〔註120〕武后認為父斬衰、母齊衰，已有等級上的分別，就不必再分父在、父卒，武后此議可說是挑戰了古禮中，男尊女卑的兩大指標：「喪以主喪者為斷」，〔註121〕以及「家無二尊」；〔註122〕高宗以武后「為母服齊衰三年」的建議，有助於孝道的推廣，下詔頒行，民間在實行了四十多年後，開元五年（717），盧履冰建議恢復舊制，上疏言武后此舉是「將圖僭篡，預自崇先。」〔註123〕盧履冰的提議，引發諸多議論，玄宗於開元二十年，依中書令蕭嵩與學士之請，「父在為母齊衰三年為定。」〔註124〕「家有二尊」、「喪有二斬」，對女性地位的抬高，無疑具有里程碑的作用。

　　安史亂後，文人詩文中，出現對婦女命運的不平呼聲，張籍〈離婦〉一詩，為一位恪守婦道，卻因不能生子而遭棄的婦人代言，詩末言：「為人莫作女，作女實難為。」〔註125〕中唐文人為婦女鳴不平的同時，還透露出其自身

〔註119〕五代、後晉・劉昫等撰，《舊唐書》卷27，頁1021～1023。

〔註120〕五代、後晉・劉昫等撰，《舊唐書》卷27，頁1023。

〔註121〕妻亡夫在，主喪者為夫，古禮規定：「夫為妻服齊衰杖期」，即一年後喪事就算全部結束；若按武后之議，則夫已除喪，而子女尚為母服喪，動搖了封建社會的夫為妻綱，男尊女卑的人倫秩序。

〔註122〕在家庭倫理中，父親對妻子、子女雙方來說，都是尊長，是為「至尊」；母親則只為子女所尊，是為「私尊」，若按武后之議，則夫已除喪後，而子女尚為母服喪，形成「喪有二主」，亦即「家有二尊」，這是對以父族為主的社會觀念的一大挑戰。

〔註123〕五代、後晉・劉昫等撰，《舊唐書》卷27，頁1027。

〔註124〕五代、後晉・劉昫等撰，《舊唐書》卷27，頁1031。

〔註125〕唐・張籍，〈離婦〉：「十載來夫家，閨門無瑕疵。薄命不生子，古制有分離。託身言同穴，今日事乖違。念君終棄捐，誰能強在茲。堂上謝姑嫜，長跪請離辭。姑嫜見我往，將決復沉疑。與我古時釧，留我嫁時衣。高堂捬我身，哭我於路陲。昔日初為婦，當君貧賤時。晝夜常紡績，不得事蛾眉。辛勤積黃金，濟君寒與飢。洛陽買大宅，邯鄲買侍兒。夫婿乘龍馬，出入有光儀。將為富家婦，永為子孫資。誰謂出君門，一身上車歸。有子未必榮，無子坐

對女性的歧視，元稹〈葬安氏誌〉：「大都女子由人者也，雖妻人之家，常自不得舒釋，況不得爲人之妻者。」〔註126〕元稹對婦女身不由己的處境寄予同情，卻於《鶯鶯傳》末尾寫道：「大凡天之所命尤物也，不妖其身，必妖於人。」〔註127〕白居易〈太行路〉雖是「借夫婦以諷君臣之不終」，亦感嘆：「人生莫作婦人身，百年苦樂由他人。」〔註128〕然在〈古冢狐〉一詩中，於「戒豔色」之際，白居易將女人視爲「禍水」；〔註129〕元稹視女人爲「妖」，與白居易視女人爲「禍水」，兩人在同情婦女遭受壓迫之際，也道出了其內心對婦女的歧視，元、白二人對婦女的看法，可作爲士大夫代表。

（二）佛門對女性的歧視

在大乘經典中，關於「永離女身」的說法，最足以顯示佛教認爲女人修行的成果不如男人，《佛說轉女身經》載佛告無垢光女：「若諸女人發菩提心，則更不雜女人諸結縛心。以不雜故，永離女身，得成男子。」〔註130〕《佛說藥師如來本願經》言：若有女人得聞藥師琉璃光如來的名號，「至心受持，此人於後永離女身。」〔註131〕釋法照《淨土五會念佛誦經觀行儀》，在晨起念《佛說阿彌陀經》的儀軌之後，強調的是念佛誦經的功德，能夠「滅四重、五逆等罪，現身不爲諸橫所惱，命終生無量壽國，永離女身。」〔註132〕釋典認爲「發菩提心」、「誦持佛號」便能「永離女身」，此心態是與社會普遍歧視女人有關。

不僅佛教經典顯示女身不如男身，連比丘也多認爲女人不如男人，比丘尼

　　生悲。爲人莫作女，作女實難爲。」《全唐詩》卷 383，頁 4297。

〔註126〕唐・元稹，《元氏長慶集》卷 58〈葬安氏誌〉，《四部叢刊》本，初編，集部，頁 178。

〔註127〕清・汪辟疆，《唐人小說》（臺北：文史哲出版社，1993 年），頁 139。下引版本同。

〔註128〕唐・白居易，〈太行路〉，《全唐詩》卷 426，頁 4694。

〔註129〕唐・白居易，〈古冢狐〉：「古冢狐，妖且老，化爲婦人顏色好。頭變雲鬟面變妝，大尾曳作長紅裳。徐徐行傍荒村路，日欲暮時人靜處。或歌或舞或悲啼，翠眉不舉花顏（一作鈿）低。忽然一笑千萬態，見者十人八九迷。假色迷人猶若是，眞色迷人應過此。彼眞此假俱迷人，人心惡假貴重眞。狐假女妖害猶淺，一朝一夕迷人眼。女爲狐媚害即（一作則，一作卻）深，日長月增（一作日增月長）溺人心。何況褒妲之色善蠱惑，能喪人家覆人國。君看爲害淺深間，豈將假色同眞色。」《全唐詩》卷 427，頁 4709。

〔註130〕劉宋・曇摩蜜多譯，《佛說轉女身經》卷 1。《大正藏》第 14 冊，頁 918。

〔註131〕隋・達摩笈多譯，《佛說藥師如來本願經》卷 1。《大正藏》第 14 冊，頁 403。

〔註132〕唐・釋法照，《淨土五會念佛誦經觀行儀》卷中。《卍續藏》第 85 冊。

的地位甚且還在居士之下，《續高僧傳》載開皇末年，釋法充於「廬山半頂化城寺修定，自非僧事未嘗妄履，每勸僧眾無以女人入寺，上損佛化，下墜俗謠。」法充因為眾僧不採納他不准女人入寺的建議，竟從香爐峰上躍下，「僧感其死諫為斷女人，經于六年方乃卒世。」〔註133〕法充不准女人入寺而死諫道友，與法充一樣輕視婦女的，還有中唐百丈懷海的弟子，元和九年懷海去世後，弟子們討論出「釐革山門，久遠事宜。」的五件大事，其中一項為：「一地界內不得置尼臺、尼墳塔，及容俗人家居止。」〔註134〕視比丘尼與「俗人」無異；乾寧時，智廣禪師在羯帝神堂內住，「低門苦蕪，不許女人到門。」〔註135〕釋元覺甚至擔心來生會喪失比丘之身，發誓：

> 長得人生，聰明正直，不生惡國，不直惡王，不生邊地，不受貧苦。
> 奴婢、女尼、黃門、二根、黃髮、黑齒、頑愚暗鈍、醜陋殊缺、盲聾瘖啞、凡事可惡，畢竟不生。〔註136〕

元覺擔心來生成為「女尼」，企圖以宗教願望來持續維護身為男身的驕傲，在表示恐懼「女身」的同時，也顯示社會對女性極度的歧視。嚴耀中〈墓誌祭文中的唐代婦女佛教信仰〉，認為唐代比丘尼與和尚一樣，同被稱為禪師、律師、法師、大德、闍梨、上座、寺主、上人、和尚，「表明女尼在唐代是與男僧平起平坐的。」〔註137〕筆者以為此說應只限於貴族名門出家的女尼，〔註138〕中唐以後大盛的洪州禪，馬祖的徒孫（懷讓弟子），不准「置尼臺」、「尼墳塔」，極端的「不近女色」，或許可視為守戒，然亦不能排除在僧人眼中，比丘尼的地位遠不如比丘；柳宗元〈南嶽大明寺律師和尚碑並序〉：「凡葬大浮圖，未嘗有比丘尼士碑事，今惟無染實來，涕淚以求。」〔註139〕比丘尼為比丘師立

〔註133〕唐・釋道宣，《續高僧傳》卷 16〈隋江州廬山化城寺釋法充傳〉。《大正藏》第 50 冊，頁 559。

〔註134〕元・釋德煇重編，《敕修百丈清規》卷8。《大正藏》第 48 冊。

〔註135〕宋・釋贊寧，《宋高僧傳》卷 27〈唐雅州開元寺智廣傳〉。《大正藏》第 50 冊，頁 882。

〔註136〕清・蔡生，〈元覺發願文〉，《茶餘客話》，頁 429。

〔註137〕轉引自鄧小南主編，《唐宋女性與社會》（下），（上海：辭書出版社，2003 年），頁 483。下引版本同。

〔註138〕如：彭王志暕〈興聖寺主尼法澄塔銘並序〉，載尼法澄，吳大帝孫權之後，如意年（692），因坐汝南王謀反入宮宣法，「歸投者如羽翮趨林藪，若鱗介赴江海。……容儀美麗，講經論義，應對如流。王公等所施，悉為功德。」轉引自：清・董誥等編，《全唐文》卷 100，頁 1027。

〔註139〕清・董誥等編，《全唐文》卷 587，頁 5936。

碑，並無前例，尼無染爲其師惠聞立碑，在當時（貞元 13 年）乃首創之舉，尼無染「涕淚以求」柳宗元，方得竟其事，可見直至中唐，雖然比丘尼與比丘同有「和尙」、「律師」等尊稱，比丘尼的地位仍低。

懷讓弟子雖有歧視比丘尼的做法，然在唐代，卻有「國師」級的比丘尼，沙門飛錫在〈大唐眞化寺多寶塔院故寺主臨壇大德尼如願律師墓誌銘並序〉，言尼如願出家十年便臨壇說法，展其「天生道牙」，尼如願曾爲獨孤貴妃戒師，代宗賜以紫袈裟，死後「皇情憫焉，中使臨弔，賵贈之禮，有加常等。」如願出殯的場面是：

> 弟子長樂公主，與當院嗣法門人登壇十大德尼常眞、敕賜弟子證道、政定、證果寺大德凝照、惠照、凝寂、悟眞、資敬寺上座洪演、寺主孝因、律師眞一、遠塵、法雲寺律師遍照等，凡數千人。〔註 140〕

門人弟子、公主、上座、寺主、律師、大德，數千人的送葬場面，在中國比丘尼史上，可謂空前絕後，宗室女出家，像如願這般成就者，多少與其爲「隴西李氏」的背景有關。

二、以華情學梵事

唐代 212 位公主，入道爲女冠者多，卻無一人因奉佛而爲比丘尼，揆其原因，應是佛教的戒律繁多，小到基本的「五戒」，多到比丘尼的 348 條戒律，使唐公主難以一心向佛。唐代信佛的在家婦女，受「五戒」的，〔註 141〕稱爲「優婆夷」；〔註 142〕受了菩薩戒，〔註 143〕再受具足戒，〔註 144〕就是已出家的

〔註 140〕周紹良主編，《唐代墓誌彙編》，（上海：古籍出版社 1992 年），頁 1786～1787。下引版本同。

〔註 141〕五戒指：不殺・不盜・不邪婬・不妄語・不飲酒。唐・釋道世，《法苑珠林》卷 88：「依如西域俗人信持五戒八戒者，始得喚爲優婆塞、優婆夷。」《大正藏》第 53 冊，頁 934。漢地的優婆塞、優婆夷，守五戒即可；印度的優婆塞、優婆夷所守之「八戒」，又稱八支齋、八關齋、八齋戒，簡稱「八戒」：一、不殺生；二、不與取；三、不非梵行；四、不虛誑語；五、不飲酒；六、不塗飾鬘、歌舞、觀聽；七、不眠坐高廣嚴麗大床；八、不食非時之食（過午不食）。

〔註 142〕又作優婆私，漢譯爲清信女、近善女、近宿女、近事女，意爲女性在俗的信佛者。

〔註 143〕菩薩戒乃源於佛性的戒律，又稱「佛性戒」；因是大乘菩薩所受的戒，故稱「大乘戒」，包括了止惡、修善、利他，故又稱「三聚淨戒」。天台宗稱爲「圓頓戒」，禪宗稱爲「無相心地戒」，眞言宗稱爲「三昧耶戒」。

「比丘尼」，至於有佛教信仰而未受戒的婦女，其影響不如「優婆夷」與「比丘尼」來得大，唐代受戒的風氣，帝王、官吏首倡於上，庶民追隨於下，唐代婦女普受菩薩戒，是社會風氣影響的結果。

（一）唐代婦女奉佛概況

嚴耀中統計出《唐代墓誌彙編》與《續編》，「墓主或與墓主相關的婦女專一信佛者，共有一百七十二例。」〔註145〕其中還不包括比丘尼在內；〔註146〕墓誌中記載了大批唐代婦女奉佛的紀錄，有婦女奉佛，削髮自誓其志；〔註147〕有比丘尼苦行斷粒，最後焚身，〔註148〕在唐代社會，女子再嫁，人不以為非，唐公主甚至有三嫁甚至四嫁的情形，唐代奉佛的優婆夷與比丘尼，無形中成了唐代女子「守節」的象徵。

由唐代婦女的墓誌銘中，可發現部分墓主在丈夫去世後，全心奉佛，貞觀十四年，右驍翊衛翟瓚去世，其妻劉氏「良人捐背，……遂乃融精覺道，……照生滅於禪心，……證空有於法性。」〔註149〕則天朝，朝議郎周紹業去世後，

〔註144〕具足戒，為小乘律所規定的，出家的比丘、比丘尼必須遵守的戒律，相對於五戒、十戒等小戒，具足戒又稱「大戒」，簡稱為「具戒」。比丘有250戒，比丘尼有348戒。受具足戒時，必須有三師在場（授戒的戒和尚、指導作法的教授師、實行作法的羯磨師），七人作證（有時是三師二證）。

〔註145〕嚴耀中，〈墓誌祭文中的唐代婦女佛教信仰〉，轉引自：鄧小南主編，《唐宋女性與社會》（下），頁467。

〔註146〕嚴耀中，〈墓誌祭文中的唐代婦女佛教信仰〉，統計出《唐代墓誌彙編》、《續編》，「其中以尼姑為墓主的墓誌和碑文中提到與墓主有關聯的尼姑的墓誌加起來共有一百十三方，包括二方墓主為沙彌尼的墓誌，與二百三十五方世俗信佛婦女墓誌的比例幾近1：2。」轉引白：鄧小南主編，《唐宋女性與社會》（下），頁481。

〔註147〕唐代婦女為了反抗世俗的壓迫，斷髮自誓或斷髮為尼的例子多見於小說，如：許堯佐，〈柳氏傳〉，言安史之亂，柳氏「以豔獨異，且懼不免，乃剪髮毀形，寄跡法靈寺。」轉引自：王夢鷗，《唐人小說校釋》（上集），（臺北：正中書局，1983年），頁60。下引版本同。李朝威，〈柳毅傳〉又如：鍾輅，〈前定錄〉，記武殷與鄭氏的姻緣，因武殷兩次落第，鄭氏之母欲將鄭氏再嫁，「鄭氏聞之泣恚，將斷髮為尼者數四。」轉引自：《太平廣記》卷159〈武殷〉，頁1145～1146。

〔註148〕唐·釋道宣，《續高僧傳》卷27〈唐終南豹林谷沙門釋會通傳〉：「貞觀之初，荊州有比丘尼姊妹，同誦《法華》。深厭形器，俱欲捨身。節約衣食，欽崇苦行。服諸香油，漸斷粒食。後頓絕穀，惟噉香蜜。精力所被，神志鮮爽。周告道俗，剋日燒身。……以貞觀三年二月八日，……一時火花，骸骨摧朽，二舌俱存。合眾欣嗟，為起高塔。」《大正藏》第50冊，頁683～684。

〔註149〕〈大唐故右驍翊衛翟君墓誌銘并序〉，周紹良主編，《唐代墓誌彙編》，頁620。

其妻趙氏「屏絕人事，歸依法門，受持《金剛》、《般若》、《涅槃》、《法華》、《維摩》等。」〔註150〕翟瓚與周紹業的妻子，均是虔心向佛的優婆夷，在唐代婦女的墓誌中，常出現「在家出家」、「在家菩薩」、「遂帔緇服」、「久披緇服」、「帔法服」等字眼，此爲唐代婦女虔誠信佛的形容，但不是指眞正出家，如：張暈之妻姚氏，於張暈去世後「孀居毀容，……轉《法華經》，欲終千部。」張暈之仲女「久披緇服，竟無房院住持。」〔註151〕張女信佛應是受母親影響，但並未眞正出家；〈故潞州屯留縣令溫府君李夫人墓誌銘并序〉，墓主號「上座」，字「功德山」，臨終前「意樂出家，遂帔緇服。」〔註152〕亦非正式的比丘尼；〈唐故空寂師墓誌〉，空寂「年十五，自割髮，帔法服。」五十二歲時命終於家，開元二十七年，「祔先君之塋側」，〔註153〕空寂也不是眞正出家，是屬於「在家出家」，從「空寂師」的稱呼來看，疑空寂爲私度尼，在唐代，正式受具足戒出家，而與家人同住的比丘尼，必須「隸名」於某寺，也就是得被某所寺院容納，人雖不住在寺裡，仍是正式的比丘尼。

唐代婦女出家的原因，有受到政治迫害，〔註154〕有受到丈夫的影響，鄭頤要出家時，「又勸婦氏歸宗釋教，言既切至，即依從之，更互剃髮。」〔註155〕有兒子受母親的影響，〈唐故河南府參軍范陽張府君墓誌銘並序〉，墓主張軫「年九歲，以母氏宿願，固請爲沙門。」〔註156〕有女兒受母親的影響，〈唐故秦州上邽縣令豆盧府君夫人墓誌銘〉，墓主魏氏十二歲嫁豆盧氏，二十二歲守寡，有一女法名道峻，從魏氏「歸信釋門，齋戒不虧，三十餘載。頃曾授指趣心地於聖善寺大禪師。」〔註157〕道峻應是受到母親的影響而出家；有女兒受父親的影響，

〔註150〕〈唐故朝議郎周府君夫人南陽趙氏墓誌銘并序〉，周紹良主編，《唐代墓誌彙編》，頁1330。
〔註151〕唐·甘佃，〈唐故游擊將軍行蜀州金堤府左果毅都尉張府君夫人吳興姚氏墓誌並序銘〉，周紹良主編，《唐代墓誌彙編》，頁1850。
〔註152〕周紹良主編，《唐代墓誌彙編》，頁1187。
〔註153〕吳鋼主編，《全唐文補遺》第五輯，頁366。
〔註154〕五代·後晉·劉昫等撰，《舊唐書》卷52，載天寶中，李林甫將不利於太子，太子妃韋妃之兄韋堅爲李林甫羅織，坐柳勣之獄，兄弟並賜死；太子懼言與韋妃感情不睦，訴請離婚，玄宗准之，「妃遂削髮被尼服，居禁中佛舍。」頁2186。
〔註155〕唐·釋道宣，《續高僧傳》卷27〈唐偽鄭沙門釋智命傳〉。《大正藏》第50冊，頁683。
〔註156〕周紹良主編，《唐代墓誌彙編》，頁1421。
〔註157〕周紹良主編，《唐代墓誌彙編》，頁1914。

向代宗大陳「福業報應」的元載，去世時，「女眞一，少爲尼，沒入掖庭。」〔註158〕元載之女自小出家，應是受其佞佛之影響；另有因被逼改嫁而出家，崔繪早終，其妻盧氏，「諸兄常欲嫁之」，盧氏「因出家爲尼」；〔註159〕還有帝王親爲落髮而出家；〔註160〕更有因爲祈求佛佑因而病癒，先改名而後出家。〔註161〕

　　梁代慧皎認爲：「夫女人，理教難愜，事迹易翻。聞因果，則悠然扈背；見變術，則奔波傾飮。」〔註162〕慧皎說的是一般「迷信」的婦女，從唐代奉佛婦女的墓誌銘中可以看出：唐代奉佛婦女是眞的遵守佛戒，守菩薩戒的大致情況，一般而言，以不殺生、茹素最爲普遍，而被記載下來的通常是比較特殊，爲一般人做不到的行爲，如：李德武徙嶺表，其妻裴淑英「容貌毁悴，常讀佛經，不御膏澤。」〔註163〕段居貞之妻謝小娥，經李公佐的幫忙，殺申蘭、申春報了殺父、殺夫之仇，「還豫章，人爭聘之，不許。祝髮事浮屠道，垢衣糲飯終身。」〔註164〕韓思復〈大周故承奉郎吳府君墓誌之銘並序〉，言吳績之夫人邰氏，於吳績三十歲去世後，「一從隻影，四十餘年，不御鉛華。歸依佛法，心猿已靜，怖鴿無驚。」〔註165〕唐朝婦女的穿著，在「風俗奢靡，不依格令。綺羅錦繡，隨所好尙。」〔註166〕的風氣下，是沒有上下貴賤之別，邰氏「四十餘年，不御鉛華。」實在不易；〈大唐元府君故夫人來氏墓誌銘並序〉，墓主因爲「久縛齋戒，因致柴毀。是長瘣階，浸以成疾。」於三十四歲便去世（天寶五載，746），〔註167〕可見是因吃素導致營養不良而死；永徽四年去世的孫夫人，是知識婦女奉佛的典範，〈大唐曹州離狐縣蓋贊君故妻孫夫人墓誌之銘〉：

〔註158〕宋・歐陽修、宋祁撰，《新唐書》卷 145，頁 4714。

〔註159〕五代、後晉・劉昫等撰，《舊唐書》卷 193，頁 5147。

〔註160〕宋・釋志磐，《佛祖統紀》卷 39〈則天武后〉，則天如意二年（693）：「絳州二童女，依尼師出家。尼誦《華嚴》，一日坐亡。二女失望，旦旦詣墳號泣。三年，忽生蓮華五莖於土，郡以上聞。則天勅檢華根出自舌上，乃召二女入內。親爲落髮，令居天女寺。」《大正藏》第 49 冊，頁 369。

〔註161〕唐・柳宗元，〈下殤女子墓塼記〉：「下殤女子生長安善和里。其始名和娘，既得病，乃曰：『佛我依也，願以爲役，更名佛婢。』既病，求去髮爲尼，號之爲初心。」《全唐文》卷 582，頁 5873～5874。

〔註162〕梁・慧皎，《高僧傳》卷 3。《大正藏》第 50 冊，頁 346。

〔註163〕五代、後晉・劉昫等撰，《舊唐書》卷 193，頁 5138。

〔註164〕宋・歐陽修、宋祁撰，《新唐書》卷 205，頁 5828。

〔註165〕周紹良主編，《唐代墓誌彙編》，頁 969。

〔註166〕五代、後晉・劉昫等撰，《舊唐書》卷 45，頁 1957。

〔註167〕周紹良主編，《唐代墓誌彙編》，頁 1607。

> ……加以留心釋典，好殖勝因，構法宇於閨庭，繕秘言於貝葉。常
> 誦金剛般若灌頂章句，莫不原始要終，鉤深詣賾。〔註 168〕

孫夫人是「後漢將軍堅之後」，家中的擺設有如佛堂，所誦的「灌頂章句」，是「明諸佛功德，灌眾生信心之頂登法王位」的「神咒」，誦灌頂神咒有四項功德：「一嘆諸佛功德；二說第一義諦；三明藥草；四唱鬼神名字。」，〔註 169〕不是一般識字不多的婦女能理解得來。唐代奉佛婦女除了求一己之功德，更有令子出家者，〈唐故處士太原王府君墓誌銘並序〉：「喪公之後，精心釋門，使二子出家，家如梵宇。」〔註 170〕由「家如梵宇」且有子奉其終的情形來看，〔註 171〕可確定此二子是在家出家。唸誦《金剛經》的「利益」，有救護、延壽、滅罪、神力、功德、誡驗，〔註 172〕蘇士梅據唐墓志，認爲唐代婦女誦讀或抄寫的佛經，主要集中在《金剛般若》、《法華》、《涅槃》、《維摩》等經，而以《金剛》、《法華》爲最；〔註 173〕楊君認爲一般將誦唸、誦讀並稱，然「誦經」高於「讀經」、「唸經」，〔註 174〕孫夫人之「常誦金剛般若」，可爲一證。

　　小販何軫之妻劉氏，其修行的成就，可說是一般下層奉佛婦女的最佳典範；劉氏「少斷酒肉，常持《金剛經》。」祈願在四十五歲去世，劉氏死前預知時至，施捨資裝供僧之餘，還遍別親友，何軫「以爲病魅」，最後劉氏是「獨處一室，趺坐高聲念經」而逝，「頂熱灼手」，何軫「以僧禮葬」，〔註 175〕段成式雖是意在強調持《金剛經》之神異，但也間接顯示唐代民間婦女奉佛心之猛厲，此與信仰宗教的自由有關，焦杰亦根據唐墓志資料，認爲唐代婦女信仰佛教的自由，表現在拜男性僧侶爲師，甚至走出家門參與佛事法會，與其

〔註 168〕周紹良主編，《唐代墓誌彙編》，頁 201。

〔註 169〕隋・釋吉藏，《金光明經疏》卷 1。《大正藏》第 39 冊，頁 168。

〔註 170〕周紹良主編，《唐代墓誌彙編》，頁 1498。

〔註 171〕周紹良主編，《唐代墓誌彙編》：「長子早亡，中子入道，少子仙周，獨奉其終。」頁 1498。

〔註 172〕杜正乾，〈唐代的《金剛經》信仰〉一文，將開元六年（718），孟獻忠根據：「經典之所傳，耳目之所接。」撰成《金剛般若經集驗記》，歸結誦持《金剛經》之六大利益。《敦煌研究》，2004 年第 5 期。

〔註 173〕蘇士梅，〈從墓志看佛教對唐代婦女生活的影響〉，《史學月刊》，2003 年第 5 期。

〔註 174〕楊君，《金剛經》與唐朝民眾崇經活動及其觀念〉，舉《太平廣記》卷 104 引《紀聞》，有關李虛死去活來，對家人敘述至閻王前，見閻王請常誦《金剛經》之僧坐金座；常讀《金剛經》之僧坐銀座。《西華師範大學學報》，2003 年第 6 期。

〔註 175〕唐・段成式，《酉陽雜俎》續集卷 7〈金剛經鳩異〉，頁 271。

他信徒研討經義，不避男女之嫌；〔註176〕孫夫人與小販何軫之妻，均是在家修持有成，此應受到當時社會信仰《金剛經》的熱烈情況所影響。

（二）唐代比丘尼與家庭

從唐代比丘尼不離家庭與家族的情況，可見佛教之世俗化傾向，楊梅〈唐代尼僧與世俗家庭的關係〉言唐代女子出家後，依然被視為世俗家庭的一份子，可以住在家裡並參與家庭事務，死後還可以葬於家族墓地，〔註177〕在以孝親思想為主的中國，唐代比丘尼與家庭、家族的關係，並不因身入空門而有不同；元和初年，道士田良逸之母為喜王寺比丘尼，喜王寺的尼眾稱田良逸為「小師」，「嘗日負薪兩束奉母，或有故不及往，即弟子代送之。」代田良逸送柴到寺裡的「弟子」當中，有一隻老虎；〔註178〕女道士能師去世後，其子僧處愿為其營喪，〔註179〕以上二例說明，雖釋、道異門，也難敵母子連心，可知唐代比丘尼亦難捨俗情。

唐代的比丘尼，不全都住在寺院裡，從其與家庭關係密切的程度，可以說，唐代有在家的比丘尼，此為普遍情形；要理解唐代比丘尼何以與親屬共住，只有從親情來解釋，〈唐故法界寺比丘尼正性墓誌銘並序〉，言尼正性「生不居伽藍之地」，死後從俗禮葬於父側；〔註180〕李德裕之妻劉致柔中年入道，成了女道士後仍住在家，李德裕為其所作之墓誌銘，〔註181〕足以說明親人入道之後，仍與家人間有斬不斷的俗情；元和五年，十歲的尼初心去世，家人「斂以緇褐」，〔註182〕顯示其家人為其追福的心理；尼幼覺六歲出家，八十八歲去世，姪子寇弅、寇亮為其作墓誌銘；〔註183〕尼惠因十一歲出家，二十八歲去世，其父周皓為撰墓誌銘；〔註184〕尼三乘六十歲出家，隸名於昭成寺，

〔註176〕焦杰，〈從唐墓志看唐代婦女與佛教的關係〉，《陝西師範大學學報》，2000 年 3 月。

〔註177〕楊梅，〈唐代尼僧與世俗家庭的關係〉，《首都師範大學學報》2004 年第 5 期。

〔註178〕唐・趙璘，《因話錄》卷 4，頁 26。

〔註179〕唐・嚴軻，〈唐故女道士前永穆觀主能師（去塵）銘誌並序〉，參見：吳鋼主編，《全唐文補遺》第四輯，頁 127～128。

〔註180〕周紹良主編，《唐代墓誌彙編》，頁 1858。

〔註181〕唐・李德裕，〈唐茅山燕洞宮大洞鍊師彭城劉氏墓誌銘並序〉，參見：周紹良主編，《唐代墓誌彙編》，頁 2303～2304。

〔註182〕唐・柳宗元，〈下殤女子墓塼記〉，《全唐文》卷 582，頁 5874。

〔註183〕〈唐故東都麟趾寺法華院律大師墓誌銘並序〉，參見：周紹良主編，《唐代墓誌彙編》，頁 1923。

〔註184〕〈唐故靜樂寺尼惠因墓誌銘并序〉，吳鋼主編，《全唐文補遺》第三輯，頁 135。

七十九歲歸寂於義寧里之私第，子二人嗣孫五人隨侍在側，可見尼三乘出家後仍然住在家裡；〔註185〕「鍊師」志堅，之所以稱「鍊師」，是因「中塗佛難，易服玄門。」在會昌毀佛之際易服爲女道士是方便措施，志堅「九歲奉浮圖之教，潔行晨夕，不居伽藍。」志堅之母早亡，志堅先是照顧諸幼弟，繼而爲亡弟支向照顧乳兒，〔註186〕出家而仍在家操持家務，志堅與家人深厚的感情可想而知。

（三）唐代比丘尼與家族

唐代比丘尼去世之後，通常由其弟子幫忙起塔安葬，世俗的親人，與出家的僧、尼家屬，其關係之密切，就表現在爲其營辦後事時；德宗朝，宰相崔損，「姊爲尼，歿於近寺，終喪不臨，士君子罪之。」〔註187〕知當時的習俗，親屬必須爲出家的親人營辦喪事；在比丘尼的喪禮上，有世俗親屬的參與，是世俗家庭關係密切的證明；尼澄空的喪禮，除了其姪女沙彌尼契源，還有其弟大理評事皇甫涓，姪秘書省校書皇甫閱；〔註188〕法雲寺尼辯惠，出自清河房氏，天寶十三載「於延康里第趺坐正念，……遷座于城南畢原」，遺言是「穿土爲空，去棺薄窆。」〔註189〕尼辯惠之家人爲其辦喪，城南畢原可能是其祖塋；龍花寺尼契義，出身京兆杜陵韋氏，欲出家前是「親戚制奪」，出家之後，大曆六年「國家崇其善教，樂於度人，敕東西街置大德十員，登內外壇場。」尼契義是代宗欽定十名臨壇大德之一，從弟韋同翊爲其撰墓誌銘，提到「杖而會葬者數百千人」，並及尼契義生前「嘗從容鄉里指於北原而告其諸弟曰：『此吾之所息也』。」〔註190〕可見唐代比丘尼與家族之臍帶相連；蕭瑀長女法樂，五女法燈，兩人先後去世，蕭氏家人同時將兩人「權殯於河東」，永隆二年「歸窆于雍州明堂縣義川鄉南原禮。」〔註191〕家人爲法樂、法燈歸

〔註185〕〈昭成寺尼大德三乘墓誌銘〉，參見：周紹良主編，《唐代墓誌彙編》，頁1955。

〔註186〕〈唐鴻臚卿致仕贈工部尚書琅耶支公長女（志堅）鍊師墓誌銘並序〉，參見：吳鋼主編，《全唐文補遺》第一輯，頁386～387。

〔註187〕五代、後晉・劉昫等撰，《舊唐書》卷136，頁3755。

〔註188〕唐・梁寧，〈唐東都安國寺故臨壇大德塔下銘并序〉，參見：周紹良主編，《唐代墓誌彙編》，頁1873。

〔註189〕〈大唐法雲寺尼辯惠禪師神道誌銘并序〉，參見：吳鋼主編，《全唐文補遺》第五輯，頁401。

〔註190〕〈唐故龍花寺內外臨壇大德韋和尚墓誌銘并敘〉，周紹良主編，《唐代墓誌彙編》，頁2032。

〔註191〕〈大唐濟度寺故比丘尼法樂法師墓誌銘并序〉、〈大唐濟度寺故比丘尼法燈法

葬先塋的舉動，是因在唐人的習俗中，女子未嫁而死，依禮要葬於家族墓地，大家族韋氏、蕭氏只是「禮出大家」，依照當時的習俗，將未婚出家的比丘尼視為「未嫁而死」祔葬先塋，此可見士族之女出家，其世俗的身份遠較其宗教身份重要，這點還可以由墓誌中的稱呼證明；辛雲京之妻，出自隴西李氏，中年出家不獲准，皇帝知道後，「詔度為崇敬寺尼，法號圓寂。」大曆三年卒於太原順天寺，十三年詔贈「蕭國夫人」，〔註192〕為其撰墓誌的獨孤恆，言「蕭國夫人」而非「尼圓寂」，可見士族的身份在唐人眼中，遠高於一切。

　　婚後出家的比丘尼，其喪事之權宜措施，亦有其世俗化的一面；〈大慈禪師墓誌銘并序〉，墓主隸名於崇敬寺，十餘年間，住過終南諸寺，天寶五載「化滅於靜恭里第」，為撰墓誌銘者言其終於己宅，是因「在俗有子曰收，致其憂也。」〔註193〕尼善悟於乾符六年四十三歲時，歸寂於出家兩年所住的應天禪院，善悟之嗣子寇七，不顧當時「狂寇蟻聚」，「見星而行，請收靈骨以起塔焉。」〔註194〕可見婚後出家的比丘尼，由家人為其治喪是當時的習俗，崔損不為尼姊治喪，因而引得士君子共非之，是咎由自取。

第四節　唐代僧人之世俗化

　　唐代僧人世俗化的情況，首先與唐帝王的佛教管理方式有關，唐帝王對於僧人的管理方式，多根據佛教的戒律條文，以期達到對寺院控管、沙汰違戒僧尼的目的；其次，安史亂後，地方大員自成一法，加上法事活動頻繁，僧人與庶民的密切接觸，僧人的社會化愈深，朝廷也因此徒有法令但無從管理，由僧人違戒的情形，除了可見僧人世俗化的一面，也可看出社會化之僧人，庶民內心對佛教與僧人的看法；元和中，虞部郎中陸紹往定水寺看表兄，遇到一個會奇術的秀才，作法使筇杖追打不給茶喝，輕視秀才的院僧，此以貌取人的院僧被筇杖追打得「色青氣短，唯言乞命。」〔註195〕賈島（無本）

　　　師墓誌銘并序〉，周紹良主編，《唐代墓誌彙編》，頁 676～677。

〔註192〕唐・獨孤恆，〈河東節度使檢校尚書左僕射同中書門下平章事金城郡王辛公妻隴西郡夫人贈蕭國夫人李氏墓誌銘并序〉，周紹良主編，《唐代墓誌彙編》，頁 1809。

〔註193〕周紹良主編，《唐代墓誌彙編》，頁 1625。

〔註194〕〈唐故信州懷玉山應天禪院尼禪大德塔銘并敘〉，周紹良主編，《唐代墓誌彙編》，頁 2500。

〔註195〕唐・段成式，《酉陽雜俎》前集卷 5，頁 55。

爲僧時，洛陽一地不許僧人午後出寺，無本因此「爲詩自傷」道：「不如牛與羊，猶暮歸。」中唐時，僧人仍多遵守朝廷政令，晚唐段成式《酉陽雜俎》卻記載了非常多的僧尼違反戒律，可知到了唐末，僧尼戒律之鬆弛，使朝廷對出家人亦無力可管；遊走於朝廷法令邊緣的，是四處爲家的門僧與客僧；以及無視政府公序良俗之規定，「五戒」不存於心的違戒僧人，至於「異僧」、「狂僧」與「胡僧」，其違戒事蹟多伴隨著異能的展現，是唐代佛教最吸引貴族與士庶的部分，從世俗化與社會化之各色僧人，可見大唐佛教的社會文化面貌，是千奇百怪，而在詩人筆下的胡僧，更是唐朝在宗教、社會、文化方面，展現「有容乃大」的指標。唐人對於佛教與僧人的看法，除了視爲是世俗生活的一部份，形形色色的佛教僧人，共同聯手打造的唐代社會，其百變風貌，唐以後再無出其右者。

一、唐代僧人違律

（一）僧人之貪鄙趨利

小說家筆下對違戒僧人的描述，代表大多數百姓對僧人的看法，則天朝，有河內老尼「晝食一麻一米，夜則烹宰宴樂，蓄弟子百餘人，淫穢靡所不爲。」武則天爲遮一己之羞，〔註196〕僅斥老尼還河內；代宗時，下〈禁僧尼道士往來聚會詔〉：「非本師教主，及齋會禮謁，不得妄託事故。輒有往來，非時聚會，並委所繇官長勾當。所有犯者，準法處分。」〔註197〕此詔在積極面是爲維護治安，消極是爲佛門戒律把關，然直至唐末，對於「非時聚會」，不守戒律的僧人，官府仍無力治之；代宗乳母於安史亂時失散，肅宗即位時遣使尋之，壽州崇善寺尼廣澄詐稱乃太子之母，遭肅宗鞭殺；〔註198〕《儆戒錄》載雲頂山慈雲寺，「四方歸輳，供食者甚厚。」寺主審言生性貪鄙，隱寺財爲己有，還「飲酒食肉，畜養妻子，無所不爲。」對於孤潔的僧人，必予以凌辱，審言死後投胎爲牛，牛腹下出現清楚的「審言」二字；〔註199〕尙書李璧出鎮

〔註196〕宋・司馬光，《資治通鑑》卷205〈唐紀〉21，僧懷義因爲武則天新幸御醫沈南璆，「密燒天堂，延及明堂。」老尼入唁時，武則天怪其不預言明堂大火，斥還河內；後又有人發老尼之姦，武則天召尼還麟趾寺，「弟子畢集，敕給使掩捕，盡獲之，皆沒爲官婢。」頁6500。

〔註197〕清・董誥等編，《全唐文》卷46，頁508。

〔註198〕宋・司馬光，《資治通鑑》卷223〈唐紀〉39，頁7176。

〔註199〕轉引自宋・李昉等編，《太平廣記》卷134〈僧審言〉：「一旦疾篤，（審言）

東川時，「有律僧臨壇度人，四方受具者，奔走師仰。檀施雲集，由是鞅掌，嗜慾之心熾焉。」〔註200〕孫光憲此記除了證明唐末的私度，朝廷對他們已是鞭長莫及之外，更透露此律僧以女童爲尼，多達145人「聚淫叢藪」的行爲，〔註201〕顯示唐代守戒的律宗僧人，至唐末也有不守戒律的情形。

　　《酉陽雜俎・寺塔記》載平康坊菩薩寺會覺上人，「以施利起宅十餘畝」，會覺私釀百石酒，排列在兩廡下，請來吳道子，會覺上人曰：「檀越爲我畫，以是賞之。」愛喝酒的吳道子自然拒絕不了這等誘惑，「欣然而許」；〔註202〕會覺上人對吳道子進行「施利」行爲，此舉是爲了以一流的壁畫廣招信眾，冀收更多的香火錢；同卷小引「多識釋門故事」的菩薩寺寺主元竟，提到李林甫過生日時，常「就宅設齋」請該寺僧人，僧乙嘆佛後得到「鞍一具」，賣了得七萬，有聲名的僧廣「冀獲厚儭」，嘆佛時「極祝右座功德」，結果得到一物「如朽釘」，僧廣「意大臣不容欺己」，示於商胡，才知是值千萬的「寶骨」，〔註203〕此記除了爲胡商能識寶添一例證，也顯示出僧人「趨利」的行爲，與凡人無異。

　　除了「趨利」，僧人還配合官吏進行邀利行爲，《尚書故實》載李抱貞鎮潞州時，因軍資匱缺，找來大爲郡人信服的老僧，抱貞曰：「假和尚之道，以濟軍中，可乎？」僧曰：「無不可。」李抱貞要老僧作七日道場，對外宣布第七天老僧將在鞠場焚身，李抱貞事先鑿好地道示僧，使之不疑，老僧「升壇執爐，對眾說法。」「士女駢填，捨財億計。」滿七日後，李抱貞密遣人填塞地道，「俄頃之際，僧、薪並灰。」老僧燒死後的「舍利者數十粒」，李抱貞造塔貯之；〔註204〕李綽並未對此「弄假成眞」的燒僧事件作任何評論，老僧雖未得財，但因此有了「得道」的證明，唐人對於佛舍利的崇拜，雖有無錢士人生吞舍利，騙僧給錢之事，〔註205〕由李抱貞誑僧一事，也可看出作者在

　　　　自言見空中繩懸一石臼，有鼠嚙之，繩斷正中其心，大叫氣絕久而復蘇，如
　　　　此數十度，方卒。逾年，寺下村中牛，生一犢，腹下分明有『審言』二字。」
　　　　頁961。
〔註200〕宋・孫光憲，《北夢瑣言》卷11，頁89。
〔註201〕宋・孫光憲，《北夢瑣言》卷11，頁89。
〔註202〕唐・段成式，《酉陽雜俎》續集卷5，頁252。
〔註203〕唐・段成式，《酉陽雜俎》續集卷5，頁253。
〔註204〕轉引自：宋・李昉等編，《太平廣記》卷495〈李抱貞〉，頁4065～4066。
〔註205〕唐・李綽，《尚書故實》，載洛中有一僧得數粒舍利，「有士子迫於寒餒，因請
　　　　僧，願得舍利掌而觀膽，僧遂出瓶授與，遽即吞之。僧惶駭如狂。復慮聞之

強調百姓對佛教瘋狂信仰之時，官吏設道場邀利的情形普遍存在。

（二）唐代僧人違戒情形

唐代僧人的世俗化行爲，小到個人之不守基本「五戒」，大到參與叛亂，武德元年（618）沙門高曇晟「自稱大乘皇帝」，「立尼靜宣爲邪輸皇后」；〔註206〕貞元三年（787），僧李廣弘自言「己當爲人主」，「以智因尼爲后」，〔註207〕違戒僧人立尼爲后，直與草寇無異；僖宗時，青城縣彌勒會妖人，假「陳僕射」爲亂，〔註208〕更可看出唐朝廷對層出不窮的各種「教團」，以及僧人的違戒行爲，已無力可管。

《唐國史補》，載僧鑑虛：「頗有風格，而出入內道場，賣弄權勢，杖殺於京兆府。城中言鑑虛善烹羊胛，傳以爲法。」〔註209〕李肇言鑑虛「頗有風格」，是對僧人不守戒律的委婉說法；唐代僧人好飲酒，違反基本「五戒」，少林武僧助秦王、叛亂僧聚眾謀反之違反殺戒，在唐代均算不得重罪；陸州龍興寺僧惠恪，「好客，往來多依之。嘗夜會寺僧十餘，設煎餅。」〔註210〕惠恪犯的雖不是五大戒之一，從「好客，往來多依之」，也可以看出佛門從武德九年以來就一直不甚清淨，唐帝王一再頒佈禁止僧人與士庶往來的詔令，也正因此。

唐初裴玄智盜化度寺無盡藏院之財，是犯了嚴重的「偷盜」，裴玄智還留詩遍告僧眾，擺明不在乎業果；〔註211〕像裴玄智一樣敢盜佛財的僧人，通常

於外。士子曰：『與吾幾錢，當服藥出之。』僧聞喜，送贈二百縑，仍取萬病丸與喫，俄頃洩痢，以益盎承貯，濯而收之。」轉引自：《太平廣紀》卷263〈士子吞舍利〉，2060～2061。
〔註206〕宋·司馬光，《資治通鑑》卷186〈唐紀〉2，頁5833。
〔註207〕五代·後晉·劉昫等撰，《舊唐書》卷144，頁3920。
〔註208〕「陳僕射」的眞實身份，就是與楊師立、牛勗、羅元杲以打毬爭三川，獲頭籌的陳敬瑄，憑著與田令孜的關係，制授右蜀節旄以代崔安潛，陳敬瑄以「打毬」而授官一事，使得中外驚駭。青城縣彌勒會妖人（北中稱爲「金剛禪」），知道陳敬瑄的勢頭大好，「乃僞作陳僕射行李，云山東盜起，車駕必謀幸蜀，先以陳公走馬赴任。」於是立了個「魁妖」，左右輔翼，軍府弄不清楚，也派人迎候。察事者見狀起疑，抓來彌勒會妖人審問，眞的陳僕射人也恰好到。參見：宋·孫光憲，《北夢瑣言》卷4，頁24。
〔註209〕唐·李肇，《唐國史補》卷（中），頁45。
〔註210〕唐·段成式，《酉陽雜俎》前集卷15，頁146。
〔註211〕後漢失譯，《受十善戒經》，言偷盜之果報：「生屠剝獄臥鐵机上，獄卒以刀剝皮割心。終不肯死，百千萬歲受苦如是。……當百千萬劫償他人債，終不可盡。」《大正藏》第24冊，頁1026。

都是先以苦行律己，使人不生疑，《辨疑志》載大曆中，有一苦行僧，「不衣
繒絮布絁之類，常衣紙衣，時人呼爲紙衣禪師。」代宗因而召入禁中道場，
苦行僧每月只一度出外，在贏得人們的崇敬之後，「盜禁中金佛，事發，召京
兆府決殺。」〔註212〕

　　僧人犯「妄語」之例，《酉陽雜俎‧支諾皋》載李師誨之兄弟任江南官職，
與一僧人來往，某日入山採藥，僧撿到一個「形如樂器，可以懸擊。」的異石，
回寺後埋在禪床下，「李生懇求一見，僧確然言無。」〔註213〕僧直到臨死之前，
才把該石送給李生作贈別之物，該僧之犯「妄語」，與一般寶愛私器的凡人無異。

　　《酉陽雜俎‧支諾皋》載尼犯「色戒」，曹州南華縣端相寺，縣尉李蘊到
寺巡檢，見尼房中，地高丈餘，疑有藏物，掘開後見一瓦瓶，內有顱骨等其
他骨頭，「蘊意尼所產，因毀之。」〔註214〕李蘊懷疑女尼不守清規，在房中產
子之後，殺而埋之；《芝田錄》載德宗時賈耽，退休歸第時，令上東門守卒曰：
「明日當午，有異色人入門，爾必痛擊之死且無妨。」果有二尼「施朱傅粉，
冶容艷佚，如倡人之婦。其內服殷紅，下飾亦紅。」二尼被門卒打到「傷腦
折足」卻依然打不死，賈耽知其爲精怪，〔註215〕精怪以尼之外形作倡人婦的
裝扮，當是時人對違戒尼的想像發揮。

二、僧人之世俗化

（一）門僧與客僧

　　唐代官吏家中多蓄門僧（又稱「家僧」、「門師」），昭宗時，相國張濬的
第二子張興師，曾假傳父令，把家中的門僧打了一頓，小小年紀的張興師，
認爲該僧將來會作惡，因而笞之，張濬知道後只是「不覺失笑」，未對兒子有
責罰行爲，〔註216〕可見門僧在唐代，表面上是功利僧人眼中「世俗的典範」，

〔註212〕轉引自：宋‧李昉等編，《太平廣記》卷289〈紙衣師〉，頁2297。
〔註213〕唐‧段成式，《酉陽雜俎》續集卷1，頁204。按：李綽，《尚書故實》亦載此
　　　　事，言李師誨本人：「曾於衲僧處，得落星石一片。僧云：『於蜀路早行，見
　　　　星墜於前，遂圍數尺掘之，得片石如斷磬。其一端有雕刻狻猊之首，亦如磬，
　　　　有孔穿絛處尚光滑，豈天上樂器，毀而墜歟？』」頁3。又按：《尚書故實》
　　　　未載李向僧求見此石，末言：「此石後流轉到絳安邑宅中。」
〔註214〕唐‧段成式，《酉陽雜俎》續集卷3，頁221。
〔註215〕二尼被打後，「翌日，東市奏失火，延袤百千家，救之得止。」轉引自宋‧李
　　　　昉等編，《太平廣記》卷373〈火‧賈耽〉，頁2961～2962。
〔註216〕宋‧孫光憲，《北夢瑣言》卷9：「二子興師幼年出宅門，見其門僧，傳相國

實際上卻得不到相對的尊敬，門僧可說是僧人「階層」中，地位最矛盾，感受最複雜的一群。

除了出入豪門貴族的「門僧」，四處雲水的「客僧」，其形象也頗多爭議，高宗時，有客僧聚眾欲自焚，長史裴照竟然率領僚屬欲往觀之，時任錄事參軍的郎餘令不以爲然，曰：「好生惡死，人之性也。違越教義，不近人情。明公佐守重藩，須察其姦詐，豈得輕舉，觀此妖妄。」裴照從其言，「因收僧按問，果得詐狀。」〔註217〕此記點出在官吏眼中，因朝廷對僧人往來有限令，官吏對「客僧」多所生疑，導致印象不佳；唐制規定行人需持公驗、過所度關津，僧、道也不例外，〔註218〕玄宗下〈禁僧道不守戒律詔〉：「或公訟私競，或飲酒食肉；非處行宿，出入市廛，罔避嫌疑，莫遵本教，……宜令州縣官嚴加捉搦禁止。」〔註219〕在開元時，州縣官是按照詔令，先入爲主的視「客僧」爲不良，對有「嫌疑」的「客僧」，一律下令驅逐；《廣異記》載：「唐開元中，代州都督以五臺多客僧，恐妖僞事起，非有住持者，悉逐之。客僧懼逐，多權竄山谷。」〔註220〕可見〈禁僧道不守戒律詔〉初下時，有被確實遵行；州縣官對於客僧除了驅逐之外，《冥祥記》載唐朝廷對於年紀大的客僧，有配寺居住的作法；〔註221〕由〈禁僧道不守戒律詔〉的執行情形，知執法官員對於外地來的和尚，未審先判的防備心態；天祐中，太原僧惠照因夢見鎮州南三十里，廢棄的相國寺地下埋有鐵鑄佛塔，特往訪之，惠照到了邊界，被元戎王中令鎔請到衙署供養，衙將任友義猜惠照是「隣道諜人」，要求元戎加以訊問，惠照以尋塔爲對；一行人在府南三十里，果眞看到相國寺古基址，掘開殿階果得鐵塔，上頭刻有三千人姓名，全是現任常山將校的親軍，名單

處分，七笞之。……俄而相國召僧，坐安，見其詞色不懼，因問之。僧以郎君傳相國處分見怪，未知罪名。相國驚駭慚謝，以兒子狂駁，幸師慈悲。回至堂前，喚興師怒責之，且曰：『汝見僧何罪，而敢造次？』對曰：『今日雖無罪過，想其向來隱惡不少，是以笞之。』相國不覺失笑。」頁75。

〔註217〕五代、後晉・劉昫等撰，《舊唐書》卷189（下），頁4961～4962。
〔註218〕程喜霖，〈唐代公驗過所揭示的社會關係〉：「遠行外州的僧尼必須請得公驗，實際上是國家使用過所制度的功能控制僧尼僞濫，與過所抑制逃兵、逃戶，穩定編戶，保證國家賦役、兵役來源的目的一致。」《唐代過所研究》（北京：中華書局，2000年），頁303。
〔註219〕清・董誥等編，《全唐文》卷29，頁327。
〔註220〕轉引自：宋・李昉等編，《太平廣記》卷62〈秦時婦人〉，頁389～390。
〔註221〕轉引自：宋・李昉等編，《太平廣記》卷109〈李氏〉：「迹隱禪師者，本是客僧，配寺頓丘，年向六七十。」頁746～747。

中只缺任友義一人，〔註222〕姑不論刻鐵塔的人，如何能事先得知後世之事，由此可看出直至唐末，州縣官對於客僧的防備，是一直存在的。

不獨對本國客僧如此，對外國僧侶亦然，咸通中，有天竺三藏僧經過成都，此天竺僧懂五天竺語言，兼通大、小乘經律論，要從雲南回北天竺，被蜀地察事者抓到成都府，「具得所記朝廷次第文字，蓋曾入內道場也。是知外國來廷者，安知非奸細乎？」〔註223〕懿宗時來華的外國僧人被當成奸細，也難怪昭宗天祐年間，鎮州衙將把外地來的太原僧當作「隣道諜人」，孫光憲會將曾入內道場，懂五天竺語言的天竺僧疑為外國間諜。

（二）「異僧」與「狂僧」

不管是「門僧」或「客僧」，都不如有特殊能力的「異僧」，能引起小說家的注意，特別是違戒的「異僧」，其所展現的異能，最是吸引唐人對佛教的注意；《酉陽雜俎·寺塔記》載貞元中，永安坊永壽寺證智禪師，「或時在張檀蘭若中治田，及夜歸寺，若在金山界，相去七百里。」〔註224〕段成式意在強調證智禪師之神通，贊寧也將證智禪師視為具神足通的萬迴師，〔註225〕此記另有兩處值得注意；一、證智禪師「及夜歸寺」的行為，有遵守崇玄署言僧人「凡止民家，不過三夜。」的規定；〔註226〕二、證智禪師於「蘭若中治田」，雖已違反「八不淨財」中「種植生種」的規定，〔註227〕但中唐後的禪宗僧人已多不遵守，反而從百丈叢林所立的規定，親自耕種，證智禪師不在本

〔註222〕宋·孫光憲，《北夢瑣言·逸文》卷2，頁155。

〔註223〕宋·孫光憲，《北夢瑣言·逸文》卷2，頁151～152。

〔註224〕唐·段成式，《酉陽雜俎》續集卷6，頁261。

〔註225〕宋·釋贊寧，《宋高僧傳》卷20〈唐吳郡義師傳〉：「復次京師永壽寺釋証智，不詳生族。貞元中於京寺多發神異，而眾周知。或畫在張瀆蘭若治田，夜歸寺中。其蘭若在漢陰金州，相距京甸七百里焉，時號智禪師。此之長足安法雲公也，皆能致遠於瞬息間，道家謂之縮地脈而能陟遐矣，若於色塵作神變，雖遠而近也。」《大正藏》第50冊，頁841～842。按：「張瀆蘭若」的主人張瀆，《宋高僧傳》卷22〈宋魏府卯齋院法圓傳〉：「驚張瀆之夜歸。」《大正藏》第50冊，頁854。疑《酉陽雜俎》之「張檀」，為「張瀆」之誤。

〔註226〕宋·歐陽修、宋祁撰，《新唐書》卷48：「道士、女官、僧、尼，見天子必拜。凡止民家，不過三夜。出踰宿者，立案連署，不過七日，路遠者州縣給程。」頁1252。

〔註227〕唐·釋道宣，《四分律刪繁補闕行事鈔》卷中二，言「八不淨財」：「一、田宅園林；二、種植生種；三、貯積穀帛；四、畜養人僕；五、養繫禽獸；六、錢寶貴物；七、氈褥釜鑊；八、象金飾床及諸重物。」《大正藏》第40冊，頁69。

寺耕種，卻跑到俗家所立的，有相當一段路程的「蘭若」去種田，日人周藤吉之〈吐魯番出土佃人文書的研究〉，於寺觀田的租佃系統一節，提到寺田除了自佃外，離寺較遠的田是租給佃人耕種的，此外，亦有寺僧租種百姓田和縣令田的例子；〔註228〕這份文書雖是吐魯番出土，年代也在證智禪師所處的貞元以前，證智禪師到俗家治田，「及夜歸寺」的做法，只能證明此行爲沒有違反宿民家「不過三夜」的法令，張檀若是像鄭餘慶對智圓一樣，〔註229〕起草屋給證智禪師住，則證智也不用回寺；無論如何，僧人至俗家「治田」的行爲，除了顯示與百姓的來往頻繁，也顯見僧人的戒律，在表現世俗行爲時，得到最大的檢驗。

　　唐代具有特異能力的異僧與狂僧，大都不會被世俗之人用佛教戒規來檢驗，而在小說家筆下，更樂於突顯其違戒的部分；貞元中，有狂僧義師，把百姓剛蓋好的十餘間店壞其簷，當晚火災，只有壞簷的十餘間倖存，義師又常在廢寺中，「壞幡木象悉火之。好活燒鯉魚，不待熟而食。」垢面從來不洗，一洗就下雨，死之前只飲灰汁數斛，端坐七日才死，時值盛夏，「色不變，肢不摧。」〔註230〕義師之異行，以今日視之，或許只能以先已知曉如何預裝「金身」來解釋。

三、唐代胡俗與胡僧

　　「風俗」亦即「民俗」，指的是人民所表現的，共同的生活現象；劉禹錫〈送義舟師卻還黔南（并引）〉，提到被當時人視爲「幽荒」之地的貴州，有一位自黔江而來的沙門義舟，「能畫地爲山川，及條其風俗，纖悉可信。」〔註231〕僧人多方雲遊，多識山川風俗者有之，到漢地的胡僧，有諸胡的生活環境爲其展現神通異能作溫床，唐代來華的域外僧人，在開元時期，人數已多到可以被官員當作談笑取樂的對象，〔註232〕胡僧與唐代士庶的互動往來，是唐代外來文化最

〔註228〕〔日〕周藤吉之等著，《敦煌學譯文集——敦煌吐魯番出土社會經濟文書研究》（蘭州：甘肅人民出版社，1985年），頁59～61。

〔註229〕唐・段成式，《酉陽雜俎》前集卷14，載鄭餘慶求臘高之龍興寺僧智圓，住城東隙地，「爲起草屋種植，有沙彌、行者各一人。」頁136。

〔註230〕唐・段成式，《酉陽雜俎》前集卷3，頁40。

〔註231〕《全唐詩》卷359，頁4049。

〔註232〕宋・李昉等編，《太平廣記》卷249引《御史臺記》，記殿中盧供奉：「嘗於景龍觀監官行香，右臺諸御史亦與焉。臺中先號右臺爲高麗僧。時有一胡僧徙倚於前庭，右臺侍御史黃守禮指之曰：『何胡僧而至此？』盧供奉答曰：「亦

光怪陸離的一面。

（一）唐代胡俗

唐代「蕃胡」，或單稱爲「胡」者，〔註233〕其數難以估算，安史之亂，洛陽淪陷，馮著〈洛陽道〉：「蓬萊殿中寢胡人，鵁鶄樓前放胡馬。……天津橋上多胡塵。」〔註234〕眾多胡人入居東都，並不始於安史之亂，武則天延載元年（694）

武三思爲「黜唐頌周」，率領四夷酋長，請鑄銅鐵爲天樞，〔註235〕此銘紀功德的天樞就立於洛陽皇城正南的端門外，「諸胡聚錢百萬億，買銅鐵不能足，賦民間農器以足之。」〔註236〕洛陽諸胡財力之雄厚，顯示定居洛陽的胡人當不在少數；至於「蕃僧」，憲宗朝，宰相武元衡被刺，憲宗下〈購殺武元衡賊敕〉，〔註237〕以一萬貫的高額獎金，與授五品官位懸賞捕賊，京師大索坊市的結果，「諸處獲賊牒者，多是蕃僧，因物色捕之。」〔註238〕可知中唐以後的眞假胡僧，其數亦不少；諸胡財力雄厚，蕃僧人數多到眞假難辨，胡風在唐之蔓延，可從唐帝王觀胡風、禁胡俗一事，知其盛況，高宗〈禁幻戲詔〉：

　　如聞在外有婆羅門胡等，每於戲處，乃將劍刺肚，以刀割舌，幻惑

有高麗僧，何獨怪胡僧爲？」頁1932。

〔註233〕謝海平先生認爲質子、使節、降人、俘虜、教士、商胡等，於體質、姓名、風習、職業中，可以證明其爲入唐之蕃胡；而「華化未深」的蕃胡，則單稱爲「胡」。《唐代留華外國人生活考述‧導論》（臺灣：商務印書館，1978年），頁11。

〔註234〕唐‧馮著，〈洛陽道〉，《全唐詩》卷215，頁2249。

〔註235〕宋‧歐陽修、宋祁撰，《新唐書》卷76，載天樞的全名爲「大周萬國頌德天樞」，其形製爲：「若柱，度高一百五尺，八面，面別五尺，冶鐵象山爲之趾，負以銅龍，石鑱怪獸環之。柱顚爲雲蓋，出大珠，高丈，圍三之。作四蛟，度丈二尺，以承珠。其趾山周百七十尺，度二丈，無慮用銅鐵二百萬斤。乃悉鏤羣臣、蕃酋名氏其上。」頁3483。

〔註236〕宋‧司馬光，《資治通鑑》卷205〈唐紀〉21，頁6496。

〔註237〕宋‧宋敏求編、洪丕謨等點校，《唐大詔令集》卷123〈購殺武元衡賊敕〉：「……宜令京城及諸道所在同捕逐，有能獲賊者，賜錢一萬貫，仍與五品官，有官超授。如本雖同謀，或曾停止，但能糾告，當舍其罪，仍同此科。敢有藏匿，全家誅戮。布告遠近，使明知之。」頁601。

〔註238〕宋‧王欽若等撰，《冊府元龜》卷64：「於是京師大索坊市。……九月詔：『近緣東都盜賊事連僧徒，因此所緣，遂有覺察。今既各有名籍，不得恐動。其已出城者，所在安存。其外國僧亦任隨便居止。先是諸處獲賊牒者，多是蕃僧，因物色捕之。其在京城近闕寺僧，無親識者，亦搜逐焉。緣是恟恟，皆已還俗充役。」頁318。

百姓，極非道理。宜並發遣還蕃，勿令久住。仍約束邊州，若更有
此色，並不須遣入朝。〔註239〕

邊地官吏將會作幻戲的婆羅門胡上貢朝廷，唐代婆羅門胡的人數，多到深入
民間之外，還能大肆表演，高宗因此才下〈禁幻戲詔〉，除了「幻惑百姓」的
幻戲，引起帝王過問的，還有「裸體跳足」的潑寒胡戲，潑寒胡戲又稱乞寒
胡戲，本出於西域康國，〔註240〕神龍元年（705），中宗御樓以觀，清源尉呂
元泰上疏禁演，中宗不納；〔註241〕睿宗朝，韓朝宗任左拾遺，睿宗下詔作乞
寒胡戲，韓朝宗諫曰：

> 昔辛有過伊川，見被髮而祭，知其必戎。今乞寒胡非古不法，無乃
> 爲狄？又道路藉藉，咸言皇太子微服觀之。且匈奴在邸，刺客卒發，
> 大憂不測，白龍魚服，可深畏也。〔註242〕

呂元泰言「謀時寒若」，胡注云：「君能謀則時寒順之」，〔註243〕可見呂元泰深
知康國「乞寒」，乞的是天時祥和、物阜民豐，正處於昇平之世的中宗，自然
聽不進去；韓朝宗在伴隨著潑寒胡戲上演的，以「白龍魚服」的百戲裝扮下，
恐有刺客藏身其中，睿宗雖稱其諫爲善，亦並未禁之；玄宗時，蕃夷入朝，
又上演此戲，張說諫曰：

> 「臣聞韓宣適魯，見周禮而歎；孔子會齊，數倡優之罪。列國如此，
> 況天朝乎。今外蕃請和，選使朝謁，所望接以禮樂，示以兵威。雖曰
> 戎夷，不可輕易，焉知無駒支之辯，由余之賢哉？且潑寒胡未聞典故，
> 裸體跳足，盛德何觀；揮水投泥，失容斯甚。法殊魯禮，褻比齊優，
> 恐非干羽桑遠之義，樽俎折衝之禮。」自是此戲乃絕。〔註244〕

張說主張對外蕃「接以禮樂，示以兵威。」在入朝大典上演潑寒胡戲，是深
恐外藩認爲大唐反習胡俗，將見笑於外邦之「駒支」、「由余」者，〔註245〕玄

〔註239〕清・董誥等編，《全唐文》卷12，頁145。
〔註240〕宋・司馬光，《資治通鑑》卷208〈唐紀〉24：「上御洛城南樓，觀潑寒胡戲。」
胡注：「潑寒胡戲即乞寒胡戲，本出於胡中西域康國，十一月鼓舞乞寒，以水
交潑爲樂，武后末年始以季冬爲之。」頁6596。
〔註241〕宋・司馬光，《資治通鑑》卷208〈唐紀〉24，呂元泰言：「『謀時寒若，何必
裸身揮水，鼓舞衢路以索之。』疏奏，不納。」頁6596。
〔註242〕宋・歐陽修、宋祁撰，《新唐書》卷118，頁4273。
〔註243〕宋・司馬光，《資治通鑑》卷208〈唐紀〉24，頁6596。
〔註244〕五代、後晉・劉昫等撰，《舊唐書》卷97，頁3052。
〔註245〕《左傳》襄公14年，戎子駒支將預晉盟，范宣子言其有二心，親數於朝，駒

宗納之，開元元年，正式禁斷潑寒胡戲；〔註246〕開元末年，有高達數萬的「音
聲人」番上，〔註247〕唐代「千秋節」的由來，是爲賀玄宗生日，〔註248〕玄宗
過生日的場面是：

> 樂工少年姿秀者十數人，衣黃衫、文玉帶，立左右。每千秋節，舞
> 於勤政樓下，後賜宴設酺，亦會勤政樓。其日未明，金吾引駕騎，
> 北衙四軍陳仗，列旗幟，被金甲、短後繡袍。太常卿引雅樂，每部
> 數十人，間以胡夷之技。內閑廏使引戲馬，五坊使引象、犀，入場
> 拜舞。宮人數百衣錦繡衣，出帷中，擊雷鼓，奏小破陣樂，歲以爲
> 常。〔註249〕

玄宗首創帝王以生日爲節的先例，「胡夷之技」指的是「象、犀，入場拜舞」，
亦即「白龍魚服」的演出，玄宗爲太子時，愛觀潑寒胡戲，生日時以「胡夷
之技」慶生，從其剛登基（按：先天二年即開元元年），於正月十五採胡僧婆
陀「燃百千燈」之議，〔註250〕玄宗可說是最廣納胡俗的大唐帝王。

（二）胡僧識寶

《通幽記》載唐天寶二載，道士張元霜之徒崔簡，能「使役神物，坐通
變化。」在蜀郡時，曾以法術協尋一椿「僧盜女」的事件，崔簡先預告失土
呂誼，「若胡僧來，可執之求女。」事未發崔簡即知乃胡僧所爲，可見天寶年
間，在蜀地的胡僧，已闖出不小名氣。〔註251〕

唐代來華之胡僧，最大的本領就是「識寶」，小說家筆下能「識寶」之胡
僧，首先是跟他們的「多聞」有關，段成式記梵僧菩提勝（一作：菩薩勝），
說出頭能夜飛晨回，號「飛頭獠子」的「落民」；〔註252〕在海中，能將海水變

〔註246〕 支一番「不侵不叛」的辯詞，爲世所稱。秦穆公用戎將由余而霸中國，詳見：
漢・司馬遷撰、馬持盈注，《史記今註》卷83，頁2496。

〔註246〕 宋・王溥，《唐會要》卷34〈雜錄〉：「至開元元年十月七日，敕臘月乞寒，
外蕃所出，漸浸成俗，因循已久，自今已後，無問蕃漢，即宜禁斷。」頁629。

〔註247〕 宋・歐陽修、宋祁撰，《新唐書》卷22：「唐之盛時，凡樂人、音聲人、太常
雜戶子弟隸太常及鼓吹署，皆番上，總號音聲人，至數萬人。」頁477。

〔註248〕 宋・歐陽修、宋祁撰，《新唐書》卷22：「千秋節者，玄宗以八月五日生，因
以其日名節，而君臣共爲荒樂，當時流俗多傳其事以爲盛。」頁477。

〔註249〕 宋・歐陽修、宋祁撰，《新唐書》卷22，頁477。

〔註250〕 宋・王溥，《唐會要》卷34〈論樂〉：「二年正月，胡僧婆陀請夜開門燃百千
燈。」頁627。

〔註251〕 轉引自：《太平廣記》卷285〈東巖寺僧〉，頁2273～2274。

〔註252〕 唐・段成式，《酉陽雜俎》，前集卷4：「梵僧菩薩勝又言：闍婆國中，有飛頭

成有如泉水的「井魚腦」。〔註253〕「多聞」的胡僧，還必須具有「望氣」的本領，《宣室志》記一胡僧能觀「寶氣」，能說出「三寶村」之名的由來，且預言三寶即將出土之事；〔註254〕《玄怪錄》言開、天時，有崔書生「不告而娶」，其妻漂亮到被母親視爲「妖媚無雙」，崔書生奉母命休妻後，有一胡僧扣門求食，要求道：「君有至寶，乞相示也？」胡僧說是因「望氣」而知崔府有寶，崔生拿出妻子臨走前送的白玉盒子，胡僧以百萬買之，言白玉盒子的主人——崔書生的妻子，就是「西王母第三女玉巵娘子也。」胡僧還道：「若住得一年，君舉家不死矣。」〔註255〕集多聞、望氣、識寶於一身的胡僧，小說家將其行爲記下的同時，也顯示外來和尚在唐代，不同於漢地僧人的異能。

胡僧所識之「寶」，名堂之多，令人瞠目結舌；《廣異記》載上元末，有李氏一家，不信「太歲」，傳說：「得太歲者，鞭之數百，當免禍害。」不信太歲的李氏，掘到一塊肉，鞭到九十多下，「肉忽騰上，因失所在。」李氏家七十二口死到剩下個小蒯公，李氏兄弟怕絕種，派家奴扮鬼將小蒯公劫走，《廣異記》對「太歲」的形容是：「大如方狀，類赤菌，有數千眼。」遍問無人知，唯一胡僧知其爲「太歲」；〔註256〕《酉陽雜俎》記永貞年間，長安東市百姓王布，有女年十四、五歲，長得艷麗聰悟，可惜鼻孔各垂了兩條如皂莢子般的息肉，息肉的根還像麻線般長，王布破錢數百萬，仍無法治癒，一天來了個乞食梵僧，把息肉摘掉並要求帶走：

> 復有一少年，美如冠玉，騎白馬，遂叩門曰：「適有胡僧到無？」布遽延入，具述胡僧事，其人吁嗟不悅，曰：「馬小踠足，竟後此僧。」布驚異詰其故，曰：「上帝失樂神二人，近知藏於君女鼻中，我天人也，奉帝命來取，不意此僧先取之，吾當獲譴矣。」布方作禮，舉

者，其人目無瞳子，聚落時，有一人據于氏志怪南方落民，其頭能飛，其俗所祠名曰：蟲落。因號『落民』。」頁47。

〔註253〕唐·段成式，《酉陽雜俎》，前集卷17：「井魚腦有穴，每翕水，輒於腦穴蹙出，如飛泉散落海中，舟人竟以空器貯之。海水鹹苦，經魚腦穴出反淡，如泉水焉。成式見梵僧菩提勝說。」頁163。

〔註254〕唐·張讀，《宣室志》卷6：「三寶村，故老相傳云：『建村之時，有胡僧謂村人曰：「此地有寶氣，而今人莫得之，其啓發將自有時耳。」村人曰：「是何寶也？」曰：「此交趾之寶數有三焉，故因以三寶名其村，蓋識其事。」』」《四庫全書》文淵閣本，子部，小說家類，異聞之屬。

〔註255〕轉引自：《太平廣記》卷63〈崔書生〉，頁393～394。

〔註256〕轉引自：《太平廣記》卷362〈李氏〉，頁2878。

首而失。〔註257〕

這場胡、漢「奪寶」大戰，勝的是胡方；《廣異記》載則天朝，西國獻了一枚像拇指大小的「青泥珠」，武后不知是寶，布施給西明寺僧，後來有個胡僧，買得此珠後藏在腿肉中，將帶回國，則天派人找來問，胡僧曰：「西國有青泥泊，多珍寶，但苦泥深不可得，以此珠投之，泥皆成水。」則天聽後，將「青泥珠」據爲己有。〔註258〕

　　除了奇「寶」以外，胡僧識奇「人」的本領也堪稱一絕；《乾月巽子》記神龍中，廬江人何讓之，曾獲「野狐之書」，胡僧知道「文書」所化之人乃天人，〔註259〕此一胡僧一眼就能看出美少年是天帝左右之人，更神奇的是，《續玄怪錄・延州婦人》的胡僧，能看出埋在墓中的，是徇世俗之欲，以「染愛法門」渡化眾生的鏁骨菩薩，〔註260〕「鉤鏁骨」是佛陀三十二相的第八相，〔註261〕按：隋代智顗就《華嚴經》中，善財童子五十三參，曾訪過的須蜜多女，講解何謂「染愛法門」，這位在王舍城化度眾生的須蜜多女：

　　人見人女，天見天女。見者得見諸佛三昧；執手者得到佛刹三昧；
　　歇者極愛三昧；抱者冥如三昧，各各皆得法門，亦如魔界行不污戒
　　菩薩。〔註262〕

智顗將須蜜多女，視如「行不污戒菩薩」，一如入國王後宮的維摩詰一樣，其

〔註257〕唐・段成式，《西陽雜俎》，前集卷1，頁10。

〔註258〕明・胡我琨，《錢通》卷10，引《廣異記》，王雲五主編，《四庫全書珍本》，（臺灣：商務印書館，1973年），頁30。

〔註259〕同德寺僧志靜受「狐」之託，欲以三百縑換回「文書」，何讓之收縑後出爾反爾，復欲誇耀其弟，拿出文書證明其事，只見文書「化爲一狐矣，俄見一美少年，若新官之狀，跨白馬南馳疾去。」剛好來了個西域胡僧，賀云：「善哉！常在天帝左右矣！」不久，「內庫被人盜貢絹三百匹」，在何讓之家中尋得，讓之至死，未能雪其罪。轉引自：《太平廣記》卷448〈何讓之〉，頁3661～3663。

〔註260〕延州有位婦人，約二十四、五歲，白皙頗有姿貌，孤行於城市中，對於城中的年少之子，「狎昵薦枕，一無所却。」數年後婦人去世，州人集資將她埋在路邊，大曆中來了個西域胡僧，「見墓遂趺坐具，敬禮焚香，圍繞讚歎數日。」旁人問胡僧爲何要禮拜此一人盡可夫的淫縱女子，胡僧曰：「非檀越所知，斯乃大聖慈悲喜捨，世俗之欲無不狗焉。此即鏁骨菩薩順緣已盡，聖者云耳。」眾人不信，開墓後看到的是：「遍身之骨，鉤結皆如鏁狀。」轉引自：《太平廣記》卷101〈延州婦人〉，頁682。

〔註261〕後秦・佛陀耶舍共竺佛念譯，《長阿含經》卷1。《大正藏》第1冊，頁5。

〔註262〕隋・智顗說、灌頂錄，《金光明經文句》卷1。《大正藏》第39冊，頁52。

化度眾生的方法是：「先以欲勾牽，後令入佛智。」〔註263〕所行的是以欲止欲的「染愛法門」，李復言《續玄怪錄‧延州婦人》，應是受到須蜜多女故事的影響。

　　識奇寶、奇人的僧人，如同凡人一樣，也會有見「獵」心喜的時候，《酉陽雜俎》記一胡僧，言必須在昆明池旁，祈雨才會有效，實際是要昆明池龍王的腦子來作藥；〔註264〕不僅胡僧想「盜寶」，新羅僧亦然，《宣室志》記貞觀中，玉潤山悟眞寺的寺僧，夜聞有誦《法華經》者，聲音從地下發出，僧做好記號，明早掘地，「得一顱骨，在積壤中，其骨槁然，獨脣吻與舌鮮潤。」僧以石函裝好，放在千佛殿下，每晚照樣聽到石函內發出誦經聲，後被一新羅僧將石函偷走。〔註265〕

　　識寶之胡僧，本身亦多懷寶，《纂異記》載齊君房三餐不繼長達四十五年，遇一胡僧，從鉢囊拿出一粒棗子，曰：「此吾國所產，食之知過去未來事。」又拿出一鏡，告訴君房：「要知貴賤之分，修短之限，佛法興替，吾道盛衰。」君房看完鏡子後，感悟兩人前生爲知交，同爲僧人，君房悟後落髮爲僧。〔註266〕「懷寶」之僧人，其「寶」所用何爲，可以判定其是否具有佛心，《宣室志》記因爲財多而生心病的楊叟，其子宗素不接受用「生人之心」來治心病的建議，「自齎衣糧，詣郡中佛寺飯僧。」一天，半路遇到一個「貌甚老瘦枯瘠」的胡僧，曉以《金剛經》文：「過去心不可得；現在心不可得；未來心不可得。」言畢「跳躍大呼，化爲一猿而去。」〔註267〕跟《宣室志》一樣，以「經」寶作爲渡化工具的胡僧不在少數，《報應記》載卭州人張政，開成三年七月十五日暴亡，因「小聲念金剛經」，得到自稱是「須菩提」的胡僧，從陰間讓他還陽。〔註268〕

　　不獨小說家記下胡僧的「多聞」、「識寶」，詩人杜甫也證明了胡僧能辨識異物的本領，〔註269〕對於胡僧的神異事蹟，唐代詩人是難掩仰慕之情，岑參

〔註263〕隋‧智顗說、灌頂錄，《金光明經文句》卷1。《大正藏》第39冊，頁52。
〔註264〕唐‧段成式，《酉陽雜俎》前集卷2，頁19。
〔註265〕轉引自：《陝西通志》卷100，《四庫全書》文淵閣本，史部，地理類，都會郡縣之屬。
〔註266〕轉引自：《太平廣記》卷388〈齊君房〉，頁3091～3092。
〔註267〕唐‧張讀，《宣室志》卷6。《四庫全書》文淵閣本。
〔註268〕轉引自：《太平廣記》卷108〈張政〉，頁733。
〔註269〕唐‧杜甫，〈海棕行〉：「左綿公館清江濆，海棕一株高入雲。龍鱗犀甲相錯落，蒼稜白皮十抱文。自（一作但）是眾木亂紛紛，海棕焉知身出群。移栽北辰不可得，時有西域胡僧識。」《全唐詩》卷220，頁2315。

〈太白胡僧歌・并序〉：

> 太白中峰絕頂，有胡僧，不知幾百歲，眉長數寸，身不製繒帛，衣
> 以草葉，恆持楞伽經。雲壁迴絕，人跡罕到。嘗東峰有鬥虎，弱者
> 將死，僧杖而解之。西湫有毒龍，久而為患，僧器而貯之。商山趙
> 叟，前年采茯苓，深入太白，偶值此僧，訪我而說。予恆有獨往之
> 意，聞而悅之，乃為歌曰。〔註270〕

岑參詩中，住在太白山的胡僧，「兩耳垂肩眉覆面」，不知年壽幾何，胡僧伏
虎降龍的本事，是岑參欲得一識的主因；白居易更因與胡僧融洽的交往，因
此懷念起好友杓直；〔註271〕許渾人到了武陵，也不忘寄詩給天竺僧無畫，分
享他對大自然的感受；〔註272〕周賀因胡僧異於漢僧的修行方式，以詩相贈；
〔註273〕而無名氏所作的〈天竺國胡僧水晶念珠〉，則是極想像之能事，對胡僧
的水晶念珠多所比喻；〔註274〕劉言史直接當自己是胡僧的「代言人」，〔註275〕
正因詩人與胡僧間來往密切，與漢地僧人外貌大不同的胡僧，出現在唐代畫
家的筆下，〔註276〕因而形象生動多有不同。

〔註270〕唐・岑參，〈太白胡僧歌〉：「聞有胡僧在太白，蘭若去天三百尺。一持楞伽入
中峰，世人難見但聞鐘。窗邊錫杖解兩虎，床下缽盂藏（一作盛）一龍。草
衣不針復不線，兩耳垂肩眉覆面。此僧年幾那得知，手種青松今十圍。心將
流水同清淨，身與浮雲無是非。商山老人已曾識，願一見之何由得。山中有
僧人不知，城裏看山空翠色。」《全唐詩》卷199，頁2507。

〔註271〕唐・白居易〈秋日懷杓直〉（時杓直出牧澧州）：「……西寺老胡僧，南園亂松
樹。攜持小酒榼，吟詠新詩句。同出復同歸，從朝直至暮。……」《全唐詩》
卷430，頁4750。

〔註272〕許渾，〈舟次武陵寄天竺僧無畫〉：「溪長山幾重，十里萬株松。秋日下丹檻，
暮雲歸碧峰。樹棲新放鶴，潭隱舊降龍。還在孤舟宿，臥聞初夜鐘。」《全唐
詩》卷532，頁6075。

〔註273〕唐・周賀，〈贈胡僧〉：「瘦形（一作影）無血色，草履著行（一作從）穿。閒
話（一作語）似持咒，不眠同坐禪。背經來漢地，袒膊過冬天。情性人難會，
遊方應信緣。」《全唐詩》卷503，頁5719。

〔註274〕唐・無名氏，〈天竺國胡僧水晶念珠〉：「天竺國胡僧踏雲立，紅精素貫鮫人泣。
細影疑隨焰（一作爛）火銷，圓光恐滴袈裟溼。夜梵西天千佛聲，指輪次第
驅寒星。若非葉下滴秋露，則是井底圓春冰。淒清妙麗應難並，眼界真如意
珠靜。碧蓮花下獨提攜，堅潔何如幻泡影。」《全唐詩》卷785，頁8860。

〔註275〕唐・劉言史，〈代胡僧留別〉：「此地緣疏語未通，歸時老病去無窮。定知不徹
南天竺，死在條支陰磧中。」《全唐詩》卷468，頁5331。

〔註276〕唐・杜甫，〈戲為雙松圖歌（韋偃畫）〉：「……松根胡僧憩寂寞，龐眉皓首
無住著。偏袒右肩露雙腳，葉裏松子僧前落。……」《全唐詩》卷219，頁
2306。

（三）《全唐詩》裡看胡僧

　　《全唐詩》中，唐人對西域僧人，有胡僧、蕃僧〔註 277〕、天竺僧〔註 278〕、婆羅門僧〔註 279〕等稱呼，以胡僧的稱呼最多見，岑參〈太白胡僧歌并序〉：「太白中峰絕頂，有胡僧，不知幾百歲，眉長數寸，身不製繒帛，衣以草葉，恆持楞伽經。」〔註 280〕與杜甫〈戲爲雙松圖歌〉：「松根胡僧憩寂寞，龐眉皓首無住著。偏袒右肩露雙腳，葉裏松子僧前落。」〔註 281〕均指出「胡僧」高壽的特徵；杜甫〈海棕行〉：「移栽北辰不可得，時有西域胡僧識。」〔註 282〕〈示獠奴阿段〉注云：「陶侃有一胡奴，胡僧見之曰：『此海山使者也。』是夜即失所在。」〔註 283〕指出「胡僧」多聞廣識的本領；杜甫〈寄劉峽州伯華使君四十韻〉：「藥囊親道士，灰劫問胡僧。」〔註 284〕李商隱〈寄惱韓同年二首〉：「年華若到經風雨，便是胡僧話劫灰。」〔註 285〕「灰劫」應爲「劫灰」之誤；〔註 286〕常達〈山居八詠〉：「胡僧論的旨，物物唱圓成。」〔註 287〕貫休〈山居詩二十四首（并序）〉：「白衣居士深深說，青眼胡僧遠遠傳。」〔註 288〕均點出胡僧擅長說法；白居易〈秋日懷杓直〉：「西寺老胡僧，南園亂松樹。」〔註 289〕劉言史〈代胡僧留別〉：「此地緣疏語未通，歸時老病去無窮。定知不徹南天竺，死在條支陰磧中。」〔註 290〕道出對胡僧在他鄉爲老病客的同情；胡僧的

〔註 277〕如：劉禹錫，〈樂天池館夏景方妍白蓮初開綵舟空泊唯邀緇侶因以戲之〉：「蕃僧如共載，應不是神仙。」《全唐詩》卷 358，頁 4037。〈送義舟師卻還黔南（并引）〉：「蕃僧以外學嗜篇章。」《全唐詩》卷 359，頁 4049。雍陶，〈塞上宿野寺〉：「塞上蕃僧老。」《全唐詩》卷 518，頁 5913。

〔註 278〕如：許渾，〈舟次武陵寄天竺僧無晝〉，《全唐詩》卷 532，頁 6075。

〔註 279〕如：劉禹錫，〈贈眼醫婆羅門僧〉，《全唐詩》卷 357，頁 4028。可止，〈送婆羅門僧〉，《全唐詩》卷 825，頁 9292。

〔註 280〕《全唐詩》卷 199，頁 2057。

〔註 281〕《全唐詩》卷 219，頁 2306。

〔註 282〕《全唐詩》卷 220，頁 2315。

〔註 283〕《全唐詩》卷 229，頁 2499。

〔註 284〕《全唐詩》卷 230，頁 2516。

〔註 285〕《全唐詩》卷 540，頁 6208。

〔註 286〕按：「劫」爲梵語「劫簸」之簡稱，譯爲「時分」或「大時」，是指年月日所無法計算的，極長的時間。成、住、壞、空四劫，其中壞劫出現時，會產生劫火，將一切燒成灰燼。

〔註 287〕《全唐詩》卷 823，頁 9281。

〔註 288〕《全唐詩》卷 837，頁 9428。

〔註 289〕《全唐詩》卷 430，頁 4750。

〔註 290〕《全唐詩》卷 468，頁 5331。

外形，周賀〈贈胡僧〉最傳神：

> 瘦形（一作影）無血色，草履著行（一作從）穿。聞話（一作語）
> 似持咒，不眠同坐禪。背經來漢地，袒膊過冬天。情性人難會，遊
> 方應信緣。〔註291〕

外型瘦削、語言難曉、持不倒單、不畏寒冷，應是最具代表性的胡僧形象；
司空圖〈與伏牛長老偈二首〉：「無端指箇清涼地，凍殺胡僧雪嶺西。」〔註292〕
言名相的分別，是僧人無法直探「真如」的障礙；無名氏〈天竺國胡僧水晶
念珠〉，〔註293〕描述胡僧隨身的水晶念珠，若沒有親近胡僧，難以有如此極盡
想像的描寫，由《全唐詩》中，詩人對胡僧的觀察入微，可見與胡僧交往的
唐代士人，於其本身的聞思修，當起過相當程度的影響。

四、域外僧人之僧俗交涉

河西都僧統悟真，在七十歲時寫下〈百歲篇・緇門〉，內容由十歲辭親出
家，到寺院開始學煎茶，驅鳥摘花的小沙彌，到五十歲被延入內，恩賜紫衣，
仍以臥窟之龍自許，直到百歲感慨意氣全盡，「聚土如山總是空」，〔註294〕悟
真詩中對於僧人各階段生活的描述，與漢地被帝王賜紫贈諡的僧人，並無兩

〔註291〕《全唐詩》卷503，頁5719。

〔註292〕《全唐詩》卷633：「不算菩提與闡提，惟應執著便生迷。無端指箇清涼地，
凍殺胡僧雪嶺西。長繩不見繫空虛，半偈傳心亦未疏。推倒我山無一事，莫
將文字縛真如。」頁7266。

〔註293〕《全唐詩》卷785：「天竺國胡僧踏雲立，紅精素貫鮫人泣。細影疑隨焰（一
作爛）火銷，圓光恐滴袈裟溼。夜梵西天千佛聲，指輪次第驅寒星。若非菓
下滴秋露，則是井底圓春冰。凄清妙麗應難並，眼界真如意珠靜。碧蓮花下
獨提攜，堅潔何如幻泡影。」頁8860。

〔註294〕唐・釋悟真，〈百歲篇・緇門〉：「一十辭親願出家，手攜經榼學煎茶。驅鳥未
解從師教，往往拋經摘草花。二十空門藝卓奇，沾恩剃髮整威儀。應法心師
堪羯磨，五年勸學盡毗尼。三十精通法論全，四時無暇復無眠。有心直擬翻
龍藏，豈肯因循過百年。四十幽玄總攬知，遨遊天下入王畿。經論一言分擘
盡，五乘八藏更無疑。五十恩延入帝宮，紫衣新賜意初濃。談經御殿傾雷雨，
震齒潛波臥窟龍。六十人間置法船，廣開慈諭示因緣。三車已立門前路，念
念無常勸福田。七十連宵坐結跏，觀空何處有榮華。匡心直樂求清淨，永離
沾衣染著花。八十雖存力已殘，夢中時復到天關。還遇道人邀說法，請師端
坐上金壇。九十之身朽不堅，猶蒙聖力助輕便。殘燈未滅光輝薄，時見迎雲
在目前。百歲歸原逐晚風，松楸落葉幾春冬。平生意氣今朝盡，聚土如山總
是空。」轉引自：任半塘，《敦煌歌辭總編》卷5（上海：古籍出版社，1987
年），頁1365～1366。

樣，而經由陸路敦煌或海路抵唐的域外僧人，大都是齎梵夾入唐，取得朝廷一定的重視之後，其在漢地的表現，就全憑因緣際會，因人而異。

唐代的優秀僧人，有譯經僧，致力於將印度帶回的經典翻譯出來，使知識份子打從內心接受佛教，如中國四大譯師的玄奘與義淨；有幫太宗底定天下的少林武僧；宣宗朝，有幫張義潮擊退吐蕃，沙州起義成功的釋門教首洪辯；此外，域外僧人亦表現不凡，康居後裔的華嚴三祖法藏，對武則天說法，使得最高統治者帶頭信仰華嚴宗；〔註295〕而以神通力技驚貴族與士庶的開元三大士，經由他們的努力，密教終於在唐朝開花並結果。

在域外僧人中，以不空對唐人的影響最大，不空之異能如前所述（詳見第三章），其「特權」，亦即受唐帝王的器重，能替汾州西河縣百姓所興辦的西苑房佛堂，上表乞寺額，〔註296〕可以使原本不屬於皇家寺院的地方小佛寺，變成擁有寺額，享有官寺免稅的特權；廣德二年，不空還上表要求將原本不屬於大興善寺的四十九名僧人，「調撥」到大興善寺「葺理頹弊，永修香火。」請求皇恩「放諸雜差科」；〔註297〕不空還上表要求寺院食堂，歷來以賓頭盧爲「應供羅漢」的上座位置，讓給文殊菩薩；〔註298〕與不空同爲域外僧人，同樣以齎梵夾獻朝廷爲「晉身」之階的海明上人，就沒有不空的幸運，耿湋提到「持經奉紫微，年深梵語變。」的海明上人，〔註299〕攜帶梵夾獻給唐朝廷

〔註295〕法藏對唐朝廷的貢獻，分別有：一、授中宗、睿宗菩薩戒，中宗賜號「國一」；二、長安四年（704），武則天生病，法藏應邀於內道場組「華嚴法會」；三、長安四年冬天，奉武則天之命，迎舍利至洛陽；四、分別應武則天、中宗、睿宗之詔，於垂拱三年（687）天冊萬歲元年（695）景龍二年（708）景雲二年（711），立壇作法，祈雨祈雪；五、則天神功元年（697），按《神咒經》作法，幫助則天打退反抗的契丹族松漠都督；六、中宗神龍元年（705），配合張柬之、桓彥範等人恢復唐室的號召，誅殺張宗昌、張易之兄弟。參見：方立天〈法藏的生平與其創宗活動〉，《方立天文集》第2卷《隋唐佛教》（北京：中國人民大學出版社，2006年），頁18～19。

〔註296〕唐·釋圓照集，《代宗朝贈司空大辨正廣智三藏和上表制集》卷第三〈勅賜汾州西河縣西苑房佛堂寺額〉。《大正藏》第52冊，頁840。

〔註297〕唐·釋圓照集，《代宗朝贈司空大辨正廣智三藏和上表制集》卷1〈請置大興善寺大德四十九員〉。《大正藏》第52冊，頁830～831。

〔註298〕唐·釋圓照集，《代宗朝贈司空大辨正廣智三藏和上表制集》卷2〈天下寺食堂中置文殊上座〉：「伏望自今已後，令天下食堂中，於賓頭盧上特置文殊師利形像，以爲上座。」《大正藏》第52冊，頁837。

〔註299〕唐·耿湋，〈贈海明上人〉（一作贈朗公）：「來自西天竺（一作竺國），持經奉紫微。年深梵語變，行苦俗流（一作人）歸。月上安禪久，苔生出院稀。梁間有馴鴿，不去復（一作亦）何依（一作爲無機）。」《全唐詩》卷268，頁

後，在唐朝待到鄉音都已改變，可見在華停留時間之久，海明上人的來華動機與在華情形，正是一般外來僧人在唐代的普遍情形，受帝王重用與否，若無異於他僧的本領，空有因緣際會，亦難成大事。

第五節　小　結

葛兆光認爲，佛、道兩教都十分興盛的巴蜀，就道教徒多轉爲佛教徒的現象，可見佛教占優勢；〔註300〕不獨巴蜀佛教興盛，中原的文士與庶民，更是佛教大盛的直接見證者。唐代庶民與文士相同，多以參觀寺院，參與寺院活動爲生活中心，此與唐人愛湊熱鬧的心理有關，〔註301〕唐人愛湊熱鬧的行爲，具體呈現在日常生活中，清姚瑩《康輶紀行》提到佛教的手印，唐代百姓能夠仿效，作爲行酒令的手勢，〔註302〕由晚唐盛行的酒令文化，可窺見與佛教相涉之一端；相對於「僧」之代表佛教三寶，在「俗」的部分，包含了俗世生活中，一切的人、事、物，進而到由俗世中人共同創發的「民俗」。〔註303〕唐人親近佛教的理由，有令人忍俊，如：蘇頲之子蘇晉特愛彌勒，僅因彌勒「好飲米汁」，與其性合；〔註304〕唐代百姓利用佛教或佛教僧人發財的例子隨處可見，如：則天朝的趙玄景死去活來之後，自言死後見一僧與一木，以僧所教，拿机上尺爲人治病，則天還追入內爲宮人醫病；〔註305〕汴州相國寺的佛像「流汗」十日，人人「唯

2979。

〔註300〕參見：葛兆光，〈重新清理唐代宗教的歷史——讀吉川忠夫編《唐代の宗教》〉，《佛學研究》，2000年。

〔註301〕唐・白行簡，《李娃傳》，記天寶年間，長安東西二肆的喪葬業者，比完了喪器、儀仗，壓軸戲是比輓歌，招致數萬人圍觀。《唐人小說》，頁102～103。另一場同樣發生在天門街的熱鬧活動，是貞元年間，街東琵琶高手康崑崙，欲鬬聲樂以較勝負，西街的豪族賄賂莊嚴寺僧善本（段師），假扮女郎，同樣彈奏〈綠腰〉，康崑崙最後拜善本爲師，「後果盡段之藝。」

〔註302〕清・姚瑩，《康輶紀行》卷14：「唐代佛教盛行，以五指屈伸作手勢，蓋佛經所謂手訣也。唐人戲效之爲酒令耳。」

〔註303〕程薔、董乃斌，《唐帝國的精神文明——民俗與文學・導論》，認爲古今不論哪一種「民俗」，「在其最深微之處，就是一個群體或一個民族所共持的價值觀念體系。這無疑是這個群體或民族的精神世界的核心，是形成他們的倫理道德、哲學思想和宗教意識的原動力和制約因素。」頁18。

〔註304〕清・陳元龍，《格致鏡原》卷22〈飲食類・酒〉：「（蘇晉）嘗得胡僧慧澄繡彌勒佛一本，寶之，嘗曰：『是佛好飲米汁，正與吾性合，吾願事之，他佛不愛也。』」《四庫全書》文淵閣本，子部，類書類。

〔註305〕唐・張鷟，《朝野僉載》卷1：「如意年中，洛州人趙玄景病卒五日而蘇。云

恐輸貨不及」，節帥劉元佐籌得巨萬以贍軍，〔註306〕地方官利用佛像發財的同時，也可見唐代百姓佞佛之風普遍；唐人崇奉佛教的瘋狂行爲，歷朝各代無出其右，其中以迎佛骨爲最，相傳能令「道俗生善」〔註307〕的鳳翔法門寺佛骨，唐懿宗迎入禁中，置於安國寺，「宰相以下，施財不可勝計；百姓競爲浮圖，以至失業。」〔註308〕百姓是「廢業竭產，燒頂灼臂而云供養。」〔註309〕此種記載不見於釋典，只有史家與小說家會全然披露。

　　北周武帝毀佛後，出現了留長髮、戴花冠、衣瓔珞的「菩薩僧」，〔註310〕武宗會昌毀佛之前，李德裕在蜀，目睹整個村莊的居民，「剔髮若浮圖者，蓄妻子自如。」〔註311〕可見民間的「百姓僧」，於庶民而言，是見怪不怪，而在知識份子眼中，是爲不可接受；唐代百姓上佛寺，從祈求的內容，可以看出百姓對於佛教的需求，與士大夫大不相同，段成式載于季友任和州刺史時，有一漁夫將壞了網的一顆怪石，央求寺僧置於佛殿前，「石遂長不已，經年重四十斤。」〔註312〕段成式還引張周封員外親睹其事作結，以資取信；《朝野僉

見一僧與一木長尺餘，教曰：『人有病者，汝以此木柱之即瘉。』玄景得見机上尺，乃是僧所與者，試將療病，柱之立差，門庭每日數百人。御史馬知己以其聚眾，追之禁左臺，病者滿於臺門。則天聞之，追入內，宮人病，柱之即瘉，放出任救病百姓。數月以後，得錢七百餘貫。後漸無驗，遂絕。」頁3。

〔註306〕唐・李肇，《唐國史補》卷（上）：「汴州相國寺，言佛有流汗。節帥劉元佐遽命駕，自持金帛以施之。日中，其妻子亦至。明日，復起輸齋梵。由是將吏商賈，奔走道路，唯恐輸貨不及。乃令官爲簿書，籍其所入。十日乃閉寺門曰：『佛汗止矣！』所入蓋巨萬，悉以贍軍。」楊家駱主編，《唐國史補等八種》，頁28。

〔註307〕唐・釋道世，《法苑珠林》卷38：「貞觀五年，岐州刺史張亮素有信向，來寺禮拜。……古老傳云：『此塔一閉經三十年，一出示人，令道俗生善。』」《大正藏》第53冊，頁586。

〔註308〕宋・王讜撰、周勛初校證，《唐語林校證》卷3，頁215。

〔註309〕宋・王溥，《唐會要》卷47

〔註310〕宋・釋贊寧，《大宋僧史略》卷下〈菩薩僧〉：「尋武帝崩天，元宣帝立，意欲漸興佛教。未便除先帝之制，大象元年勅曰：『太武皇帝爲嫌濁穢，廢而不立。朕簡耆舊學業僧二百二十人，勿翦髮毀形。於東西二京陟岵寺，爲國行道，所資公給。』時有高僧智藏，……至宣帝時出謁，勅令長髮，爲菩薩僧，作陟岵寺主。大象二年，隋文作相。藏謁之，因得落髮。又釋彥琮不願爲通道觀學士，以其菩薩僧須戴花冠衣瓔珞像菩薩相，高僧惡作此形。非佛制也。」《大正藏》第54冊，頁252～253。

〔註311〕宋・歐陽修、宋祁撰，《新唐書》卷180，頁5332。

〔註312〕唐・段成式，《酉陽雜俎》續集卷2，頁211。

載》記久視年間，越州祖錄事見一人擔鵝走向市中，鵝對錄事「頻顧而鳴」，錄事贖之，「至僧寺，令放爲長生鵝。」〔註313〕大中九年（855），宣宗初以醴泉令李君奭爲懷州刺史，〔註314〕醴泉百姓祈佛之舉，恰好讓宣宗撞見，後懷州刺史出缺，宣宗手筆除君奭，以滿醴泉百姓之願，以上所述唐代百姓上佛寺，不論是欲知怪石何以爲怪；以佛寺爲「長生」功德之處；爲留住父母官上寺祈求，均可見唐代百姓上佛寺，是日常生活的一部份。

　　唐代百姓繼祈願而來的行爲，就是如願以償後，對於佛寺的布施，代宗寶應年間，越州觀察使皇甫政無子，與其妻陸氏到寶林寺的魔母神堂求子，皇甫政：「以俸錢百萬貫締構堂宇」，其妻曰：「儻遂所願，亦以脂粉錢百萬別繪神仙。」皇甫政求子成功後，在寶林寺「大設齋，富商來集。」又「擇日率軍吏州民大陳伎樂。」〔註315〕皇甫政之求佛得了，可看出寺院在百姓心中，是

　　「有求必應」，而在「有求必應」的心理下生發的功德觀念，自然引發作功德的行爲，由唐代僧俗聯手所辦的「邑社」，最能看出僧徒與信眾間相互團結，共創菩提大業的精神；百姓志願性的付出錢財與時間、勞力，遵守約定並接受違約的懲戒，使得邑社的延續性得以增強，無怪乎在玄宗眼中，佛刹之結社，等同於公然往來的「朋黨」行爲，從開元二年至開元十九年所下的，禁斷僧俗聚眾往來詔令，〔註316〕結果是禁無可禁，〔註317〕亦可看出開元盛世，同爲僧俗交涉之盛世。

　　「功德」是邀福心理下的產物，不僅在庶民結社一事可看出，文士亦然，白居易在廬山東林寺蓋了一座比擬「釋宮之天祿石渠」的「修多羅藏」，在增建西廊時，白居易雖自言不是出於布施邀功德，〔註318〕其功德心亦不言自明；唐臨《冥報記》載貞觀十六年九月九日，中書侍郎岑文本告訴唐臨，原本不信鬼神的睦仁蒨，與一位名叫成景的鬼吏打交道的經過，由鬼吏口中得知冥

〔註313〕唐・張鷟，《朝野僉載》卷4，頁100。
〔註314〕宋・司馬光，《資治通鑑》卷249〈唐紀〉65：「初，上校獵渭上，有父老以十數，聚于佛祠，上問之，對曰：「醴泉百姓也。縣令李君奭有異政，考滿當罷，詣府乞留，故此祈佛，冀諧所願耳。」頁8056。
〔註315〕宋・李昉等編，《太平廣記》卷41〈黑叟〉，頁259～260。
〔註316〕宋・王溥，《唐會要》卷49〈雜錄〉，頁860～861。
〔註317〕有關玄宗禁養私僧結果不行，《太平廣記》卷122〈華陽李尉〉引《逸史》，言唐天寶後，有張某任劍南節度使，爲求李尉妻，「潛求李尉之家來往浮圖尼及女巫，更致意焉。」頁860。
〔註318〕唐・白居易，〈東林寺經藏西廊記〉，《全唐文》卷676，頁6903。

司的分職情況，以及人鬼之間，如何才能有良好的接觸等，睦仁蒨親身經歷之精彩絕倫的鬼事，以及《冥報記》中，各個靈驗故事的提供者，多爲當朝（貞觀）要員，這兩點應是《冥報記》「大行於世」的主因；麟德中，道宣著《大唐內典錄》十卷，多處引用《冥報記》所載之事；皎然修「冥齋」，連鬼也爭相往赴，〔註319〕露出長於交遊的皎然，其受人、鬼歡迎的程度，從文人建寺、寫輔教釋書，僧人修「冥齋」，其邀功德的心理可說與庶民無異。

　　唐代的女冠，〔註320〕特別是得道的女冠，與文人的關係極爲密切，唐詩中多見詩人對她們的歌詠，〔註321〕除了女冠之外，對唐代妓女的描述，亦有一定的可看性；〔註322〕在唐代筆記小說中，文人對於社會的描寫，不僅可見其對一般婦女的觀察，〔註323〕對於身許佛門的信佛婦女，更有最直接的描述。唐代一般婦女，因爲地位低下，獻身佛門爲其「大布施」，唐初諸帝雖對婦女在夫家喪儀中，服敘等級的提升有一定的貢獻，然而，唐帝王崩，度其嬪御爲尼；帝王靈柩未葬前，以尼寺負責掌祭祀；后妃、公主薨，亦立尼寺以追福，釋文綱於景龍二年，被中宗延入內道場，「於乾陵宮爲內尼受戒。」〔註324〕唐代宮廷有「內尼」，爲奉佛的后妃與宮女服務，唐朝廷立尼寺、度內尼爲帝王服務，均是唐代比丘尼地位不高的證明，此點與釋門無異。

　　唐代比丘尼與家庭成員的互動往來，是佛教能夠普世化的一大要因，〈大唐

〔註319〕宋・釋贊寧，《宋高僧傳》卷29〈唐湖州杼山皎然傳〉：「畫清淨其志，高邁其心。浮名薄利所不能啖。唯事林巒，與道者遊，故終身無惰色。又興冥齋，蓋循燋面然故事，施鬼神食也。畫舊居州興國寺，起意自捐衣囊施之。嘗有軍吏沈釗，本德清人也。夕從州出，乘馬到駱駝橋。月色皎如，見數人盛飾衣冠，釗怪問之：『如何到此？』曰：『項王祠東興國寺，然公修冥齋，在茲伺耳。』釗翌日往覆，果是鬼物矣。又長城赴胥錢沛，行役泊舟呂山南，見數十百人行，並提食器，負束帛，怡然語笑而過。問其故，云：『赴然師齋來。』時顏魯公爲刺郡，早事交遊而加崇重焉。」《大正藏》第50冊，頁892。

〔註320〕郭雅鈴，《女冠、女仙與唐代社會》，東海大學歷史研究所碩士論文，2003年6月。

〔註321〕林雪鈴，《唐詩中的女冠》，中正大學中國文學研究所碩士論文，2001年5月，頁110～117。

〔註322〕張福政，《唐代妓女的類別與性質研究》，政治大學中國文學研究所博士論文，2001年6月，頁166～169。

〔註323〕鄭育萱，《唐代婦女書寫文本中的社會反應》，中正大學歷史研究所碩士論文，2005年7月，頁7。

〔註324〕宋・釋贊寧，《宋高僧傳》卷14〈唐京師崇聖寺文剛傳〉。《大正藏》第50冊，頁792。

濟度寺大比丘尼墓誌銘並序〉，載尼法願乃梁武帝的六世孫，宋國公蕭瑀之三女，蕭瑀有三女、二姪、一孫女出家，〔註325〕蕭氏是唐代出名的奉佛家族，在「兄弟辦供，親屬設齋。」的場合，法願也必須見至親之面，〔註326〕這是身爲天下奉佛楷模的蕭氏家族成員，不得不面對的，身爲家族一員的義務；〔註327〕至於出身於一般家庭的比丘尼，與家人的互動關係，則十分世俗化，貞觀二十年，尼智覺用佛教喪葬的方式爲其信佛的父親孫佰悅建塔；〔註328〕永貞年間，沙門至咸爲張說的夫人樊氏寫墓誌銘，提到張說有子三人，前二子未弱冠即夭亡，有女五人，長女於寧刹寺出家，法號義性，「主家而嚴」，〔註329〕可知義性人雖出家，仍要扮演長姊如母的角色，挑起照顧幼小弟妹的重擔；蕭瑀孫女尼惠源，出家後，「亦能上規伯仲，旁訓弟姪。」〔註330〕惠源身雖出家，依然以親人爲念；謝小娥報父、夫之仇後，元和十三年受具戒，仍以「小娥」爲法號，李公佐言其「不忘本也」，〔註331〕以上均說明唐代比丘尼對俗世家庭的歸屬感，是「梵事」不敵「華情」的最好證明。

　　印度原始佛教的比丘尼，有不准紡織、以技藝養活自身的規定，贊寧評道安所制之僧尼軌範，〔註332〕用「以華情學梵事」一語概括，〔註333〕道安所

〔註325〕蕭瑀之女出家：法樂三歲、法願、法燈十六歲，孫女惠源二十二歲，於長安濟度寺出家。參見：李玉珍，〈唐代士族社會中的比丘尼〉，《唐代的比丘尼》（臺北：學生書局，1989年），頁53。蕭瑀之姪慧銓、智證，見釋道宣，《續高僧傳》卷28〈唐京師大莊嚴寺釋慧銓傳〉。《大正藏》第50冊，頁689～690。

〔註326〕周紹良主編，《唐代墓誌彙編》：「自非至咸，罕有覯其形儀者焉。」頁386。

〔註327〕唐·釋道宣，《續高僧傳》卷28〈唐京師大莊嚴寺釋慧銓傳〉，載蕭瑀「或集親屬僧尼，數將二十。給惠以時，四事無怠。故封祿所及，惟存通濟。」《大正藏》第50冊，頁690。

〔註328〕〈故大優婆塞晉州洪洞縣令孫佰悅灰身塔銘〉，周紹良主編，《唐代墓誌彙編》，頁89。

〔註329〕周紹良主編，《唐代墓誌彙編》，頁1942。

〔註330〕唐·楊休烈，〈大唐濟度寺故大德比丘尼惠源和上神空誌銘並序〉，周紹良主編，《唐代墓誌彙編》，頁1473。

〔註331〕唐·李公佐，〈謝小娥傳〉，轉引自：王夢鷗，《唐人小說校釋》（下集），頁33。

〔註332〕宋·釋元照，《四分律行事鈔資持記》卷上四：「道安者晉高僧，製僧尼軌範。爲三例：一、行香定座上經上講之法；二、常日六時行道飲食唱時法；三、布薩差使悔過等法。天下寺舍皆準行之。」《大正藏》第40冊，頁232。

〔註333〕宋·釋贊寧，《大宋僧史略》卷上〈禮儀沿革〉：「今出家者，以華情學梵事耳。所謂半華半梵，亦是亦非。尋其所起，皆道安之遺法是。則住既與俗不同，律行條然自別也。」《大正藏》第54冊，頁239。

定之儀軌是針對集體修行的僧團，唐代比丘尼「不離親屬」的行爲，正是佛教世俗化的最好證明，唐代比丘尼不僅與親屬往來密切，有的甚至直接住在家裡，此種半華半梵的行止，表現出中國佛教異於印度佛教的，不捨眾生的積極入世精神。

唐代有名的僧人，後人對其評價不一，中唐時僧鑒虛，是出入內道場，賣弄權勢的「煮羊胛」僧，李肇形容鑒虛「頗有風格」；〔註334〕而在贊寧筆下，中唐時期，能當四面的三位文采風流和尚：「雪之畫能清秀，越之澈洞冰雪，杭之標摩雲霄。」其中的杭州靈隱山道標，若非靠著長達十二年所累積下來的，度人所得之「無盡財」，〔註335〕豈能優游吟詩度日？唐末詩僧貫休，「風騷之外，精於筆箚。」貫休在詩、書、畫之外，最得風騷之旨的，是與道士杜光庭的言語交鋒所展現出來的機辯；〔註336〕贊寧言：「儒家調御人天，皆因佛事。」〔註337〕儒、釋交遊，是藉佛事而調御人天，同時也透露出中國僧人學賅內典之餘，對於儒家典籍亦須涉入，文集曾入秘閣，被稱爲「釋門偉器」的一代文僧皎然，可作爲代表。〔註338〕

與士庶交往的，行事作風十分另類的唐僧與胡僧，其異於常人的特殊能力，如：識寶物、療怪疾、未卜先知、呼風喚雨，唐代世俗化的異僧，可說

〔註334〕唐・李肇，《唐國史補》卷（中）：「鑒虛爲僧，頗有風格，而出入內道場，賣弄權勢，杖殺于京兆府。城中言鑒虛善煮羊胛，傳以爲法。」按：趙璘《因話錄》卷 4，認爲鑒虛的煮肉法，是「不妨他僧爲之，置于鑒虛耳。」轉引自：楊家駱主編，《唐國史補等八種》，頁 45、29。

〔註335〕宋・釋贊寧，《宋高僧傳》卷 15〈唐杭州靈隱山道標傳〉：「凡度人戒計六壇爲眾糾繩，經一十二載，置田畝，歲收萬斛。置無盡財與眾共之。」《大正藏》第 50 冊，頁 803。

〔註336〕《五代史補》卷 1：「貫休有機辯，臨事制變，眾人未有出其右者。杜光庭欲挫其鋒，每相見，必伺其舉措以戲調之。一旦，因舞彎於通衢，而貫休馬忽墜糞，光庭連呼：『大師，大師，數珠落地。』貫休曰：『非數珠，蓋大還丹耳。』光庭大慙。」轉引自：周勛初主編，《唐人軼事彙編》卷 30〈貫休〉，頁 1672。

〔註337〕宋・釋贊寧，《宋高僧傳》卷 14〈唐會稽開元寺曇一傳〉。《大正藏》第 50 冊，頁 798。

〔註338〕宋・釋贊寧，《宋高僧傳》卷 29〈唐湖州杼山皎然傳〉：「貞元八年正月，勅寫其文集入于祕閣，天下榮之。觀其文也，纍纍而不厭。合律乎清壯，亦一代偉才焉。畫生常與韋應物、盧幼平、吳季德、李萼、皇甫曾、梁肅、崔子向、薛逢、呂渭、楊逵，或簪組，或布衣。與之交結，必高吟樂道。道其同者，則然始定交哉。故著《儒釋交遊傳》及《內典類聚》共四十卷，《號呶子》十卷，時貴流布。」《大正藏》第 50 冊，頁 892。

是百姓茶餘飯後的最佳談助，提供了不少唐代文藝的可貴資料，不論是正史、宗教典籍、筆記小說，唐代士庶與異僧來往的記載，從異僧因其特殊能力所建立的形象，可以略窺唐代佛教的狀況，以及唐人對佛教的看法，唐代異僧展現出來的異能，是佛教與道教緊密結合，亦即唐人心中，佛、道不分已是約定俗成，在僧俗交涉下，由帝王至百姓，由文士至庶民，共同締造的唐代佛教文化，是中國佛教最世俗化的代表。

第八章　僧俗交涉所彰顯之寺院功能

　　唐人的休閒活動，多在寺院進行，要了解唐代社會，唐代寺院所提供的文化功能具有指標性；在寺院發生的佛事與非佛事活動，是唐代社會文化的縮影，寺院提供給唐人的，除了是一個身、心的庇護所，更是一個大型的遊戲樂園，在普遍中含有特殊，特殊中含有對後代社會文化，以及民間習俗的創發。本章首論唐代與寺院有關的奇物、奇事，以見唐人對佛教的整體看法；次論與佛教有關的濟世功能，如普通院與悲田養病坊的設立；最後，論唐代寺院與佛事無關的活動，亦即與社會文化、娛樂相接軌的，如：花季賞花、百戲雜陳與俗講。

第一節　寺寶奇聞

　　唐代佛寺，有佛經、佛像、僧人，以及其他被庶民所追逐的「流行」，「認識了佛寺，也就能大致了解佛教。」〔註1〕在佛寺中，不論是公開的大型場面，或是私人重要的宴會，唐人好新奇、愛熱鬧的心理，從不間斷；大批百姓參與的事件，往往場面壯觀，甚且意義非凡，場面壯觀者，如薛用弱提到憲宗遷葬於景陵時，「都城人士畢至」，家住崇賢里的前集州司馬裴通遠，帶妻女到通化門去觀看，「及歸，日勢已晚。」〔註2〕裴通遠要看憲宗遷葬景陵，車子得穿過幾乎整個長安城；〔註3〕意義非凡者，如白居易將分司東都十二年

〔註1〕　白化文，〈佛與佛教〉，《寺院與僧人》（河南：新華書店，1997年），頁2。
〔註2〕　唐・薛用弱，《集異記・裴通遠》。轉引自：楊家駱主編，《唐國史補等八種》，頁9。
〔註3〕　崇賢里距離最西邊僅有兩個里，通化門是長安城東北的第一個門。參見：楊鴻年，〈西京外郭城示意圖〉，《隋唐兩京坊里譜》上海：古籍出版社，1999年。

中，所著之八百首格律詩，名爲《洛中集》，納於香山寺的經藏堂，白居易雖
自言期待來生能具宿命通，再重睹前世的文章事業，〔註4〕其對寺院具有保存
經藏的功能，可說是深具信心。寺院的鎮寺之寶，無論是人物、草木、壁畫、
古董，一切眾生含藏性靈，不論有情無情，都是寺院傳說中，被後人樂於傳
述的部份。

一、鎮寺之寶

圓仁記會昌元年，長安城中有四佛牙：1、崇聖寺佛牙：乃毘沙門天王
之子那吒從天上拿來給道宣律師；〔註5〕2、莊嚴寺佛牙：「天竺入腿肉裡將
來，護法迦毘羅神將護得來。」3、法界和尚從于闐國帶來；4、從土蕃帶來，
〔註6〕圓仁看到莊嚴寺、興福寺、薦福寺輪流主辦佛牙供養會，百姓「向佛
牙樓散錢如雨。」〔註7〕佛牙供養會在會昌四年被禁，連帶舉辦「佛指節」
的代州五臺山、泗州普光王寺、終南山的五臺、鳳翔法門寺，「並不許置供
及巡禮等。如有人送一錢，脊杖二十。」〔註8〕佛牙是高貴的釋門寶物，與
佛牙、佛指相關的佛教聖物，以及寺院的鎮寺之寶，其普受供養的情形，是
導致唐人的布施心理，永不消歇的主因。

寺院的寶物，主要來自布施，崇明寺的佛頂尊勝陀羅尼石幢，是高宗朝
罽賓沙門「持入中土」者，李白記當時百姓爭睹的情形是：「時有萬商投珍，
士女雲會眾布，蓄踏如陵。」〔註9〕此一外來之寺寶是特例，大部分的寺院寶

〔註4〕 唐・白居易，〈香山寺白氏洛中集記〉：「我有本願，願以今生世俗文字之業，
狂言綺語之過，轉爲將來世世讚佛乘之因，轉法輪之緣也。……乘此願力，
安知我他生不復游是寺，觀斯文，得宿命通，省今日事。」《全唐文》卷676，
頁6904～6905。按：白居易此處所言之「本願」，亦見於其將六十七卷的《白
氏文集》，藏於蘇州南禪院，見〈蘇州南禪院白氏文集記〉，《全唐文》卷676，
頁6909。白居易另將六十卷的《白氏文集》藏於盧山東林寺；將六十五卷的
《白氏文集》藏於聖善寺鉢塔院的律疏庫樓，均交代「不借外客，不出寺門。」
《全唐文》卷676〈東林寺白氏文集記〉、〈聖善寺白氏文集記〉，頁6905。

〔註5〕 宋・釋贊寧，《宋高僧傳》卷14〈唐京兆西明寺道宣傳〉：「護法之故，擁護和
尚，時之久矣。宣曰：『貧道修行，無事煩太子。太子威神自在，西域有可作
佛事者，願爲致之。』太子曰：『某有佛牙，寶掌雖久，頭目猶捨，敢不奉獻。』
俄授於宣，宣保錄供養焉。」《大正藏》第50冊，頁791。

〔註6〕 〔日〕圓仁，《入唐求法巡禮行記》卷3，頁84。

〔註7〕 〔日〕圓仁，《入唐求法巡禮行記》卷3，頁84。

〔註8〕 〔日〕圓仁，《入唐求法巡禮行記》卷4，頁95。

〔註9〕 唐・李白，〈崇明寺佛頂尊勝陀羅尼幢頌并序〉，《全唐文》卷348，頁3527～

物，多是朝中要員或當代名士施與寺院的物品，經常被用來展示，以增添寺院香火，院方爲求施主布施，有一套特殊的「化緣」方式，《海墨微言》載「宣慈寺每求化人，先留食軟棗糕。柳尙書來，方食糕，袖疏欲出，尙書急解緋袍、鎖子魚袋施之。」〔註 10〕貴客施捨難得之物，最有名的應屬謝靈運的美鬚，《隋唐嘉話》載謝靈運臨刑前，將他的美鬚施捨給南海祇洹寺，作爲寺裡維摩詰像的鬍鬚，中宗時，「安樂公主鬥百草，欲廣其物色，令馳驛取之。」寺僧怕「維摩詰鬚」被拔光，「因剪棄其餘，遂絕。」〔註 11〕劉餗此記，除了證明謝靈運有美髯，也透露出安樂公主爲了「鬥百草」求勝之無所不用其極。

　　除了世所僅有的寺寶，寺院的佛像、佛畫之神跡、神影，亦是寺院能否招來人氣的主因，《宣室志》記長安興福寺西北隅，有隋朝時蓋的佛堂，北壁有十光佛的畫像，「筆勢甚妙，爲天下之奇冠。」此畫像出於隋朝蔡生之手，貞觀初年，興福寺僧「欲新其製」，十光佛化成十位僧人，阻止了寺僧毀堂新構之舉；〔註 12〕至德二年，豐樂里開業寺，閽人夢見一神人長二丈餘，身被金甲，執槊立於寺門外，其足跡「自寺外門至佛殿」，爲確定此大神的足跡，肅宗還曾派人前往勘驗；〔註 13〕《因話錄》載漢州開元寺，有一尊青石菩薩像，會昌毀佛時，寺中其他神像多「遭摧折刓缺」，獨此像「不傷絲毫」，與趙璘同觀此像的楊仁贍，說出雕此神像的工匠，因得天女襄助，終而雕成的故事；〔註 14〕段成式言成都寶相寺有尊菩提像，百餘年來都不沾塵；〔註 15〕

3528。

〔註 10〕後唐・馮贄編、張力偉點校，《雲仙散錄》，頁 49。

〔註 11〕唐・劉餗，《隋唐嘉話》卷（下），頁 52。

〔註 12〕宋・李昉等編，《太平廣記》卷 99〈十光佛〉：「忽一日，羣僧齋於寺庭，既坐，有僧十人俱白皙清瘦，貌甚古，相次而來，列於席。食畢，偕起入佛堂中，羣僧亦繼其後，俄而，十人忽亡所見。羣僧相顧驚歎者久之，因視北壁中，十光佛見其風度，與向者十人果同，自是僧不敢毀其堂。」頁 663～664。

〔註 13〕宋・李昉等編，《太平廣記》卷 304〈開業寺〉，記閽人醒後見門已開，言於寺僧，寺僧共見神人之跡，告於京兆，京兆上聞，「肅宗命中使驗之，如其言出。」頁 2407。

〔註 14〕唐・趙璘，《因話錄》卷 6：「先是匠人得此石異之，虔心鐫刻，殆忘飡寢。有美女常器食給之。其人運思在像，都無邪思。久之，息而妄心生，女乃不至。饑渴既逼，兼毒屬匝體，遂悟是天女。因焚香叩首，悔謝切至，女復來，其病立愈，而像即成。」頁 50。

〔註 15〕唐・段成式，《酉陽雜俎》前集卷 6：「成都寶相寺偏院小殿中有菩提像，其塵不集如新塑者。相傳此像初造時，匠人依明堂先具五臟，次四肢百節。將百餘年，纖塵不染焉。」頁 61。

另記高郵縣有一寺，講堂西壁的槐道，每到傍晚，「人馬車輿影悉透壁上，衣紅紫者影中鹵莽可辨。壁厚數尺，難以理究。」段成式引寄客與寺僧的說法，言該寺的「壁影」，持續出現長達二十年，「或一年半年不見」。〔註 16〕不管是佛像、佛畫，還是神跡、神影，均是唐代小說家最愛著墨的部分，其「神」被證成的過程，則多含有教化的寓意。

佛寺寶物被「證成」的經過，多具有醒世之意涵，《紀聞》載神龍年中，襄陽將鑄一佛像，有一至貧老姥，想布施金錢幫忙鑄像，老姥有一錢，是未嫁時母親所予，寶藏了六十餘年，鑄像時，老姥持錢投爐中，「錢著佛胸臆」，被寺僧磨去之後，隔天錢形又如故，「僧徒驚異，錢至今存焉。」〔註 17〕如襄陽老姥貧人施財，受佛鍾愛的類似傳說，佛、道二藏多有所記；李涿在翊善坊保壽寺，高力士的宅子裡找到張萱〈石橋圖〉，經過一番整治，使得此畫得以重見天日，〔註 18〕高力士在天寶九載，捨宅爲寺時，竟不知張萱〈石橋圖〉爲珍品，與李林甫將「寶骨」施予嘆其功德無量的僧人一樣，〔註 19〕不知寶之爲寶，乃宦官勢大的見證。

寺院裡，只要有不凡的傳說，〔註 20〕連樹木都可以是「寺寶」，被後人廣爲傳述，在玄奘西行取經的諸多傳說中，以靈巖寺「摩頂松」的故事最有名；〔註 21〕此外，靖善坊大興善寺，不空三藏塔前的老松，每逢天旱，官府折松枝以爲「龍骨」用來祈雨，此舉是因開元時，不空起壇役龍致雨，當時求觀

〔註 16〕 唐・段成式，《酉陽雜俎》前集卷 10，頁 99～100。

〔註 17〕 轉引自：宋・李昉等編，《太平廣記》卷 115〈襄陽姥姥〉，頁 799～780。

〔註 18〕 唐・段成式，《酉陽雜俎》續集卷 6〈寺塔記〉（下）：「河陽從事李涿，性好奇古，與僧智增善，嘗俱至此寺，觀庫中舊物。忽於破瓮中得物如被，幅裂汙坌，觸而塵起。涿徐視之，乃畫也。因以縣圖三及縑三十換之，令家人裝治之，大十餘幅。訪於常侍柳公權，方知張萱所畫〈石橋圖〉也。玄宗賜高，因留寺中。」頁 257。

〔註 19〕 唐・段成式，《酉陽雜俎》續集卷 5，頁 253。

〔註 20〕 唐・段成式，《酉陽雜俎》前集卷 5：「大曆中，荊州有術士從南來，止於陟岵寺。好酒，少有醒時。因寺中大齋會，人眾數千，術士忽曰：『余有一伎，可代扦瓦盧珠之歡也。』乃合彩色於一器中，驟步抓目，徐祝數十言，方飲水再三噀壁上，成維摩問疾變相，五色相宣如新寫，逮半日餘，色漸薄，至暮都滅。唯金粟綸巾鷟子衣上一花，經兩日猶在。成式見寺僧惟肅說，忘其姓名。」頁 54。

〔註 21〕 唐・劉肅，《大唐新語》〈軼佚〉，載玄奘將往西域時，在靈巖寺見有一松，玄奘以手摩其枝曰：「吾西去求佛教，汝可西長；吾歸，即向東。」玄奘走後，靈巖寺松樹樹枝年年西指，長數丈後，忽然東迴，玄奘弟子曰：「教主歸矣！」頁 206。

壇者「日千萬人」，〔註22〕官府折松祈雨是：「意其樹必有靈也。」〔註23〕又：大興善寺東廊南邊素和尚院裡，有素和尚親手栽種的青桐四棵，青桐到夏天會「滴汗」，衣服碰到洗不掉，素和尚對青桐言語一番之後，二十年來年年會「滴汗」的青桐竟不再「滴汗」，〔註24〕素和尚是從不出院的，轉法華經（三萬七千部）的高僧，晚上有貉子來聽經，用齋時有鳥就掌取食，青桐能與人相親，段成式歸之於素和尚的威德力所致。

　　唐代寺院娛樂百姓的活動，不僅僅是動態的，類似馬戲團性質，或是魔術表演的「百戲」，還有宗教與藝術相結合的壁畫，〔註25〕西明寺與慈恩寺，分居唐代長安第一、二寺，寺裡的名畫，一向為時人所重，〔註26〕佛寺壁畫在會昌毀佛以前，是寺院的大賣點，最具代表性的，是畫聖吳道子〔註27〕於佛寺作畫時，吸引群眾圍觀的盛況，朱景玄《唐朝名畫錄》，引龍興寺老僧言：

　　　吳生畫興善寺中門內神圓光時，長安市肆老幼士庶竟至，觀者如堵。

　　　其圓光立筆揮掃，勢若旋風，人皆謂之神助。〔註28〕

〔註22〕 宋・釋贊寧，《宋高僧傳》卷1〈唐洛陽廣福寺金剛智傳〉，載不空奉其師金剛智之命祈雨：「不空的依菩薩法，在所住處扐壇。深四肘，躬繪七俱胝菩薩像。……即時西北風生，飛瓦拔樹崩雲泄雨，遠近驚駭，而結壇之地穿穴其屋，洪注道場。質明京城士庶皆云：『智獲一龍穿屋飛去。』求觀其處日千萬人，斯乃壇法之神驗也。」《大正藏》第50冊，頁711。

〔註23〕 唐・段成式，《酉陽雜俎》續集卷5〈寺塔記〉（上），頁245。

〔註24〕 唐・段成式，《酉陽雜俎》，續集卷5〈寺塔記・上〉，記元和中，昭國東門鄭相跟丞郎數人，到素和尚院避暑，跟素和尚說：「弟子為和尚伐此樹，各植一松也。」素和尚對青桐說：「我種汝二十餘年，汝以汗為人所惡，來歲若復有汗，我必薪之。」結果隔年就不再「出汗」，段成式還補上：「寶曆末，予見說已十五餘年無汗矣。」頁246。

〔註25〕 賴永海，〈禪與詩畫〉：「中國古代的壁畫，自魏晉之後，幾成佛家之天下，或見諸佛寺，或取材佛教，或出自釋門之手。可以毫不誇張地說，如果撇開佛教壁畫，中國古代的繪畫乃至中國古代美術將頓時失色。」《佛道詩禪——中國佛教文化論》（北京：中國青年出版社，1990年），頁172。

〔註26〕 宋・錢易，《南部新書》（壬）：「西明、慈恩多名畫，慈恩塔前壁有〈濕耳師子跌心花〉，時所重也。」頁154。

〔註27〕 黃苗子據唐・朱景玄，《唐朝名畫錄》、唐・張彥遠，《歷代名畫記》、唐・段成式，《酉陽雜俎》、宋・黃休復《益州名畫錄》以及杜甫〈冬日洛城北謁玄元皇帝廟〉一詩，認為吳道子是「七世紀九十年代至八世紀五十年代之間的人。」參見：黃苗子編著，《吳道子事輯》（北京：中華書局，1991年），頁1～3。

〔註28〕 唐・朱景玄，《唐朝名畫錄》（四川：美術出版社，1985年），頁4。下引版本同。

吳道子的佛畫，執唐代寺院壁畫之牛耳，〔註29〕朱景玄另記長安景公寺老僧云：「吳生畫此寺〈地獄變〉相時，京都屠沽漁罟之輩，見之而懼罪改業者，往往有之，率皆修善。」〔註30〕吳道子於長安佛寺畫壁畫，寺院在吳道子作畫的地方圍起欄杆，「觀者如堵」的信眾施錢與欄杆齊，爲寺院帶來無法估算的利益，而眞正使吳道子名動當代，奠定「畫聖」地位的，是他在洛陽天宮寺，成爲「三絕」之一的經過：

> 開元中駕幸東洛，吳生與裴旻將軍、張旭長史相遇，各陳其能。時將軍裴旻厚以金帛，召致道子，於東都天宮寺，爲其所親，將施繪事。道子封還金帛，一無所受。（道子）謂旻曰：「聞裴將軍舊矣，爲舞劍一曲，足以當惠。觀其壯氣，可助揮毫。」旻因墨繚爲道子舞劍。舞畢，奮筆俄頃而成，有若神助，尤爲冠絕，……。又張旭長史親書一壁，都邑庶士皆云：「一日之中，獲睹三絕。」〔註31〕

裴旻舞劍、道子作畫、張旭草書，洛陽天宮寺讓百姓「一日之中，獲睹三絕。」發生於洛陽天宮寺的「三絕」故事，是佛寺壁畫與相關的藝能活動，難得的「藝」景；《酉陽雜俎》記大曆末年，住荊州陟岵寺的玄覽禪師，把張璪所畫的古松，符載作讚，衛象作詩，時人號稱的「三絕」，〔註32〕「悉加堊焉」，人問其故，玄覽回答：「無事疥吾壁也。」〔註33〕遠離帝都的荊州陟岵寺，玄覽「焚琴煮鶴」的行爲被記下的同時，也顯示陟岵寺兼具藝術中心的功能；唐末時，益州的寺院爭相邀請大畫家孫位畫天王，〔註34〕除了顯示北方毗沙門天王信仰，至唐末仍未衰，更可見唐代寺院招來信眾，主要是以壁畫爲主，

〔註29〕 唐・朱景玄：《唐朝名畫錄》引《兩京耆舊傳》：「寺觀之中，圖畫牆壁，凡三百餘間。變相人物，奇踪異狀，無有同者。」，頁3。

〔註30〕 唐・朱景玄，《唐朝名畫錄》，頁4。

〔註31〕 唐・朱景玄，《唐朝名畫錄》，頁2。

〔註32〕 按：唐代藝術與文學結合而成的「三絕」，尚有玄宗朝，洛陽天宮寺的裴旻舞劍、吳道子作畫、張旭草書的「三絕」。參見唐・朱景玄《唐朝名畫錄》，《四庫全書》本，子部，藝術類，書畫之屬。上元二年（761），李白遊金陵靈谷寺，作〈志公畫讚〉，明・楊士奇言李白〈志公畫讚〉、有吳道子畫、顏眞卿書，世稱「三絕」。《李太白集注》卷28。《四庫全書》文淵閣本，集部，別集類。

〔註33〕 唐・段成式，《酉陽雜俎》，前集卷12，頁117。

〔註34〕 宋・黃休復，《益州名畫錄》卷上〈孫位〉，記應天寺光智禪師與昭覺寺休夢長老，均請孫位作畫，「兩寺天王、部眾，人鬼相雜，矛戟鼓吹，縱橫馳突，交加戛擊，欲有聲響。……悟達國師請於眉州福海院畫行道天王。」（北京：人民美術出版社，1964年），頁1～2。下引版本同。

除了士庶愛賞，也讓帝王流連忘返。〔註35〕

二、寺院傳說與奇僧逸聞

（一）寺院傳說

　　貞觀十五年，吐蕃王弄贊娶文成公主，看到王道宗率領的送親隊伍，贊普「見中國服飾之美，縮縮媿沮。」回去之後，「乃為公主築一城以夸後世。」〔註36〕弄贊夸後世的代表作，就是現今房間多達一千間的布達拉宮；唐代皇家寺院慈恩寺，「凡十餘院，總一千八百九十七間。」〔註37〕幾乎是布達拉宮的兩倍，杜牧言南朝有「四百八十寺」，雖是大約的數字，亦足見佛寺之多；會昌毀佛拆寺「四千六百餘所」，〔註38〕約南朝的十倍，會昌五年以前，《唐會要》載：「天下寺五千三百五十八」，〔註39〕唐代因寺院多，流傳的寺院故事亦具多樣性。

　　中國的佛教聖地，最富傳聞的當屬文殊道場——山西五臺山，圓仁以一個外來和尚的觀察，描述開成五年的荒年中，唐人巡禮五臺山的風氣依然盛行，圓仁記清涼山：

> 入大聖境地之時，見極賤之人，亦不敢作輕蔑之心。若逢驢畜，亦起疑心，恐是文殊化現歟！舉目所見，皆起文殊所化之想，聖靈之地，使人自然對境起崇敬之心也。〔註40〕

不獨清涼山讓人容易「對境起心」，大花嚴寺文殊菩薩像旁邊的獅子，圓仁記其形貌是：「生骨儼然，有動步之勢。口生潤氣，良久視之，恰似運動矣。」

　　對於文殊菩薩像旁邊，像在「運動」（奔走）的獅子，寺裡的和尚說造獅子的「博士」做六次裂六次，最後祈求文殊菩薩，文殊騎金色獅子現真容，「博士」做第七次時才得以不裂。〔註41〕在五臺山四周，最容易使人有文殊化現

〔註35〕宋・黃休復，《益州名畫錄》卷下〈張詢〉，記南海人張詢隨僖宗幸蜀，應故交昭覺寺休夢長老之邀，在大慈堂畫了一堵早景、一堵午景、一堵晚景，謂之「三時山」，「蓋貌吳中山水，頗甚工，畫畢之日，遇僖宗駕幸茲寺，盡日歡賞。」頁57。

〔註36〕宋・歐陽修、宋祁撰，《新唐書》卷216（上），頁6074。

〔註37〕唐・段成式，《酉陽雜俎》續集卷6〈寺塔記〉（下），頁262。

〔註38〕宋・宋敏求編、洪丕謨等點校，《唐大詔令集》卷113〈拆寺制〉，頁543。

〔註39〕宋・王溥，《唐會要》卷49〈僧籍〉，頁863。

〔註40〕〔日〕圓仁，《入唐求法巡禮行記》卷2，頁62。

〔註41〕〔日〕圓仁，《入唐求法巡禮行記》卷3，頁65。

之想的，是「設齋」活動，圓仁記：「山中設齋，不論僧俗、男女、大小、平等供養，不看其尊卑大小，於彼皆生文殊之想。」施齋之所以一律平等，起因於大花嚴寺設齋時，有一孕婦另向施主索求腹中胎兒一份，施主「罵之不與」，孕婦變作騎金毛獅子的文殊，萬眾菩薩圍繞，騰空而去。〔註42〕除了佛國聖地多有傳奇，京城寺院亦然；唐代寺塔，以慈恩塔最有名，李氏子與儕輩攀登，「失身而墜，賴腰帶挂釘，風搖久而未落。……一寺之人皆出以救。」〔註43〕慈恩寺有房間近兩千，是唐代的第二大寺，出動了全部寺僧救人，其盛況實在難以想像。

　　發生在寺院的逸聞，滿足了小說家的「好奇」，蘇州重元寺寺閣，「一角忽墊，計其扶薦之功，當用錢數千貫。」有一遊方僧毛遂自薦，「持楔數十，執柯登閣。敲椓其間，未逾月，閣柱悉正。」〔註44〕此遊僧乃建築高手，惜名未得傳後；佛寺爲百姓郊遊、散心的場所，寺門就成了最佳的「路標」，天寶初年，玄宗之女信成公主駙馬獨孤明，其宅近宣陽坊靜域寺，其婢名懷春，「稚齒俊俏，嘗悅西鄰一士人，因宵期於寺門，有巨蛇束之俱卒。」〔註45〕蛇爲「小龍」，靜域寺有巨蛇，是與寺院的龍傳說有關；聖善寺的寺閣，常擺上數十甕的醋，「恐爲蛟龍所伏，以致雷霆也。」〔註46〕醋被用來避雷，是因寺僧臆龍厭醋故不來寺爲亂，古人認爲雷霆是因龍怒，龍與僧人的關係，除了必須在僧人祈雨時應命降雨，還得擔心落入胡僧手中；峽山寺有胡僧，「能梵音，彈舌搖錫而咒物，物無不應。」〔註47〕歸天竺前，在峽山金鏁潭畔，演出「抓龍製藥」，龍王攜金求人毒殺金剛仙以救子，最後是峽山寺僧爲龍請命而平息。〔註48〕以上諸多與寺院有關的逸聞，在當時的口耳相傳下，造成百姓親近寺院，傳說因此得以輾轉流傳，成爲小說家汲取的素材。

〔註42〕〔日〕圓仁，《入唐求法巡禮行記》卷3，頁72～73。
〔註43〕唐・李肇，《唐國史補》卷（上），頁29。
〔註44〕唐・李肇，《唐國史補》卷（中），頁46。
〔註45〕唐・段成式，《酉陽雜俎》續集卷6〈寺塔記〉（下），頁259。
〔註46〕唐・李肇，《唐國史補》卷（中），頁46。
〔註47〕唐・裴鉶，《傳奇・金剛仙》，頁9。
〔註48〕唐・裴鉶，《傳奇・金剛仙》，載金剛仙咒水後，水闕見底，抓起一三寸許的泥鰍，曰：「此龍矣。吾將至海門以藥煮爲膏。塗足，則渡海若履坦途。」龍王化爲白衣叟，持百兩黃金與美酒，請寺家人傳經毒僧，後爲金剛仙曾化度過的蜘蛛，轉世爲青衣小兒，「飛魂奉救」，指出酒爲龍所攜，欲以之毒僧，頁10。

（二）奇僧逸聞

圓仁巡禮五臺山，描述身處文殊道場的奇僧有多位，在清涼山大花嚴寺菩薩堂院，圓仁拜見一位年已七十，外表看來約三十的持念和尚，「人云：『年高色壯，得持念之力。』」〔註49〕在中臺菩薩寺龍堂前的供養院，「見有一僧，三年不飯，日唯一食。食泥土便齋，發願三年，不下臺頂。」〔註50〕五臺山奇僧逸聞多，與「地緣」有關；《海墨微言》載：「清涼僧海豐苦行二十餘年，人見其眉睫間常化佛千百，大如黍米，往來游行，己不覺也。」〔註51〕僧海豐本身就是佛寺裡的「活廣告」；平康坊菩薩寺，有一僧不言姓名，「常負束藁，坐臥於寺兩廊下，不肯住院。」過了幾年，綱維勸其伴房，僧曰：「爾厭我耶？」當晚便以束藁自焚，只存灰燼，眾僧方知其異，以其灰塑像，號「束草師」；〔註52〕菩薩寺不獨僧異，壁畫上的鬼，亦相傳有靈，〔註53〕由遊寺的百姓歸納出，會有「戲之得病」的結果，可見是經過一段時間的增衍附會。

有德高僧的事蹟，除了見於僧傳外，小說家也因「史官意識」而多予記載，天寶末年，鑑眞和尚東渡日本，「經黑海蛇山，其徒號過海和尚。」〔註54〕崔趙公問徑山道欽和尚，能否出家，徑山曰：「出家是大丈夫事，非將相所爲也。」〔註55〕《武林梵志》載徑山此語使得李泌、徐浩等三十二人，「皆稱門人，問道以求抉擇也。」〔註56〕韓滉初以徑山爲妖妄，一見後生敬，設食且令妻拜，其妻曰：「願乞一號」，徑山曰：「功德山」，「後聞自杭至潤，婦人乞號，皆得功德山也。」〔註57〕懷素好寫草書，「棄筆堆積，埋於山下，號曰筆塚。」懷素常說「已得草聖三昧」，〔註58〕懷素「三昧」之神，「筆塚」足以證之。以上與高僧、異僧有關的傳聞，除了增添個人魅力外，僧人所居之寺，更容易成爲後人瞻仰禮拜的目標。

〔註49〕〔日〕圓仁，《入唐求法巡禮行記》卷3，頁65。
〔註50〕〔日〕圓仁，《入唐求法巡禮行記》卷3，頁68。
〔註51〕後唐・馮贄編、張力偉點校，《雲仙散錄》，頁95。
〔註52〕唐・段成式，《酉陽雜俎》續集卷5〈寺塔記〉（上），頁253。
〔註53〕唐・段成式，《酉陽雜俎》續集卷5〈寺塔記〉（上），記菩薩寺中三門內的東門塑神：「其側一鬼有靈，往往百姓戲犯之者得病，口目如之。」頁252～253。
〔註54〕唐・李肇，《唐國史補》卷（上），頁23。
〔註55〕唐・李肇，《唐國史補》卷（上），頁21。
〔註56〕明・吳之鯨，《武林梵志》卷8〈宰官護持〉，王雲五主編，《四庫全書珍本》，（臺灣：商務印書館，1973年），頁7。
〔註57〕唐・李肇，《唐國史補》卷（上），頁24。
〔註58〕唐・李肇，《唐國史補》卷（上），頁38。

第二節　濟貧救苦之設施

　　唐人慣於將佛法視爲廣泛的醫學，得道的高僧，不論其本身是持律、修密、習禪，均被視爲是「大醫王」，陳明〈沙門黃散：唐代佛教醫事與社會生活〉，提到唐代寺院除設置悲田養病坊之外，還擔負有：臨終關懷（如「瞻病僧」一職），聖水療疾，咒術祈禱，洗浴衛生。〔註59〕對唐代士庶而言，寺院是大眾的休閒「樂園」，在特殊節日遊寺、住宿、休息，詩人筆下多有描繪，本節專就寺院在荒年中，成了僧俗共宿的「普通院」，以及寺院附設的，恤老救貧的「悲田養病坊」，以見唐代寺院與百姓生活之密切結合，反映寺院濟貧救苦的功能。

一、普通院

　　王永會認爲：「寺院經濟的發達爲寺院的建設與度僧的增加奠定了基礎，從而導致了僧團規模的擴大。」〔註60〕可見寺院經濟決定寺院的規模；唐耕耦〈八至十世紀敦煌的物價〉提到天寶年間採用「和糴」，大批布絹輸入敦煌，以之換取駐軍糧食，使得糧價提高布價降低，敦煌陷蕃之後，糧、布價錢則恰恰相反，〔註61〕在〈關於敦煌寺院水磑研究中的幾個問題〉，唐耕耦提到敦煌寺院帳目上許多有關的磑課入、磑入的記載，亦即將水磑出租，或是用水磑將麥等糧食磨成粉的加工費，分析了磑課入、磑入的不同，但同爲寺院重要的經濟收入，〔註62〕以上有關敦煌物價與寺院水磑的帳目，反映在唐代一般寺院的是：寺院營生的項目乃寺院經濟的主要來源；黃敏枝〈唐代寺院所經營的工商業〉言唐代寺院的工商經營項目有：金錢借貸，穀、粟、麻、豆、絹帛等的借貸，碾磑以及製油業的經營，〔註63〕寺院經營工商事業，爲的是讓經濟維持正常，然在荒年當中，偏遠地方的佛寺無法自謀營生，變成了僧俗共食共住的「普通院」。

〔註59〕榮新江主編，《唐代宗教信仰與社會》，（上海：辭書出版社，2003 年），頁 268～276。

〔註60〕王永會，〈隋——元：中國佛教僧團的鼎盛與管理制度的完善〉，《中國佛教僧團發展及其管理研究》（四川：巴蜀書社，2003 年），頁 83。

〔註61〕唐耕耦，《敦煌寺院會計文書研究》（臺北：新文豐出版公司，1997 年），頁 460。下引版本同。

〔註62〕唐耕耦，《敦煌寺院會計文書研究》，頁 473。

〔註63〕黃敏枝，《唐代寺院經濟的研究》，《國立臺灣大學文史叢刊》（1971 年），頁 75～114。

　　圓仁記文宗開成五年（840），登州百姓因三、四年內蝗蟲成災，窮到吃橡子當飯，〔註64〕盧山寺只剩三綱、典座、直歲五人，圓仁見：「僧房皆安置俗人，變爲俗人家。」「開元寺僧房稍多，盡安置官客，無閑房。有僧人來，無處安置。」〔註65〕圓仁一路往五臺，眼見荒年時期的寺院情形，只有悽慘可以形容，圓仁描述在饑荒年頭的僧人，筆觸十分傳神；在冀州覺觀寺，「寺舍破落，無有僧徒，只有知事僧一人，見客不慇懃。」在趙州唐城寺，「寺極貧疏，僧心庸賤。」南開元寺，「師僧心鄙，怕見客僧。」在鎭州金沙禪院，「有二僧見客嗔慢」；在鎭州界行唐縣西禪院，「有二十餘禪僧，心極鬧亂。」〔註66〕在荒年時期，寺院的僧人無法靜心修行，寺院也因此出現了僧俗共住同食的情形。

　　圓仁描述許多寺院因爲連年蟲災，成了僧俗共住的「普通院」，時人稱爲「上房普通院」，「普通院」的情形是：「長有粥飯，不論僧俗，來集便僧宿，有飯即與，無飯不與。不妨僧俗赴宿，故曰：『普通院』」。〔註67〕圓仁一路所見，數不清的，能夠讓僧俗共住的「普通院」，最大規模的是巡禮五臺山前，在「解普通院」，有「送供人、僧、尼、女人共一百餘人，同住院宿。」〔註68〕能提供百餘人居住的「普通院」，在非荒年時期，原本應是規模較大的山野蘭若，在開成年間爲了因應荒年，便成了提供往來僧俗共食共住的地方。

二、悲田養病坊

　　「悲田」，意爲「慈悲之田」，佛教有「悲」、「敬」二田，「敬田」是施佛法僧寶，「悲田」是施孤老貧病，以「悲田」爲勝，此種福田思想後來轉到施物本身，「施物」福田包含修橋、補路、造林、掘井，「施物」福田是來自釋書言造「七福田」得生梵天的說法；〔註69〕「病坊」的設立起於佛教寺院，

〔註64〕〔日〕圓仁，《入唐求法巡禮行記》卷2，頁48。
〔註65〕〔日〕圓仁，《入唐求法巡禮行記》卷2，頁47、48。
〔註66〕〔日〕圓仁，《入唐求法巡禮行記》卷2，頁58～59。
〔註67〕〔日〕圓仁，《入唐求法巡禮行記》卷2，頁59。
〔註68〕〔日〕圓仁，《入唐求法巡禮行記》卷2，頁60。
〔註69〕晉・法力、法炬共譯，《佛說諸德福田經》卷1：「佛告天帝：『復有七法，廣施名曰福田，行者得福即生梵天。』何謂爲七？『一者興立佛圖、僧房、堂閣；二者園果、浴池、樹木清涼；三者常施醫藥，療救眾病；四者作牢堅船，濟度人民；五者安設橋梁，過度羸弱；六者近道作井，渴乏得飲；七者造作圊廁，施便利處，是爲七事，得梵天福。』」《大正藏》第16冊，頁777。

屬於「悲田」，在唐代初期，寺院「病坊」替朝廷擔負起社會救助的功能，收容貧病的民眾，直到則天朝，才有公辦的「悲田養病坊」設立，「悲田養病坊」可說是唐代帝王在社會救助方面，對於佛教最大的利用。

（一）「悲田養病坊」緣起

釋道宣《中天竺舍衛國祇洹寺圖經》，言天童院次小巷北第二院，名「聖人病坊院」：「舍利弗等諸大聖人，有病投中，房堂眾具須皆備。有醫方、藥庫，常以供給。」〔註70〕祇洹寺天童院的病坊，是爲佛弟子所設的治病場所，負責照顧生病比丘的是出家人；而在中國，僧人植「悲田」的對象已擴大到一般貧病百姓，南朝齊文惠太子，與蕭子良「俱好釋氏，立六疾館以養窮民。」〔註71〕梁武帝普通二年，「置孤獨園於建康，以收養窮民。」〔註72〕可知在唐以前，便有奉佛之帝王貴族所設之「六疾館」、「孤獨園」以收養窮人。

釋法運武德中去世，隋末天下大亂時，法運把楊道生與蕭銑對他的供養，「所獲施物即入悲、敬二田」〔註73〕貞觀時期，寶月禪師弟子釋智巖：

> 僧眾百有餘人，所在施化，多以現事責，覩竟之心周通，故俗聞者
> 毛豎零淚。多在白馬寺，後往石頭城癩人坊住，爲其說法，吮膿洗
> 濯無所不爲。永徽五年二月二十七日，終於癩所。〔註74〕

智巖禪師照顧石頭城癩人坊病人，知唐初病坊已是佛寺僧人植「三福田」中的「悲田」之所；〔註75〕除了智巖以外，玄奘「供養悲、敬二田各萬餘人。」〔註76〕開元五年，宋璟奏曰：

〔註70〕唐·釋道宣，《中天竺舍衛國祇洹寺圖經》卷下。《大正藏》第45冊，頁894。

〔註71〕梁·蕭子顯撰、楊家駱主編，《新校本南齊書附索引》卷21〈文惠太子〉（臺北：鼎文書局，1987年），頁401。

〔註72〕宋·司馬光，《資治通鑑》卷149〈梁紀〉5，頁4662。

〔註73〕唐，釋道宣，《續高僧傳》卷25〈初荊州開聖寺釋法運傳〉。《大正藏》第50冊，頁664。

〔註74〕唐·釋道宣，《續高僧傳》卷20。〈丹陽沙門釋智巖傳〉。《大正藏》第50冊，頁602。

〔註75〕隋·吉藏，《百論疏》卷上之下：「田有三：一悲、二敬、三亦悲亦敬。如施苦惱眾生爲悲田；施聖人等名敬田；施老病父母亦敬亦悲。老病故爲悲，父母故爲敬。」《大正藏》第42冊，頁256。唐·法藏，《華嚴經探玄記》卷8，更加確立「三福田」的範圍：「施大地中如來及塔菩薩知識并父母等，是恩田，亦敬田；聖僧二乘是德田，亦敬田；餘乞者是貧人等，是悲田，亦苦田；此等皆能生福，故名福田。」《大正藏》第35冊，頁261。

〔註76〕唐·沙門慧立本、釋彥悰箋，《大唐大慈恩寺三藏法師傳》卷10。《大正藏》

悲田養病，從長安以來，置使專之，國家矜孤恤窮，敬老養病，至
於安庇，各有司存。今驟聚無名之人，著收利之便，實恐逋逃爲藪，
隱沒成姦。……其病患人，令河南府按此分付其家。〔註77〕

玄奘以帝師的身份，能供養萬餘個貧病百姓，可見當時寺院的「悲田」規模
不小，宋璟此奏可注意處有二：一、武后長安年間，朝廷始成立悲田養病的
機構；二、開元五年時，對於收容的對象，朝臣如宋璟已有「逋逃爲藪，隱
沒成姦。」的隱憂，請玄宗罷之的用意即在此。

　　武后置專使負責悲田養病，動機爲何，正史均未見記載，《紀聞》載洪昉
禪師，曾赴冥司爲鬼王授八關齋戒，又被請到南天干處講經，還上天堂爲天
王講《大涅槃經》，洪昉禪師「造龍光寺，又建病坊，常養病者數百人。」婉
拒爲天王續講《大涅槃經》的理由是：「病者數百，待昉爲命，常行乞以給之。
今若流連講經，人間動涉年月，恐病人餒死。」《紀聞》載洪昉禪師食時，「毛
孔之中，盡能見物。」洪昉禪師現此「出天中之相」，卻被當時之人誤以爲妖，
武則天卻「手自造食，大申供養。」數月之後，武則天求教，洪昉禪師言：「唯
願陛下無多殺戮，大損果報，其言唯此。」〔註78〕筆者以爲，武則天是受到
洪昉禪師的啓發，爲植一己福出，出朝廷開辦「悲田養病坊」，與此同時，民
間寺院的「病坊」並未停止，開元五年（717），朝廷對悲田養病坊欲「置使
專知」，宋璟、蘇頲奏請玄宗，言悲田爲釋教產物，應由僧尼職掌，不合朝廷
定使專知，玄宗不許；〔註79〕開元二十一年，四十八歲的鑑眞和尙，「開悲田
而救濟貧病」，〔註80〕可知從武則天開辦「悲田養病坊」以來，唐代寺院與朝
廷官辦的「病坊」，是同時並存的。

（二）寺院主辦與朝廷專使

　　開元二十二年，「禁京城乞者，置病坊以稟之。」胡注：「時病坊分置於諸
寺，以悲田養病，本於釋教也。」〔註81〕《資治通鑑》除了說明「病坊」是佛
教普渡眾生的「福田」事業，因此多將官辦病坊置於各寺，更說明開元二十二

　　　　第50冊，頁277。
〔註77〕宋・王溥，《唐會要》卷49〈病坊〉，頁863。
〔註78〕轉引自宋・李昉等編，《太平廣記》卷95〈洪昉禪師〉，頁631～632。
〔註79〕唐・李德裕，〈論兩京及諸道悲田坊狀〉，《全唐文》卷704，頁7224～7225。
〔註80〕〔新羅〕慧超、唐・釋圓照等撰，《遊方記抄・唐大和上東征傳》。《大正藏》
　　　　第51冊，頁992。
〔註81〕宋・司馬光，《資治通鑑》卷214〈唐紀〉30，頁6809。

年時，病坊所收容的對象，還包括京城乞兒，從武后長安年間，至開元二十二年，約三十年的時間，唐朝廷管理病坊的方法，見李德裕〈論兩京及諸道悲田坊〉，是「官以本錢收利以給之。」〔註82〕也就是官府以利息收入，支付病坊的費用，這期間，佛寺「病坊」與國家「悲田養病坊」同時並存，〔註83〕而在會昌毀佛後，被毀的四千六百所寺院，以及四萬蘭若，僧尼被迫還俗多達「二十六萬五百人」，〔註84〕勢必使得寺院的病坊出現無人管理的危機，李德裕因此建議，由人品爲鄉里所稱的耆壽者，負責寺院的病坊管理，〔註85〕會昌五年十一月勑：

> 悲田養病坊，緣僧尼還俗，無人主持，恐殘疾無以取給，兩京量給寺田賑濟。諸州府七頃至十頃，各於本管選耆壽一人勾當，以充粥料。〔註86〕

李德裕的建議全部被武宗採納，寺院病坊在毀佛之下因禍得福，到了懿宗咸通八年，被李蔚形容爲「奉佛太過」的懿宗，在生了重病痊癒之後，勑：

> 應州縣病坊貧兒多處，賜米十石，或數少處，即七石、五石、三石，其病坊據元勑各有本利錢，委所在刺史錄事參軍縣令糺勘，兼差有道行僧人專勾當，三年一替。〔註87〕

比較懿宗與武宗對病坊的管理辦法，最大的差別是：將原本由高德耆壽

〔註82〕唐・李德裕，〈論兩京及諸道悲田坊狀〉：「（開元）二十二年十月，斷京城乞兒，悉令病坊收管，官以本錢收利以給之。」《全唐文》卷704，頁7224～7225。

〔註83〕謝重光，〈論唐代佛教徒對社會的巨大貢獻〉，認爲玄宗開元二十二年的詔令實行不久後，病坊仍歸寺院主持。《佛教與中國文化國際學術會議論文集》（上輯）1995年7月，頁65。按：《資治通鑑》卷254，僖宗廣明元年十一月條，胡注：「至德二年，兩京市各置普救病坊。」頁8237。可見至肅宗時，朝廷辦的病坊仍然存在。又：《酉陽雜俎》〈支諾皋〉（下），載成都乞兒嚴七師，「言語無度，往往應於未兆，居西市悲田坊。……凡四五年間，人爭施與，每得錢帛，悉用修觀，語人曰：『寺何足修？』方知折寺之兆也。今失所在。」可見在會昌毀佛前，乞兒嚴七師所住的悲田坊，應是朝廷所設，頁225。

〔註84〕宋・王溥，《唐會要》卷49〈僧籍〉，頁864。

〔註85〕唐・李德裕，《會昌一品集》卷12〈論兩京及諸道悲田坊〉：「今緣諸道僧尼盡以還俗，悲田坊無人主領，必恐病貧無告轉致困窮，臣等商量，緣悲田出於釋教，並望更爲養病坊，其兩京及諸州，合於子錄事，耆壽中揀一人有名，行謹信爲鄉閭所稱者，專令勾當。」《四庫全書》文淵閣本。

〔註86〕五代・後晉・劉昫等撰，《舊唐書》卷18（上），頁607。

〔註87〕宋・宋敏求編、洪丕謨等點校，《唐大詔令集》卷10〈咸通八年痊復救恤百姓僧尼勑〉，頁59。

者負責，轉由僧人負責，三年一任；此外，懿宗還用內庫的錢予以救濟，〔註88〕病坊的窮人就在這種前所未有的照顧之下，人數大增，僖宗廣明元年，黃巢陷東都時：

> 張承範等將神策弩手發京師。神策軍士皆長安富家子，賂宦官竄名軍籍，厚得廩賜，但華衣怒馬，憑勢使氣，未嘗更戰陳；聞當出征，父子聚泣，多以金帛雇病坊貧人代行。〔註89〕

張國剛認為神策軍是制約藩鎮的力量，〔註90〕然到了唐朝廷氣數將盡之時，在神策軍「父子聚泣」之際，連病坊窮人也要擔負起神策軍分內的，「戰士勤王」的重任，《舊唐書》言神策軍：「各於兩市出直萬計，傭雇負販屠沽及病坊窮人，以為戰士。」〔註91〕從玄宗開元二十二年，病坊收容乞兒，到僖宗廣明元年，病坊收容大批的窮人，顯示病坊已不再是專收窮苦病人，而是成了收容貧民的機構。

第三節　文化休閒與娛樂

唐代寺院之所以能夠成為百姓最佳的休閒娛樂場所，先決條件是土地面積夠大，有名的寺院，其土地多拜帝王賞賜；開皇中，文帝以「山林學徒歸依者眾」，敕賜少林寺「栢谷屯地一百頃」，唐太宗得武僧之助，「賜地四十頃，水碾一具。」栢谷屯於是成了栢谷莊；〔註92〕高宗敕建西明寺，賜「田園百頃，淨人百房。」〔註93〕唐代有給僧尼田二十畝的規定，〔註94〕面積較大，

〔註88〕宋・宋敏求編、洪丕謨等點校，《唐大詔令集》卷10〈咸通八年痊復救恤百姓僧尼敕〉：「如遇風雪之時，病者不能求丐，即取本坊利錢市米為粥，均給饑乏。如疾病可救，即與市藥理療。其所用絹米等，且以戶部屬省錢物充。」頁59。

〔註89〕宋・司馬光，《資治通鑑》卷254〈唐紀〉70，頁8237。

〔註90〕張國剛，〈唐代的神策軍〉：「唐代後期的官方統計，全國軍隊約八十到一百萬人。一般藩鎮有兵三兩萬，少的一萬左右，多的號稱十萬。而神策軍的兵力多達十五萬，任何藩鎮都無法與之匹敵。」《唐代政治制度研究論集》（臺北：文津出版社，1994年），頁136。

〔註91〕五代、後晉・劉昫等撰，《舊唐書》卷200（下），頁5393。

〔註92〕明・都穆，《金薤琳琅》卷12，《四庫全書》文淵閣本，史部，目錄類，金石之屬。

〔註93〕唐・蘇頲，〈唐長安西明寺塔〉，《文苑英華》卷855頁4517。

〔註94〕唐・李林甫等撰、陳仲夫點校，《唐六典》卷3：「凡道士給田三十畝，女冠二十畝；僧、尼亦如之。」（北京：中華書局，1992年），頁74。

僧尼眾多的寺院，土地自然十分可觀，雖然，玄宗於開元十年，敕祠部將寺院多占的田地收回，並規定依僧尼人數限制常住田在五到十頃之間，〔註95〕此只針對非官寺的寺院，並不礙官寺繼續擴展寺院規模。本節就面積廣大的寺院，舉辦上元燈節的熱鬧情形，以及唐人到寺院欣賞牡丹、觀百戲、聽俗講，以見唐代寺院是唐人文化休閒的「樂園」。

一、上元燈節

　　釋書載燃燈供養的功德，能往生阿彌陀佛國，獲天眼報，得見十方世界諸佛，〔註96〕中國燃燈供養的習俗始於西漢，贊寧《大宋僧史略》對於正月十五燃燈的起源，歸結於漢武帝祭五時神，「取《周禮》司爟氏燒燎照祭祀」，到了東漢，明帝因僧人與道士較技，「燒經像無損而發光」，敕令天下燒燈，「表佛法大明」。〔註97〕唐先天二年（開元元年，713。）西域僧奏請以正月十五日燃燈，玄宗對於上元燃燈之俗，雖曾一度改爲二月十五，但在天寶六年的詔令中，定下正月十七日至十九日燒燈「以爲永式」，〔註98〕玄宗後，「尋又重依十五夜放燈。」此後直到「唐僖宗幸蜀，迴中原多事，至昭、哀皆廢。」〔註99〕玄宗不遵古制（正月十五日燃燈）的做法，在所有唐帝王中是唯一的例外。

　　隋代以正月十五日放燈，煬帝有詩誌上元燈節盛況；〔註100〕唐代的元宵

〔註95〕宋·王溥，《唐會要》卷59〈祠部員外郎〉：「天下寺觀田，宜准法據僧尼道士合給數外，一切官收，給貧下欠田丁。其寺觀常住田，聽以僧尼道士女冠退田充，一百人以上，不得過十頃；五十人已上，不得過七頃；五十人以下，不得過五頃。」頁1028。

〔註96〕唐·阿地瞿多譯，《佛說陀羅尼集經》卷2〈阿彌陀佛大思惟經說序分〉第一。《大正藏》第18冊，頁800。

〔註97〕宋·釋贊寧，《大宋僧史略》卷下〈上元放燈〉。《大正藏》第54冊，頁254。

〔註98〕宋·釋贊寧，《大宋僧史略》卷下〈上元放燈〉：「開元二十八年正月十四日，敕常以二月望日燒燈；天寶六年六月十八日，詔曰：『重門夜開，以達陽氣。群司朝宴，樂在時和。屬於上元，當修齋籙。其於賞會，必備葷羶。比來因循，稍將非便。自今以後，每至正月。宜取十七日十九日，夜開坊市以爲永式。」《大正藏》第54冊，頁254。

〔註99〕宋·釋贊寧，《大宋僧史略》卷下〈上元放燈〉。《大正藏》第54冊，頁254。

〔註100〕隋煬帝，〈正月十五日日於通衢建燈夜升南樓〉：「法輪天上轉，梵聲天上來。燈樹千光照，華焰七枝開。月影凝流水，春風含夜梅。幡動黃金地，鍾發琉璃臺。」轉引自：唐·釋道宣，《廣弘明集》卷30。《大正藏》第52冊，頁360。

燈節比起隋代，是有過之而無不及，此可由史家與詩人筆下得見，唐初的上元節，盧照鄰描述爲：「縟彩遙分地，繁光遠綴天。」〔註101〕燈火綿延的景象，可見上元燃燈在唐初已是固定的大型節慶，《大唐新語》載京城百姓過上元燈節：

> 神龍之際，京城正月望日，盛飾燈影之會。金吾弛禁，特許夜行。貴遊戚屬，及下隸工賈，無不夜遊。車馬駢闐，人不得顧。王主之家，馬上作樂以相誇競。文士皆賦詩一章，以紀其事。作者數百人，爲中書侍郎蘇味道、吏部員外郭利貞、殿中侍御史崔液三人爲絕唱。
> 〔註102〕

蘇、郭二人的詠上元之作，「行歌盡落梅」、「更逢清官發，處處落梅花。」〔註103〕花隨歌聲落的同時，亦可見人潮之多，崔液還一口氣連作六首，詩作內容是眼花撩亂極盡熱鬧，其中提到：「神燈佛火百輪張，刻像圖形七寶裝。」可見寺院上元燃燈的規模；〔註104〕蘇味道三人的上元詠燈之作，能在數百人之中被譽爲「絕唱」，可見當時的文人在上元節詠燈的奉和之作，應該爲數不少；王維的上元夜應制詩提到了「然燈繼以酺宴」，詩末又寫道：「願將天地壽，同以獻君王。」〔註105〕可見盛唐的上元節，是君臣同歡的

〔註101〕唐・盧照鄰，〈十五夜觀燈〉：「錦里開芳宴，蘭缸豔早年。縟彩遙分地，繁光遠綴天。接漢疑星落，依樓似月懸。別有千金笑，來映九枝前。」《全唐詩》卷42，頁523。

〔註102〕唐・劉肅，《大唐新語》卷8，頁127～128。

〔註103〕唐・蘇味道，〈正月十五夜（一作上元）〉：「火樹銀花合，星橋鐵鎖開。暗塵隨馬去，明月逐人來。遊伎（一作騎）皆穠李，行歌盡落梅。金吾不禁夜，玉漏莫相（一作頻）催。」《全唐詩》卷65，頁753。唐・郭利貞，〈上元〉：「九陌連燈影，千門度（一作遍）月華。傾城出寶騎，匝路轉香車。爛熳惟愁曉，周游不問家。更逢清官發，處處落梅花。」《全唐詩》卷101，頁1079。

〔註104〕唐・崔液，〈上元夜六首（一作夜遊詩）〉：「玉漏銀（一作銅）壺且莫催，鐵關金鎖徹明開。誰家見月能閒坐，何處聞（一作逢）燈不看來。神燈佛火百輪張，刻像圖形七寶裝。影裏如聞（一作開）金口說，空中似散（一作放）玉毫光。今年春色勝常年，此夜風光最可憐。鳷鵲樓前新月滿，鳳皇臺上寶燈燃。金勒銀鞍控紫騮，玉輪珠幰駕青牛。驂驔始散東城曲，倏忽還來南陌頭。公子王孫意氣驕，不論相識也相邀。最憐長袖風前弱，更賞新弦暗裏調。星移漢轉日將微，露灑煙飄燈漸稀。猶惜路（一作道）傍歌舞處，躊蹰相顧不能歸。」《全唐詩》卷54，頁668。

〔註105〕唐・王維，〈奉和聖製十五夜然燈繼以酺宴（一有之作二字）應制〉：「上路笙歌滿，春城漏刻長。遊人多晝日，明月讓燈光。魚鑰通翔鳳，龍輿出建章。九衢陳廣樂，百福透（一作迸）名香。仙伎來金殿，都人遶玉堂。定（一作

國定假日，也正因「國定」的緣故，在詩人筆下，因爲「金吾不禁」（金吾負責宵禁），上元夜成了「金吾夜」。〔註106〕

中宗神龍年間（705～706），長安百姓已瘋狂過燈節，先天二年（即開元年，713。）西域僧沙陀奏請玄宗，定正月十五日爲燃燈節，至中唐，上元節仍然熱鬧非凡，張祜提到：「三百內人連袖舞」，〔註107〕徐凝形容：「宵遊二萬七千人」，〔註108〕到晚唐，李商隱〈正月十五夜聞京有燈恨不得觀〉寫道：「月色燈光滿帝都」，〔註109〕段成式〈觀山燈獻徐尙書並序〉，提到曾經依襄陽百姓之請，負責舉辦上元節「山燈」事宜，序中描寫：「如波殘鯨鱟，如霞駮，如珊瑚露，如丹蛇蚑離，如朱草叢叢，如芝之曲，如蓮之擎。」〔註110〕「徐尙書」指的是徐商，徐商大中十年移鎮襄陽，段成式在序中提到「尙書東苑公鎮襄之三年」，則此詩應作於大中十三年（859），晚唐襄陽一地的上元「煙火秀」，以今日觀之，已夠令人驚豔，而在二十年前的文宗開成四年（839），依日僧圓仁所記，在會昌毀佛之前的揚州上元燈節，可說是整個唐代上元燈節的縮影，圓仁記：

> 十五日夜，東西街中，人宅燃燈，……寺裡燃燈供養佛，……當寺佛殿前建燈樓，砌下庭中，及行廊側皆燃油，其燈盞數不遑計知。街裡男女，不憚深夜，入寺看事。供燈之前，隨分捨錢。巡看已訖，

止）應偷妙（一作豔）舞，從此學新妝。奉引迎三事，司儀列（一作立）萬方。願將天地壽，同以獻君王。」《全唐詩》卷127，頁1286。

〔註106〕唐‧王諲，〈十五夜觀燈〉：「暫得金吾夜，通看火樹春。停車傍明月，走馬入紅塵。妓雜歌偏勝，場移舞更新。應須盡記取，說向（一作與）不來人。」《全唐詩》卷145，頁1471。

〔註107〕唐‧張祜，〈正月十五夜燈〉：「千門開鎖萬燈明，正月中旬動帝京。三百內人連袖舞，一時天上著詞聲。」《全唐詩》卷511，頁5838。

〔註108〕唐‧徐凝，〈正月十五夜呈幕中諸公〉：「宵遊二萬七千人，獨坐重城圈一身。步月遊山俱不得，可憐辜負白頭春。」《全唐詩》卷474，頁5382。

〔註109〕唐‧李商隱，〈正月十五夜聞京有燈恨不得觀〉：「月色燈光滿帝都，香車寶輦隘（一作向）通衢。身閒不睹中興盛，羞逐鄉人賽紫姑。」《全唐詩》卷541，頁6221。

〔註110〕唐‧段成式，〈觀山燈獻徐尙書（並序）〉：「尙書東苑公鎮襄之三年，四維具舉，而仍歲穀熟，及上元日，百姓請事山燈，以報穰祈祉也。時從事及上客從公登城南樓觀之。初爍空焱谷，漫若朝炬，忽驚狂燒卷風，撲緣一峰，如塵烘斾色，如波殘鯨鱟，如霞駮，如珊瑚露，如丹蛇蚑離，如朱草叢叢，如芝之曲，如蓮之擎。布字而疾抵電書，寫塔而爭同蜃搆，亦天下一絕也。」《全唐詩》卷584，頁6767。

更到餘寺看禮捨錢。諸寺堂裡並諸院，皆競燃燈。有來赴者，必捨

錢去。〔註111〕

圓仁隨後記此盛況延續到十七日夜，可以確定從玄宗之後，〔註112〕到僖宗幸
蜀（廣明中）之前（約 756〜880）長達一百三十年左右的上元燈節，時間是
從十五夜持續到十七夜。〔註113〕

二、賞牡丹花

李肇言京城尚牡丹長達三十年，長安貴遊在暮春「車馬若狂，以不耽玩
爲恥。」〔註114〕在牡丹價高之際，像韓令始一樣，將住家的牡丹全數剗除者，
〔註115〕並不多見；興味多變的唐代文人，對於花的喜愛，最能體現其真性情，
盧肇新種的茶花被人偷走，憤而寫詩道：「花如解語還應道，欺我郎君不在家。」
〔註116〕唐人對於牡丹的瘋狂迷戀，與唐人的審美觀有關，〔註117〕從楊貴妃被
唐玄宗譽爲「國色天香」，唐人之審美觀可說已經定型，唐代文人賞花如對美
人，其間所生發的「牡丹情結」，小說家多擷取爲創作材料，在描寫唐人到寺
院賞牡丹的同時，也一併點出寺院牡丹所具有的特點。

（一）寺院與牡丹

蔣防〈霍小玉傳〉，故事的轉折點從李益到崇敬寺賞牡丹花開始，「風流

〔註111〕〔日〕圓仁，《入唐求法巡禮行記》卷1，頁16。
〔註112〕唐・張鷟，《朝野僉載》卷3：「睿宗先天二年（按：即開元元年）正月十五、
十六夜，於京師安福門外作燈輪高二十丈，……燃五萬盞燈，簇之如花樹。
……妙簡長安、萬年少女婦千餘人，衣服、花釵、媚子亦稱是，於燈輪下踏
歌三日夜，歡樂之極，未始有之。」頁69。
〔註113〕周一良、趙和平，〈敦煌寫本鄭餘慶《大唐新定吉凶書儀》殘卷研究〉，言鄭
餘慶《大唐新定吉凶書儀》，提到唐代節假日，正月十五上元日休假三天。《唐
五代書儀研究》（北京：中國社會科學出版社，1995年），頁168。
〔註114〕唐・李肇，《唐國史補》卷（中）。楊家駱主編，《唐國史補等八種》，頁45。
〔註115〕唐・李肇，《唐國史補》卷（中）：「執金吾鋪官圍外寺觀種以求利，一本有直
數萬者。元和末，韓令始至長安，居第有之，遽命斸去曰：『吾豈效兒女子耶！』」
楊家駱主編，《唐國史補等八種》，頁45。
〔註116〕唐・盧肇，〈新植紅茶花偶出被人移去以詩索之〉：「嚴（一作最）恨柴門一樹
花，便隨香遠逐香車。花如解語還應道，欺我郎君不在家。」《全唐詩》卷
551，頁6385。
〔註117〕陳正平，《唐詩所見游藝休閒活動之研究》，認爲唐人之愛牡丹，「與唐人以碩
大豐滿爲審美觀有密切關係。」東海大學中國文學系博士論文，2006年7月，
頁73。

之士，共感玉之多情；豪俠之倫，皆怒生之薄行。」〔註118〕在強烈的輿論撻伐聲中，李益晨出暮歸，避不見霍小玉，但到了使長安城萬人空巷的，三月的牡丹花季，「生與同輩五、六人詣崇敬寺翫牡丹花，步於西廊，遞吟詩句。」〔註119〕李益一行人到崇敬寺賞牡丹花，李益先是被好友韋夏卿指責薄倖，〔註120〕繼而又受黃衫客「妖姬八、九人，駿馬十數匹。」的蠱惑，掉入黃衫客以聲情娛樂作為引誘的陷阱，黃衫客得以把李益順利騙去見霍小玉，故事之轉折處，就在於李益不忍錯過崇敬寺牡丹。

長安最有名的牡丹花，不是在崇敬寺，而是在素有「牡丹甲天下」的慈恩寺，〔註121〕《南部新書》：「長安三月十五日，兩街看牡丹，奔走車馬。慈恩寺元果院牡丹，先于諸牡丹半月開；太眞院牡丹，後諸牡丹半月開。」〔註122〕長安東西兩街是條「橫街」，百姓奔走兩街看牡丹，無關乎那邊的寺院花較多；〔註123〕看牡丹的民眾之所以必須「奔走車馬」，無捷徑可行，這是跟皇城為保「帝氣」不洩所作的規劃有關；〔註124〕慈恩寺牡丹之所以享譽四方，不僅是因為京城牡丹花本就冠於全國，為他處少見，〔註125〕主要

〔註118〕清·汪辟疆，《唐人小說》，頁80。

〔註119〕蔣防，〈霍小玉傳〉，轉引自：清·汪辟疆，《唐人小說》頁80。

〔註120〕韋夏卿對李益說：「風光甚麗，草木榮華。傷哉鄭卿（霍小玉在父親霍王死後，易姓為鄭），銜冤空室！足下終能棄置，實是忍人。丈夫之心，不宜如此。足下宜為思之。」清·汪辟疆，《唐人小說》，頁80。

〔註121〕慈恩寺原為隋代的無漏寺，貞觀22年（648），李治為追念母親文德皇后，改名為「大慈恩寺」，玄奘取經回國後，任慈恩寺首任住持。玄奘監工完成的大雁塔，除了貯放玄奘所譯的經書，塔壁更有歷代文人的「雁塔題名」。長安三大寺為西明寺、章敬寺、慈恩寺，慈恩寺在總面積上雖沒有西明寺大，卻是唐朝佛教的最高學府。

〔註122〕宋·錢易撰、黃壽成點校，《南部新書》（丁），頁49。

〔註123〕李永展，〈從土地使用的觀點看長安城的空間結構〉，認為唐代百姓的休憩活動都在長安城西，是因為城西多宗教建築以及多住平民有關，至於戲場、毬場、店肆、妓院多在城東，是因為城東多為有閒階級所居，加上進奏院、尚書省選院皆在城東，因此產生高階層的戲場、毬場等活動。《臺灣大學建築與城鄉研究學報》第2卷第1期，1983年，頁229。

〔註124〕元·李好文《長安志圖》卷上：「其九坊，但開東西二門，有橫街而已，蓋以在宮城正南，不欲開北街洩氣，以衝城闕。」王雲五主編，《四庫全書珍本》第九集，頁12。

〔註125〕唐·范攄，《雲谿友議》卷中〈錢塘論〉：「致仕尚書白舍人（白居易），初到錢塘，令訪牡丹花，獨開元寺僧惠澄，近於京師得此花栽，始植於庭，欄圈甚密，他處未之有也。時春景方深，會澄設油幕以覆其上，牡丹自此東越分而種之也。」《唐國史補等八種》，頁31。按：李益在貞元間即以詩歌聞名，

的原因還有：慈恩寺牡丹花期較長，花開得多，花色爲他處所無，〔註126〕另外，慈恩寺僧的用心栽培，引紅色牡丹爲秘寶，以致遭人偷盜，〔註127〕爲紅牡丹的罕見作了佐證，〔註128〕而在賞花期間，前來參觀的名士題詩於壁，更爲慈恩寺牡丹增添風華：

> 故裴兵部潾〈白牡丹詩〉，自題於佛殿東頰脣壁之上，大和中，車駕自夾城出芙蓉園，路幸此寺，見所題詩，吟玩久之，因令宮嬪諷念。及暮歸大内，即此詩滿六宮矣。其詩曰：「長安豪貴惜春殘，爭賞先開紫牡丹。別有玉杯承露冷，無人起就月中看。」〔註129〕

唐文宗到皇家寺院慈恩寺看牡丹，對於人比花多的「牡丹花季」，帝王湊熱鬧的心態與庶民百姓無異，裴潾〈白牡丹詩〉，僅是因緣際會下的插曲；上有所好，下必甚之，〔註130〕長安百姓春季賞牡丹的瘋狂，劉禹錫形容爲：「花開時節動京城」，〔註131〕崔道融說是：「若使花長在，人應看不回。」〔註132〕對於

白居易任杭州刺史，時在長慶元年至長慶四年，南地始見牡丹栽植。

〔註126〕宋‧王讜撰、周勛初校證，《唐語林校證》卷7：「京師貴牡丹，佛宇、道觀多遊覽者。慈恩浴室院有花兩叢，每開及五六百朵。僧恩振說：『會昌中朝十數人，同遊僧社。時東廊院有白花可愛，皆嘆云：『世之所見者，但淺深紫而已，竟未見深紅者。』老僧笑曰：『安得無之？但諸賢未見爾！』……僧乃自開一房，……有殷紅牡丹一叢，婆娑數百朵。』」頁628。

〔註127〕宋‧王讜撰、周勛初校證，《唐語林校證》卷7：「後有數少年詣僧，邀至曲江看花，藉草而坐。弟子奔走報：『有數十人入院掘花，不可禁。』……少年徐謂僧曰：『知有名花，宅中咸欲一看，不敢豫請，蓋恐難捨。已留金三十兩、蜀茶二斤，以爲報矣！』」頁628。

〔註128〕唐‧王維，〈紅牡丹〉：「綠艷閒且靜，紅衣淺復深。花心愁欲斷，春色豈知心。」《全唐詩》卷128，頁1304。按：唐朝詩人對紅牡丹專力描寫的詩作並不多，此或爲紅牡丹並不普遍所致。

〔註129〕宋‧錢易撰、黃壽成點校，《南部新書》丁部，頁49。按：裴潾此詩，《全唐詩》作：「長安年少惜春殘，爭認慈恩紫牡丹。別有玉盤乘露冷，無人起就月中看。」卷124，頁1232。另外，《全唐詩》在盧綸〈裴給事宅白牡丹〉下注：一作裴潾詩：「長安豪貴惜春殘，爭翫街西（一作賞新開）紫牡丹。別有玉盤承露冷，無人起就月中看。」卷280，頁3188。

〔註130〕五代‧王仁裕，《開元天寶遺事》卷4〈百寶欄〉：「時楊國忠因貴妃專寵，上賜以木芍藥數本，植於家，國忠以百寶粧飾欄楯，雖帝宮之美不可及也。」《四庫全書》文淵閣本，子部，小說家類，雜事之屬。

〔註131〕唐‧劉禹錫，〈賞牡丹〉：「庭前芍藥妖無格，池上芙蕖淨少情。唯有牡丹眞國色，花開時節動京城。」《全唐詩》卷365，頁4119。

〔註132〕唐‧崔道融，〈長安春〉：「長安牡丹開，繡轂輾晴雷。若使花長在，人應看不回。」《全唐詩》卷714，頁8205。

慈恩寺牡丹，王叡形容：「一國如狂不惜金」，〔註133〕可知白居易〈秦中吟十首・買花（一作牡丹）〉提到的：「一叢深色花，十戶中人賦。」〔註134〕亦不難想見上舉裴潾〈白牡丹詩〉，裴潾之所以深惜白牡丹，是因紫牡丹比白牡丹行情更好，而由慈恩寺老僧所栽的紅牡丹被盜，知紅牡丹又比紫牡丹更稀有，白居易詩中的「深色花」，指的應是紅牡丹。

　　崇敬寺牡丹雖不如慈恩寺、西明寺有名，白居易也曾遊賞；〔註135〕蔣防言青年時期的李益，加入了讓長安百姓「奔走車馬」的賞花行動，地點不是在「牡丹甲天下」的慈恩寺，而是到距離李益自己所住的新昌里較近的崇敬寺（位於靖安坊），崇敬寺距離霍小玉所住的勝業坊不遠，蔣防寫〈霍小玉傳〉，應有距離上的考量；唐代長安城，共一百一十四坊，〔註136〕「坊」就是「里」，〔註137〕黃衫客帶著李益，由崇敬坊「疾轉數坊」，到達小玉所住的勝業坊，可見〈霍小玉傳〉之李益事蹟，崇敬寺牡丹亦有其跡象可考。〔註138〕

〔註133〕唐・王叡，〈牡丹〉（一作王轂詩）：「牡丹妖艷亂人心，一國如狂不惜金。曷若東園桃與李，果成無語自成陰。」《全唐詩》卷505，頁5743。

〔註134〕唐・白居易，〈秦中吟十首・買花〉：「帝城春欲暮，喧喧車馬度。共道牡丹時，相隨買花去。貴賤無常價，酬直看花數。灼灼百朵紅，戔戔五束素。上張幄幕（一作帷幄）庇，旁織巴（一作笆）籬護。水灑復泥封，移（一作遷）來色如故。家家習為俗，人人迷不悟。有一田舍翁，偶來買花處。低頭獨長歎，此歎無人喻。一叢深色花，十戶中人賦。」《全唐詩》卷425，頁4676。

〔註135〕唐・白居易，〈自城東至以詩代書戲招李六拾遺崔二十六先輩〉：「青門走馬趁心期，惆悵歸來已校遲。應過唐昌玉蕊後，猶當崇敬牡丹時。暫遊還憶崔先輩，欲醉先邀李拾遺。尚殘半月芸香俸，不作歸糧作酒貲。」《全唐詩》卷436，頁4831。

〔註136〕有關長安城的坊數，有100、106、108、109、110、116之說，參見楊鴻年，《隋唐兩京考》（湖北：武漢大學出版社，2000年），頁210～213。

〔註137〕坊即里，由坊里並稱、坊里連用之例可證；坊里並稱之例，如：蔣防，〈霍小玉傳〉，霍小玉「住在勝業坊古寺曲」，李益「舍於新昌里」，新昌里也就是新昌坊；另：姚合〈新昌里〉：「舊客常樂坊，井泉濁而鹹。新屋（一作居）新昌里，井泉清而甘。」《全唐詩》卷502，頁5714。坊里連用者，如：《新唐書》卷225（上）：「帝（肅宗）以賊（安祿山）國讎，惡聞其姓，京師坊里有『安』字者，悉易之。」頁6424。按：肅宗改坊里有「安」字者，不久後，便又回復舊名，《唐會要》卷86：「至德二載正月二十七日，……及坊名有『安』者悉改之，尋並卻如故。」頁1584。

〔註138〕王亦軍、裴豫敏編注，《李益集注》〈李益祖籍及出生地考〉：「〈霍小玉傳〉的作者蔣防，和李益算是同朝同僚，故以李益作為主人公的〈霍小玉傳〉中基本事件都是可考的。」（甘肅：人民出版社，1989年），頁488。王勝明，《李益研究》〈《霍小玉傳》中的李益本事考〉：「《霍小玉傳》所反映的李益事蹟多數是有據可考、合於本事的。」（四川：巴蜀書社，2004年），頁157。

（二）文士與牡丹

　　范攄《雲谿友議·錢塘論》的故事，是徐凝與張祜為了爭「解頭」，在白居易面前進行一場作詩大賽，白居易將徐凝置於張祜前的做法，使〈錢塘論〉成了唐代有名的詩壇公案，〔註139〕可見唐代文人賞牡丹之盛事，連小說家也樂於以之作為故事的引子；佛寺遍植牡丹，是為了廣招信眾入寺隨喜，〔註140〕《全唐詩》記唐朝文人競相種植牡丹，藉以設酒邀宴取樂；〔註141〕除了買牡丹、栽牡丹，還將牡丹花瓣當作香來燒，〔註142〕張又新曾說牡丹一朵（應是一叢）價值千金，〔註143〕可看出牡丹對於文士階層，有其市場，在市場利多之下，出現在詩人筆下的牡丹，已成富貴功名的代名詞；李益曾到從弟李正封家拜訪不遇，獨賞牡丹而回，李益詩贈李正封：「紫蕊（一作豔）叢開未到家，繁教遊客賞繁華。始知年少求名處，滿眼空中別有花。」〔註144〕李正封曾寫過讓京邑傳唱的牡丹花詩，〔註145〕年過半百的李益，〔註146〕詩中的「滿

〔註139〕 崔際銀，〈唐人小說用詩之評價〉，認為白居易置徐凝於張祜前，導致張祜的不滿；白居易本就與杜牧有隔閡，於是杜牧極力褒揚張祜（原注：杜牧有專文論白居易詩，評價不高）。《詩與唐人小說》（天津：天津古籍出版社，2004年），頁143。

〔註140〕 如：劉兼，〈再看光福寺牡丹〉《全唐詩》卷766，頁8698。卓英英，〈遊福感寺答少年〉卷863，頁9756。翁承贊，〈萬壽寺牡丹〉卷703，頁8091。胡宿，〈憶薦福寺牡丹〉卷731，頁8368。白居易，〈西明寺牡丹花時憶元九〉卷432，頁4768。白居易，〈重題西明寺牡丹〉卷437，頁4844。元稹，〈西明寺牡丹〉卷411，頁4564。元稹，〈與楊十二李三早入永壽寺看牡丹〉卷400，頁4478。由以上得之，長安佛寺的牡丹花，除了慈恩寺以外，以光福寺、福感寺、萬壽寺、西明寺、永壽寺較為有名。

〔註141〕 如：劉禹錫，〈渾侍中宅牡丹〉、〈唐郎中宅與諸公同飲酒看牡丹〉《全唐詩》卷364，頁4104、4105。李中，〈柴司徒宅牡丹〉卷748，頁8519。徐鉉，〈嚴相公宅牡丹〉卷755，頁8593。

〔註142〕 唐·柳渾〈牡丹〉：「近來無奈牡丹何，數十千錢買一顆。今朝始得分明見，也共戎葵不校多。」《全唐詩》卷196，頁2014。武元衡，〈聞王仲周所居牡丹花發因戲贈〉：「聞說庭（一作亭）花發暮春，長安才子看須頻。花開花落無人見，借問何人是主人。」《全唐詩》卷317，頁3577。王建〈題所賃宅牡丹花〉：「賃宅得花饒，初開恐是妖。粉（一作霞）光深紫膩，肉色退（一作遠）紅嬌。且願風留著，惟愁日炙燋（一作銷）。可憐零落蕊，收取作香燒。」《全唐詩》卷299，頁3398。

〔註143〕 唐·張又新，〈牡丹〉（一作成婚）：「牡丹一朵值千金，將謂從來色最深。今日滿欄開似雪，一生辜負看花心。」《全唐詩》卷479，頁5452。

〔註144〕 唐·李益，〈牡丹〉（一作詠牡丹贈從兄正封），《全唐詩》卷283，頁3225。

〔註145〕 唐·李濬《松窗雜錄》載：「大和開成中，有程修己者，以善畫得進謁。修

眼花」，不是紫牡丹或佳人美眷，應是李正封當時想要的「探花使」。〔註147〕

（三）牡丹與杜鵑

《承平舊纂》載：「蕭瑀、陳叔達於龍昌寺看花，相與論李有九標，謂香、雅、細、淡、潔、蜜、宜月夜、宜綠鬢、泛白酒無異色，皆實事也。」〔註148〕蕭瑀、陳叔達歸納出「李有九標」，如此之興致，多見於士人遊寺賞花時，《唐國史補》載長安百姓為牡丹瘋狂的情形：

> 京城貴遊，尚牡丹三十餘年矣。每春暮車馬若狂，以不躭玩為恥。
>
> 執金吾鋪官圍外寺觀種以求利，一本有直數萬者。〔註149〕

段成式在會昌毀佛後，寫道：「前年帝里探春時，寺寺名花我盡知。今日長安已灰燼，忍能南國對芳枝。」〔註150〕段成式寫《酉陽雜俎·寺塔記》時，回憶會昌三年，與好友張善繼、鄭夢復，以及方外之交昇上人，同遊長安佛寺，段成式能知「寺寺名花」，與李肇形容京城的寺、觀多種牡丹以求利，有一本（一叢）值數萬的天價，均反映了長安城的名花，的確以牡丹為最。

牡丹初名「木芍藥」，則天以後，洛陽牡丹才出名，在開元、天寶時，宮中仍呼牡丹為「木芍藥」，一天當中，牡丹花色從早到晚顏色不同，玄宗以「花

> 己始以孝廉召入籍，故上不甚禮，以畫者流視之。會春暮，內殿賞牡丹花，上頗好詩，因問修己曰：『今京邑傳唱牡丹花詩，誰為首出？』修己對曰：『臣嘗聞公卿問，多吟賞中書舍人李正封詩曰：「國色朝酣酒，天香夜染衣。」』上聞之嗟賞，移時，楊妃方恃恩寵，上笑謂賢妃曰：『粧鏡臺前，宜飲以一紫金盞酒，則正封之詩見矣。』」頁4～5。按：牡丹花被稱為「國色天香」，典出李正封詩，但到了宋人手中，卻將文宗大和年間發生的事，誤以為是玄宗時，如錢易，《南部新書》（甲）、曾慥，《類說》卷16、胡仔，《漁隱叢話》卷30，宋人之誤，是先將「賞名花，對妃子」一事，直接聯想到李白作〈清平調詞三首〉（《全唐詩》卷164，頁1703）。，繼而將李濬所提的「楊妃」，判為「楊貴妃」，忽略了深為唐文宗寵愛的「楊賢妃」，也叫「楊妃」。

〔註146〕李益生卒年，約天寶八年至太和元年（749～827）參見譚正璧編，《中國文學家大辭典》（上海書店，1981年），頁417。按：李正封，元和二年（807）進士；知李益作此詩，在元和二年以前。

〔註147〕宋·趙彥衛，《雲麓漫鈔》：「《秦中歲時記云》：「期集謝恩了，……次即杏園初宴，謂之探花宴，便差定先輩二人少俊者，為兩街探花使；若他人折得花卉，先開牡丹、芍藥來者，即各有罰。」（北京：中華書局，1996年），頁128。

〔註148〕後唐·馮贄編、張力偉點校，《雲仙散錄》，頁104。

〔註149〕唐·李肇，《唐國史補》卷中，頁45。

〔註150〕唐·段成式，〈桃源僧舍看花〉，《全唐詩》卷584，頁6772。

妖」稱之；〔註151〕玄宗還以之爲貴妃醒宿酒；〔註152〕李白奉命爲牡丹作〈清平調〉；〔註153〕傳說爲八仙之一的韓湘子，爲韓愈展現「染牡丹花」的絕技，〔註154〕小說家搜奇獵異的同時，也顯示牡丹確爲唐代傾城傾國的「國花」。

　　長安慈恩寺牡丹甲天下，浙西鶴林寺則以杜鵑花聞名，杜鵑別名山石榴、山躑躅，李紳〈望鶴林寺・並序〉提到鶴林寺木蘭、杜鵑繁茂，「花發江城世界春」，〔註155〕可見鶴林寺的「杜鵑花海」，在中唐時已很出名，《續仙傳・殷文祥》，〔註156〕詳載鶴林寺杜鵑花海的由來：

> 鵾（按：應作「鶴」）林寺杜鵑花高丈餘，每春末花爛漫。寺僧相傳
> 言：貞元年中，有外國僧自天台，鉢盂中以藥養其根來種之，自後
> 構飾花院鎖閉，人或窺見女子紅裳艷麗，遊於樹下，有輒採花折枝
> 者，必爲所祟，俗傳女子花神也。所以人共保惜，故繁艷異於常花。
> 其花欲開探報分數，節使賓僚官屬繼日賞翫，其後一城士庶，四方
> 之人，無不沽樂遊從。連春入夏，自旦及昏，閭里之間，殆于廢業。

〔註157〕

〔註151〕五代・王仁裕，《開元天寶遺事》卷1〈花妖〉：「初有木芍藥，植於沉香亭前。其花一日忽開一枝，兩頭朝則深紅，午則深碧，暮則深黃，夜則粉白，晝夜之內，香艷各異。帝謂左右曰：『此花木之妖，不足訝也。』」《四庫全書》本，子部，小說家類，雜事之屬。

〔註152〕五代・王仁裕，《開元天寶遺事》卷2〈醒酒花〉：「明皇與貴妃幸華清宮，因宿酒初醒，憑妃子肩同看木芍藥。上親折一枝與妃子，遞嗅其艷，帝曰：『不惟萱草忘憂，此花香艷，尤能醒酒。』」《四庫全書》文淵閣本。

〔註153〕唐・李濬，《松窗雜錄》。轉引自宋・李昉等編，《太平廣記》卷204〈李龜年〉，頁1549～1550。

〔註154〕韓愈之姪奉命讀書，先是凌辱學院同學，到僧院又被寺主訴其狂率，經不得韓愈責備，指階前牡丹花，曰：「叔要此花，青、紫、黃、赤，唯命也。」韓愈大奇，遂給所須，「乃豎箔曲，盡遮牡丹叢，不令人窺。掘棵四面，深及其根，寬容人座。唯賣紫礦、輕粉、朱紅，旦暮治其根。」牡丹本是紫色，花開時，顏色「白紅歷綠」，每朵有一聯詩，爲韓愈出官時所寫，一韻曰：「雲橫秦嶺家何在？雪擁藍關馬不前。」參見：《酉陽雜俎》前集卷19，頁185～186。

〔註155〕唐・李紳，〈望鶴林寺〉：「鶴樓峰下青蓮宇，花發江城世界春。紅照日高殷奪火，紫凝霞曙瑩銷塵。每思載酒悲前事，欲問題詩想舊身。自歎秋風勞物役，白頭拘束一閒人。」《全唐詩》卷482，頁5487。

〔註156〕南唐・沈汾《續仙傳》卷下：「殷七七，名文祥，又名道筌，常自稱七七。俗多呼之，不知何所人也。」轉引自宋・張君房，《雲笈七籤》卷113（下）（北京：齊魯書社，1988年），頁635。下引版本同。

〔註157〕轉引自宋・張君房，《雲笈七籤》卷113（下），頁635。

浙西人對鶴林寺杜鵑花的瘋狂，實不亞於長安人看慈恩寺牡丹；《續仙傳》載周寶鎮浙西時，遇到一位「不測其年壽，面光白，若四十許人。」自稱「七七」的賣藥者，周寶屢測其術，一天，七七應周寶之請，使春、夏間花開爛漫的鶴林寺杜鵑，在「重九」開花，〔註158〕此乃「爲神其花」的傳說；而從作品的數量來看，在詩人眼中，杜鵑終究比不上「國色天香」的牡丹，唐末李咸用〈同友生題僧院杜鵑花〉：

> 若比眾芳應有在，難同上品是中春。牡丹爲性疏南國，朱槿操心不滿旬。留得卻緣眞達者，見來寧作獨醒人。鶴林太盛今空地，莫放枝條出四鄰。〔註159〕

李咸用視牡丹爲「上品」，視杜鵑爲「中春」，詩人詠杜鵑之豔，多就其與「蜀魄」有關的傳說，〔註160〕至於大林寺的桃花，〔註161〕若非有愛種花愛寫詩如白居易者，〔註162〕亦難得留名於後。

三、觀百戲

景凱旋認爲唐代士庶於自宅設齋慶生時，召觀雜戲的行爲，是跟佛道信仰的娛樂化有關，〔註163〕於自宅召觀雜戲，乃豪吏之行，唐代一般民眾則多

〔註158〕 轉引自宋·張君房，《雲笈七籤》卷113（下）：「乃前三日往鶴林寺宿焉。中夜，女子來謂七七曰：『道者欲開此花耶？』七七乃問：『何人深夜到此？』女子曰：『妾爲上玄所命下司此花，在人間已逾百年，非久即歸閬苑去，今與道者共開之，非道者無以感妾。』於是女子倏然不見，來日晨起，寺僧忽訝花漸拆藥，及九日爛漫如春，乃以聞寶，一城士庶異之，遊賞復如春夏間，數日花俄不見，亦無花落在地。」頁635。

〔註159〕 唐·李咸用，〈同友生題僧院杜鵑花〉，《全唐詩》卷646，頁7415。

〔註160〕 唐·韓偓，〈淨興寺杜鵑一枝繁艷無比〉：「一圍紅艷醉坡陀，自地（一作蒂）連梢簇蒨羅。蜀魄謂歸長滴血，祇應偏滴此叢多。」《全唐詩》卷680，頁7794。李群玉，〈歎靈鷲寺山榴〉：「水蝶巖峰俱不知，露紅凝豔數千枝。山深春晚無人賞，即是杜鵑催落時。」《全唐詩》卷570，頁6610。

〔註161〕 唐·白居易，〈大林寺桃花〉：「人間四月芳菲盡，山寺桃花始盛開。長恨春歸無覓處，不知轉入此中來。」《全唐詩》卷439，頁4889。

〔註162〕 唐·白居易，〈東坡種花二首〉：「持錢買花樹，城東坡上栽。但購有花者，不限桃杏（一作李）梅。百果參雜種，千枝次第開。天時有早晚，地力無高低。……巴俗不愛花，竟春無人來。唯此醉太守，盡日不能迴。」《全唐詩》卷434，頁4803。

〔註163〕 景凱旋，〈唐代市人小說考〉，南京大學古典文獻研究所主編《古典文獻研究》第六輯。江蘇：古籍出版社，2003年，頁327。

至寺院觀雜戲，唐代佛寺的「博戲」、「雜戲」，最能顯示佛寺動態的娛樂功能，道宣《量處輕重儀本》，專講佛寺處理各種財物的原則，在「諸雜樂具」一節，列有「雜劇戲具」、「戲具」，道宣所居爲律寺，尚有這種他稱之爲「蕩逸之具」的雜劇戲具，道宣雖建議「諸雜樂具」，「宜準論出賣得錢，還入僧中，隨常住雜用。」〔註164〕亦可見百戲在初唐寺院，已是十分流行。

（一）寺院與百戲

張芬曾爲韋皋親隨行軍，力能舉七尺之碑，「常於福感寺趯鞠，高及半塔，彈力五斗。」〔註165〕張芬在福感寺表演趯鞠，知寺院的百戲，應如天橋雜耍，寺院提供場地讓民眾自由表演；除了一般民眾，演出百戲的，還有寺院淨人，圓仁記會昌五年，毀佛行動雷厲風行，其中一項是刮檢長安寺院的奴婢，寺院奴婢分爲三等：有技藝者「軍裡收」，無業少壯的「貨賣」，老弱者充當官奴，〔註166〕如此多的寺院淨人，其中有技藝者，有可能就是百戲演出者。

李公佐〈南柯太守傳〉，記淳于棼夢夢入大槐安國當駙馬，遭到一群自稱「華陽姑」、「青溪姑」、「上仙子」、「下仙子」的仙姬戲弄，其中一位仙姬說道：

> 昨上巳日，吾從靈芝夫人過禪智寺，於天竺院觀右延舞婆羅門。吾
> 與諸女坐北牖石榻上，時君少年，亦解騎來者。君獨強來親洽，言
> 調笑謔。吾與瓊英妹結絳巾，挂於竹枝上，君獨不憶念之乎？〔註167〕

揚州禪智寺，是隋煬帝的故宮，在隋、唐時期曾爲帝王所居，或是帝王寵錫的大寺，除了是宗教聖地之外，最能看出其貼近民眾的地方，就是寺院成了民眾日常生活主要的娛樂場所；淳于棼在禪智寺看到右延跳婆羅門舞，右延有可能是依附於寺的淨人，專門負責表演樂舞，此不難理解道宣爲何主張將「諸雜樂具」賣掉，道宣反對的是，寺院變成了上演「百戲」的「戲場」，宗教功能已被娛樂功能取代。

〔註164〕唐‧釋道宣，《量處輕重儀本》卷 1：「初謂八音之樂。……二所用戲具（原注：謂傀儡戲面竽、橈影、舞師子、白馬、俳優、傳述眾像，變現之像也）。三服飾之具。……四雜劇戲具（原注：謂蒲博、碁奕、投壺牽道、六甲行成，并所須骰子、馬局之屬）。已上四件，並是蕩逸之具。」《大正藏》第45冊，頁842。按：「戲具」所指，應是帶著面具的俳優表演，獅子跟馬等道具，都是表演佛教故事的配備；「雜戲戲具」，「蒲博」應是指「樗蒲博戲」（見《唐國史補》卷下，有「敘古樗蒲法」，頁61～62）。

〔註165〕唐‧段成式，《酉陽雜俎》前集卷5，頁52。

〔註166〕〔日〕圓仁，《入唐求法巡禮行記》卷4，頁99。

〔註167〕唐‧李公佐，〈南柯太守傳〉，《唐人小說》，頁86。

（二）戲場與百戲

「戲場」一詞，最早見於東漢獻帝建安二年（197）竺大力、康孟詳合譯《修行本起經》，載淨飯王爲釋迦牟尼娶妻的故事：

> 王勅群臣，當出戲場，觀諸技術。王語優陀：「汝告太子，爲爾娶妻，當現奇藝。」優陀受教往告太子：「王爲娶妻，令試禮樂，宜就戲場。」〔註168〕

就戲場「試禮樂」，顯然是寓教於樂，《修行本起經》接著記釋迦牟尼在大喜之日，與調達、難陀等人相撲、競射的經過，可見印度的「戲場」是展現技藝（禮樂）、競賽體能的場所；在中國，最有名的戲場，莫過於隋煬帝大業六年（610）於端門外，用來招待外邦酋長，誇耀國威的戲場：

> 帝以諸蕃酋長畢集洛陽，丁丑（按：元月十五），於端門街（洛陽皇城端門外之街）盛陳百戲，戲場周圍五千步，執絲竹者萬八千人，聲聞數十里，自昏至旦，燈火光燭天地，終月而罷。所費巨萬，自是歲以爲常。〔註169〕

一個月的表演，《樂書》形容：「營費鉅億萬，……百戲之盛，振古無比。」〔註170〕隋煬帝在洛陽關戲場陳百戲，驕示諸蕃的舉措，被認爲是元宵節的由來；五千步寬的戲場，並非隋煬帝的突發奇想，早在大業二年（606），突厥啓民可汗入朝時，隋煬帝「欲以富樂誇之」，聽從了太常少卿裴蘊的建議，將周、齊、梁、陳的樂家子弟編入樂戶，六品以下善音樂的官，跟一般百姓懂音律的，「皆直太常」，大業二年在洛陽芳華苑積翠池側的這場表演，可見隋代百戲的內容，其中，舍利獸應是舞獅子，優人裝扮的魚龍雜耍隊伍稱爲魚龍戲，「又有神鼇騰透負山，幻人吐火，千變萬化，曠古莫儔。……初課京兆河南製此服，而兩京繪帛爲之中虛。」〔註171〕在錦綵塑型的底下，內藏有機關裝置，如此精心的設計，全是爲了迎合帝王想讓萬國來朝的心理；〔註172〕至於戴竿跟吐火，靠的是表演

〔註168〕竺大力、康孟詳合譯，《修行本起經》卷上。《大正藏》第3冊，頁465。
〔註169〕宋・司馬光，《資治通鑑》卷181，〈隋紀〉5，頁5649。
〔註170〕宋・陳暘，《樂書》卷186〈百戲〉下，王雲五主編，《四庫全書珍本》第九集，（臺灣：商務印書館，1973年），頁4～5。下引版本同。
〔註171〕宋・司馬光，《資治通鑑》卷180，〈隋紀〉4，頁5626～5627。
〔註172〕漢・司馬遷撰、馬持盈注，《史記今註》卷123：「是時上方數巡狩海上，乃悉從外國客，……以覽示漢富厚焉，於是大觳抵出奇戲，諸怪物多聚，……而觳抵奇戲歲增變，甚盛益興自此始。」頁3209～3210。按：中國角觝戲的盛行，始於漢武帝誇富於「外國客」。

者本身的技藝高超，到了唐代，百戲普遍見於廟會中，寺院上演百戲，是寺院成為大型娛樂場所的主因，《洛陽伽藍記‧長秋寺》載：

> 四月四日，此像常出（按：六牙白象負釋迦圖），辟邪師子導引其前。吞刀吐火，騰驤一面。綵幢上索，詭譎不常。奇伎異服，冠於都市。像停之處，觀者如堵。迭相踐躍，常有死人。〔註173〕

「辟邪師子」應是「舍利獸」，也就是舞獅，「騰驤」是馬戲，「綵幢上索」是繩技，使民眾自相踐踏而死的，不是白象負釋迦圖，而是隨之上演的百戲，景樂寺的百戲，比起長秋寺來，更令百姓瘋狂，《洛陽伽藍記‧景樂寺》：

> 至於大齋，常設女樂。歌聲繞梁，舞袖徐轉。絲管寥亮，諧妙入神。以是尼寺，丈夫不得入。得往觀者，以為至天堂。及文獻王薨，寺禁稍寬。百姓出入，無復限礙。後汝南王悅復修之，悅是文獻之弟，召諸音樂逞伎寺內，奇禽怪獸舞抃殿庭，飛空幻惑世所未觀，異端奇術總萃其中，剝驢投井，植棗種瓜，須臾之間，皆得食。士女觀者，目亂睛迷。〔註174〕

觀景樂寺的百戲內容，可說已到無奇不有的地步，而在唐代，韓朝宗曾上表諫勿作乞寒胡戲：「乂道路籍籍，咸云皇太子微行觀此戲。」〔註175〕韓朝宗真正擔心的，是乞寒胡戲演出時，在魚龍白服的隊伍中，「刺客密發，……掩襲無備。」皇太子微行觀戲危險無比，側面反應出看百戲是舉國若狂；唐玄宗是唐代最善於營造大規模「百戲」場面的帝王，《明皇雜錄》載：

> 唐玄宗在東洛，大酺於五鳳樓下。命三百里內縣令刺史，率其聲樂來赴闕者，或謂令較其勝負而賞罰焉。時河內郡守令樂工數百人於車上，皆衣以錦繡，伏廂之牛，蒙以虎皮，及為犀象形狀，觀者駭目。〔註176〕

「大酺」，又稱「酺宴」、「酺燕」，為天子與大臣歡樂飲酒的宴會，故意把牛裝扮成老虎、犀牛、大象，此「驚世駭俗」的活動，還不足以看出唐玄宗「與民同樂」的用心，《開天傳信記》載唐玄宗在勤政樓大酺，「縱士庶觀看百戲，人物填咽。」〔註177〕人多到得靠嚴安之畫地示眾，喊出越界者死的口令，方

〔註173〕北魏‧楊衒之，《洛陽伽藍記》卷1。《大正藏》第51冊，頁1002。
〔註174〕北魏‧楊衒之，《洛陽伽藍記》卷1。《大正藏》第51冊，頁1003。
〔註175〕清‧董誥等編，《全唐文》卷301，頁3058。
〔註176〕唐‧鄭處誨，《明皇雜錄》。轉引自《太平廣記》卷204〈大酺〉，頁1544。
〔註177〕唐‧鄭綮，《開天傳信記》，頁3。

得以維持秩序，〔註178〕而在首都長安，聚集人潮較多的寺院如慈恩寺，〔註179〕《幽閑鼓吹》載：

> 駙馬鄭尚書（顥）之弟顗嘗危疾，上使訊之。使回，上問公主（萬壽公主）視疾否，曰：「無。」「何在？」曰：「在慈恩寺看戲場。」
> 〔註180〕

慈恩寺的戲場魅力，連公主都無法抵擋，平民百姓更不用說，唐宣宗最寵愛的萬壽公主喜歡看百戲，是「家教」使然，《唐語林》載：「大中元年，作雍和殿於十六宅，數臨幸，諸王無少長，悉預坐。樂陳百戲，抵暮而罷。」〔註181〕由開元到大中年間，百戲仍盛行，唐末懿宗時，「十宅諸王，多解音聲。倡優雜戲皆有之，以備上幸其院。」〔註182〕活動於貞元年間的李公佐，記曾爲隋煬帝行宮的揚州禪智寺，上演屬於百戲之一的「婆羅門舞」，可知百戲盛行於隋、唐二代，經久不衰。

四、聽俗講

《譚賓錄》記楊國忠爲劍南節度使，爲爭功諉過而發動天寶戰爭，〔註183〕爲了召募兵源，「詐令僧設齋，或於要路轉變。」〔註184〕的做法，可見從玄宗朝開始，俗講已進入通街大巷，〔註185〕是佛教世俗化的標誌，此一標誌最能從在僧、俗間盛行的變文與講經文看出；變文與講經文不同，〔註186〕白居易

〔註178〕宋·司馬光，《資治通鑑》卷214，載此事發生於開元23年，地點在「五鳳樓」，頁6810。

〔註179〕宋·錢易，《南部新書》：「長安戲場多集于慈恩，小者在青龍，其次薦福、永壽。」頁67。

〔註180〕唐·張固《幽閑鼓吹》（北京：中華書局，1991年），頁1。

〔註181〕宋·王讜撰、周勛初校證，《唐語林校證》卷1，頁17～18。

〔註182〕《盧氏雜說》，轉引自《太平廣記》卷204〈懿宗〉，頁1547。

〔註183〕有關楊國忠二度攻打南詔的前因後果，詳見拙作，〈論楊國忠與天寶戰爭〉，《暨大電子雜誌》第49期，2007年9月。

〔註184〕宋·李昉等編，《太平廣記》卷269〈宋昱韋儇〉：「楊國忠爲劍南，召募使遠赴瀘南。……令宋昱、韋儇爲御史，迫促郡縣徵之。人知必死，郡縣無以應命，乃設詭計，詐令僧設齋，或於要路轉變，其眾中有單貧者，即縛之，置密室中，授以絮衣，連枷作隊，急遞赴役。」頁2109。

〔註185〕參見：李小榮，〈關於唐代的俗講與轉變〉，《九江師專學報》2004年第4期。

〔註186〕高國藩，〈敦煌民間變文〉，認爲講經文與佛教故事的變文相比較，其不同處在於：一、佛教故事變文，在文末往往題有「變」字，講經文沒有；二、佛教故事變文，以講佛教故事爲主，講經文是以逐段逐句講佛教經文爲主，

〈香山寺新修經藏堂記〉，提到寺院裡的「淨人」，能諷讀經梵，〔註187〕淨人
誦經，雖與俗講沒有直接的關係，然亦可看出大梵天音在中唐寺院，已經成
了營造俗講氣氛，招來信徒不可或缺的條件。平野顯照〈唐代小說與佛教〉，
就唐代小說裡的寺院，認為：「不僅是一般庶民易於親近的場所，而且還是擁
有某種治外法權的特權地方。」〔註188〕此說應是指皇家大寺，正因其「易於
親近」，唐代小說家忠實的把皇家大寺的講經活動記錄下來。

（一）唐代俗講盛況

唐代俗講的盛況，除了《續高僧傳》記貞觀初年、《入唐求法巡禮行記》
記會昌元年，〔註189〕更多見於筆記〔註190〕、小說，〔註191〕道宣《續高僧傳》，
記善伏於貞觀三年開俗講：

> 釋善伏，……生即白首，性知遠離，五歲於安國寺兄才法師邊出家。
> 布衣蔬食，日誦經卷。目觀七行，一聞不忘。貞觀三年，竇刺史聞
> 其聰敏，追充州學。因爾日聽俗講，夕思佛義，博士貴之。對曰：「豈
> 不聞乎，行有餘力，所以博觀。如不見信，請問前聞。」乃試之，
> 一無所滯。〔註192〕

刺史竇德明「日聽俗講，夕思佛義。」可見善伏之俗講已深入文人階層，壽

中間可以插入民間故事、風俗、歌謠；三、在講經文以前，有都講唱經，
法師解釋經文，雙方相互配合，變文則不需唱經，只有「押座文」、「緣起」，
變文僅在說唱的形式上與講經文一樣，主張敦煌變文與敦煌講經文應分為
兩類。《敦煌民間文學》（臺北：聯經出版社，1994年），頁17～18。

〔註187〕唐‧白居易，〈香山寺新修經藏堂記〉：「又別募清淨七人，日日供齋粥，給香
燭。十二部經，次第諷讀，俾夫經梵之音，晝夜相續。」《全唐文》卷676，
頁6904。

〔註188〕〔日〕平野顯照著、張桐生譯，《唐代的文學與佛教》（臺北：業強出版社，
1987年），頁308。

〔註189〕唐‧釋道宣，《續高僧傳》卷20〈唐衡岳沙門釋善伏傳〉。《大正藏》第50冊，
頁602～603。〔日〕圓仁，《入唐求法巡禮行記》卷3，記會昌元年敕長安東
西兩街共七寺開俗講，圓仁並記長安城俗講第一者，是會昌寺的文溆法師，
頁84。

〔註190〕如唐‧段成式，《酉陽雜俎‧寺塔記》、段安節《樂府雜錄》、趙璘《因話錄》、
蘇鶚《杜陽雜編》、孫棨《北里志》、宋‧錢易《南部新書》，記俗講僧文溆事。

〔註191〕唐‧李公佐，《南柯太守傳》，記淳于棻在夢裡，與槐安國的群女姑娣，因聽
契玄法師講《觀音經》，結下了後來當槐安國駙馬的一段因緣。

〔註192〕唐‧釋道宣，《續高僧傳》卷20〈唐衡岳沙門釋善伏傳〉。《大正藏》第50冊，
頁602。

德明「行有餘力，所以博觀。」知國學博士們之所以反對聽俗講，是跟俗講媚俗的部分有關，當然也不能排除博士上仰太宗之意，一般認爲俗講盛行於中唐，然由善伏之例，可知俗講在唐初即已盛行，唐代寺院的俗講吸引文人，並非全因俗講師的功力了得，《北里誌》記保唐寺在每個月的三八日，文人多爲了看諸妓而前往寺裡聽俗講，〔註193〕〈南柯太守傳〉中，「爭以淳于郎爲戲弄」的諸仙姬，其中一人提及上巳日在禪智寺觀婆羅門舞之後，爲了喚起淳于棼曾經謀面的回憶，說道：

> 又七月十六日，吾於孝感寺悟上眞子，聽契玄法師講《觀音經》。吾於講下捨金鳳釵兩隻，上眞子捨水犀合子一枚。時君亦講筵中於師處請釵合視之。賞歎再三，嗟異良久。顧余輩曰：「人之與物，皆非世間所有。」或問吾民，或訪吾里。吾亦不答。情意戀戀，矚盼不捨。君豈不思念之乎？生曰：「中心藏之，何日忘之。」群女曰：「不意今日與君爲眷屬。」〔註194〕

作者安排淳于棼在夢裡，與槐安國的群女姑娣，因聽契玄法師講《觀音經》，結下當槐安國駙馬的因緣，締結此一因緣的關鍵人物──契玄法師，是確有其人，大曆年間舉進士的盧綸有詩可證；〔註195〕盧綸詩中提及的「降魔」，指的是舍利弗與魔王勞度叉鬥法的〈降魔變文〉，「問疾」指的是《維摩詰經·文殊問疾》，文殊菩薩帶領五百聲聞、八千菩薩，前往慰問生病的維摩詰居士，契玄法師之所以能入「內道場」成爲俗講僧，應是他講的《降魔變文》與《維摩詰經變文》，在民間已廣獲好評，而能夠入「內道場」講經的供奉僧，其在民間受歡迎的程度，當不亞於未入宮前，李洞〈贈入內供奉僧〉：

> 內殿談經愜帝懷，沃州歸隱計全乖。數條雀尾來南海，一道蟬聲噪御街。石枕紋含山裏葉，銅缾口塞井中柴。因逢夏日西明講，不覺宮人拔鳳釵。〔註196〕

在西明寺開俗講的供奉僧，宮女都自動爭獻鳳釵，李公佐讓淳于棼的群女姑

〔註193〕唐·孫棨，《北里志》：「諸妓以出里艱難，每南街保唐寺有講席，多以月之八日，相率率聽焉。……故保唐寺每三八日士子極多，蓋有期於諸妓也。」轉引自：楊家駱主編，《唐國史補等八種》，頁26。

〔註194〕唐·李公佐，〈南柯太守傳〉，《唐人小說》，頁86。

〔註195〕唐·盧綸，〈送契玄法師赴內道場〉：「昏昏醉老夫，灌頂遇醍醐。嬪御呈心鏡，君王賜髻珠。降魔須戰否，問疾敢行無。深契何相秘，儒宗本不殊。」《全唐詩》卷276，頁3134。

〔註196〕《全唐詩》卷723，頁8293。

娣，對契玄法師施捨出世間少有的金鳳釵一對，以及水犀角做的盒子，可見不管是民女或宮女，聽俗講所表現出的獻財以邀福，是普遍現象。

　　貫休〈蜀王入大慈寺聽講〉：「祇緣支遁談經妙，所以許詢都講來。」〔註197〕晚唐的貫休以支遁與許詢為例，說明唐以前，在講經儀式中，成員至少有二人，支道林與許詢講的是《維摩經》，慧皎《高僧傳》載：

　　　　遁為法師，許詢為都講。遁通一義，眾人咸謂詢無以厝難；詢設一
　　　　難，亦謂遁不復能通，如此至竟兩家不竭。〔註198〕

唐以前的講經儀式，主要為法師與都講二人，此為唐代所承襲，〔註199〕《高僧傳》記法師與都講，一人設問，一人辯難，《廣弘明集》載梁武帝〈斷酒肉文〉：

　　　　光宅寺法雲，於華林殿前登東向高座為法師；瓦官寺慧明，登西向
　　　　高座為都講，唱《大涅槃經・四相品》四分之一，陳食肉者斷大慈
　　　　種義。法雲解釋，輿駕親御，地鋪席位於高座之北，僧尼二眾各以
　　　　次列坐。講畢，耆闍寺道澄，又登西向高座，唱此斷肉之文，次唱
　　　　所傳之語，唱竟，又禮拜懺悔，普設中食竟出。〔註200〕

知法師負責說解，都講負責唱經，梁代法師與都講的「講經」儀式，已不同於束晉支遁與許詢的「辯經」方式，而在唐代，寺院的講經活動，分為「僧講」與「俗講」，「僧講」的對象是僧人，「俗講」的對象是一般庶民大眾，韓愈〈華山女〉一詩，是唐代俗講情況的縮影，人要有：一、「街東街西講佛經，撞鐘吹螺鬧宮庭。」韓愈道出聽「俗講」是「全民運動」；二、「黃衣道士亦講說」，說明開「俗講」的，不限於佛教僧人；三、華山女「遂來陞座演真訣」，除了說明俗講內容，不限於講說與佛經有關的故事，更點出女道士亦可開「俗講」，〔註201〕華山女獲得「傾城」聲望的證明，是民眾自動奉上的「堆金疊玉」，

〔註197〕《全唐詩》卷835，頁9408。

〔註198〕梁・慧皎《高僧傳》卷4〈支道林〉。《大正藏》第50冊，頁348。

〔註199〕唐・蘇鶚《杜陽雜編》卷下：「上（唐懿宗）敬天竺教，（咸通）十二年冬，製二高座賜新安國寺，一曰「講座」，一曰「唱經座」。」頁28。按：講座是給法師的，唱經座當然是給都講的，可見唐代帝王愛聽俗講，並非敬宗而已（見下文）；至唐末，仍沿襲肇自前代的講經儀式。

〔註200〕唐・道宣《廣弘明集》卷26。《大正藏》第52冊，頁299。按：向達，〈補說唐代俗講二三事〉：「武帝親臨聽講，帝王必須南面，故法師都講所據高座，不能不加以變通，而易為東西，東向者為法師，西向者為都講。這是變例，且限於帝王亦在聽席的時候。若平常則大都一北一南也。」《敦煌變文論文集》上冊，（臺北：明文書局，1985年），頁172～173。

〔註201〕唐・韓愈，〈華山女〉：「黃衣道士亦講說，座下寥落如明星。華山女兒家奉道，

〔註202〕中唐民眾聽俗講的瘋狂，韓愈形容爲：「驊騮塞路連輻輈，……，後至無地無由聽。」比韓愈稍晚的姚合，其〈聽僧雲端講經〉：「遠近持齋來諦聽，酒坊魚市盡無人。」〔註203〕二人詩中均說明了中唐以後的俗講，令民眾瘋狂的盛況，證明李公佐〈南柯太守傳〉言契玄講經的情形，是有民間實況爲依據。

（二）唐代俗講師的魅力

韓愈詩中，演說眞訣的華山女，她的「白咽紅頰長眉青」，是造成聽俗講的民眾，視覺娛樂的要因，而一般寺院講經的僧人，其表現更是非凡，唐初說法僧釋寶岩，甫一登座，「案几顧望，未及吐言。擲物雲崩，須臾坐沒。」道宣點出寶岩講經，「先張善道可欣，中述幽途可厭，後以無常逼奪，終歸長逝。」〔註204〕寶岩開俗講的內容爲張皇幽明兩途，而未開講前，令信眾「擲物雲崩」的本領，則是跟他的個人魅力有關。

俗講僧的魅力，外表的「威儀」是重大關鍵，張籍〈送律師歸婺州〉：「京中開講已多時，曾作壇頭證戒師。歸到雙溪橋北寺，鄉僧爭就學威儀。」〔註205〕詩中這位回鄉的僧人，曾入壇場當「戒師」，還不是登壇講經的「法師」，鄉僧就紛紛學起他的「威儀」；〈華山女〉：「洗妝拭面著冠帔，白咽紅頰長眉青。」可見開俗講者的外貌，不可令人「小覷」；釋法軌在開講時，跟李榮往復論議，法軌曾以李榮的名字作嵌名詩：「姓李應須禮，言榮又不榮。」法軌因爲長得「形容短小」，遭李榮：「身長三尺半，頭毛猶未生。」〔註206〕的回譏，雖是彼此互譴，也可見佛、道二教相爭，〔註207〕是所在多有。

欲驅異教歸仙靈。……遂來陞座演眞訣，觀門不許人開扃。」《全唐詩》卷341，頁3824。

〔註202〕唐・韓愈，〈華山女〉：「……掃除眾寺人跡絕，驊騮塞路連輻輈。觀中人滿坐觀外，後至無地無由聽。抽簪（一作釵）脫釧解環佩，堆金疊玉光青（一作晶）熒。……」《全唐詩》卷341，頁3824。

〔註203〕唐・姚合，〈聽僧雲端講經〉：「無生深旨誠難解，唯是師言得正眞。遠近持齋來諦聽，酒坊魚市盡無人。」《全唐詩》卷502，頁5712。

〔註204〕唐・釋道宣《續高僧傳》卷 30〈唐京師法海寺釋寶嚴傳〉。《大正藏》第 50冊，頁705。

〔註205〕《全唐詩》卷386 ，頁4352。

〔註206〕唐・釋法軌，〈與李榮互譴〉。《全唐詩》卷871，頁9882。

〔註207〕唐・劉肅，《大唐新語》卷13：「京城流俗，僧、道常爭二教優劣，遞相非斥。總章中興善寺爲火災所焚，尊像蕩盡。東明觀道士李榮因詠之曰：『道善何曾善，云興遂不興。如來燒亦盡，唯有一群僧。』時人雖賞榮詩，然聲稱從此

　　到佛寺聽俗講的不只是民間士庶，帝王也喜歡躬逢其盛，《資治通鑑》載敬宗寶曆二年：「上幸興福寺，觀沙門文漵俗講。」司馬光認為唐代的俗講者，「又不能演空有之義，徒以悅俗邀布施而已。」〔註208〕俗講僧文漵「悅俗邀布施」的本領，在唐代無出其右，《酉陽雜俎‧寺塔記》載元和末年，長安平康坊菩提寺，「佛殿內槽東壁維摩變，舍利弗角而轉睞，元和末俗講僧文淑（按：「淑」為「漵」之誤）裝之，筆蹟盡矣。」〔註209〕文漵為了使俗講能達到悅俗的效果，竟然雇人把牆壁上已褪色的維摩詰與舍利弗重新上色，結果是欲益反損，〔註210〕文漵「邀布施」的用心良苦，除了表現在修佛殿的壁畫，還以他的看家本領招攬人心，《盧氏雜說》載：

　　　文宗善吹小管。時法師文漵為入內大德，一日得罪流之，弟子入內，
　　　收拾院中籍入家具輩，猶作法師講聲。上采其聲為曲子，號〈文漵
　　　子〉。〔註211〕

「講聲」，就是有講有唱，推測文漵在俗講時，是有講有唱，在講經時，援引生動的佛教壁畫，而在唱經的部分，文漵之所以能進入內道場，應是他的善於吟經，符合了也懂音樂的唐文宗的胃口；活躍於敬宗、文宗二朝的文漵，宋朝王灼曾經懷疑不是同一人，〔註212〕然從《酉陽雜俎‧寺塔記》到《盧氏雜說》所說的文漵事蹟，可見是同一人無疑；曾為俗講供奉僧的文漵，為何會遭流放，《因話錄》載有關文漵的俗講生涯：

　　　有文淑（「淑」為「漵」之誤）僧者，公為聚眾談說，假託經論所言，
　　　無非淫穢鄙褻之事。不逞之徒，轉相鼓扇扶樹。愚夫冶婦，樂聞其說，

而減。」頁190。
〔註208〕宋‧司馬光，《資治通鑑》卷243，〈唐紀〉59，頁7850。
〔註209〕唐‧段成式，《酉陽雜俎》續集卷5，頁252。
〔註210〕唐‧張彥遠，《歷代名畫記》卷3：「菩提寺佛殿內，……其東壁有菩薩轉目視人，法師文漵亡何令工人布色損矣。」《四庫全書》文淵閣本，子部，藝術類，書畫之屬。
〔註211〕宋‧李昉等編，《太平廣記》卷204，頁1546。按：《太平御覽》卷568：「又曰〈文漵子〉者，唐長慶初有俗講僧文漵善吟經，兼念四聲觀世音菩薩，其聲諧暢，感動時人。樂工黃米飯依其唸菩薩四聲，乃撰此曲也。」文淵閣本《四庫全書》，子部，類書類。則〈文漵子〉的作者，應非《盧氏雜說》所說的唐文宗，而是黃米飯。
〔註212〕宋‧王灼，《碧雞漫志》卷5：「敬、文相繼，年祀極近，豈有二文漵哉？至所謂俗講，則不曉其意，此僧以俗談，侮聖言，誘聚羣小，至使人主臨觀為一笑之樂，死尚晚也。」（北京：中華書局，1991年），頁39～40。

聽者塡咽。寺舍瞻禮崇奉，呼爲和尚。教坊效其聲調，以爲歌曲。其
盯庶易誘，釋徒苟知眞理，及文義稍精，亦甚嗤鄙之。近日庸僧以名
繫功德使，不懼臺省府縣，以士流好窺其所爲，視衣冠過於仇讎，而
淑（應作「漵」）僧最甚，前後杖背，流在邊地數矣。〔註213〕

文漵被日僧圓仁稱爲長安俗講第一人，數次被流放的原因，罪不在以大德和
尚自居，過不在於誘拐愚夫冶婦，文漵之被杖背、流放，筆者以爲，文漵在
不能開俗講的日子，仍「公爲聚眾談說」，視禁令爲無物的結果；圓仁《入唐
求法巡禮行記》，提到文宗太和九年以後廢講，〔註214〕《唐大詔令集》載太和
年間頒佈的〈條流僧尼勅〉：

比來京城及諸州府，三長齋月置講，集眾兼戒懺；及七月十五日解
夏後，巡門家提，剝割生人，妄稱度脫者，並宜禁斷。〔註215〕

「三長齋月」簡稱「三長月」，指的是一年中的正月、五月、九月，這三個月
是諸天、帝釋、鬼神運用神通，視察人間善惡的時間，因此，「三長月」又叫
「神變月」，「三長齋月置講」，就是在三長月裡開俗講，對於百姓來說，沒有
比開講日上佛寺聽俗講，更能求得「上天」的福祐，姚合〈贈常州院僧〉：

一住毘陵寺，師應祗信緣。院貧人施食，窗靜鳥窺禪。
古磬聲難盡，秋燈色更鮮。仍聞開講日，湖上少魚船。〔註216〕

可見一到開講日，上寺院聽俗講，是不分宮裡宮外，百姓減罪修福的心理是
一樣的，〔註217〕而早在憲宗元和十年（815），就已經下詔禁開講：

五月詔京城寺觀講，宜准興元元年九月一日敕處分；諸畿縣講，宜
勒停；其觀察使節度州，每三長齋月，任一寺一觀置講，餘州悉停，
惡其聚眾，且虞變也。〔註218〕

文宗下詔一年只准三個月開俗講，是與「三長齋月」有關，而其他禁開講的
九個月，與憲宗禁俗講的原因相同，都是擔心聚眾會生變；文漵開俗講，憑

〔註213〕唐・趙璘，《因話錄》卷4。《唐國史補等八種》，頁28～29。
〔註214〕〔日〕圓仁，《入唐求法巡禮行記》卷3，頁84。按：會昌元年敕左右街七寺
開俗講。
〔註215〕《唐大詔令集》卷113，頁542。
〔註216〕《全唐詩》卷497，頁5650。
〔註217〕唐・李洞，〈題新安國寺〉：「佛亦遇艱難，重興疊廢壇。僵松枝舊折，畫竹粉
新乾。開講宮娃聽，拋生禁鳥餐。鐘聲入帝夢，天竺化長安。」《全唐詩》卷
721，頁8279。
〔註218〕宋・王欽若等撰，《冊府元龜》卷52，頁255。

的是他善於吟經，以及「悅俗邀布施」有成，卻被朝廷視爲「聚眾談說」，因而遭到杖刑流放的命運。

必須一提的是，〈南柯太守傳〉記契玄因俗講而入內道場，契玄與盧綸同爲大曆時人，李公佐安排契玄在「七月十六日」開講，文宗「三長齋月」之外的限講還沒開始實行，這是契玄不同於文漵的地方，與文漵相同的是，受歡迎的俗講僧，印證了在「聽者填咽」情況下，俗講活動在寺院具備的多項社會功能中，佔有相當重要的份量。

第四節　小　結

會昌四年，敕拆天下山房蘭若、普通佛堂、義井、根邑齋堂共約四萬所，圓仁提到長安坊內佛堂有三百餘所，其中的佛像、經樓，「盡是名工所作，一簡佛堂院，敵外州大寺。」〔註219〕一個長安佛堂抵一個州的大寺，可見京城寺院所具有的文化藝術功能，是唐代之最。唐代諸宗派成立，佛教僧侶與世俗之人，在談心論性說空道有之際，各寺院經由傳說的流衍，神蹟的展現，所獲得的「鎮寺之寶」，最能顯示佛、道相結合之後，一切有靈的觀點，而最能招來人氣的寺寶，就是佛寺壁畫；常樂坊趙景公寺，有吳道子畫的〈地獄變〉，〔註220〕《唐畫斷》引趙景公寺僧玄縱，言吳道子所畫之〈地獄變〉，「都人咸觀，皆懼罪修善，兩市屠沽魚肉不售。」〔註221〕〈地獄變〉是吳道子畢生最得意之作；〔註222〕此外，朱景玄另言吳道子畫永壽寺中門內佛像，當時「坊市老幼，日數百人，競候觀之，縛闌施帛與之齊。」畫到佛像頭部的圓光時，吳道子一筆而成，「誼呼之聲，驚動坊邑。」〔註223〕可見盛唐百姓到佛

〔註219〕〔日〕圓仁，《入唐求法巡禮行記》卷4，頁97。
〔註220〕王立，〈中國古代冥遊題材類型及佛教溯源〉認爲：「地獄主宰的確立，標誌著冥遊題材審美表現的成熟。」王立就四個面向進一步分析，一、冥遊故事形成的發展歷程，是漢、梵文化交融的結果；二、早期的冥遊描寫，必須藉助外來的閻羅王以構成威攝力；三、閻羅王與東嶽泰山、城隍並存的局面，預設了後代冥間主宰之多神化；四、不斷傳譯進來的閻羅王形象，使其在中土站穩腳跟，還在同類的冥間主宰佔據重要的位置。《佛經文學與古代小說母題比較研究》（北京：昆侖出版社，2006年），頁418。
〔註221〕轉引自宋‧李昉等編，《太平廣記》卷212〈吳道玄〉，頁1622～1624。
〔註222〕唐‧段成式，《酉陽雜俎》續集卷5〈寺塔記〉（上），形容吳道子的〈地獄變〉：「筆力勁怒，變狀陰怪，睹之不覺毛戴，吳畫中得意處。」頁248。
〔註223〕轉引自宋‧李昉等編，《太平廣記》卷212〈吳道玄〉，頁1622。

寺參觀壁畫創作，爲游寺的活動之一。「鎭寺之寶」，不論是有形的佛像、佛畫，抑或是無形的「神跡」，由以上趙璘、張讀、劉肅、朱景玄、段成式之記，均是唐人說唐事，努力爲後人重建當時的場景，可略窺唐人在寺院活動的內容。

寺院裡的奇僧、逸聞，亦是小說家目光的焦點，唐代佛、道二教相爭，和尚與道士奉帝王之命鬥法，是爲爭權奪勢，如不空與羅公遠；而在朝廷以外，企圖爲本教爭光的作爲，則常會引起世人共議，高宗總章年間，興善寺發生大火，佛像幾乎全被燒光，東明觀的道士李榮詠詩曰：「道善何曾善，云興遂不興。如來燒亦盡，唯有一群僧。」劉肅言：「時人雖賞榮詩，然聲稱從此而滅。」〔註224〕可見在佛、道不分的唐人心中，逸趣之爭遠勝於意氣之爭。

寺院之寶，除了有形的壁畫與無形的傳說，寺院的賞花活動亦爲吸引民眾的主因；李益到崇敬寺賞牡丹，在〈霍小玉傳〉中具承上起下的作用，蔣防與李益同朝爲官，賞牡丹花又是全民運動，蔣防安排李益到崇敬寺賞牡丹再自然不過；〈南柯太守傳〉之禪智寺與孝感寺，二寺均位於揚州，「揚州」在隋、唐時稱爲「廣陵」，李公佐言淳于棼家住廣陵郡，到禪智寺與孝感寺觀百戲、聽俗講，在地理條件上也是順理成章，可見唐傳奇的作者，把最能反應當代民眾娛樂生活的寺院活動如實道出，在「作意好奇」之餘，同時也將唐代寺院的社會功能，作了最佳紀錄。

尋歡作樂的文人如白居易，曾攜容、滿、蟬、態等十妓夜遊西虎丘寺，〔註225〕顯示中唐時，地方郡政暇，而朝中吏議寬；佛寺的夜晚，其熱鬧與白天無異，唐代寺院的娛樂功能以百戲爲最，唐代描寫「百戲」的賦，在數量上，是由漢至晉（共 3 篇）百戲賦總和的近五倍（共 13 篇），所描寫的百戲內容也超越前代，有緣竿、走索、舞馬、馬術、吞刀吐火、踏球等，〔註226〕賦家在記載百戲內容的同時，在歌頌帝王之德，以賦爲頌的心理所形成的創作風氣下，流風所及，小說家們把各大寺院演出的百戲如實記錄下來，李公佐記淳于棼在「天竺院觀右延舞婆羅門」，地點雖在揚州禪智寺而非帝都，內容也

〔註224〕唐・劉肅，《大唐新語》卷 13，頁 190。

〔註225〕唐・白居易，〈夜遊西武（一作虎）丘寺八韻〉：「不厭西丘寺，閒來即一過。舟船轉雲島，樓閣出煙蘿。路人青松影，門臨白月波。魚跳驚秉燭，猿覰怪鳴珂。搖曳雙紅斾，娉婷十翠娥。香花助羅綺，鐘梵避笙歌。領郡時將久，遊山數幾何。一年十二度，非少亦非多。」《全唐詩》卷 447，頁 5031。

〔註226〕參見：趙俊波，〈唐百戲賦簡論〉，《上海交通大學學報》2003 年第 1 期。

不是讓外族使節看了「心目愕眙，形神隕越。」〔註227〕的「馬伎」，然地方州郡的寺院所具備的「戲場」功能，仍不可忽略，這點可從小說家筆下，於寺院看「百戲」的人數得知；薛用弱《集異記》載楚州醫士徐智通，偷聽到兩個亦仙亦道者口頭約定，要到龍興寺較技，〔註228〕在暗處偷聽的徐智通，告訴六、七位好友，在龍興寺先行等候，較技過程一如二人所述，〔註229〕薛用弱於長慶年間任光州刺史，年代比李公佐爲晚，楚州（江蘇淮安）龍興寺與揚州禪智寺一樣遠離京城，每天到寺裡看戲的不下三萬人，視爲小說家言可也，然寺院在平日就有百戲上演，應是可以確定的，相較於玄宗在元旦、元宵、千秋節，〔註230〕於勤政樓陳「百戲」，藉以與民同樂，李公佐言三月三日「上巳日」觀婆羅門舞，薛用弱言龍興寺每日上演百戲，寺院百戲比起皇宮來，在時間上，顯然更迎合庶民的休閒娛樂。

　　道宣記唐初唱導師寶巖，同時發表他對「唱導」的看法，觀其「能令子女奔逃，尊卑動色。僧倫爲其掩耳，士俗莫不寒心。」〔註231〕道宣所記唐初唱導師悅眾邀布施的行爲，實與「俗講」無二；圓仁記長安城中，京城俗講第一的文溆，趙璘的形容是：「無非淫穢鄙褻之事。不逞之徒，轉相鼓扇扶樹。愚夫冶婦，樂聞其說，聽者填咽。」〔註232〕可見中唐俗講在寺院盛行的風氣，對唐代百姓來說，看百戲、聽俗講是平常娛樂，唐代小說是唐朝詩人在飲酒

〔註227〕唐・李濯，《內人馬伎賦》，《文苑英華》卷81。
〔註228〕唐・薛用弱《集異記》。轉引自《太平廣記》卷394〈徐智通〉：「曰：『君將何戲？』曰：『寺前古槐，僅百株，我霆震一聲，剖爲纖莛，長短粗細，悉如食筯，君何以敵？』答曰：『寺前素爲郡之戲場，每日中，聚觀之徒，通計不下三萬人，我霆震一聲，盡散其髮，每縷仍爲七結。』」頁3148。
〔註229〕唐・薛用弱《集異記》。轉引自《太平廣記》卷394〈徐智通〉：「忽有二雲，大如車輪，凝於寺上。須臾昏黑，咫尺莫辨，俄而霆震兩聲，人畜頓踣，及開霽，寺前槐林，劈析分散，布之於地，皆如算子，小大洪纖，無不相肖；而寺前負販戲弄觀看人數萬眾，髮悉解散，每縷皆爲七結。」頁3148。
〔註230〕宋・歐陽脩《新唐書》卷22〈禮樂志〉10：「千秋節者，玄宗以八月五日生，因以其日名節，而君臣共爲荒樂，當時流俗多傳其事以爲盛。」頁477。《資治通鑑》卷213〈唐紀〉29，玄宗開元十七年：「上以生日宴百官於花萼樓下，左丞相乾曜，右丞相說帥百官上表，請以每歲八月五日爲千秋節，布於天下，咸令宴樂，尋又移社就千秋節。」頁6786。
〔註231〕唐・釋道宣，《續高僧傳》卷30〈唐京師法海寺釋寶巖傳〉：「學攝疎蕪，時陳鄙俚。褒獎帝德，乃類阿衡。讚美寒微，翻同流晃。如陳滿月，則曰：『聖子歸門』。悉略璋弧，豈聞床几。若敘閨室，則誦窈窕從容。能令子女奔逃，尊卑動色。僧倫爲其掩耳，士俗莫不寒心。」《大正藏》第50冊，頁706。
〔註232〕唐・趙璘，《因話錄》卷4。轉引自：《唐國史補等八種》，頁28～29。

論道之際，「徵異話奇」繼而錄之的結果，內容雖不盡可信，其涉及唐代寺院的部分，卻足以反應百姓對佛教的接受程度，也完整呈現出唐人眞實的生活樣貌。

第九章 唐代僧俗交涉對於文化之觸發與創建

　　敦煌文書中，有關唐代節慶的資料，是兩地文化相互濡染最直接的證明，
[註1] 唐文化不獨影響絲路敦煌，對於鄰國日本、新羅的文化澆灌，更是學者
近來注目的部分，日人堀敏一言圓仁滯留在唐期間，在山東半島的赤山村與
江蘇北部楚州（今淮安市），此二地是寺院之外，助圓仁完成巡禮活動的兩處
地方，二處均為新羅人居地；[註2] 發生在玄宗朝的日本、新羅朝貢大唐的「爭
長事件」，[註3] 最能看出唐朝廷對日本、新羅兩國產生的巨大影響。佛教對
大唐的潛移默化，初、盛唐的繁榮，締造出磅礡大氣的敦煌唐窟；中、晚唐
社會的不安定，加速了文士與僧人的詩禪交涉，多變的唐人，在三百年中，
其心情意緒自始至終有一點不變，就是對文化的創發力不變。唐代僧俗交涉，
風貌之多樣，除了帝王與文人對佛教優秀僧人的支持、吹捧之外，社會環境

〔註1〕　張耀方，《敦煌文書所見唐代節慶之研究》，逢甲大學中國文學研究所碩士論
　　　　文，2003 年 6 月，頁 4。
〔註2〕　〔日〕堀敏一著、韓昇、劉建英譯，〈在唐新羅人的活動與日唐交通〉，《隋唐
　　　　帝國與東亞》（昆明：雲南人民出版社，2002 年），頁 141～147。
〔註3〕　〔日〕池田溫著、孫曉林等譯，〈論天寶後期唐朝、新羅與日本的關係〉，池田
　　　　溫認為唐代有四起外國使節「爭長事件」，通常是由所司議論之後交唐帝王裁
　　　　決，池田溫論向來為日本傳為美談的，《續日本記》中，大伴古麻呂回到日本所
　　　　寫的奏章上，提到天寶十二載於含元殿所舉行的朝賀儀上，唐將吳懷實將日本
　　　　席次改在新羅之上，由大伴古麻呂之一人主演的「爭長」事件，池田溫認為：
　　　　一無所司議論；二無大使藤原清河與副使吉備真備，以及在唐朝任官的朝衡等
　　　　人的參與，質疑《續日本記》載大伴古麻呂的「爭長」事件值得懷疑。《唐研究
　　　　論文選集》（北京：中國社會科學出版社，1999 年），頁 472～473。

的變遷是主要因素；本章就佛教文化、世俗文學、唐代古文家與僧人，對會通儒釋所做的努力，分析多元的唐文化，在僧俗交涉下的觸發與創建，對後代佛教與世學所產生的影響；最後論僧人之世俗化與社會化，略窺僧俗交涉下的，唐代僧人的諸般樣貌。

第一節　對於佛教文化之觸發

　　唐人多變的生活型態，可說是一種「集體無意識」，〔註 4〕於佛教文化表現得至爲明顯，龍門奉先寺盧舍那佛可說是「當之無愧的見證人和預告者」，〔註 5〕以寺院爲中心的僧人群，是具有相當規模的社會組織，〔註 6〕爲使組織正常運轉，寺院所需之經濟來源，使得寺院經營，不得不與世俗政權掛勾，在尼姑庵裡長大的隋文帝，對佛教一連串的「供養」行爲，讓寺院數目不只在南朝四百八十寺在短短三十六年（581～617）間快速增加，〔註 7〕隋代二帝對佛教的護持還遠及西域；〔註 8〕隋文帝的護佛措施，使得中古佛教文化，初萌於隋而底定於唐，隋、唐佛學一並連稱，原因即此。唐代寺院分工之細，受唐文化影響甚鉅的敦煌寺院亦不例外，由職責與「直歲」輪換的「都師」，

〔註 4〕 霍然，《唐代美學思潮》，認爲唐人的「集體無意識行爲」，大部分是「無名氏」的參與，這種潛在力量，「韓愈、白居易等人之審美觀念的遭際就說明了這種力量的強大與重要。」（高雄市：麗文文化公司，1993 年），頁 387。

〔註 5〕 陳允吉，〈佛像之蹤跡與審美〉提到：據《梵網經》的說法，盧舍那佛是三千大千世界的教化主，釋迦牟尼佛是他教化眾生所現之「應身」。龍門奉先寺盧舍那佛爲唐高宗所造，武后獻妝料錢二萬貫助造，高十三公尺，歷時三年九個月完工。佛像的造型反映出唐代的審美標準，最值得注意的地方是：面部是武則天式的「廣頤方額」。認爲奉先寺盧舍那佛，「向世人昭示一個文化藝術高度發展的盛唐時代即將到來。」《唐詩中的佛學思想》（臺北：商鼎文化出版社，1993 年），頁 297～298。

〔註 6〕 參見：李富華，〈僧人之衣、食、住、行〉，《中國古代僧人生活》（臺灣：商務印書館，1998 年），頁 59。

〔註 7〕 唐·釋道宣，《釋迦方志》卷下：隋高祖文皇帝，原注：「開皇三年，周朝廢寺，咸爲立之。名山之下，各爲立寺。一百餘州立舍利塔，度僧尼二十三萬人，立寺三千七百九十二所，寫經四十六藏，一十三萬二千八十六卷，治故經三千八百五十三部，造像十萬六千五百八十軀，自餘別造，不可具記。」《大正藏》第 51 冊，頁 974。

〔註 8〕 〔韓〕梁銀景，〈隋代佛教窟龕幾個問題的探討〉，認爲敦煌莫高窟裡，聯珠紋帶的盛行，表明了隋文帝與隋煬帝的經營西域十分成功。《隋代佛教窟龕研究》（北京：文物出版社，2004 年），頁 196。

〔註9〕以及經營方式與中原寺院無異最能看出，〔註10〕本節專就與佛教有關，大興於唐代，對今日仍有深刻影響的，佛教之財施、佛教戒律、佛教節日與佛教文物，分別加以論述。

一、對「財施」觀念的強化

隋唐時期，佛教寺院的經濟發展，除了帝王的封賞與達官貴人的慷慨施捨，寺院自身的寺產經營，寺院的工商、工藝、典當、高利貸等活動，僧人為百姓舉行佛事活動以超渡親人亡靈，使得寺院儼然成為特殊的地主集團。〔註11〕唐代百姓捨宅所創立的寺院，如「家山」、「功德院」，陶希聖認為施主有支配寺產的權力，寺院住持無法拒絕其需索或收奪，因為施主有撤換住持的權力，施主於捨帖中「一捨永捨」的句子，正是以上現象的證明；〔註12〕皇室貴族之「捨宮為寺」，使中國寺院的佈局結構，因此從塔為中心轉向以多重院落形式，〔註13〕更是唐代皇室熱衷佛教的證明。唐帝王不論捨宅為寺或是齋僧，都是具有邀福動機的財施行為，最能影響百姓產生財施行為，唐代帝王對於百姓財施的限制，起因於隋末唐初三階教無盡藏院，武后與玄宗檢校三階教無盡藏院的經過，無形中使得唐以後的寺院，轉以其他更多元的方式，來強調財施的無上功德，如：無盡財與「長生錢」、「長生庫」的設立。

（一）三階教「無盡藏」之創建

佛教「長生庫」的設立，肇始於隋代默禪師，〔註14〕與繼承其志的德美禪師，兩人所推廣的「造福處」與「普盆錢」，〔註15〕默禪師「盛列檀那利養

〔註9〕 鄭炳林、邢豔紅，〈晚唐五代宋初敦煌文書所見都師考〉一文，認為敦煌的「都師」，並非如馬德所說的，是與「都料」、「都匠」同級的工匠，二人認為「都師」是寺院中負責倉庫儲物保管，與負責僧眾伙食者。《西北民族學院學報》，1999 年第 3 期。

〔註10〕 參見：蘇金花，〈唐五代敦煌寺院土地佔有形式〉，《中國社會經濟史研究》，2004 年第 3 期。

〔註11〕 參見：張建華，〈隋唐時期佛教寺院經濟的膨脹與「會昌毀佛」〉，《天中學刊》第 17 卷第 6 期，2002 年 12 月。

〔註12〕 陶希聖，〈唐代寺院經濟概說〉，《現代佛教學術叢刊》第九冊，1980 年 10 月。

〔註13〕 參見：冉萬里，〈唐代捨宮為寺考略〉，《西北大學學報》，2005 年 9 月。

〔註14〕 唐・釋道宣，《續高僧傳》卷 29〈唐京師會昌寺釋德美傳〉：「美依承默十有餘年。……故默之弘獎福門，開悟士俗，廣召大眾。盛列檀那利養所歸，京輦為最。積而能散，時又珍重。」《大正藏》第 50 冊，頁 697。

〔註15〕 唐・釋道宣，《續高僧傳》卷 29〈唐京師會昌寺釋德美傳〉：「故自開皇之末，

所歸，京輦爲最。」從開皇末到大業十年，短短十幾年間，移交到德美禪師手上，已發展到能施衣服、糧食給各地的「造福處」，以及在盂蘭盆節時，隨喜而施的「普盆錢」，此與當時如日中天的三階教有關；〔註16〕默禪師與德美禪師都是三階教主信行的弟子，〔註17〕三階教的「無盡藏院」，可說是在默禪師與德美禪師兩人手中奠下基礎。

三階教「無盡藏院」的構想來自於佛經，〔註18〕然而，「無盡藏院」一名的正式出現，則是在唐朝；德美禪師於武德初年創會昌寺，貞觀十一年去世，侍中于志寧爲作碑文，繼承德美志業的曇獻，同時幫吉藏處理其施法所得之「十無盡」財，〔註19〕曇獻卒於貞觀十五年，道宣言其：「所造福業，隨處成焉。」〔註20〕可見到貞觀十五年，「無盡藏院」一名仍未產生；《續高僧傳》記道會法師曾在獄中寫信給京師的「無盡藏」，爲諸僧討衣鞋穿，〔註21〕道會卒於貞觀末年，來自蜀地的道會能得知京師之「無盡藏」，可知三階教「無盡藏院」，最遲在貞觀末年已名聞遐邇，前述裴玄智盜化度寺「無盡藏院」錢財，

終於大業十年。年別大施，其例咸爾。默將滅度，以普福田業委於美，美頂行之。故悲敬兩田年常一施，或給衣服，或濟粖糧。及諸造福處多有匱竭，皆來祈造通皆賑給。又至夏末，諸寺受盆。隨有盆處皆送物往，故俗所謂普盆錢也。」《大正藏》第 50 冊，頁 697。

〔註16〕有關三階教之興盛，詳見：拙作，〈三階教滅亡芻議〉，中興大學文學院《興大人文學報》第 39 期，2007 年 9 月。

〔註17〕唐‧釋道宣，《續高僧傳》卷29〈唐京師會昌寺釋德美傳〉：「後還京輦住慧雲寺，值默禪師又從請業，默即道善禪師之神足也。善遵承信行普功德主。」《大正藏》第 50 冊，頁 697。

〔註18〕姚秦‧鳩摩羅什譯，《維摩詰所說經》卷中：「諸有貧窮者，現作無盡藏。因以勸導之，令發菩提心。」《大正藏》第 14 冊，頁 550。東晉天竺三藏佛馱跋陀羅譯，《大方廣佛華嚴經‧菩薩十無盡藏品》；唐‧玄奘譯，《說無垢稱經》卷 4：「爲諸匱乏者，現作無盡藏。給施除貧苦，令趣大菩提。」《大正藏》第 14 冊，頁 576。

〔註19〕唐‧釋道宣，《續高僧傳》卷 11〈唐京師延興寺釋吉藏傳〉：「豪族貴遊皆傾其金貝，清信道侶俱慕其芳風。藏法化不窮，財施填積，隨散建諸福田。用既有餘，乃充十無盡。藏委付曇獻資於悲敬。」《大正藏》第 50 冊，頁 514。

〔註20〕唐‧釋道宣，《續高僧傳》卷 29〈唐京師會昌寺釋德美傳〉。《大正藏》第 50 冊，頁 697。

〔註21〕唐‧釋道宣，《續高僧傳》卷 24〈釋道會〉：「爲諸在獄講釋經論。經春至冬。諸僧十數。衣服縫縷不勝寒酷。京師有無盡藏。恒施爲事。會致書曰……今有精勤法子清淨沙門，橫被囚拘實非其罪。……嚴風旦灑穿襟與中露俱飄，繁霜夜零寒心與死灰同殖。若竟不免溝壑，抑亦仁者所恥。書達即送裘鞋給之。」《大正藏》第 50 冊，頁 642。

雖是小說家言，亦可看出三階教「無盡藏」財力之雄厚。

（二）武則天、唐玄宗檢校「無盡藏」

　　謝和耐認爲三階教鼓勵信徒布施「無盡藏」之舉，是「中國的一項新創造」，〔註22〕三階教的「無盡藏院」能逐漸揚名於貞觀朝，二代教主僧邕的拓展教務功不可沒，僧邕卒於貞觀五年，太宗命「左庶子李百藥製文，率更令歐陽詢書。」〔註23〕從唐太宗對僧邕身後之榮，可知三階教的勢力，在貞觀五年達到最高點。

　　無盡藏之「藏」，義爲收藏、儲藏；「無盡」，意謂用之無盡，三階教主信行對三階教「大乘無盡藏法」的解釋，〔註24〕是在強調凡人應向寺僧行六度布施之「財施」，目的在引發世人之菩提心，其理論依據，則是來自《華嚴經》之「十無盡藏」：「信、戒、慚、愧、聞、施、慧、念、持、辯。」「十無盡藏」爲修行佛法之十種法門，《華嚴經》「十無盡藏」的前七項，來自《大般涅槃經》之「七聖財」，〔註25〕《兩京新記》載化度寺無盡藏院：

　　　即信行所立，京城施捨，後漸崇盛。貞觀之後，錢帛金繡積聚不可
　　　勝計，常使名僧監藏，藏內所供之伽藍，時常修理，不使稍有晦色。
　　　燕、涼、蜀、趙咸來取給，每日所出，亦難勝數。或有舉便，小不
　　　作文約，但往至期，還送而已。〔註26〕

〔註22〕謝和耐認爲三階教徒在供養三寶之外，對無盡藏院所施之香、燈燭、洗浴、音聲、鐘唄、衣服、房舍、床坐、食器、炭火、飲食等，「其價值和宗教功效得以倍增，它充當了一種把收入的財產分別用於法事和慈善事業的分配人的角色。」謝和耐著、耿昇譯，〈供物的流通〉，《中國五～十世紀的寺院經濟》，頁277。

〔註23〕唐・釋道宣，《續高僧傳》卷19〈唐京師化度寺釋僧邕傳〉。《大正藏》第50冊，頁584。

〔註24〕〔日〕矢吹慶輝，《三階教之研究》（日本：岩波書店，昭和二年版）。藍吉富主編，《三階教殘卷・無盡藏法釋》：「『大』以寬長深遠不退爲義，『乘』以運載爲名。小乘法中，唯明自利；大乘法內，自利利他，是故菩薩依大悲心立無盡藏法。六波羅蜜，檀度（意爲：布施）爲初；四攝行中，布施爲首。上同諸佛，內應法身，外利眾生，窮盡法界。眾生界盡，此藏乃盡。法身無盡，施行無窮。由境界常行相續，故立無盡名；究竟深廣，含蘊一切，故名爲藏。藏有儀軌，復名爲法，故曰『大乘無盡藏法。』」（臺北：彌勒出版社，1982年），頁164。

〔註25〕北涼・曇無懺譯，《大般涅槃經》卷11：「有七聖財，所謂：『信、戒、慚、愧、多聞、智慧、捨離。』」《大正藏》第12冊，頁675。

〔註26〕唐・韋述，《兩京新記》，臺北：藝文印書館，原刻景印《百部叢書集成》，頁

需要說明的是，唐代佛寺「無盡藏」的設置，並非僅只三階教，義淨《南海寄歸內法傳》，記其師善遇法師，曾與慧智禪師共營無盡藏食：

> 二德以爲，山居獨善，寡利生之路，乃共詣平林、俯枕清澗，於土窟寺式修淨居，即齊州城西四十里許。營無盡藏食，供養無礙。所受檀施咸隨喜捨，可謂四弘誓願。共乾坤而罔極。四攝廣濟。等塵沙而不窮。敬修寺宇盛興福業。〔註27〕

義淨記善遇法師與慧智禪師施無盡藏食，不晚於則天朝；唐初三階教的「無盡藏」，在武則天與唐玄宗時，面臨被檢校的命運，是跟其積累的，百姓大量施捨的布帛、銅錢有關；洛陽福先寺與長安化度寺，是三階教「無盡藏」的兩大處所，武后以女身爲國主的初期，對洛陽福先寺曾經大力布施，〔註28〕之後卻命法藏兩度檢校三階教無盡藏院，《兩京新記》載：「武太后移此藏於東都福先寺，天下物□遂不復集，乃還移舊所。」〔註29〕可見三階教無盡藏院之財力，連帝王也想干涉；玄宗禁斷三階教之無盡藏，做法更爲極端，不准百姓向三階寺院捐輸財物，玄宗共下兩次詔令，其一：開元九年的〈禁斷無盡藏詔〉：

> 內典幽微，惟宗一相；大乘妙理，寧啓二門。聞化度寺及福先寺三階僧創無盡藏，每年正月四日，天下士女施錢，名爲護法，稱濟貧弱，多肆姦欺，事非眞正，即宜禁斷。其藏錢付御史臺、京兆府、河南府勾會知數，明爲文簿，待後處分。〔註30〕

玄宗開元九年所下之〈禁斷無盡藏詔〉，《全唐文》作〈禁士女施錢佛寺詔〉，〔註31〕可知三階教的活動，並未在武后兩度檢校無盡藏院之後銷聲匿跡，而從玄宗的另一則詔書，更可看出三階教的勢力，因「無盡藏院」的設置持續壯大的情形，玄宗〈分散化度寺無盡藏財物詔〉：

> 化度寺無盡藏財物田宅六畜，並宜散施京城觀寺，先用修理破壞尊

13～14。

〔註27〕唐・釋義淨，《南海寄歸內法傳》卷4。《大正藏》第54冊，頁231。

〔註28〕唐・韋述，《兩京新記》：「寺（洛陽福先寺）中有無盡藏。又則天〈經序〉（即：〈大唐聖教序〉）云：『將二親之所蓄，用兩京之舊邸，莫不總結招提之宇，咸充無盡之藏。』」

〔註29〕唐・韋述，《兩京新記》，頁14。

〔註30〕李希泌主編，《唐大詔令集補編》卷30（上海：古籍出版社，2003年），頁1398。下引版本同。

〔註31〕見《全唐文》卷28。

像、堂殿、橋樑，有餘入常住，不得分與私房，從貧觀寺給。仍令
御史張樽與禮部侍郎崔據、京兆尹孟溫禮取元奏數，揀京城大德戒
行灼然者共檢校，量事均融，處置訖奏聞。諸州長官及按察司所察
錢物，以委州使準此共勾當，散配處分訖申所司。〔註32〕

玄宗禁斷三階教的動作比武后更大，可確定三階教在武后檢校後，百姓對寺
院施財的行爲並未因而停止，然而，光憑財力還不足以引起朝廷隱憂，三階
教「無盡藏院」之名聲遠播，如前述蜀地僧道會修書向京城的三階教無盡藏
院討來衣鞋給其他僧人禦寒，三階教無盡藏院之救急能力如此神速，應是武
后及玄宗最感威脅的地方。

（三）無盡財與長生錢、長生庫

　　《甘澤謠》記圓觀與李源兩世情緣的故事，贊寧〈唐洛京慧林寺圓觀傳〉
乃據之而作，袁郊記圓觀爲「富僧」，〔註33〕贊寧稱圓觀爲「空門猗頓」，〔註34〕
圓觀「能事田園」的本領，在文士或僧人眼中並無牴觸，可見唐代僧人之「佛
事」與「俗事」，兩不妨礙；圓觀與李源相識，乃因李源之父李憕，在安史之亂
時，將自家別墅捨爲寺（即：惠林寺），袁郊記李憕：「悉將家業，爲寺公財。」
贊寧記：「以爲公用無盡財也。」〔註35〕從道宣《續高僧傳》還使用「無盡藏」，
到袁郊《甘澤謠》所記，年代距離唐玄宗最近的天寶末，已使用「寺公財」，而
被余嘉錫稱爲「僧之董狐」的贊寧，將菩薩四種無盡財其中的「攝諸貧乏財」，
〔註36〕通用於一般民衆的布施捨財，由贊寧使用佛經普遍得見的「無盡財」一
名，〔註37〕可知三階教「無盡藏院」之名，在兩度被帝王檢校之後，已無人沿

〔註32〕李希泌主編，《唐大詔令集補編》卷30，頁1398～1399。

〔註33〕唐・袁郊，《甘澤謠・圓觀》：「圓觀者，大歷末，洛陽惠林寺僧，能事田園，
　　　　富有粟帛。梵學之外，音律貫通。時人以富僧爲名，而莫知所至也。」轉引
　　　　自：宋・李昉等編，《太平廣記》卷387，頁3089。

〔註34〕宋・釋贊寧《宋高僧傳》卷20〈唐洛京慧林寺圓觀傳〉：「釋圓觀，不知何許
　　　　人也，居于洛宅。率性疎簡，或勤梵學。而好治生，獲田園之利。時謂之空
　　　　門猗頓也。此外施爲絕異，且通音律。」《大正藏》第50冊，頁839。

〔註35〕宋・釋贊寧，《宋高僧傳》卷20〈唐洛京慧林寺圓觀傳〉：「大歷末，與李源爲
　　　　忘形之友。源父憕居守，天寶末，陷於賊中。遂將家業捨入洛城北慧林寺，
　　　　即憕之別墅也，以爲公用無盡財也。」《大正藏》第50冊，頁839。

〔註36〕唐・實叉難陀譯，《大乘四法經》卷1：「菩薩有四種無盡財。云何爲四：謂多
　　　　聞財，說法財，攝諸貧乏財，迴向菩提財。」《大正藏》第17冊，頁709。

〔註37〕佛經載有關四種無盡財其中的「攝諸貧乏財」，如：隋・闍那崛多等譯，《無
　　　　所有菩薩經》卷1：「一切所生處，福饒多有財。若麤若細食，飮已淨如法。

用，以此參看贊寧另記中唐時期，與皎然、靈澈齊名的道標，「置田畝歲收萬斛，置無盡財與眾共之。」〔註38〕以及與白居易共結菩提香火社的神湊，將檀施所得，「回入常住無盡財中，與眾共之。」〔註39〕可知「常住無盡財」在贊寧所處的北宋，僧人布施與大眾布施均涵蓋於其中；此外，韋執誼〈與善見禪師帖〉，韋執誼與管寺院錢銀的善見禪師，商量用三百貫錢，二百八十貫買莊，二十貫買一所菜園，〔註40〕雖可能是韋執誼私人提供意見，然也不能排除俗人可參與寺院「公財」的計畫經營。

在宋代，與「無盡財」同義的尚有「長生錢」一名，《佛祖統紀》釋「無盡財」：「供養佛華多，聽轉賣買香油。猶多者轉賣無盡財中。」〔註41〕《釋氏要覽·三寶物》：

> 《十誦律》云：『以佛塔物出息聽之，三供養佛物。』《僧祇》云：『供養佛華多聽賣買，香油猶多者更賣，著佛無盡財中』」〔註42〕

其下注云：「即長生錢。謂子母滋生故無盡。」〔註43〕卷下〈雜記·寺院長生錢〉：「《律》云：『無盡財，蓋子母展轉無盡故。』」〔註44〕可知寺院之財除了「長生錢」，還有「長生庫」，北宋天台四明尊者知禮，真宗賜諡法智大師，

若得新衣服，先他後自著。是故生生中，一切具足勝。不加用功力，而得無盡財。」《大正藏》第 14 冊，頁 674。唐·釋玄奘譯，《說無垢稱經》卷 1〈顯不思議方便善巧品〉第二：「釋梵護世常所禮敬。爲欲成熟諸有情故，以善方便居廣嚴城。具無盡財，攝益貧窮無依無怙。」《大正藏》第 14 冊，頁 560。

〔註38〕宋·釋贊寧《宋高僧傳》卷 15〈唐杭州靈隱山道標傳〉：「永泰初受具品於靈光寺顯律師，登以護戒嚴謹，爲時所推。毘奈多羅之言，罔不該貫。凡度人戒，計六壇爲眾糾繩。經一十二載，置田畝歲收萬斛，置無盡財與眾共之。貞元中以寺務克豐，我宜宴息。乃擇高爽得西嶺之下，茸茅爲堂，不干人事。」《大正藏》第 50 冊，頁 803。

〔註39〕宋·釋贊寧，《宋高僧傳》卷 16〈唐江州興果寺神湊傳〉：「元和十二年九月遘疾，二十六日儼然坐終于寺。……故登壇秉法垂三十年，一盂而食一榻而居。……由茲檀施臻集于躬，即迴入常住無盡財中，與眾共之。」《大正藏》第 50 冊，頁 807。

〔註40〕清·董誥等編，《全唐文》卷 455，頁 4648。

〔註41〕宋·釋志磐，《佛祖統紀》卷 33〈法門光顯志〉第十六。《大正藏》第 49 冊，頁 319。

〔註42〕宋·釋道誠集，《釋氏要覽》卷中〈三寶·三寶物〉。《大正藏》第 54 冊，頁 289。

〔註43〕宋·釋道誠集，《釋氏要覽》卷中〈三寶·三寶物〉。《大正藏》第 54 冊，頁 289。

〔註44〕宋·釋道誠集，《釋氏要覽》卷下〈雜記·寺院長生錢〉。《大正藏》第 54 冊，頁 304。

宗曉爲其所編之《四明尊者教行錄》，其〈寶雲院利益長生庫記〉載：

> 今寶雲之居，邦人目爲通師翁道場是也。其間廢興相襲，不得而詳。
> 住持瑩公坐席未溫，首斂巾盂以估於眾，得錢一百萬，內外道俗又
> 得錢百萬。太師魏國史公捐國夫人簪珥以施之，合爲利益長生庫。
> 以備歲時土木、鐘鼓無窮之須。後五年建大講堂，半取其贏以助工
> 役。〔註45〕

寶雲院的「利益長生庫」，集住持與信眾之功，用作「建寺基金」，元代盛熙明之《補陀洛迦山傳》，記南宋理宗淳祐八年，制帥顏頤仲因「禱雨有應」，「施錢二萬，米五十石，（觀音寺）置長生庫接待。」〔註46〕由寶雲院與觀音院之例，知時至南宋，「庫」之名已經完全取代了「藏」。

二、對佛教戒律的奠定

　　唐代社會化的僧人，其世俗化的程度，直與凡人無異，釋道宣目睹世俗化之僧人嚴重敗壞佛教律學，制訂了一套僧人與俗人交接時，該注意的禮儀規範，對剛出家的僧人，具有引導作用，上一章所述，在盛、中唐時期，正威儀之僧人在俗講盛行時，受到民眾普遍讚嘆，其他僧人也紛紛「學威儀」的情形，道宣對於中國佛教戒律的集大成之功，值得肯定。佛教「律學」，居「三藏」之一，〔註47〕爲「三學」之首，〔註48〕是大乘佛教「六度」的重要法門之一；〔註49〕戒律在梵語有三種含義：一、尸羅（Sila），漢譯爲「戒」，是佛陀爲弟子「防過止惡」而制定，意爲「清涼」，形容能防過止惡的佛弟子，身心能安適自在；二、毗尼（Vinaya），又譯爲「毗奈耶」，漢譯爲「律」，是

〔註45〕宋・釋宗曉編，《四明尊者教行錄》卷7〈寶雲院利益長生庫記〉。《大正藏》第 46 冊，頁 933。

〔註46〕元・盛熙明，《補陀洛迦山傳》卷1〈興建沿革品〉第四。《大正藏》第 51 冊，頁 1138。

〔註47〕「三藏」是佛教經典的總稱。包括經藏、律藏、論藏。經藏指「以佛說法」的形式創作的典籍；律藏雖同樣是以佛說的形式，但內容都和戒律有關；論藏是佛弟子或後世論師闡釋經義的作品。

〔註48〕「三學」是指導修行人如何解脫的三種修行，即戒學、定學、慧學；三學同時也含括佛法的全部內容。

〔註49〕「六度」即「六波羅蜜」，譯自胡語，義爲「度」或「到彼岸」，指到沒有煩惱、不再輪迴的彼岸。「六波羅蜜」爲：布施、持戒、忍辱、精進、禪定、智慧六種修行德目，修行者經由此六種修行德目，可達到解脫的境界。

佛陀爲出家的比丘及比丘尼所訂，能禁戒眾惡；三、波羅提木叉（Pratimoksa），漢譯爲「正順解脫」或「隨順解脫」。嚴格來說，戒與律不同，「戒」爲防身心之過，分爲「止持戒」與「作持戒」，「止持戒」爲了防過止惡，如「五戒」、「十戒」；〔註50〕「作持戒」爲奉行眾善，如「二十犍度」，〔註51〕是佛陀爲出家的弟子與在家的信徒所制定；「律」是佛陀專爲出家的弟子所制定，在家的信徒不可得聞，然而，時至今日，戒律連用，不管在家出家，爲善止惡的過程即是持戒，是超脫輪迴，獲得解脫的必經之路，而奠定中國律學基礎者，是南山律師道宣。

（一）大唐第一律師──釋道宣

中國佛教戒律的創立，始於魏嘉平年間（249～254），來自中天竺的曇柯迦羅翻譯《僧祇戒心》；魏正元年間（254～255），來自安息的曇諦譯出《曇無德羯磨》，日人佐藤達玄認爲曇柯迦羅與曇諦兩人，開啓了中國佛教戒律的歷史。〔註52〕曇柯迦羅與曇諦兩位域外僧人，翻譯的僅僅是戒律條文，本人或其徒弟

〔註50〕「五戒」指：一、不殺生戒，不殺生物也。二、不偷盜戒，不取不與也。三、不邪婬戒，不犯有看守者也。四、不妄語戒，不爲無實之言也。五、不飲酒戒，不飲酒也。五戒是基本戒，是「四眾」（比丘、比丘尼、優婆塞（在家男子）優婆夷（在家女子）最起碼該遵守的戒律。「十戒」指「五戒」再加：六、不著華鬘好香塗身。七、不歌舞倡伎，亦不往觀聽。八、不得坐高廣大床上。九、不得非時食。十、不得捉錢金銀寶物。

〔註51〕「犍度」，漢譯作「章篇」。戒律於作持門之戒，區別爲二十類，如：受戒犍度（說受戒之法）、說戒犍度（每月說戒懺悔之法）、安居犍度（每年自五月（舊律），六月（新律）安居之法）、自恣犍度（夏安居竟日，使比丘隨意舉他所犯之罪而懺悔之）、皮革犍度（就比丘著皮革說其法非法）、衣犍度（比丘三衣之法：按：「比丘三衣」指：一、僧伽梨，譯爲「眾聚時衣」，大眾集會，爲授戒說戒等嚴議時著之；二、鬱多羅僧，譯爲「上衣」。在安陀會上著之；三、安陀會，譯爲「著衣襯體而著之」）、藥犍度（四藥之法）、迦絺那衣犍度（安居竟後，一月之間，自信者受迦絺那衣之事）、俱睒彌犍度（於拘睒彌國所發僧中之爭事）、瞻波犍度（記於瞻波國所起之僧中爭事）、呵責犍度（說呵責惡比丘之法）、人犍度（說比丘犯罪而不覆藏時，對其人使懺悔而洗淨之法）、覆藏犍度（說治比丘犯罪而覆藏之者之法）、遮犍度（說比丘說戒時遮不如法之比丘不聽列之法）、破僧犍度（說破法輪僧、破羯磨僧之事）、滅諍犍度（說滅七種諍論之法）、尼犍度（說比丘尼特殊之法）、法犍度（就比丘之坐作語默，說如法之威儀）、房舍犍度（說比丘所住房舍之法）、雜犍度（說以上十九犍度外之種種雜法）。參見：宋·釋元照，《四分律行事鈔資持記》卷。《大正藏》第40冊，頁158。

〔註52〕〔日〕佐藤達玄著、釋見憼等譯，〈菩薩戒在中國的開展〉，《戒律在中國佛教的發展》（嘉義市：香光書鄉出版社，1997年），463～464。下引版本同。

是否遵守戒律不得而知，將印度的戒律參考中國的風俗民情，以及各寺的戒律標準（僧制），完成真正的中國大乘戒律者，是道宣所創之南山律宗。

　　釋道宣，唐代最傑出的宗教家與優秀的史學家，道宣出身於丹徒，生於隋開皇十六年（596），卒於唐乾封二年（667），享年七十二，與其他佛門龍象一樣，道宣尚在母胎時，「梵僧」告其母，言道宣之前世為南朝梁僧祐律師；〔註53〕道宣對於中國佛教的最大貢獻，不僅創立中國佛寺多院式的規模；〔註54〕在終南山清官村創靈感戒壇，〔註55〕成為後世僧人，受戒納法之軌範；〔註56〕最重要的，是將《四分律》之戒學系統，廣大流佈於中土，道宣致力於律學的發揮，除了本身的師承之外（詳見後），跟他個人的道德觀有絕大關係，道宣〈賓主序〉言：

> 今者幸生中國，得賴空門，脫萬丈之火坑，……不耕田而飡美饌，何須結怨，饕利非理。圖財求蝸角之虛名，閉人天之坦路；取龜毛之小利，穿地獄之深坑。……或住梵剎，或挂雲堂。莫論他非，但省己過。……切莫口行慈善，肚裡刀鎗。面帶笑容，心藏劍戟。〔註57〕

〔註53〕宋·釋贊寧，《宋高僧傳》卷14〈唐京兆西明寺道宣傳〉：「母娠而夢月貫其懷，復夢梵僧語曰：『汝所妊者，即梁朝僧祐律師；祐則南齊剡溪隱嶽寺僧護也。宜從出家，崇樹釋教云。』」《大正藏》第50冊，頁790。

〔註54〕道宣於高宗乾封二年（667），依照天竺祇洹精舍，提出了標準的寺院圖樣──《關中創立戒壇圖經》，圖為「橫聯四院式佛寺，中部為主院，又由三條橫廊將中院分隔為縱聯四院。在通過中院的中軸線上，依次建前佛殿、七重塔、後佛殿、三重樓、三重閣，形成主體組群。在三條橫廊上和中院後廊內，依次為左右三重樓、左右五重樓和東西佛庫，皆對稱而中立。中院右側橫聯兩院，左側橫聯一院，三旁院內有廊牆相隔的五十餘個小院，每小院中央各建一殿（或亭）。」轉引自：張馭弓，《漢傳佛文化演生史稿》（臺北：新文豐出版公司，2005年），頁26。

〔註55〕中國第一座戒壇，贊寧《大宋僧史略》卷下〈方等戒壇〉：「起南朝求那跋摩三藏，為宋國比丘，於蔡州岸受戒而為始也。自爾南北相次立壇，而無別名。」《大正藏》第54冊，頁250。

〔註56〕宋·釋贊寧，《宋高僧傳》卷15〈唐蘇州開元寺辯秀傳〉：「乾元中，下詔天下二十五寺，各定大德七人，長講戒律。」《大正藏》第50冊，頁801。肅宗之所以有此規定，應是安史亂後，僧尼戒律有待重整，此後戒壇的增設漸漸普遍，會昌毀佛後，大中二年（848）：「勅上都、東都、荊、揚、汴、益等州建寺，立方等戒壇。為僧尼再度者，重受戒法。」贊寧《大宋僧史略》卷下〈方等戒壇〉：「恐在俗中，寧無諸過。乃令先懺深罪，後增戒品。若非方等，豈容重入。」《大正藏》第54冊，頁250。贊揚宣宗對僧尼受戒之「方等」（廣大周遍），此後，唐帝王未再就僧尼受戒之事大興戒壇。

〔註57〕明·釋如巹續集，《緇門警訓》卷5〈終南山宣律師賓主序〉。《大正藏》第48

在初唐一連串的佛道之爭中，地位舉足輕重的道宣，序中的「自知者明」，一代高僧的自我期許由此可見；慧皎《高僧傳》與道宣《續高僧傳》，其〈明律篇〉共計有律學僧人四十多位，半數是屬於《十誦律》的系統，此當與《十誦律》是四大律中，最先被譯出有關，贊寧《宋高僧傳・明律篇》以道宣爲首，可見其對南山律宗的推崇，考察道宣以前的「明律僧」，是研究中國律學系統的入手處。

中國僧人的戒律，在掌控度牒與僧尼籍十分嚴密的唐代，受到前所未有的考驗，特別是安史亂後出現的，買度牒的僞濫僧，大多數是不識字的，貧窮的農民，光有了度牒加上受戒儀式，還不能算是眞正的僧人，《十誦律》的戒律對他們來說，遠不如肚子吃飽重要；〔註 58〕審視道宣所創的律學系統，應該以中原地區，非僞濫的漢地僧人，作爲評定守戒與否的標準。

道宣對於佛門的貢獻，不在於立了「立鳴鐘軌度，分五眾物儀，章服儀，歸敬儀。」〔註 59〕而是其戒律思想，慧頵是道宣佛學思想與戒律思想的啓蒙老師，慧頵被隋煬帝延入長安日嚴寺，除了講授《法華》，也精通《中論》、《百論》、《般若》、《唯識》，〔註 60〕道宣十六歲落髮，大業十一年（615）年滿二十，從智首律師受具足戒，武德中隨智首習律；道宣在慧頵與智首的熏習下，年輕時也有「貪多務得」的毛病，對於律學，「纔聽一遍，方議修禪。」即遭慧頵責備，強令他要聽律二十遍，道宣後來到終南山「坐山林行定慧」，生平一連串的神蹟由此開展，〔註 61〕道宣與孫思邈的林下之交，〔註 62〕以及得開

冊。

〔註 58〕佛教戒律並非均一體適用，如：佛教不食「五辛」──大蒜、革葱、韭葱、蘭葱、興渠（據《梵網經》），即五種「葷菜」（葷的本義爲味道嗆鼻、辛辣的植物）。然敦煌地區的僧人，不僅吃葱，甚至種來賣，作爲佛寺的經濟來源。參見：蔡秀敏，〈唐代敦煌佛教飲食與佛教飲食戒律的關係〉，《唐代敦煌飲食文化研究》中正大學中國文學研究所碩士論文，2003 年 1 月，頁 280～281。

〔註 59〕宋・釋贊寧，《大宋僧史略》卷中〈道俗立制〉。《大正藏》第 54 冊，頁 241。

〔註 60〕唐・釋道宣，《續高僧傳》卷 14〈唐京師崇義寺釋慧頵傳〉。《大正藏》第 50 冊，頁 534。

〔註 61〕道宣在終南山，有神人來指示水源；有護法神來告知清官村故淨業寺，是塊寶地可作爲道場；道宣的修習還感動「群龍禮謁」，送來非人間所能得見的禮物，「門徒嘗欲舉陰事」，在道宣的「以定觀根，隨病與藥。」之下停息。詳見：《宋高僧傳》卷 14〈唐京兆西明寺道宣傳〉。《大正藏》第 50 冊，頁 790。

〔註 62〕有西域僧在天旱受命在昆明池結壇祈雨，七日中，昆明池水日漲數尺。昆明池龍向道宣告急，言：「胡僧取利於弟子，而欺天子言祈雨。」道宣要池龍急求孫先生，孫思邈提出以昆明池龍宮仙方三十首爲交換條件。

元三大士之一的善無畏「戒殺蝨子」，〔註63〕被小說家津津樂道；毘沙門天王之子那吒隨侍在道宣之側，且贈以佛牙，〔註64〕「諸天王使者執事，或冥告雜務。」〔註65〕佛陀叮囑四位不得入涅槃，須常住世間的弟子，其中之一的應供羅漢賓頭盧，因道宣所立之戒壇〔註66〕而現身禮讚道宣，〔註67〕以上均可視爲道宣個人的「感神之德」；去世當年（乾封二年），冥感多位天人就生平所著之書重加修定〔註68〕、口傳偈頌一事，贊寧認爲是「寓言於鬼物」，乃嫉賢者所爲，〔註69〕然而，道宣死後，不論是唐帝王對道宣圖像寫眞，或敕每年內中出香送往道宣生前所駐之西明寺，甚至到晚唐追贈道宣諡號「澄照」，塔曰「淨光」，觀高宗至懿宗等帝王尊崇道宣之舉，大唐第一律師之稱，

〔註63〕 宋·釋贊寧，《宋高僧傳》卷2〈唐洛京聖善寺善無畏傳〉：「一說畏曾寓西明道宣律師房，示爲麁相。宣頗嫌鄙之，至中夜宣捫蝨投于地。畏連呼：『律師撲死佛子。』宣方知是大菩薩。詰旦攝衣作禮焉。」《大正藏》第50冊，頁715。

〔註64〕 宋·釋贊寧，《宋高僧傳》卷14〈唐京兆西明寺道宣傳〉。《大正藏》第50冊，頁791。

〔註65〕 宋·釋贊寧，《宋高僧傳》卷4〈唐京兆大慈恩寺窺基傳〉：「（窺基）及歸本寺，恒與翻譯舊人往還。屢謁宣律師，宣每有諸天王使者執事，或冥告雜務。爾日基去方來，宣怪其遲暮。對曰：『適者大乘菩薩在此，善神翼從者多，我曹神通爲他所制。』」《大正藏》第50冊，頁726。

〔註66〕 有關中土戒壇之設，起於南朝宋求那跋摩三藏，在蔡州岸受戒開始。之後南、北相次立壇。贊寧言高宗乾封二年，道宣於淨官村精舍建「靈感戒壇」，「天下名德，皆來重增戒品。」詳見：釋贊寧，《大宋僧史略》卷下〈方等戒壇〉。《大正藏》第54冊，頁250。

〔註67〕 有關賓頭盧的神蹟，以及唐代的賓頭盧傳說，詳見：拙作，〈從敦煌文書〈請賓頭盧疏〉看唐代的賓頭盧信仰〉，逢甲大學人文社會學院《「唐代文化」教與學學術研討會論文集》2007年4月，頁87～105。

〔註68〕 道宣臨終前，天人示現助其刊定訛誤，除本傳外，亦見於慧立本、彥悰箋，《大唐大慈恩寺三藏法師傳》卷10：「西明寺上座道宣律師，有感神之德。至乾封年中見有神現自云：『弟子是韋將軍諸天之子，主領鬼神。如來欲入涅槃，勅弟子護持贍部遺法。比見師戒行清嚴，留心律部。四方有疑，皆來諮決。所制輕重，時有乖錯。師年壽漸促，文記不正，便誤後人，以是故來示師佛意。』因指宣所出《律抄》及《輕重儀》僻謬之處，皆令改正。」《大正藏》第50冊，頁277。慧立、彥悰此記，與贊寧於道宣本傳後，「寓言於鬼物」之「嫉賢說」並看，頗堪玩味。

〔註69〕 宋·釋贊寧，《宋高僧傳》卷14〈唐京兆西明寺道宣傳〉：「至於乾封之際，天神合沓或寫《祇洹圖經》付囑儀等，且非寓言於鬼物乎？君不見《十誦律》中諸比丘尚揚言：『目連犯妄。』佛言：『目連隨心想說無罪。』佛世猶爾，像季嫉賢斯何足怪也。」《大正藏》第50冊，頁791。

道宣是當之無愧。

中唐釋門的影響力，除了皎然的「境論」與「茶論」之外，就是百丈懷海的「百丈清規」，其中對於寺院詳盡的分工，〔註70〕爲唐以後的禪林清規起到範式作用，宋以後少有更改；元順帝元統三年（1335），敕百丈山住持德輝重輯定本，成《敕修百丈清規》，通行至今；從教務、總務、以及一切衣食住行，禪門均有規可循，〔註71〕北宋時，程頤一見叢林制度，感慨三代之禮於今重現，百丈清規繼道宣南山律之後，成了維繫佛門清淨的重要支柱，對安史亂後的唐代佛教，起到拯釋家門風於不墜的作用。

（二）道宣與南山律宗

南山律宗，因道宣長期居終南山而得名，道宣《四分律刪繁補闕行事鈔》三卷，貞觀年間已大爲流行；〔註72〕道宣師承智首，提到智首以四年的時間考定三藏眾經，其中與律相關者，智首「並對疏條，會其前失。」寫下《五部區分鈔》二十一卷；〔註73〕道宣提到當時一般僧人，不了解戒律體相的情況：

〔註70〕「百丈清規」有關寺院職務的分工內容，保留在宋宗頤集《禪苑清規》卷8〈龜鏡文〉：「自爾叢林之設，要之本爲眾僧。是以開示眾僧，故有長老；表儀眾僧，故有首座；荷負眾僧，故有監院；調和眾僧，故有維那；供養眾僧，故有典座；爲眾僧作務，故有直歲；爲眾僧出納，故有庫頭；爲眾僧典翰墨，故有書狀；爲眾僧守護聖教，故有藏主；爲眾僧迎待檀越，故有知客；爲眾僧請召，故有侍者；爲眾僧看守衣鉢，故有寮主；爲眾僧供侍湯藥，故有堂主；爲眾僧洗濯，故有浴主水頭；爲眾僧禦寒，故有炭頭、爐頭；爲眾僧乞丐，故有街坊化主；爲眾僧執勞，故有園頭、磨頭、莊主；爲眾僧滌除，故有淨頭；爲眾僧給侍，故有淨人。所以行道之緣，十分備足。資身之具，百色現成。萬事無憂，一心爲道。」《卍續藏》第63冊。

〔註71〕《敕修百丈清規》，在住持一職下，分東西兩序，東序管總務，西序管教務；負責一寺總務的有「監院」（或稱「監寺」，古稱「寺主」，俗稱「當家」）、「副寺」（或稱「知庫」、「庫頭」，管出納）、「維那」（負責僧眾之威儀、綱紀）、「悅眾」（輔助「維那」）、「侍者」（爲住持服務）、「莊主」（管理寺地）。西序管教務，有「首座」（古稱「上座」，表儀眾僧，分西堂、後堂首座）、「書記」（即「書狀」，掌文書）、「知藏」（即「藏主」，掌佛教經籍）、「知客」（又稱「典賓」、「典客」，負責接待）、「知殿」（管佛殿、法堂之燈燭）。除東西二序外，還有專職的飯頭、火頭、塔頭、碗頭、水頭、鼓頭、鐘頭、園頭、門頭、浴頭、柴頭、磨頭、炭頭、鍋頭、爐頭、燈頭、桶頭等。《大正藏》第48冊。

〔註72〕宋·釋贊寧，《宋高僧傳》卷15〈唐京師安國寺如淨傳〉：「隋末唐初道宣律師，以首大疏（按：即智首《五部區分鈔》）爲本，造《刪補律鈔》三卷。稍分會要，行事逗機。貞觀已來，三輔江淮岷蜀多傳唱之。」《大正藏》第50冊，頁801。

〔註73〕唐·釋道宣，《續高僧傳》卷22〈唐京師弘福寺釋智首傳〉。《大正藏》第50

自律部東闡六百許年，傳度歸戒多迷體相。五部混而未分，二見紛
其交雜。海內受戒，並誦法正之文。至於行護，隨相多委，師資相
襲。緩急任其去取，輕重互而裁斷。〔註74〕

智首「銜慨披栝，往往發蒙。商略古今，具陳人世。」其《五部區分鈔》二
十一卷成爲律學的權威之作，中國四分律宗可說成型於智首之手；道宣年輕
時，只聽智首說律一遍就想習禪，被慧頵責以須聽二十遍，道宣在此鞭策下，
因而奠定往後深厚的律學基礎；慧頵所居之日嚴寺於武德七年（624）被廢，
道宣跟慧頵搬到崇義寺，〔註75〕道宣兩年後寫下《四分律刪繁補闕行事鈔》（以
下簡稱《行事鈔》），此書是據智首的《五部區分鈔》而成，道宣對此書不甚
滿意，從貞觀四年開始，除了「四出求異」，還專程去拜訪當時另一位律學大
師法礪，〔註76〕解決《行事鈔》中的許多難題之後，完成了《四分律刪補隨
機羯磨》、《釋門亡物輕重儀》，道宣的南山律學系統，至此已大致完成。

　　道宣所處的武德、貞觀朝，僧人的腐敗情形，由前所述高祖武德九年（626）
發佈的，唐代第一次的限佛詔令，言：「京師寺、觀，不甚清淨。」〔註77〕可
得梗概，雖然最後的結果是「事竟不行」，此詔無疑是給道宣的一記警鐘，道
宣了解到唯有改變僧人對戒律的態度，佛法才得以存續不墜，道宣在武德九
年完成的《行事鈔》，描述當時的出家人：

而澆末淺識，庸見之流。雖名參緇服，學非經遠。行不依律，何善
之有？情既疎野，寧究眞要。封懷守株，志絕通望。局之心首而言
無詣，意雖論道，不異於俗。與世同流，事乖眞趣。研習積年，猶
迷闇託。況談世論，孰能體之。是以容致濫委，以亂法司。肆意縱
奪，專行暴尅。尚非俗節所許，何有道儀得存。致令新學困於磐石，
律要絕於羈勒必。於時正法玄綱，寧不覆墜耶？〔註78〕

冊，頁614。
〔註74〕唐・釋道宣，《續高僧傳》卷22〈唐京師弘福寺釋智首傳〉。《大正藏》第50
冊，頁614。
〔註75〕唐・釋道宣，《集神州三寶感通錄》卷1：「至武德七年，日嚴寺廢。僧徒散配，
房宇官收。惟舍利塔無人守護。守壙屬官事須移徙，余師徒十人配住崇義。」
《大正藏》第52冊，頁406。
〔註76〕唐・釋道宣，《量處輕重儀本》卷1：「有魏郡礪律師者，即亦一方名器。撰述
文疏，獨步山東。因往從之，請詢疑滯。」《大正藏》第45冊，頁840。
〔註77〕五代・後晉・劉昫等撰，《舊唐書》卷1〈高祖本紀〉，頁16～17。
〔註78〕唐・釋道宣，《四分律刪繁補闕行事鈔》卷上〈標宗顯德篇〉第一。《大正藏》

出家人「行不依律」加上「情既疏野」，亂司法、行暴剋，致令新學者無所適從，道宣在觀察入微，深謀遠慮之後，有了佛法「興替在人」的看法，〔註79〕道宣並非空言泛泛，從書名當中的「刪繁補闕」，意即對《四分律》不解不通之處，參照其他大、小乘經論，從其中批判前賢，加入一己的新解來看，《行事鈔》可說是唐代律學首屈一指之作，此可從則天朝的義淨，在《南海寄歸內法傳》，言：「宣律師之鈔述，竊談中旨。」〔註80〕可見其影響之深遠。

（三）戒律與唐代僧人

佛教戒律，從五戒、八戒、十戒、二百五十戒，不管是具足戒或菩薩戒，在以儒家思想爲主的中國社會，僧尼的生活只能靠教團內部的約束力，也就是清規、戒律來規範；僞濫僧的增多，使得唐代文人對僧人的觀感，多以守戒的情形作爲批評的依據。《全唐詩》中，文人對「律師」的觀察可謂「全心全意」，朱慶餘對律師的感受是：「但見修行苦，誰論夏臘低。」〔註81〕馬戴注意到律師：「濾泉侵月起，掃徑避蟲行。」〔註82〕而在同爲僧人的貫休眼中，雖然在〈律師〉一詩中，引善無畏因道宣夜半殺蟲，以「撲死佛子」曉悟道宣爲典故，〔註83〕譏「律師」裡外可能不一，有意思的是，在貫休「題律師院」的作品中，卻都強烈表達希望與「律師」結社的心願，〔註84〕可見唐代

第 40 冊，頁 4。

〔註79〕唐・釋道宣，《四分律刪繁補闕行事鈔》卷上〈標宗顯德篇〉第一：「故知興替在人也，深崇護法者，復何患佛日不再曜，法輪不再轉乎？」《大正藏》第40 冊，頁 4。

〔註80〕唐・釋義淨，《南海寄歸內法傳》卷 4〈古德不爲〉。《大正藏》第 54 冊，頁233。

〔註81〕唐・朱慶餘，〈贈律師院〉：「粉壁通蓮徑，扁舟到不迷。葦聲過枕上，湖色滿窗西。但見修行苦，誰論夏臘低。閒看種來樹，已覺與身齊。」《全唐詩》卷515，頁 5881。

〔註82〕唐・馬戴，〈題僧禪院（一作題興善寺英律師院）〉：「虛室焚（一作燃）香久，禪（一作看）心悟幾生。濾泉侵月起，掃徑避蟲行。樹隔前朝在，苔滋廢渚平。我來風雨夜，像設（一作照）一燈明。」《全唐詩》卷 555，頁 6438。

〔註83〕唐・釋貫休，〈律師〉：「薝蔔花紅徑草青，雪膚冰骨步輕輕。今朝暫到焚香處，只恐床前有蚤聲。」《全唐詩》卷 837，頁 9439。

〔註84〕唐・釋貫休，〈題淮南惠照寺律師院〉：「儀冠凝寒玉，端居似沃州。學徒梧有鳳，律藏目無牛。茗滑香黏齒，鐘清雪滴樓。還須結西社，來往悉諸侯。」〈題嶧桐（一作擇詞）律師院〉：「律中麟角者，高〔淡〕（談）出塵埃。芳草不曾觸，幾生如此來。壑風吹磬斷，杉露滴花開。如結林中社，伊余亦願陪。」〈題惠琮律師院〉：「苦節兼青目，公卿話有餘。唯傳黃葉喻，還似白泉居。猿撥孤雲破，鐘撞眾木疏。社壇蹤跡在，重結復何如。」《全唐詩》卷 832、

「律師」不僅因守律贏得一般人的敬重，也使得同門中人另眼相看。

　　道宣描述當時不以戒律為重的僧尼，可謂不遺餘力，從中可看出他的痛心疾首，《行事鈔》提到以大乘自居而輕視小乘戒律者，將聲聞之法棄同糞土，[註85] 而對於當時普遍犯五戒中「淫戒」的僧人，道宣在《行事鈔》中，除了舉《僧祇律》：「僧得女淨人不合受，尼得男淨人不合受。」為依據，還引了靈裕法師《寺誥》中，對於女色必除的規定，[註86] 道宣言：「比者諸處多因此過，比丘還俗滅擯者，並由此生。」可見在唐初佛門中，僧、尼養男、女淨人，因而還俗或被擯出寺院，「萬惡淫為首」的情形普遍嚴重，而更令人瞠目結舌的，是僧尼「留穢去淨」的做法：

> 又賣買奴婢、牛馬、畜生，拘繫事同，不相長益，終成流俗，未霑道分，比丘尼寺反僧可知。或雇男子雜作，尼親撿挍，尋壞梵行。滅法不久，寺家庫藏廚所多不結淨，道俗通濫淨穢混然。立寺經久，綱維無教，忽聞立淨惑耳驚心。豈非師僧上座妄居淨住，導引後生，同開惡道。或畜貓狗，專擬殺鼠。牛杖、馬〔革*必〕、韁絆、箠、楉，如是等類，並是惡律儀。[註87]

寺院中蓄養牛、馬、貓、狗，儲備了牛杖、馬革必、韁絆、箠、楉，此種以大乘自居，蔑視小乘戒律的僧人，看在受戒是為了「超凡鄙之穢流，入聖眾之寶位。」[註88] 的道宣眼中，「留穢去淨」的僧尼，道宣認為必須對其正以威儀，僧寶方不隕墜。

　　東晉道安的《僧尼軌範·佛法憲章》三例，[註89] 向來被視為是中國僧

830、829，頁9384、9353、9348。

〔註85〕唐·釋道宣，《四分律刪繁補闕行事鈔》卷中一〈篇聚名報篇〉：「今時不知教者，多自毀傷云：『此戒律所禁止，是聲聞之法。於我大乘，棄同糞土。猶如黃葉、木牛、木馬誑止小兒，此之戒法亦復如是，誑汝聲聞子也。」《大正藏》第40冊，頁49。

〔註86〕唐·釋道宣，《四分律刪繁補闕行事鈔》卷上二〈僧網大綱篇〉：「靈裕法師《寺誥》云：『僧寺不得畜女淨人，壞僧梵行。設使現在不犯，令未離欲者還著女色，經自明證。隔壁聞聲，心染淨戒。何況終身奉給，必成犯重。此一向不合。」《大正藏》第40冊，頁23。

〔註87〕唐·釋道宣，《四分律刪繁補闕行事鈔》卷上二〈僧網大綱篇〉。《大正藏》第40冊，頁23。

〔註88〕唐·釋道宣，《四分律刪繁補闕行事鈔》卷上三〈受戒緣集篇〉。《大正藏》第40冊，頁24。

〔註89〕梁·釋慧皎，《高僧傳》卷5〈釋道安〉：「安既德為物宗，學兼三藏。所制僧

制、清規的先驅之作，道宣對於「正威儀」所做的努力，在《教誡新學比丘行護律儀》，從「入寺法」到「入聚落法」，規定了二十三個項目，四百六十五條個人心得，〔註90〕包含了出家生活與俗家往來的正確做法，將屬於印度小乘的《四分律》，植入中國的土壤，開創了前所未有的大乘戒律觀，可以說，研究《四分律》盛行，才有四分律宗的出現，〔註91〕而四分律宗之後的南山律宗，之所以能在中國的佛教戒學一枝獨秀，是因道宣將《四分律》提高到「經」的地位，〔註92〕確立了唯有重視戒律者，才是眞正的大乘學者，此爲道宣千古不移的貢獻。

重視戒學的道宣，認爲僧人有過就必須懺悔，即使是小過，不行懺悔就不得清淨，《行事鈔》在貞觀九年雖已大流行，能否深入釋子之心，關鍵在於其「六聚懺法」實行的程度；〔註93〕宋僧元照《四分律行事鈔資持記》，提到「六聚懺法，墜地久矣。」元照解釋懺法不行的情形是：「或臨布薩，則安坐默然，抱過畢生，死猶無悔。」觀元照「豈非妙藥雖留，毒氣深入不肯服耶。」

尼軌範，佛法憲章。條爲三例：一曰行香定座上講經上講之法；二曰常日六時行道飲食唱時法；三曰布薩差使悔過等法。天下寺舍，遂則而從之。」《大正藏》第 50 冊，頁 353。

〔註90〕唐・釋道宣，《教誡新學比丘行護律儀》卷 1。《大正藏》第 45 冊，頁 869～874。

〔註91〕依道宣《四分律刪繁補闕行事鈔》卷上一〈標宗顯德篇〉，《四分律》在中國傳承的系統，大要爲：法聰、道覆（出疏六卷）、慧光（兩度出疏）、洪理・曇隱・道樂三師（各出抄）、洪遵（疏八卷）、道淵（有疏）、道雲・道暉・法願三師（各自出抄疏）、道洪、法勝二師（有抄）、智首（有疏二十卷）、法礪（有疏十卷）基律師（有疏）。《大正藏》第 40 冊，頁 3。宋僧元照《四分律行事鈔資持記》有「四分律九祖說」，九祖分別爲：法正尊者（律主）、法時尊者（震旦始祖）、法聰（初開元祖）、道覆（作疏立義，問答抉擇）。慧光、道雲、道照、智首、道宣。詳見：凝然《律宗綱要》卷下。按：「九祖說」，明顯是受到禪宗燈史的影響。

〔註92〕大乘經典中，戒經之首爲《梵網戒經》，道宣之《行事鈔》，確立了《四分律》與《梵網戒經》同等的地位。

〔註93〕道宣的懺悔觀，體現在「六聚懺法」，是僧人有過時，依過的輕重而行的六種懺悔方式，大別爲：一、波羅夷：流放之罪，不得重返教團，等同取消出家資格；二、僧殘：犯了波羅夷罪的比丘，需有二十人以上的僧伽認爲他能再如法而行，始能復歸僧團；三、偷蘭遮：偷蘭遮意爲「粗罪」，是波羅夷與僧殘的「未遂罪」；四、波逸提：分「捨墮」（將不正當獲得的金錢、衣物捨與僧伽並懺悔）與「單墮」（犯妄語、兩舌、殺畜生、飲酒，在三至一比丘面前懺悔），需懺悔三次；五、提舍尼：「提舍尼」意爲：必須告白、必須懺悔，違犯細微的餐飲問題，向一人懺悔一次即可；六、突吉羅：犯身、口禮儀，只需心悔，不必口說懺悔。

〔註94〕的比喻，可知在中唐以後，私度僧所在多有，戒律之難行，更可見道宣殫精竭慮，爲制佛門戒律的苦心。

三、佛教節日與佛教文物

（一）盂蘭盆會的定型

西晉月氏三藏竺法護譯《佛說盂蘭盆經》，載目連爲救渡受「餓鬼」之苦的母親，請問佛陀有關奉盂蘭盆救渡現在父母，乃至七世父母一事，佛告目連於七月十五日齋十方僧，〔註95〕是佛教盂蘭盆節的由來。惠詳《弘贊法華傳》言齊高帝蕭道成，在每年七月十五「普寺送盆」；〔註96〕道世《法苑珠林》載唐初的國家大寺如西明寺、慈恩寺，有送盆官人「每年送盆，獻供種種雜物。」〔註97〕可見在高宗以前，盂蘭盆節僅在帝王令下的官寺施行。

盂蘭盆，意爲「解倒懸」，盂蘭盆節大行天下的時間，是從玄宗朝開始；玄宗雖曾受戒爲不空弟子，同時又多次下詔阻撓佛教發展，前述在開、天時期，玄宗對佛教的限制，是令多行少，《太平廣記》載天寶之後，「有張某爲劍南節度使，中元日，令郭下諸寺，盛其陳列，以縱士女遊觀。」〔註98〕此記時間雖在「天寶」之後，然從鎮蜀的張某下令諸寺「盛其陳列」來看，在玄宗時，地方寺院普遍已舉行盂蘭盆會，應可確定。

贊寧《大宋僧史略》記大曆三年，不空於內道場「設高祖七廟神座，……

〔註94〕宋·釋元照，《四分律行事鈔資持記》卷中四下〈釋懺六聚法篇〉：「當隋唐之世，僧英極眾，佛法大興，尚云亦少。況今末法，焉可言哉。六聚懺法，墜地久矣。僧徒造惡，穢迹巨言。或臨布薩則安坐默然，抱過畢生，死猶無悔。豈非妙藥雖留，毒氣深入不肯服耶。」《大正藏》第40冊，頁354。

〔註95〕晉·竺法護譯，《佛說盂蘭盆經》：「於七月十五日，佛歡喜日，僧自恣日，以百味食安盂蘭盆中，施十方自恣僧。乞願便使現在父母壽命百年無病，無一切苦惱之患。乃至七世父母離餓鬼苦，得生天人中福樂無極。」《大正藏》第16冊，頁779。

〔註96〕唐·釋僧詳，《弘贊法華傳》卷10〈書寫〉第八：「度僧立寺，大啓福門。鑄像持經，頻修慧業。每七月十五日，普寺送盆，供僧三百，朔望之日，不許殺生。又以萬機之暇，手寫法花。莊嚴傑異，恒申供養。」《大正藏》第51冊，頁42。

〔註97〕唐·釋道世，《法苑珠林》卷62〈獻佛部〉第二：「若是國家大寺，如似長安西明、慈恩等寺，除口分地外，別有勅賜田莊，所有供給並是國家供養。所以每年送盆獻供種種雜物，及興盆音樂人等，并有送盆官人。」《大正藏》第53冊，頁750。

〔註98〕宋·李昉等編，《太平廣記》卷122〈華陽李尉〉引《逸史》，頁860。

迎出內陳於寺觀。」其後「歲以為常」，〔註99〕可見遲至代宗朝，盂蘭盆節已是國定大典；〔註100〕此後，德宗貞元十五，「帝幸安國寺設盂蘭盆供，宰輔皆從。」〔註101〕日僧圓仁記文宗開成五年（840），「巡禮盂蘭盆會」所見，〔註102〕說到：「十五日起首，十七日罷。」明確點出唐代的盂蘭盆節為期三天，此外，裴鉶《傳奇》記貞元中，位處番禺的開元寺，中元日除了「陳設珍異」之外，還有「百戲」，〔註103〕佛、道二教在同一日舉行的救渡法會，最遲在中唐時應已合流，而在會昌四年毀佛前夕，武宗下令奪城中諸寺的盂蘭盆供養，將其中的花、藥全數搬到興唐觀祭天尊，換來百姓：「奪佛供養祭鬼神，誰肯觀看。」的怒罵，由圓仁「常例皆於佛殿前鋪設供養，傾城巡寺隨喜，甚是盛會。」〔註104〕的記載，可看出唐代百姓在盂蘭盆節「傾城巡禮」的盛況，遠非今日之「鬼節」可比。〔註105〕

（二）經幢與舍利

1. 經　幢

密教陀羅尼經幢，源自天界善住菩薩，得知即將命終，將受七返惡道之苦，因而向帝釋求救，帝釋轉向佛陀請教，佛陀告帝釋，只要須臾憶念陀羅尼，「還得增壽，得身口意淨。」〔註106〕誦讀陀羅尼，便能消除所有一切「地

〔註99〕宋・釋贊寧，《大宋僧史略》卷中〈內道場〉：「又七月望日，於內道場造于蘭盆。飾以金翠，設高祖七廟神座。各書神號識之。迎出內陳於寺觀，引道繁盛，歲以為常。」《大正藏》第54冊，頁247。

〔註100〕余欣，〈眾神赴會：諸種信仰在敦煌的交融〉，指出與盂蘭盆不同，施食於餓鬼的，密教的「放焰口」儀式，經由不空的弘揚，大行於天下。《神道人心——唐宋之際敦煌民生宗教社會史研究》（北京：中華書局，2006年），頁63。

〔註101〕宋・釋志磐，《佛祖統紀》卷41〈德宗〉。《大正藏》第49冊，頁380。

〔註102〕〔日〕圓仁，《入唐求法巡禮行記》卷3：「次入崇福寺，巡禮佛殿閣下諸院。皆鋪設張列，光彩映人。供陳珍妙，傾城人盡來巡禮。」頁76。

〔註103〕唐・裴鉶，《傳奇・崔煒》：「貞元中，……時中元日，番禺人多陳設珍異於佛廟，集百戲於開元寺。」轉引自：楊家駱主編，《唐國史補等八種》，頁1。

〔註104〕〔日〕圓仁，《入唐求法巡禮行記》卷4：「七月十五日供養。諸寺作花蠟、花餅、假花、菓樹等，各競奇妙。常例皆於佛殿前鋪設供養，傾城巡寺隨喜，甚是盛會。今年諸寺鋪設供養，勝於常年。」頁96。

〔註105〕道教將盂蘭盆節救拔先人的主旨，引入道教普渡眾生的中元節，兩個不同教派的節日在同一天舉行，延續至今。

〔註106〕唐・佛陀波利譯，《佛頂尊勝陀羅尼經》卷1：「天帝，若人命欲將終，須臾憶念此陀羅尼，還得增壽得身口意淨。身無苦痛，隨其福利隨處安隱。一切如來之所觀視，一切天神恒常侍衛。為人所敬，惡障消滅。一切菩薩，同心

獄畜生閻羅王界餓鬼之苦。」〔註107〕陀羅尼的功效，簡而言之：「破一切地獄，能迴向善道。」《佛頂尊勝陀羅尼經》在武后朝已由佛陀波利譯出，現在所見八面的陀羅尼經幢，每一面的刻字，便是根據《佛頂尊勝陀羅尼經》。

　　《佛頂尊勝陀羅尼經》屬雜密，開元時期，三大士中的善無畏與不空，又相繼譯出許多密教經典，經典譯出並不能保證密教會一併流行，但因時勢際會，得遇經常令道士、和尚一起鬥法的玄宗，加上開元三大士在奉詔祈雨時展現的高強法力，密教除了引起上層官吏以及百姓的高度興趣，更吸引一流僧人向他們拜師學藝（如：一行禪師求教金剛智、善無畏），善無畏與不空所譯的密教經典，得以在玄宗朝開始流行，除了經典之外，最具代表性的石製經幢，隨勢因而普被興建；《廣異記》載開元中皇甫恂暴卒，死去活來後，告知與開元寺僧相熟的刺史獨孤思莊，要替無故送牛肉二十斤給皇甫恂，死後在地獄受苦的開元寺僧，造陀羅尼幢以超渡，〔註108〕可知開元年間，隨著密教的流行，造陀羅尼幢得冥福的觀念已深植人心，葉昌熾《語石》載：

> 經幢，陝人通稱爲「石柱」，俗亦曰八楞碑，以其八面有楞也。幢頂
> 每面，或有造像，故又呼爲八佛頭。……唐人文字，多曰寶幢，亦
> 曰花幢。……高者至逾尋丈，非架木不能拓，小者不過徑尺。……
> 其上有蓋以覆之，其下爲座。〔註109〕

葉昌熾提到的，有八個面的石柱經幢，從「石柱」、「八楞碑」、「八佛頂」的別稱，應是石幢在普遍流行之後，才有如此多的別稱，至於石幢「高者至逾尋丈」的情形，〈趙州觀音院從諗禪師〉載：

> 師院有石幢子被風吹折。僧問：「陀羅尼幢子，作凡去作聖去？」師
> 云：「也不作凡，亦不作聖。」僧云：「畢竟作什麼？」師云：「落地
> 去也。」〔註110〕

覆護。」《大正藏》第 19 冊，頁 350。
〔註107〕唐·佛陀波利譯，《佛頂尊勝陀羅尼經》卷 1：「天帝，若人能須臾讀誦此陀羅尼者，此人所有一切地獄、畜生、閻羅王界、餓鬼之苦，破壞消滅，無有遺餘。諸佛刹土及諸天宮，一切菩薩所住之門，無有障礙，隨意趣入。」《大正藏》第 19 冊，頁 350。
〔註108〕參見：宋·李昉等編，《太平廣記》卷 381〈皇甫恂〉，頁 3033。
〔註109〕清·葉昌熾，《語石》言唐代經幢：「多有八面，經文完好無缺，而無年月題字。……蓋皆刻於幢座，或下截有餘地，即刻於經文之下，以橫線界之。」（臺灣：商務印書館，1976 年），頁 129。
〔註110〕宋·釋道原，《景德傳燈錄》卷 10〈趙州觀音院從諗禪師〉。《大正藏》第 51

趙州禪師觀音院前的「石幢子」，會被風吹斷，應是有相當的高度；外表與塔十分相似的石幢，柱上及頂上多刻有經文，造型簡單卻功效神速，因爲材質的關係，大量被保存下來，〔註111〕密教陀羅尼經幢見證了盛唐以後，密教的普遍流行。

2. 舍利塔

「舍利」，梵文 Sarira 的音譯，意爲「身骨」，與釋迦牟尼佛有關的，稱爲「佛舍利」，一般而言，「舍利」可以指人死後，屍體燒完所留下的結晶物，也可以指「窣堵波」，也就是埋葬屍骨或舍利的「舍利塔」。

「舍利塔」最早的來源，是佛陀向阿難交代身後事，所提到的「聖王葬法」，〔註112〕佛陀提到以「舍利」建塔，能使瞻拜者「生獲福利，死得上天。」對於舍利靈驗的說法，其來源當以阿育王取佛陀舍利，一舍利付一夜叉，在一億人所居之處，一夜之間造了八萬四千佛塔的傳說。〔註113〕印度佛教影響中國喪葬習俗，最明顯的是唐初位於長安南面終南山梗梓谷，是三階教信徒圍繞著教主信行而成的尸陀林，到中唐成爲「百塔寺」，〔註114〕不同於三階教

冊，頁 277。

〔註111〕 顏娟英，〈盛唐玄宗朝佛教藝術的轉變〉，引用李美霞〈臨潼縣博物館藏北周造像座、唐代造像與經幢〉，《文物》1959 年 8 月，提到目前尊勝陀羅尼石經幢還大量保存於中國；馮漢驥〈記唐印本陀羅尼經咒的發現〉，《文物參考資料》，1957 年 9 月，提到唐印本陀羅尼經咒在四川出土；以及北京圖書館金石組所編之《北京圖書館藏中國歷代石刻拓片匯編》，收藏有玄宗朝拓片十五件。《中央研究院歷史語言研究所集刊》1995 年 6 月，頁 599。

〔註112〕 後秦・佛陀耶舍共竺佛念譯，《長阿含經》卷 3：「佛告阿難：聖王葬法。先以香湯洗浴其體，……阿難，汝欲葬我，先以香湯洗浴，用新劫貝周遍纏身，以五百張疊次如纏之，內身金棺灌以麻油畢。舉金棺置於第二大鐵槨中，栴檀香槨次重於外。積眾名香，厚衣其上而闍維之。訖收舍利，於四衢道起立塔廟。表剎懸繒，使諸行人，皆見佛塔。思慕如來，法王道化。生獲福利，死得上天。」《大正藏》第 1 冊，頁 20。

〔註113〕 晉・安法欽譯，《阿育王傳》卷 1：「（阿育王）便詣王舍城，取阿闍世王所埋四升舍利，即於此處造立大塔，第二第三乃至第七所埋舍利悉皆取之。於是復到羅摩聚落，海龍王所欲取舍利，龍王即出請王入宮，王便下船入於龍宮。龍白王言：唯願留此舍利，聽我供養，慎莫取去。王見龍王恭敬供養，倍加人間，遂即留置而不持去。王還於本處便造八萬四千寶篋，金銀琉璃以嚴飾之。一寶篋中盛一舍利，復造八萬四千寶瓶，八萬四千寶蓋，八萬四千疋綵以爲裝校。一一舍利付一夜叉，使遍閻浮提。其有一億人處，造立一塔，於是鬼神各持舍利四出作塔。……日閻浮提內一時造。」《大正藏》第 50 冊，頁 102。

〔註114〕 崔岩，〈也談唐代太原「黃坑」葬俗的宗教屬性〉，《洛陽大學學報》第 18 卷

僧人圓寂，弟子「林葬」之後起塔供奉，唐代高僧在火化之後，其弟子會建「舍利塔」以供養舍利，此風之所以盛行，除了上舉《長阿含經》所言之佛陀遺教外，唐代僧人荼毘後多燒出舍利，更是助長建「舍利塔」的風氣；這些高僧留下畢生修行的見證，門徒除了本寺起塔供養外，還多分予他處，這種做法的目的，張說〈送考功武員外學士使嵩山署舍利塔〉云：

> 懷玉泉，戀仁者。寂滅眞心不可見，空留影塔嵩巖下。寶王四海轉千輪，金曇百粒送分身。山中二月娑羅會，虛唄遙遙愁思人。我念過去微塵劫，與子禪門同正法。雖在神仙蘭省間，常持清淨蓮花葉。來亦好，去亦好。了觀車行馬不移，當見菩提離煩惱。〔註115〕

「金曇百粒送分身」，張說用的是阿育王八分舍利的典故，認爲舍利的功用，是爲了讓人「常持清淨蓮花葉」，亦即「見證菩提，離卻煩惱。」〔註116〕張說此說頗一語中的；《宋高僧傳》中，隨處可見唐代僧人圓寂後燒出舍利，成千上百者有之，〔註117〕確切數目者有之，〔註118〕多不勝記，《宋高僧傳》爲唐代大批的「舍利塔」，留下文字見證。

第二節　對於中國文化之創建

佛教對中國文化的影響，從佛經中大量對於天堂、地獄的描述，供給南北朝志怪小說題材；佛寺音樂的梵唄讚偈，對隋代的「唱導」與唐代的「俗講」，起過一定的作用；隋唐時期，宮廷與民間流行的「佛曲」，也跟佛教的世俗音樂有關；〔註119〕唐代興起的禪宗，強調「經驗」內心與追求言外之意，唐代僧人與文人，大量寫作禪悅、佛喻詩，更是唐詩史上，甚至是文學史上

第 3 期，2003 年 9 月。

〔註115〕唐・張說，〈送考功武員外學士使嵩山署舍利塔〉，《全唐詩》卷86，頁941。
〔註116〕劉亞丁，〈舍利〉，《佛教靈驗記研究——以晉唐爲中心》（四川：巴蜀書社，2006年），頁26。
〔註117〕如：禪林寺僧廣脩，有千餘粒（卷30）；普光王寺僧伽有八百多（卷18）；大興善寺不空有數百（卷1）；封禪寺圓紹有百餘粒（卷13）。
〔註118〕如：天山寺希圓有七百（卷7）；少林寺慧安有八十（卷18）；聖壽寺恆政有四十九（卷11）；龍興寺普明有二十七（卷18）；建福寺鴻休有七（卷23）。
〔註119〕趙爲民，〈佛教的迅速傳播及其對中原文化的影響〉，認爲隨著佛教梵唄、讚偈傳入中國，含有世俗且具娛樂性的印度佛教供養音樂也隨之傳入，表現在兩方面：一、敦煌石窟中的樂舞壁畫；二、隋唐宮廷中，大量與印度佛教有關的佛曲。《唐代二十八調理論體系研究》（北京：商務印書館，2006年），頁28～29。

的「高峰經驗」，本節不在羅列以往的研究成果，僅強調世俗文化中，成於唐代僧人之手，具有千古不移之貢獻者。

一、對於世學之創建

孫修身〈中印文化、科技的交流〉，舉敦煌市烈士陵園南側，發現一座西晉末年的古墓，其中一幅「金剛力士圖」，與莫高窟早期洞窟裡所見的相同，認爲敦煌佛教和佛教藝術的根源是起於中國。〔註120〕在唐代，不獨繪畫藝術受犍陀羅藝術影響，唐代僧人對世學的貢獻，有第一部韻書、字典、辭典，詩學觀念的提出與詩體的新創。

（一）韻書與字典、辭典

印度佛教「五明」中的「聲明」，亦即語言學，經由僧人的努力，對中國語言學的催生，起過一定程度的作用；梵文是拼音文字，重視聲韻，與由象形文字發展出來的中國文字不同，佛經的傳譯對發展中國聲韻學所起的影響，大別有四聲、反切、字母、等韻，此不一一贅述，僅就確定成於唐代僧人之手的等韻音表與漢梵字典、辭典，略加說明。

中國早先對「字音」不甚注重，直到六朝，雙聲、疊韻方爲士人所留意，顯示了「韻」的研究較早，至於「聲」（字母）的研究，則是佛教法師的功勞，陳澧《東塾讀書記》：「自漢末以來，用雙聲疊韻切語，韻有東、冬、鍾、江之目，而聲無之，唐末沙門始標舉三十六字，謂之字母。」〔註121〕陳澧沒有指名道姓的，標舉三十六字母的唐末沙門是誰，對於這個問題，共有三種說法，〔註122〕在敦煌莫高窟所發現的韻學殘卷中，有唐代僧人守溫的三十字母，

〔註120〕孫修身，《敦煌與中西交通研究》（蘭州：甘肅教育出版社，2002年），頁181。

〔註121〕宋・陳澧，《東塾讀書記》另言：「自魏、晉、南北朝、隋、唐，但有反切，無所謂等韻。唐時僧徒依仿梵書，取中國三十六字，謂之字母。宋人用之以分中國反切、韻書爲四等，然後有等韻之名。溯等韻之源，以爲出於梵書可也。至謂反切爲等韻，則不可也。反切在前，等韻在後也。」

〔註122〕釋星雲編，《佛教與世學》：「鄭樵《通志藝文略》和王應麟《玉海》，都著錄過守溫三十六字母圖。明朝和尚真空的《篇韻貫球集》卻說唐朝和尚舍利造三十字母，後來守溫又增加六個。宋朝祝泌《觀物解篇》所附〈皇極經世解起數訣〉曾提到胡僧了義的三十六字母。《皇極經世聲音圖》上官萬里注也說：『自胡僧了義以三十六爲翻切字母，奪造化之巧。』雖然有這麼多歧異的說法，但字母是佛教法師所造是毫無疑義的。」轉引自：《佛光教科書》第8冊，高雄縣：佛光文化出版，2000年。

比照後來的等韻表（音表），缺少非、敷、奉、微、床、娘六種，這六種一般認爲是宋人添上去的，〔註 123〕「等韻」是運用字母來解釋反切，不管是舍利、守溫、還是了義，「字母」確爲唐代沙門所造。

　　再談到譯經對中國語言學的貢獻，不能不提到譯經的「工具書」——梵漢字典，漢僧學梵語，所使用的「學語樣」（梵漢字典），是義淨的功勞，義淨《梵唐千字文》（又稱《梵語千字文》、《唐字千鬘聖語》），是中國最早的雙語字典，義淨以中天竺音爲準，以相應的漢字，套用童蒙讀物《千字文》的形式，〔註 124〕方便學者記誦；義淨另外還替有志西行求法的僧人，寫了《悉曇章》和《讀梵本》，內容爲梵語常識，之後，全眞作《唐梵文字》一卷，全眞在序中說道：「梵漢兩本同學習者，細用其心，一二年間即堪翻譯兩國言音，字義同美。」〔註 125〕全眞之《唐梵文字》，乃依義淨千字文而製，把義淨《梵唐千字文》，拆解開來，成漢梵對照的單詞，另外加上密教詞語，成爲密教專用的「學語樣」，義淨與全眞二人，在初唐時期，爲來到唐朝的外國僧人，或有心深入經藏的翻經沙門，提供基礎的入門書。

　　除了漢梵字典，唐代僧人對於語言學的貢獻，還有不空弟子慧琳的《一切經音義》，慧琳根據貞觀朝玄應的《大唐眾經音義》二十五卷，〔註 126〕以及則天朝，法藏弟子慧苑《新譯大方廣佛華嚴經音義》二卷，慧琳以二十多年的心力，整理出《一切經音義》，將唐以前所翻譯的釋典，〔註 127〕摘取其中的

〔註 123〕參見：魏承思，〈漢文大藏經與佛經翻譯〉，《中國佛教文化論稿》（上海：人民出版社，1991 年），頁 65。下引版本同。

〔註 124〕《千字文》四言成一句，在第二十一句夾入五言四句，而後改韻，共用了虞姥、支脂、値至、微、藥鐸、東、康耕、陽唐、先仙九韻。字義涉及天文地理、軍事經濟、道德禮儀、佛教詞彙等，如：「虞姥韻」：「天地日月，陰陽圓矩。畫夜明暗，雷電風雨。星流雲散，來往去取。東西南北，上下相輔。皇臣僕吏，貴賤童豎。刊定品物，策立州主。辨教禮書，置設衛府。父母兄弟，孝義弘撫。甥舅異隣，伯叔同聚。奉事友明，矜愛貧窶。山庭蔽軒蓋，淨野標華柱。美素竟千秋，嘉聲傳萬古。」轉引自：義淨《梵語千字文・梵語千字文譯注》。《大正藏》第 54 冊，頁 1197。

〔註 125〕唐・釋全眞，《唐梵文字》。《大正藏》第 54 冊，頁 1216。

〔註 126〕唐・釋玄應，《大唐眾經音義》，又名《一切經音義》，現存最早的文字學專書，將 425 部經、律、論、傳，集詞條數千條，以漢語詞彙爲主，兼收外來語。道宣盛讚玄應：「萬代之宗師，亦當朝之難偶。」可見玄應「明唐梵異語，識古今奇字。」的能力非尋常可比。

〔註 127〕慧琳《一切經音義》共一百卷，將《大般若經》到《護命放生法》，共一千三百部，五千七萬餘卷，六十餘萬字，予以擇要註釋。

佛學術語,加上印度的名物、風土,以及漢語詞彙,其中,佛經的音譯名詞是註釋的重點,〔註 128〕包含了中古以前,許多的文字、音韻、詞彙,丁福保形容《一切經音義》,爲「輯隋唐以前逸書之一大淵。」其價值遠超過任何一部佛教辭典,從中可知中國古代翻譯史、中西交通史、中外文化交流史、博物學史,《一切經音義》可說是古代漢語的百科辭典。〔註 129〕

圓仁於開成五年到長安,在資聖寺見到一位西國僧,「未多解語。」又在大興善寺見到一位西國難陀三藏,「不多解唐語」,〔註 130〕可見在會昌毀佛前,居住在長安的域外僧人不少,這些不解唐語的蕃僧,深入中國的第一步,非得有義淨的《梵唐千文字》以爲助,否則,仍會跟許多沒沒無名的外來僧一樣,成爲唐帝國無數的過客之一。

(二)詩學觀念與詩體新創

1. 詩學觀念──「造境說」

《華嚴經》:「心如工畫師,能畫諸世間。五蘊悉從生,無法而不造。」〔註 131〕以畫師依心作畫,比喻一切諸法皆由心造,佛教「造境」之說,與之有關;初唐時,李師政與傅奕論道,李師政在〈內德論空有篇〉說到:「小乘以依報爲業有,大乘以萬境爲識造。」〔註 132〕肯定大乘由識造境的看法,到了中唐皎然,〈奉應顏尚書眞卿觀玄眞子置酒張樂舞破陣畫洞庭三山歌〉:「如何萬象自心出,而心澹然無所營。」〔註 133〕「玄眞子」指的是張志和,皎然此詩論張志和的畫,〔註 134〕「萬象自心出」一語,暗用了《華嚴經》言畫師依心作畫之喻。

〔註 128〕《一切經音義》的體例,是先正音讀,接著列舉異名、異譯,將誤譯予以辨正,最後是解釋含意並描述其特徵、形狀,並敘述故實。

〔註 129〕參見:魏承思,〈漢文大藏經與佛經翻譯〉,《中國佛教文化論稿》,頁 67。

〔註 130〕〔日〕圓仁,《入唐求法巡禮行記》卷 3,頁 81。

〔註 131〕唐・實義難陀,《大方廣佛華嚴經》卷 19〈夜摩宮中偈讚品〉。按:傳世之漢譯《華嚴經》有晉譯與唐譯兩種,晉譯爲佛陀跋陀羅所譯之六十卷本;唐譯爲實義難陀的八十卷本,較晉譯本流暢。

〔註 132〕唐・釋道宣,《廣弘明集》卷 14〈辯惑篇〉第二之十。《大正藏》第 52 冊,頁 194。

〔註 133〕唐・釋皎然,〈奉應顏尚書眞卿觀玄眞子置酒張樂舞破陣畫洞庭三山歌〉,《全唐詩》卷 821,頁 9256。

〔註 134〕〔香港〕劉衛林,〈中唐詩學造境說與佛道思想〉:「皎然認爲張志和之所以能夠『造境』,就在於達至『象忘神遇』的境界,而並非求之於『筆端』所得。」《唐代文學研究》第九輯,廣西師範大學出版社,2002 年,頁 361。

　　皎然言張志和畫：「片嶺峻嶒勢將倒，盼睞方知造境難。」皎然提出「造境」一詞，是基於他的「意境」理論，在他的詩中，「境」界是隨處可見；詩家之入手處，在詩緣境發之「緣境」，皎然「詩情緣境發，法性寄筌空。」〔註135〕將作詩與體道等同而論，道心即詩心，此時的心境，皎然視之如禪境，〈奉酬顏使君眞卿王員外圓宿寺兼送員外使迴〉：

　　　　魯公邀省客，貧寺人過少。錦帳惟野花，竹屏有窗篠。朝行石色淨，
　　　　夜聽泉聲小。釋事情已高，依禪境無擾。超遙長路首，悵望空林杪。
　　　　離思從此生，還將此心了。〔註136〕

此詩有客觀的寫照與主觀的宣洩，皎然〈答俞校書冬夜〉：「月彩散瑤碧，示君禪中境。眞思在杳冥，浮念寄形影。」〔註137〕亦然，皎然詩中之「境」，不論是以上所舉，令心無擾的「禪境」，或是能令神王，能使身閒的「清境」，〔註138〕還是使萬緣俱息的「空境」，〔註139〕過寺感懷之「眞境」，〔註140〕都可以清楚看到皎然努力「造境」的痕跡；〈送清涼上人〉：「何意欲歸山，道高由境勝。」〔註141〕「境勝」可以指清涼上人之「道高」，此與所住之地爲「勝境」有關，然亦可解「道高」來自心境超凡，以超凡之眼觀世間萬象，可以「寄目皆有益」，〔註142〕可以「見境盡爲非」，〔註143〕待到「鳥喧心不

〔註135〕唐・釋皎然，〈秋日遙和盧使君遊何山寺宿上人房論涅槃經義〉，《全唐詩》卷815，頁9175。

〔註136〕唐・釋皎然，〈奉酬顏使君眞卿王員外圓宿寺兼送員外使迴〉，《全唐詩》卷815，頁9179。

〔註137〕唐・釋皎然，〈答俞校書冬夜〉，《全唐詩》卷815，頁9173。

〔註138〕唐・釋皎然，〈妙喜寺達公禪齋寄李司直公孫房都曹德裕從事方舟顏武康士騁四十二韻〉：「靜對春谷泉，晴披陽林雪。境清覺神王，道勝知機滅。」〈酬烏程楊明府華將赴渭北對月見懷〉：「釋印及秋夜，身閒境亦清。風襟白瀟灑，月意何高明。」《全唐詩》卷815，頁9174、9181。

〔註139〕唐・釋皎然，〈白雲上人精舍尋杼山禪師兼示崔子向何山道上人〉：「積疑一念破，澄息萬緣靜。世事花上塵，惠心空中境。清閒誘我性，逐使腸（一作煩）慮屏。」《全唐詩》卷816，頁9185。

〔註140〕唐・釋皎然，〈遙酬袁使君高春暮行縣過報德寺見懷〉：「江春行求瘼，偶與眞境期。……迨此一登覽，深情見新詩。」《全唐詩》卷815，頁9174。〈宿山寺寄李中丞洪〉：「偶來中峰宿，閒坐見眞境。……從他半夜愁猿驚，不廢此心長杳冥。」《全唐詩》卷816，頁9197。

〔註141〕唐・釋皎然，〈送清涼上人〉，《全唐詩》卷818，頁9219。

〔註142〕唐・釋皎然，〈苕溪草堂自大曆三年夏新營洎秋及春彌覺境勝因紀其事簡潘丞述湯評事衡四十三韻〉：「道心制野猿，法語授幽客。境淨萬象眞，寄目皆有益。」《全唐詩》卷816，頁9187。

動」、「香醉境常冥」，〔註144〕可以說，「造境」之心已等同於禪心，最能體
現皎然此一境界的，莫過於〈聞鐘〉一詩，〔註145〕至於皎然晚年所著的《詩
式》，強調作詩的重點——自然，李壯鷹釋皎然「自然」：

> 不是自然主義意義上的那種對客觀的照搬和對主觀的宣洩，而是藝
> 術化的自然。這種「自然」，並非不思而得，而是來自作家艱苦的構
> 思和精心的陶煉。〔註146〕

皎然曾經參與顏眞卿《韻海鏡源》的編著，〔註147〕更是湖州詩會的要角，〔註148〕
於聯句詩的風行有其貢獻；〔註149〕馬自力認爲，中唐的州郡官，「對屈騷傳統的
自覺繼承，可以說是貶謫文學題材的精神實質。」〔註150〕安史之亂，對唐朝的
改變是多方面的，身任吳越地方官的大曆詩人，懷抱著屈騷使命感，「竊占青山
白雲」，在公餘之暇與詩僧往來，交游唱和下的詩酒徵逐，除了是「吏隱」的具
體寫照，更成爲後代地方官「風流」的代表；大曆年間兩次大規模的聯唱活動，
一爲鮑防任浙東行軍司馬時發起的浙東聯唱，其作品收在《新唐書‧藝文志》

〔註143〕唐‧釋皎然，〈酬秦系山人題（一作戲）贈〉：「雲林出空（一作定）鳥（一作
　　　　鳥）未歸，松吹時飄雨浴（一作沐）衣。石語花愁（一作悲）徒自詫，吾心
　　　　見境盡爲非。」《全唐詩》卷816，頁9195。

〔註144〕唐‧釋皎然，〈同李著作縱題塵外上人院〉：「百緣唯有什公瓶，萬法但看一字
　　　　經。從遣鳥喧心不動，任教香醉境常冥。蓮花天晝浮雲卷，貝葉宮春好月停。
　　　　禪伴欲邀何著作，空音宜向夜中聽。」《全唐詩》卷817，頁9209。

〔註145〕唐‧釋皎然，〈聞鐘〉：「古寺寒山上，遠鐘揚好風。聲餘月樹動，響盡霜天空。
　　　　永夜一禪子，泠然心境中。」《全唐詩》卷820，頁9249

〔註146〕李壯鷹，《詩式校注‧前言》（濟南：齊魯書社，1987年），頁5。

〔註147〕賈晉華，《《吳興集》與浙西詩人群》引顏眞卿〈湖州烏程縣杼山妙喜寺碑銘並
　　　　序〉，顏眞卿於大曆七年（772）任湖州刺史以前，在開元二十四年（736）任
　　　　秘書省校書郎時，已開始編撰《韻海鏡源》，天寶十二載（753）出守平原，大
　　　　曆三年（768）刺湖州，修畢五百卷，至大曆九年修改完畢，大曆八年聚集了
　　　　三十多位江東文士續編《韻海鏡源》，是作討論修改的工作。《唐代集會總集與
　　　　詩人群研究》（北京：北京大學出版社，2001年），頁87～88。下引版本同。

〔註148〕湖州詩會以顏眞卿、皎然爲首，前後參與者高達九十五位，顏眞卿集結爲《吳
　　　　興集》十卷，《吳興集》雖已散佚，可考者尚存詩五十八，詞約二十首。參見：
　　　　賈晉華，《《吳興集》與浙西詩人群》，《唐代集會總集與詩人群研究》，頁93。

〔註149〕賈晉華，《《大曆年浙東聯唱集》與浙東詩人群》，認爲大曆年浙東聯唱在文體
　　　　發展史上的影響有三：一、促進文人詞的發展；二、對聯句體的發展具承前
　　　　啓後的作用；三、浙東詩人一字至九字詩雖近乎遊戲之作卻是詩體不可忽略
　　　　之藝術特徵。《唐代集會總集與詩人群研究》，頁82～85。

〔註150〕馬自力，〈刺史等州郡官及其活動與中唐文學〉，《中唐文人之社會角色與文學
　　　　活動》（北京：中國社會科學出版社，2005年），頁199。

所載之《大曆年浙東聯唱集》二卷（元代已佚）；〔註151〕二爲顏眞卿任湖州刺史時帶動的浙西聯唱，顏眞卿、皎然爲重要人物，浙西聯唱作品見於《顏魯公文集》與《吳興晝上人集》，〔註152〕有僧人參與聯句詩的創作，對文人來說，作詩兼學佛理，對生活態度不無影響；而對僧人來說，修道而兼學做詩，皎然的《詩式》便是聯句詩作，最具體的活動心得。

聯句詩在大曆之前，除了帝王命作之外，見於文人之手的，有李白與高霽、韋權輿共作的〈改九子山爲九華山聯句〉；杜甫與李之芳、崔彧的〈夏夜李尚書筵送宇文石首赴縣聯句〉，〔註153〕可見直到盛唐，聯句詩僅是詩人們偶一爲之的創作；蔣寅認爲獨孤及《毗陵集》卷十四，原詩已佚的〈仲春裴胄先宅宴集聯句賦詩序〉，序中提到的「演爲聯珠」，是「聯句」的另一種說法，〔註154〕蔣寅歸納出聯句詩乃起於漢武帝時，一人一句，句句押韻的柏梁台聯句，其後久無繼作，直到宋孝武帝（454～464）的〈華林都亭曲水聯句效柏梁體〉，才有賡續，至初唐仍不絕；蔣寅認爲晉宋之間，人各四句的聯句形式，是「後世聯句的雛形」，〔註155〕然從《全唐詩》中，收於嚴維名下的三首浙東聯唱之作，以及《顏魯公文集》與《吳興晝上人集》，可看到一人一句的形式有許多首，這樣的聯句形式，大不同於人各四句的聯章之作，〔註156〕顯示出

〔註151〕浙東聯唱之作，見於《全唐詩》的，有嚴維〈中元日鮑端公宅遇吳天師聯句（此首又見崔元翰集）〉、〈酒語聯句各分一字〉、〈一字至九字詩聯句〉，卷789，頁8888。賈晉華，〈《大曆年浙東聯唱集》考述〉一文，進一步整理出

〔註152〕景遐東，〈群賢宴集與唐代江南的詩文酒會〉，認爲最能體現詩會之群體性與社交性，莫過於詩會之聯句，聯句爲多人共作一首，「注意意脈的關連，對偶的精當及語言的豐贍，形式技巧要求很高，頗能顯示作家的學識與才華，同時又帶有很強的社交娛樂性質，所以成爲文人集團群體創作的最好的形式。」《江南文化與唐代文學研究》（北京：人民文學出版社，2005年），頁191。

〔註153〕《全唐詩》卷788，頁22。

〔註154〕唐・獨孤及，〈仲春裴胄先宅宴集聯句賦詩序〉：「日新無已，今又或昔，不紀而賦之，如春風何？其演爲聯珠，以志斯會。」轉引自：蔣寅，〈大曆浙東浙西聯句述論——兼論聯句的發生與發展〉，董健主編，《文學研究》第2輯，（江蘇：南京大學出版社，1992年），頁124。下引版本同。

〔註155〕參見蔣寅，〈大曆浙東浙西聯句述論——兼論聯句的發生與發展〉，董健主編，《文學研究》第2輯，頁122。

〔註156〕蔣寅認爲將聯句詩發揚光大的是謝朓，謝朓在公餘之暇與僚屬的聯句詩作，帶有唱和的性質，每人四句各自取意，「整首詩如幾首五絕的合并」（如〈開坐〉、〈侍筵西堂落日望鄉〉）；有「給人未完的感覺」（如〈往敬亭路中〉、〈祀敬亭山春雨〉）；而「結構與聯接稍微緊湊些的」，要數〈紀功曹中園〉，「他們的聯句相對後人所謂的『聯句』來說，實在只能說是『聯章』。」〈大曆浙東

唐代詩人與僧人聯手的聯句詩作，不僅遊戲的成分增多，〔註157〕其互爲逞才較勁，講究鍊字、修辭、詩境，將聯句詩發揮到前所未有的極致，皎然於貞元五年（789）完成的《詩式》，便是僧俗交涉下，在詩學理論方面的代表作。

2. 詩體之新創

　　唐代僧人對於詩體的創新，以義淨與貫休爲代表，義淨與無行同遊鷲嶺後，寫下〈在西國懷王舍城〉：

> 在中國詩律史或俳諧詩的發展史上，這篇作品的意義是十分重大的。它作爲現存最早的一首金字塔體裁的詩歌，代表了這種新詩體的開端，並代表了一種新的詩歌的酬唱方式。〔註158〕

王小盾認爲義淨此詩影響了李白創作「三五七言」體詩、白居易等人唱和至十首之多的「一字至七字詩」、成用創作「一字至九字詩」、五代杜光廷創作「一言至十五言詩」。〔註159〕

　　晚唐詩僧貫休，七歲出家，「日誦《法華經》一千字，耳所暫聞，不忘於心。」貫休不僅讀書過目不忘，還兼工書畫，其「羅漢圖」之神韻，後代畫羅漢者無能出其右，貫休曾以詩謁吳越王錢鏐，錢鏐要貫休將「滿堂花醉三千客，一劍霜寒十四州。」的十四州改爲四十州，貫休曰：「州亦難添，詩亦難改。閒雲孤鶴，何天不可飛。」〔註160〕遂入西蜀，得蜀主王建賞識，呼貫休爲「得得來和尚」，署號「禪月大師」。

　　贊寧譽貫休詩：「歌吟諷刺微隱存于教化，體調不下二李、白、賀也。」

浙西聯句述論——兼論聯句的發生與發展〉，董健主編，《文學研究》第 2 輯，頁 122～123。

〔註157〕〔日〕赤井益久，《大曆時期的聯句與詩會》，歸納大曆聯句的內容有三類：一、以滑稽、詼諧、機智爲主的柏梁體；二、宴集、祖餞之際針對特定人士的聯句；三、以詠物爲主的賦得詩，蔣寅認爲浙西聯唱，從題目上即可看出其濃厚的遊戲色彩。轉引自蔣寅〈大曆浙東浙西聯句述論——兼論聯句的發生與發展〉，董健主編，《文學研究》第 2 輯，頁 134～135。

〔註158〕唐・釋義淨，〈在西國懷王舍城〉：「游，愁。赤縣還，丹思抽。鷲嶺寒風駛，龍河激水流。既喜朝聞日復日，不覺頹年秋更秋。已畢者山本願城難遇，終望持經振錫住神州。」《全唐詩》卷 808，頁 9118。按：此詩因其形式的特徵，又名〈一三五七九言〉。

〔註159〕王小盾，〈唐著辭的相關藝術品種和著辭格律的來源〉，《唐代酒令藝術——關於敦煌舞譜、早期文人詞及其文化背景的研究》（臺北：文津出版社 1993 年），頁 132。下引版本同。

〔註160〕唐・釋貫休，〈獻錢尚父〉，《全唐詩》卷 837，頁 9436。

〔註161〕貫休對於詩體的新創，是把兩個音節改爲一個，造成節奏自由，如〈灞陵戰叟〉：「尋班超傳空垂淚，讀李陵書更斷腸。」〈懷南岳隱士二首（一作贈隱者）〉：「藏千尋瀑布，出十八高僧。」〔註162〕雖破壞了詩律的和諧，卻擴大了詩的表現力。〔註163〕

二、對茶文化之推行

中國是發現和利用茶葉最早的國家，茶和陶瓷、絲綢，是中國對人類的三大貢獻。陸羽《茶經・六之飲》：「茶，發乎神農氏，聞于魯周公。」相傳「神農嘗百草，日遇七十二毒，得茶而解之。」〔註164〕知《詩經》是最早出現「茶」的文獻，〔註165〕茶的異名還有「檟」、「蔎」、「茗」、「荈」，〔註166〕由茶的異名同義字，可以看出茶樹在中國，很早就被廣爲利用。中國人喜歡談「道」，不論是儒家的中庸之道、道家的無爲之道、佛家的解脫之道，都希望在生活的物質世界裡，經由道德踐履，提升到精神世界的圓滿無礙，而在物質世界的活動中，最能夠將「理」表現於視聽言行，進而與「道」冥合的，就是「茶道」，「茶道」之十德，〔註167〕也就是喝茶的十大好處，對於慣常「入于儒，出于道，逃于佛。」的唐代詩人，寫下大量跟茶有關的詩，通過沏茶、賞茶、飲茶以參禪悟道，知唐人已將喝茶視爲修身養性之道。

（一）開元時首創飲茶之風

〈如愚居士書滿庭芳詞〉：「昔僧有言：儒門淡泊，收拾不住，所以皆歸于佛。」〔註168〕陳善生活於南、北宋之交，之所以有此感觸，是有感於禪宗

〔註161〕宋・釋贊寧，《宋高僧傳》卷30〈梁成都府東禪院貫休傳〉。《大正藏》第50冊，頁897。

〔註162〕《全唐詩》卷836、833，頁9417、9399。

〔註163〕參見：魏承思，〈中國佛教文學〉，《中國佛教文化論稿》，頁217。

〔註164〕唐・陸羽撰、程啓坤等點校，《茶經》（上海：上海文化出版社，2003年），頁96。下引版本同。

〔註165〕《詩經・豳風・七月》：「采茶薪樗」（採茶（苦葉）菜，採樗（惡木）爲薪）；《詩經・邶風・谷風》：「誰謂茶苦，其甘如薺。」「茶」是「苦葉」（苦菜），也就是「茶」。《四庫全書》文淵閣本，經部，詩類。

〔註166〕唐・陸羽撰、程啓坤等點校，《茶經》。周公言「檟」是苦茶。揚雄曰：「四川西南邊的人稱茶爲『蔎』。」郭璞曰：「早採者爲茶，晚採者爲茗。」頁61。

〔註167〕茶之「十德」，即：茶能散鬱氣，驅睡氣，養生氣，除病氣，以茶利禮、仁，以茶表敬意，以茶嚐滋味，以茶養身體，茶可雅志，茶可行道。

〔註168〕清・倪濤，《六藝之一錄》卷96《四庫藝術叢書》外二種（二）（上海：上海

之教育即生活；禪宗教理普遍影響到士大夫的觀念、思想，隨著叢林制度的盛行，所帶動的飲茶風氣，更使得唐以後歷朝各代的許多文人，不可一日無此君。

元和年間，虞部郎中陸紹到定水寺看表兄，院僧除了以蜜餌、時果待客，還以「新茗」示其差別待遇；〔註169〕仁在中國停留九年多，一路上宿寺訪僧，多受到茶、果招待，更經常收到茶葉禮物，足見開成年間，寺院飲茶風氣已普遍盛行到成爲百姓日常生活的一部份；《封氏聞見記》記開元間，泰山靈巖寺的「降魔師」，「學禪務于不寐，又不夕食，皆許其飲茶。」降魔師造成的影響是：「人自懷挾，到處煮飲。」懷挾之人，自是僧徒無疑，封演說：「從此轉相仿效，遂成風俗，自鄒、齊、滄、棣，漸至京邑，城市多開店鋪煎茶賣之，不問道俗，投錢取飲。」〔註170〕可見飲茶風氣是在開元年間由僧人帶動，印證封演此說的，尚有《佛祖歷代通載》：

> 初開元中，有逸人王休者，居太白山。每至冬取溪冰，敲其精瑩者，
> 煮茗共客飲之。時覺林寺僧志崇取茶三等，以驚雷笑自奉，以萱草
> 帶供佛，以紫茸香待客。赴茶者至，以油囊盛餘滴以歸。〔註171〕

開元年間，僧志崇所取之三等茶，驚雷笑、萱草帶、紫茸香，究爲何種等級的茶，不得而知，此記透露之重點有二：一、太白山逸人王休與僧志崇的煮茶技術，顯然僧人志崇居上；二、開元年間，已有僧俗共聚的大型「茶會」，王休與僧志崇，與降魔師同爲開元時人，何者首倡飲茶風氣之先，有待詳考，《封氏聞見記》一書成於貞元十六年（800），從僧志崇「以萱草帶供佛」來看，遲至開元時期，寺院已經有以茶供佛的風氣，禪宗僧人多長壽，究竟是喝茶還是禪定導致長壽，不易判別。

白居易《琵琶行》：「商人重利輕別離，前月浮梁買茶去。」浮梁在今江西省景德鎮北，中唐時已是茶葉集散地，茶有厚利可圖，顯見茶葉已成爲大宗的民生物資，唐朝的茶品不僅風行本國，連西蕃贊普也貯有各種茶葉極品，〔註172〕可見唐代飲茶風氣廣至邊域。

古籍出版社，1991 年），832 冊，頁 73。

〔註169〕唐・段成式，《酉陽雜俎》前集卷 5，頁 55。

〔註170〕唐・封演，《封氏聞見記》卷 6，頁 1。

〔註171〕元・釋念常集，《佛祖歷代通載》卷 14。《大正藏》第 49 冊，頁 611。

〔註172〕唐・李肇，《唐國史補》卷（下）：「常魯公使西蕃，烹茶帳中，贊普問曰：『此

（二）「茶僧」與「茶神」

對於唐代寺院飲茶文化的探討，學界多有論及，此不贅述；陸羽《茶經》的地位，在今天看來，是空前更是絕後，助陸羽寫成《茶經》的最大功臣，是中唐詩僧皎然，以下專就陸羽如何在皎然的襄助下，完成《茶經》的寫作。〔註173〕

1.「茶神」陸羽

有關陸羽的事蹟，主要見於《新唐書・陸羽傳》與《全唐文・陸文學自傳》，〔註174〕從陸羽諸多好友所寫有關他的詩，最能看出陸羽對茶的執著與喜愛，耿湋：「一生爲墨客，幾世作茶仙。」〔註175〕概括了當時人對陸羽的論定，而與陸羽交情匪淺的皎然，形容陸羽跟韋早（一作「韋卓」）一樣，個性是「不欲多相識，逢人懶道名。」〔註176〕皎然爲陸羽知交，與陸羽分

爲何物？』魯公曰：『滌煩療渴，所謂茶也。』贊普曰：『我此亦有。』遂命出之。以指曰：『此壽州者，此舒州者，此顧渚者，此蘄門者，此昌明者，此灉湖者。』」楊家駱主編，《唐國史補等八種》，頁66。

〔註173〕陸羽《茶經》共十章：一之源（茶的起源）；二之具（採製茶葉的用具）；三之造（採製茶葉）；四之器（煮茶的用具）；五之煮（煮茶的方法）；六之飲（茶的飲用）；七之事（與喝茶有關的歷史記載）；八之出（茶葉產區）；九之略（茶具的省略）；十之圖（《茶經》各節文字的書寫張掛）。除了說明茶的起源，製茶的工具，造茶的方法和茶的產區外之外，其餘六章主要是講煮茶的技藝、要領，與喝茶時應該注意的規範。《茶經・茶之具》：「茶之爲用，味至寒，爲飲，最宜精行儉德之人。」「精行儉德」是茶道的內涵，藉由飲茶來陶冶情操，使自己具有美好的行爲，成爲道德高尚的人；陸羽《茶經》創造了茶道的儀式，因此而被封爲「茶神」、「茶聖」。

〔註174〕宋・歐陽修、宋祁撰，《新唐書・陸羽傳》與《全唐文・陸文學自傳》所載陸羽的事蹟，大略如下：陸羽，一名疾，字鴻漸，號季疵，別號桑苧翁，自號竟陵子，復州竟陵（今湖北天門）人，生於開元二十一年（733），卒於貞元二十年（804）。陸羽三歲時被棄於河邊，竟陵龍蓋寺智積禪師收養了他，智積禪師在陸羽小時候就教他「旁行書」（按：唐代稱橫寫的外語文書爲旁行書），把陸羽當日後的佛門龍象來教養，與佛緣淺的陸羽，不學「旁行書」，倒常看儒書；不願皈依佛門的陸羽，曾經回答智積禪師：「終鮮兄弟，而絕後嗣，得爲孝乎?」透露出陸羽受儒家「無後爲大」的影響甚大；智積禪師爲了使陸羽聽話，「使執糞除以苦之，又使牧牛三十。」陸羽受不了放牛、掃廁所的工作，因而逃出寺院，加入了戲班；「貌侻吃而辯」的陸羽，雖然其貌不揚，而且口吃，但因詼諧善辯，終於有機會結識太守李齊物，李齊物「親授詩集」，後來又結識顏眞卿、張志和、孟郊、劉長卿、皎然等名僧高士；陸羽一面交遊，一面將收集到的茶葉歷史和茶葉的產區資料進行研究、彙集。

〔註175〕唐・耿湋，〈連句多暇贈陸三山人〉，《全唐詩》卷789，頁8892。

〔註176〕唐・釋皎然，〈贈韋早陸羽〉，《全唐詩》卷816，頁9194。

別時：「應世緣須別，栖心趣不忘。」〔註 177〕與陸羽聚首時：「欲賞芳菲肯（一作不）待辰（一作晨），忘情人訪有情人。」〔註 178〕訪陸羽不遇時：「他日相期那可定，閒僧著處即經年。」〔註 179〕身爲方外之人的皎然，常忍不住向陸羽透露出與紅塵中人相同的，「別時容易見時難」的傷懷，可見兩人的交情非同一般；皎然與文士集會寫聯句詩，同時記載陸羽辛苦找茶的情形，皎然〈尋陸鴻漸不遇〉：「扣門無犬吠，欲去問西家。報道山中去，歸時每日斜。」〈九日與陸處士羽飲茶〉：「俗人多泛酒，誰解助茶香。」〔註 180〕從皎然「誰解助茶香」的感慨，可看出其對陸羽研究茶的執著，深感佩服；歸時日已西斜不是辛苦事，皇甫曾、皇甫冉兄弟，很眞實的記下陸羽採茶的情形，皇甫冉〈送陸鴻漸棲霞寺採茶〉：「採茶非採菉，遠遠上層崖。……舊知山寺路，時宿野人家。」〔註 181〕陸羽在山中攀岩採茶，對回寺的路不是不熟，之所以得借宿人家，並非爲了就近歇息好恢復體力，而是爲了要研究茶的發酵情形；皇甫曾〈送陸鴻漸山人採茶回〉：「採摘知深處，煙霞羨獨行。幽期山寺遠，野飯石泉清。」〔註 182〕找好茶有時得到遠離村、寺的山野，必須有在溪旁造飯的準備，陸羽找茶的辛苦，絕非作息固定的寺僧能比，陸羽若仍然留在智積禪師身旁，勢必無法如山人隱士一般，按理想的生活模式自在過活，並且對茶的研究戮力以赴，陸羽對茶的鍥而不捨，除了本身興趣的主導之外，外在的助力當是來自對茶的研究有相當心得，且能相互切磋的好友，以及最重要的，提供陸羽一個安心寫《茶經》的環境（杼山妙喜寺），皎然在這兩方面都是不二人選。

2. 「茶僧」皎然

皎然，俗姓謝，字清晝，湖州（今浙江吳興）人，是南朝山水詩人謝靈運的十世孫，中唐著名的詩僧，皎然尋訪、送別陸羽，與陸羽及友人聚會的詩作、聯句，在《全唐詩》中載有多首，陸羽生平資料極少，皎然所記有關陸羽的詩，在唐代詩人中爲數最多，爲研究陸羽提供極大幫助。皎然所寫的

〔註177〕唐·釋皎然，〈同李司直題武丘寺兼留諸公與陸羽之無錫〉，《全唐詩》卷818，頁9221。

〔註178〕唐·釋皎然，〈春夜集陸處士居玩月〉《全唐詩》卷817，頁9210。

〔註179〕唐·釋皎然，〈往丹陽尋陸處士不遇〉，《全唐詩》卷817，頁9210。

〔註180〕《全唐詩》卷815、817，頁9178、9211。

〔註181〕《全唐詩》卷249，頁2808。

〔註182〕《全唐詩》卷210，頁2181。

「茶詩」，對飲茶的功效，以及地方名茶的特點，都有翔實的描述，顯見皎然對茶頗有研究，白居易〈謝李六郎中寄新蜀茶〉提到：

> 故情周匝向交親，新茗分張及病身。紅紙一封書後信，綠芽十片火前春。湯添勺水煎魚眼，末下刀圭攪麴塵。不寄他人先寄我，應緣我是別茶人。〔註183〕

「魚眼」是指煮茶時起的小泡沫，白居易自認爲是「別茶人」，皎然更勝白居易，皎然除了能分辨茶的好壞，對烹茶的技藝十分自信之外，還顯示他除了是個道地的「別茶人」，更是個以茶會友的素心人，〈晦夜李侍御萼宅集招潘述湯衡海上人飲茶賦〉：

> 晦夜不生月（一作可坐），琴軒猶爲開。牆東隱者在，淇上逸僧來。
>
> 茗愛傳花飲，詩看卷素裁。風流高此會，曉景屢裝回。〔註184〕

愛茗傳飲，風流高會的情景，自然而然對茶的好處讚嘆有加，皎然甚至舉出相傳因喝茶而得道成仙的丹丘子以爲證，〔註185〕身爲釋徒的皎然，照理說，應該以去嗜欲、外形骸爲修行目標，卻將喝茶成仙的丹丘子奉爲最佳典範，可見在唐朝佛、道並重的政治空氣下，希求長生的心理，無論是帝王、士庶，道徒或釋子，都視爲正常。

陸羽《茶經》得力於皎然的地方，首先是皎然提供的地利之便，皎然長住的杼山妙喜寺，在顧渚山闢有茶園，由皎然〈顧渚行寄裴方舟〉一詩，可知皎然對此茶園的經營頗爲用心，〔註186〕陸羽曾在杼山妙喜寺住了三、四年，受皎然豐富的，有關茶的知識而寫成《茶經》，從上述皎然〈飲茶歌送鄭容〉：

〔註183〕《全唐詩》卷439，頁4893。

〔註184〕《全唐詩》卷817，頁9207。

〔註185〕唐‧釋皎然，〈飲茶歌誚崔石使君〉：「……一飲滌昏寐，情來（一作思）朗爽（一作爽朗）滿天地。再飲清我神，忽如飛雨灑輕塵。三飲便得道，何須苦心破煩惱。此物清高世莫知，世人飲酒多（一作徒）自欺。……孰知茶道全爾眞，唯有丹丘得如此。」〈飲茶歌送鄭容〉：「丹丘羽人輕玉食，採茶飲之生羽翼（天台記云：丹丘出大茗，服之羽化）。……賞君（一作常說）此茶祛我疾（一作賞君茶，祛我疾），使人胸中蕩憂慄。」《全唐詩》卷821，頁9260、9263。

〔註186〕唐‧釋皎然，〈顧渚行寄裴方舟〉：「我有雲泉鄰渚山，山中茶事頗相關。鵰鶒鳴時芳草死，山家漸欲收茶子。伯勞飛日芳草滋，山僧又是採茶時。由來慣採無近遠，陰嶺長兮陽崖淺。……紫筍青芽誰得識，日暮採（一作探）之長太息。清泠眞人待子元（原注：清泠眞人裴君與道人支子元爲友），貯此芳香思何極。」《全唐詩》卷821，頁9266。

「楚人茶經虛得名」，皎然對陸羽《茶經》作批評，可看出皎然以其「別茶」的功力，指導過陸羽對《茶經》的寫作。

（三）陸羽傳說

《因話錄》載陸羽「始創煎茶法」，唐朝流行的「煎茶」，〔註187〕陸羽的形容是：猶如「溝渠間棄水耳。」（《茶經·茶之飲》）陸羽煎茶的功力，《新唐書·陸羽傳》載有陸羽與常伯熊比賽煮茶：

> 有常伯熊者，因羽論復廣著茶之功。御史大夫李季卿宣慰江南，次臨淮，知伯熊善煮茶，召之，伯熊執器前，季卿爲再舉杯。至江南，又有薦羽者，召之，羽衣野服，挈具而入，季卿不爲禮，羽愧之，更著《毀茶論》。〔註188〕

此事在封演《封氏聞見記》、張又新《煎茶水記》均有記，李季卿對陸羽擺明「敬衣不敬人」，這對在乎茶藝不在乎穿著野服煮茶的陸羽是一打擊，張又新《煎茶水記》在陸羽《茶經》問世後，除了突顯陸羽「品水」之異能，更爲李季卿對待陸羽的態度作了美化；〔註189〕在人們把陸羽視爲「茶神」之後，張又新《煎茶水記》載曾經瞧不起陸羽穿著野服煮茶的李季卿，言陸羽曾口授他《水經》，張又新此說，不過是爲了突出他的《煎茶水記》，有關天下「好水」的排名，乃「系出名門」——陸羽傳李季卿，李季卿傳張又新，這則故

〔註187〕陸羽，《茶經·茶之造》記載唐代製茶的過程是「採之，蒸之，搗之，拍之，焙之，穿之，封之，茶之乾矣。」而「陸氏飲茶法」：飲茶時，先將餅茶放在火上炙烤，然後將茶餅碾成粉末，再用篩子篩成細末，放到開水中去煮。煮時，水剛開，水面出現細小的水珠像魚眼一樣，並「微有聲」，稱爲「一沸」。這時加一些鹽到水中調味，當鍋旁的水泡如湧泉連珠時，爲「二沸」，這時要用瓢舀出一瓢開水備用，再拿竹夾攪拌，然後將茶末倒進去，鍋中的水「騰波鼓浪」，「勢若奔濤濺沫」，稱爲「三沸」，此時將剛才舀出來的那瓢水再倒進鍋裏，就算完成了。如果再繼續煮，陸羽認爲「水老不可食也。」最後，把煮好了的茶湯舀進碗裏，前三碗味道較好，後兩碗較差；超過五碗，陸羽說：「非渴其莫之飲。」頁71～74。

〔註188〕宋·歐陽修、宋祁撰，《新唐書》卷196〈隱逸·陸羽〉，頁5612。

〔註189〕唐·張又新，《煎茶水記》記代宗朝，李季卿出任湖州刺史，「至維揚逢陸處士鴻漸」，李季卿早就對揚子江的南零水泡茶之妙有所耳聞，便向陸羽提出要用南零水品茶，當天氣候不佳，風急浪大，南零水的位置在長江中心，士兵提瓶取水回來，陸羽只嚐了一口，就說這水是「臨岸之水」不是「南零之水」，便將瓶中水倒掉一半，嚐了後說是「南零之水」。士兵聽後據實以告，原來風浪太大，上岸時因船顛簸，瓶水晃出了大半，便順手在江邊把剩下一半的水加滿，回來覆命（北京：中華書局，1991年），頁2。

事令人深思的地方是：陸羽鑒別水的好壞，已到了神奇的地步，姑不論其眞假，一如釀好酒一樣，擇好水確實是煮好茶的必備條件，李濬〈慧山寺家山記〉，提到「寺山之泉獨稱奇，能發諸茗顏色滋味。」〔註190〕陸羽找好水煮好茶所作的努力，皎然〈訪陸處士羽〉有記：

太湖東西路，吳主古山前。所思不可見，歸鴻自翩翩。

何山嘗春茗，何處弄春泉。莫是滄浪子，悠悠一釣船。〔註191〕

「滄浪子」指洗淨世俗塵埃，能保持純樸自然品格的人；被奉爲「茶神」後的陸羽，後人神化他煮茶功力的記載有：陸羽成名後，替收養他的龍蓋寺智積禪師煮茶，〔註192〕杜撰這則故事的人，在抬高陸羽茶藝的同時，不知陸羽是被雜役所苦因而逃離寺院，也不知皎然才是助陸羽完成《茶經》的大貴人，陸羽既沒出世（出家），更未入世（代宗曾詔拜陸羽太子文學，徙太常寺太祝，陸羽辭不就），傾畢生之力於茶的研究，爲人類留下寶貴的遺產；太和中，復州有一老僧，自稱是陸羽的弟子，常諷誦陸羽詩：

不羨黃金罍，不羨白玉杯，不羨朝入省，不羨暮入台，千羨萬羨西

江水，曾向竟陵城下來。〔註193〕

《全唐詩》言此詩是陸羽在智積禪師去世後，懷念他而寫的，可見陸羽對以「恨鐵不成鋼」，施以「魔鬼訓練」的智積禪師，仍有「一日爲師，終身爲父。」的感恩。陸羽寫了《茶經》又寫《毀茶論》，爲的應是「求全之『毀』」；當了隱士又經常號泣於野，效阮籍作「窮途之哭」，是有志未伸，一般人心目中的陸羽是個淡泊的隱逸之士，齊己〈過陸鴻漸舊居〉：「佯狂未必輕儒業，高尚何妨誦佛書。」〔註194〕以釋徒的角度認爲陸羽理應皈依佛門，而同爲釋徒的皎然，以「滄浪子」比喻陸羽，足見皎然之了解陸羽，不愧爲陸羽知己。

〔註190〕清・董誥等編，《全唐文》卷816，頁8591。
〔註191〕《全唐詩》卷816，頁9192。
〔註192〕言陸羽在龍蓋寺便開始研究烹茶藝術，智積禪師日常所喝的茶，都是陸羽親手烹煮的，陸羽離開龍蓋寺，有四、五年的時間沒有回寺，智積禪師便四、五年未再飲茶，這件事被唐代宗知道後，便召智積禪師進宮，代宗命宮中最會烹茶的宮女煮茶給他喝，智積禪師喝了一口後便不喝了，皇帝懷疑智積禪師故意不喝，便將陸羽找來，把他煮的茶拿給智積禪師品嚐，智積禪師才喝一口後便說茶有點像是徒兒陸鴻漸煮的，代宗驚歡於陸羽的煮茶技藝與智積禪師的品茶功力，讓他們師徒團聚。
〔註193〕《全唐詩》卷308，頁3492。
〔註194〕《全唐詩》卷846，頁9569。

三、對於書法藝術之創建

唐代創建了空前的碑文化，碑文化與書法密切相關，唐代的碑文化共有十項爲歷代之最，〔註195〕世傳唐太宗喜愛王羲之〈蘭亭序〉眞跡，輾轉得之於王羲之七世孫智永，〔註196〕唐代吏部授官考試科目爲：「身、言、書、判」，以書法爲考試內容，也始於貞觀朝；〔註197〕《尚書故實》載武則天曾到武成殿閱書畫，問宰相王方慶家中之「舊法書」，王方慶將所藏之右軍、僧虔、智永等二十五人的書法呈上，則天命崔融作序，題爲《寶章集》；穆宗見柳公權於寺院觀朱審山水畫，於寺壁所題之詩，〔註198〕對柳公權道：「思見卿久矣」，〔註199〕可見唐代書藝，自帝王至宰臣無不重視，唐代的「書判拔萃科」，流外官想要流內，如尚書省之令史與書令史，抄寫是主要工作內容，非擅書法不可，〔註200〕書法藝術得以延續整個唐代，與抄寫佛經有關的兩個原因不能忽略：一、開元年間，玄宗雖下令禁止民間專業的寫經高手繼續抄經，然唐人藉寫經功德邀冥福的風氣並未停止，寫經手在抄經時，也把書法藝術藉由經

〔註195〕金其楨，〈唐代碑文化研究〉，舉出唐代碑文化之「十最」，分別是：唐太宗〈晉祠銘〉碑，是中國最早的「御碑」以及「行書碑」，螭首碑額上的「貞觀廿年正月廿六日」，是中國最早的「飛白書」體；武則天〈升仙太子碑〉首開婦女書碑，亦是最早的「草書碑」，〈無字碑〉更是風雲千載；唐代還有許多集撰文、書法、篆題於一的「三絕碑」；〈釋懷仁集王書聖教序〉是最早的「集字碑」；〈明徵君碑〉上有距今 2.8 億年左右，海百合化石和中國孔珊瑚化石所形成的梅花狀斑紋的「化石碑」；福建閩侯縣西北的雪峰山上的枯木庵內，出現唐哀帝天祐乙丑年（905）王審知捐款造庵、築水池，約 20 餘字、字大如碗的題記。《南方文物》2004 年第 3 期。

〔註196〕王羲之七世孫智永，名法極，陳隋間人，相傳曾在樓中學書三十年，廢的筆裝滿十大缸，以塚埋之；求字的人多到必須以鐵將門限包起來，號「鐵門限」；智永是啓發唐代眾多書法家之第一人，智永曾寫了〈千字文〉八百本，散給江南諸寺，給抄經的僧徒當作範本，張旭、孫過庭、歐陽詢、褚遂良、懷素，均臨過智永的〈千字文〉；智永臨過許多王帖，熊秉明認爲太宗當年所得之〈蘭亭序〉，極有可能是智永的摹本。參見：熊秉明〈佛教與書法〉，《中國書法理論體系》（臺北縣：谷風出版社，1987 年），頁 143～144、146。

〔註197〕「書、判」優良，爲選官的優勢條件，此制開始於貞觀，定型於武則天。據《新唐書·選舉志》，吏部選官的標準是「身、言、書、判」：「一曰身，體貌豐偉；二曰言，言辭辯正；三曰書，楷法遒美；四曰判，文理優良。」頁 665。

〔註198〕唐·柳公權，〈題朱審寺壁山水畫〉：「朱審偏能視夕嵐，洞邊深墨寫秋潭。與君一顧西牆畫，從此看山不向南。」《全唐詩》卷 479，頁 5447。

〔註199〕宋·錢易，《南部新書》（壬），頁 149。

〔註200〕參見：王元軍，〈干祿仕進與唐人的書法〉，《陝西師大學報》第 23 卷第 3 期，1994 年 9 月。

書保存下來，二、暫居寺院，抄經餬口準備參加科考的清寒文士，有一定基本的書法水平，也因爲他們加入寫經行列，使得書法在唐代，成爲士子必備的敲門磚，以下僅就將唐代草書發揮到最高境界的書僧懷素，〔註201〕略加說明書法藝術大行於唐的情形。

（一）書僧懷素

懷素〈自敘帖〉，抄錄了時人對他的歌頌，有關懷素的個人魅力及草書造詣，見於《全唐詩》中，多首題爲〈懷素上人草書歌〉的作品，作者有王宝、竇冀、魯收、朱遙、許瑤、任華、戴叔倫、貫休，以及蘇渙〈贈零陵僧〉、李白〈草書歌行〉；唐代擅長草書的僧人，除了盛唐懷素，還有唐末的皎光上人，羅隱〈送皎光大師〉，言皎光上人曾以草書應制，〔註202〕吳融與貫休的詩亦提及；〔註203〕吳融認爲皎光上人的草書不下於草聖張旭，〔註204〕此與個人的偏愛有關，盛唐懷素的草書之所以能引起時人大爲驚豔，由李肇記懷素跟僧智永，同樣有「葬筆」之事，〔註205〕可知懷素是苦學有成。

懷素的草書，雖未能如張旭一樣，名列三絕之一，〔註206〕其狂草與寫草

〔註201〕唐代法名「懷素」的僧人有兩個，一是玄奘弟子，律師懷素，俗姓范；一是錢起外甥，書僧懷素，《全唐詩》：「從玄奘法師出家，……以草書名。」《宣和書譜》：「玄奘三藏之門人也。」均將兩個懷素搞混。

〔註202〕唐・羅隱，〈送皎光大師〉：「禹祠分首戴灣逢，健筆尋知達九重。聖主賜衣憐絕藝，侍臣摛藻許高蹤。寧親久別街西寺，待詔初離海（一作江）上峰。一種苦心師得了，不須回首笑龍鍾。」《全唐詩》卷663，頁7600。

〔註203〕唐・吳融，〈贈皎光上人草書歌〉：「……可中一入天子國，絡素裁縑灑毫墨。不繫知之與不知，須言一字千金值。」《全唐詩》卷687，頁7899。釋貫休，〈皎光大師草書歌〉：「……好文天子揮宸翰，御製本多推玉案。晨開水殿教題壁，題罷紫衣親寵錫。僧家愛詩自拘束，僧家愛畫亦局促。唯師草聖藝偏高，一掬山泉心便足。」《全唐詩》卷837，頁9436。

〔註204〕唐・吳融，〈贈皎光上人草書歌〉：「……稽山賀老昔所傳，又聞能者惟張顛。上人致功應不下，其奈飄飄滄海邊。」《全唐詩》卷687，頁7899。

〔註205〕唐・李肇，《唐國史補》卷（中）：「長沙僧懷素善草書，自言得草聖三昧。棄筆堆積，埋於山下，號曰筆塚。」楊家駱主編，《唐國史補等八種》，頁38。

〔註206〕中土寺院有所謂「三絕藏」，始於東晉建康瓦官寺：「有師子國玉像，戴安道手製佛像五軀，顧長康維摩畫圖，世謂之三絕。東昏侯取玉像，爲潘貴妃毀作釧釵，都人爲之歎恨。」（釋志磐《佛祖統紀》卷36。《大正藏》第49冊，頁348）。唐人慣用「三絕」來形容藝術之美，較有名的「一日而畢」的「三絕」有兩處，一、洛陽天宮寺「三絕」，裴旻舞劍、道子作畫、張旭草書；二、成都應天寺，孫位在門外左壁畫天王及部從，景煥見後於右壁畫天王以對之，同遊之歐陽炯書歌行一篇以紀，書僧夢龜書於廊壁，時號「應天三絕」（《太

書時的狂態，卻足以和張旭媲美，﹝註207﹞世稱「顚張醉素」；上舉諸人對懷素草書造詣的描寫，以李白〈草書歌行〉最爲傳神，李白首先肯定懷素「草書天下稱獨步」；「墨池飛出北溟魚，筆鋒殺盡中山兔。」形容懷素落筆之神速，「八月九月天氣涼，酒徒詞客滿高堂。」可見懷素經常當眾表演揮毫；「牋麻素絹排數廂，宣州石硯墨色光。」「數廂」的牋麻素絹，可見表演的場地不是一般人家；「吾師醉後倚繩床，須臾掃盡數千張。」李白如實記下懷素有酒助書的實況：

> 飄風驟雨驚颯颯，落花飛雪何茫茫。起來向壁不停手，一行數字大如斗。怳怳如聞神鬼驚，時時只見龍蛇走。左盤右蹙如驚電，狀同楚漢相攻戰。﹝註208﹞

字如斗大並非易事，字跡還能如龍蛇之飛騰，如此的功力，比起用頭髮濡墨而書的張旭，雖然同爲酒精的催發，﹝註209﹞表現自是兩般；懷素寫草書的地點，李白道：「湖南七郡凡幾家，家家屛障書題遍。」懷素之深入民間，在有口皆碑的情形下，其聲名之遠播，是前述諸位詩人爭記之因。

（二）懷素與草書

李白看到的是少年懷素，將懷素草書之神歸爲「天生」，﹝註210﹞上舉記懷素寫草書者，從詩中內容來看，多爲當時座上嘉賓，親眼目睹懷素驚世之表演，

平廣記》卷214〈應天三絕〉引《野人閒話》，頁1639～1640）。

﹝註207﹞唐・李肇，《唐國史補》卷上：「旭飮酒輒草書，揮筆而大叫，以頭搵水墨中而書之，天下呼爲張顚。醒後自視，以爲神異，不可復得。」轉引自楊家駱主編《唐國史補等八種》，頁17。有關張旭之顚狂，另見杜甫，〈飮中八仙歌〉：「……張旭三杯草聖傳，脫帽露頂王公前，揮毫落紙如雲煙。焦遂五斗方卓然，高談雄辨驚四筵。」《全唐詩》卷216，頁2260。張旭草書的心得，據其自述：「始見公主擔夫爭道，又聞鼓吹而得筆法意，觀公孫大娘舞劍器，乃盡其神。」除了吳道子以外，崔邈、顏眞卿亦曾向張旭學書法。

﹝註208﹞唐・李白，〈草書歌行〉，《全唐詩》卷167，頁1729。

﹝註209﹞閆豔，《唐詩食品詞語語言與文化之研究》，引《通典》卷11：「（廣德）二年十二月，敕天下州，各量定酤酒戶，隨月納稅。除此外，不問官私，一切禁斷。」閆豔認爲此舉除了保證酒類生產以滿足社會需要，又能讓國家獲得穩定的財稅收入（四川：巴蜀書社，2004年），頁310。按：寺院雖然也會造酒，然在代宗之前，民間這些具相當數量的，專門造酒、賣酒，不必繳稅的酤酒戶，應是供應一般民眾。

﹝註210﹞唐・李白，〈草書歌行〉，《全唐詩》卷167：「王逸少，張伯英。古來幾許浪得名，張顚老死不足數，我師此義不師古。古來萬事貴天生，何必要公孫大娘渾脫舞。」頁1729。

王宝強調懷素是兩位「草聖」（張芝、張旭）的傳人；〔註211〕竇冀形容懷素令滿座稱奇的天縱神力；〔註212〕魯收空嘆懷素在現場揮毫，一旁那些發出笑聲之人，實爲不入流的觀眾；〔註213〕朱逵直以懷素是能令蔡邕之魂也見之心死的，具宿命通的再來人；〔註214〕許瑤記懷素酒醒後之「書不得」，〔註215〕實與張旭無異；蘇渙將懷素直接視爲張旭的嫡傳；〔註216〕任華是唯一點出懷素雖有絕藝，猶需假良媒者；〔註217〕戴叔倫讓懷素親自爲他揮毫，眾人觀看不及之餘，也只探得懷素連自己的書藝也說不清楚，〔註218〕懷素的書藝，能與佛法沾得上

〔註211〕唐・王宝，〈懷素上人草書歌〉：「衡陽雙峽插天峻，青壁巉巉萬餘仞。此中靈秀眾 所知，草書獨有懷素奇。懷素身長五尺四，嚼湯誦咒叮可畏。銅瓶錫杖倚閑庭，斑管秋毫多逸意。……君不見張芝昔日稱獨賢，君不見近日張旭爲老顛，二公絕藝人所惜，懷素傳之得眞跡。……我牧此州喜相識，又見草書多慧力。懷素懷素不可得，開卷臨池轉相憶。」《全唐詩》卷204，頁2134。

〔註212〕唐・竇冀，〈懷素上人草書歌〉：「狂僧揮翰狂且逸，獨任天機摧格律。……長幼集，賢豪至，枕槽藉麴猶半醉。忽然絕叫三五聲，滿壁縱橫千萬字。……郡守王公同賦詩。枯藤勁鐵愧三舍，驟雨寒猿驚一時。此生絕藝人莫測，假此常爲護持力，連城之璧不可量，五百年知草聖當。」《全唐詩》卷204，頁2134。

〔註213〕唐・魯收，〈懷素上人草書歌〉：「吾觀文士多利用，筆精墨妙誠堪重。身上藝能無不通，就中草聖最天縱，　　狂來紙盡勢不盡，投筆抗聲連叫呼。信知鬼神助此道，墨池未盡書已好。行路談君口不容，滿堂觀者空絕倒。所恨時人多笑聲，唯知賤賓（一作寶）翻貴名。觀爾向來三五字，顛奇何謝張先生。」《全唐詩》卷204，頁2135。

〔註214〕唐・朱逵，〈懷素上人草書歌〉：「幾年出家通宿命，一朝卻憶臨池聖。轉腕摧鋒增崛崎，秋毫繭紙常相隨。衡陽客舍來相訪，連飲百杯神轉王。……于今年少尚如此，歷睹（一作觀）遠代無倫比。妙絕當動鬼神泣，崔蔡幽魂更心死。」《全唐詩》卷204，頁2136。

〔註215〕唐・許瑤，〈題懷素上人草書〉：「志在心奇無定則，古瘦灕纚半無墨。醉來信手兩三行，醒後卻書書不得。」《全唐詩》卷204，頁2136。

〔註216〕唐・蘇渙，〈贈零陵僧〉：「張顛沒在二十年，謂言草聖無人傳。零陵沙門繼其後，新書大字大如斗。興來走筆如旋風，醉後耳熱心更兇。忽如裴旻舞雙劍，七星錯落纏蛟龍。又如吳生畫〔鬼神〕（神鬼），魑魅魍魎驚本身。……今日華堂看灑落，四座喧呼歎佳作。迴首邀余賦一章，欲令羨價齊鍾張。……。忽然告我遊南溟，言祈亞相求大名。亞相書翰凌獻之，見君絕意必深知。南中紙價當日貴，只恐貪泉成墨池。」《全唐詩》卷255，頁2867。

〔註217〕唐・任華，〈懷素上人草書歌〉：「狂僧前日動京華，朝騎王公大人馬，暮宿王公大人家。誰不造素屏，誰不塗粉壁。……十杯五杯不解意（一作起），百杯已後始顛狂。一顛一狂多意氣，大叫一聲起攘臂。揮毫倏忽千萬字，有時一字兩字長丈二。……狂僧狂僧，爾雖有絕藝。猶當假良媒，不因禮部張公將爾來。如何得聲名一旦讙九垓。」《全唐詩》卷261，頁2904。

〔註218〕唐・戴叔倫，〈懷素上人草書歌〉：「楚僧懷素工草書，古法盡能新有餘。神清

邊的，只有他的舅舅錢起形容得較爲眞實：

> 釋子吾家寶，神清慧有餘。能翻梵王字，妙盡伯英書。遠鶴無前侶，
> 孤雲寄太虛。狂來輕世界，醉裏得眞如。……壽酒還嘗藥，晨餐不
> 薦魚。遙知禪誦外，健筆賦閒居。〔註219〕

懷素被眾人公認可以媲美張芝的書法，並非天賦之奇，〈自敘帖〉上像是鋼筆寫出來的細字，與上舉諸人說他寫字時的迅疾，都是「刹那即永恆」的表現，這種表現來自畫家張璪所說的：「外師造化，中得心源。」〔註220〕「外師造化」是「中得心源」的奠基工夫，張旭之「外師造化」，來自於見擔夫爭路、公孫大娘舞劍器而得，〔註221〕懷素曾自言：

> 貧道觀夏雲多奇峰，輒常師之。夏雲因風變化乃無常勢，又遇壁折
> 之路，一一自然。〔註222〕

懷素之「外師造化」，由觀夏雲的變化而聯想到筆勢，進而引起創作慾望，此大不同於僧人抄經時，將書法視爲「布施」的宗教情操，而是與當時盛行的禪宗，主張「當下即是」的「瞬間頓悟」較爲接近。〔註223〕

懷素所處的盛、中唐（725～737 或 788～800），正是禪門大興的時期，〔註224〕懷素汲取南宗禪的精神，是極其自然的事，〔註225〕唐代存詩最多的詩僧

骨竦意眞率，醉來爲我揮健筆。始從破體變風姿，一一花開春景遲。忽爲壯麗就枯澀，龍蛇騰盤獸屹立。馳毫驟墨劇奔駟，滿座失聲看不及。心手相師勢轉奇，詭形怪狀翻合宜。人（一作有）人細（一作若）問此中妙，懷素自言初不知。」《全唐詩》卷273，頁3070。

〔註219〕唐・錢起，〈送外甥懷素上人歸鄉侍奉〉，《全唐詩》卷238，頁2662。

〔註220〕唐・張璪，《繪境》（已佚），轉引自：張彥遠《歷代名畫記》卷10，頁318。

〔註221〕唐・李肇，《唐國史補》卷上：「旭言：『始吾見公主擔夫爭路，而得筆法之意。後見公孫氏舞劍器，而得其神。』」轉引自楊家駱主編《唐國史補等八種》，頁17。

〔註222〕唐・陸羽，《唐僧懷素傳》，轉引自：《書苑菁華》卷18。《四庫全書》文淵閣本，子部，藝術類，書畫之屬。

〔註223〕葛兆光，〈禪宗與中國士大夫的藝術思維〉，形容「瞬間的頓悟」：「解脫了所有干擾與束縛似地獲得一種眞正的輕鬆，……能使人處於相當一段時間的興奮與激動。」《禪宗與中國文化》（臺北：里仁書局，1987年），頁207。

〔註224〕禪門巨擘，不論是七祖神會（670～762）、懷讓（677～744）、馬祖（709～788）、懷海（720～814），影響懷素的少年時期是顯而易見的。

〔註225〕孫昌武，〈明鏡與泉流——論南宗禪影響於詩的一個側面〉，認爲南宗禪的「頓悟」、「見性」觀念，對於歌創作的表現，有靜、動兩大方向的啓發：靜的方向：「基於頓悟的『自性清淨』，追求清淨『無念』，在詩中表現清淨自性的發現與復歸。」動的方向：「基於對眾生自性的肯定，追求任運自然，在詩中則

貫休曾說：「僧家愛詩自拘束，僧家愛畫亦局促。」〔註226〕就此而論，懷素身為「書僧」的「拘束」，是後人的看法，而在唐代，不論是強調理事無礙的華嚴，一心三觀的天台，即心即佛的南宗禪，對於懷素而言，都是「一一自然」。

第三節　唐代古文家與僧人之會通儒、釋

　　敦煌僧人多參與政務，其作品除了政治主題外，還兼具佛教與邊塞色彩，〔註227〕不獨敦煌僧人多兼通儒、釋，中原僧人亦然，景遐東認為文士與詩僧，對於世道人心同樣感到憤激不滿；〔註228〕葛兆光認為禪宗直指本心的方法，與儒家復歸本性的思想有異曲同工之處；〔註229〕劉寶才就《劉賓客文集》卷二十九〈送僧二十四首〉，認為劉禹錫與僧人交往的原因，有學習佛法，發展儒家學說；政治失意時，尋求精神寄託，〔註230〕以上所舉文士與僧人的互動內容，以及唐帝王在生日時所舉行的「三教論衡」，已創造儒、釋相融互涉的先天條件，此外，唐代文人習業山林，除了應考士子以外，以兼融儒釋道思想為涵泳者，〔註231〕可見其會通儒釋的用心；唐代文人之政治身份，與其政治生活與政治活動相關，反之，政治生活與政治活動常會影響其政治態度與政治意識，政治態度與政治意識又影響其詩歌創作；〔註232〕唐代涉獵佛學的古文家，在政治生活之外，其會通儒、釋的情形，多見於作品中，文士為已故「律師」所作的碑銘，從其盛讚律師守戒的情形，以及對不守戒律的僧人，加以嚴厲的批判，所依據的是儒家之「禮」，唐代古文家與僧人之交涉，雙方對統合儒、釋的用心，於宋代陽儒陰釋的理學家大有啟發，以下略述李華、

　　　　表現為主觀情志的表露與發揚。」《詩與禪》（臺北：東大圖書公司，1994年），頁109～110。
〔註226〕唐・釋貫休，〈故光大師草書歌〉，《全唐詩》卷837，頁9436。
〔註227〕邵文實，〈敦煌佛教文學與邊塞文學〉，《敦煌學輯刊》2001年第2期。
〔註228〕景遐東，〈唐代文士和詩僧的憤世嫉俗詩〉，《湖北師範學院學報》第22卷第1期，2002年。
〔註229〕參見：葛兆光，〈從中唐思想史看洪州宗的意義〉，《杭州師範學院學報》，1994年第5期。
〔註230〕劉寶才，〈唐代思想家與佛教僧人交往的原因——讀劉禹錫送僧詩〉，《西安聯合大學學報》2001年第3期。
〔註231〕侯迺慧，《詩情與幽境——唐代文人的園林生活》（臺北：東大圖書公司，1991年），頁51。
〔註232〕參見：孫琴安，〈政治色彩濃厚的唐代詩人隊伍〉，《唐詩與政治》（上海：人民出版社，2003年），頁1。

梁肅、柳宗元以及佛教僧人，對統合儒、釋所作的努力。

一、李華主禪定不廢禮

李華是越禪師（法號常超）的弟子，越禪師師事神秀弟子普寂，〈故中岳越禪師塔記〉云：「弟子司封員外郎趙郡李華泣舉雙林，敬表仁旨。」〔註233〕在〈故左溪大師碑〉與〈潤州天鄉寺故大德雲禪師碑〉，〔註234〕李華將中土禪宗各派的傳承臚列甚詳，值得一提的是，李華在〈故左溪大師碑〉，提到天台宗的師承，而在〈潤州天鄉寺故大德雲禪師碑〉，言：「南方以殺害爲事，北方多豪右犯法，故大通（神秀）在北，能公（惠能）在南，至慈救愍，曲無不至。」〔註235〕李華雖爲北宗之俗家弟子，言禪宗時卻不忘提及天台，讚美神秀時亦不忘惠能，可見在他心中並無教派之分，李華雖是禪門弟子，但對於僧人戒律不嚴的情形，卻頗有意見，〈杭州餘杭縣龍泉寺故大律師碑〉：

> 法無高下，根有淺深，由是啓禪那證入之門，立毗尼攝護之藏。土因
> 水而成器，火得薪而待燃，惟此二宗，更相爲用。律行嚴用，奉則淨
> 無瑕缺；戒定光深，照則測見本源。次修定門，而自調服。〔註236〕

李華指出戒律與禪定乃相互爲用，相同的論點還出現在〈衢州龍興寺故律師體公碑〉，強調「律爲知見根本」，〔註237〕以及〈揚州龍興寺律師碑〉：「調伏心者爲定慧，調伏身者爲律議。……禪律二門，如左右翼。」〔註238〕觀李華之讚美律師行儀，多方強調戒律雙修，定慧等持的重要，甫興不久的禪宗，其戒律問題，想必已引起文人的多方留意。

李華弟子獨孤及，於〈舒州山谷寺覺寂塔隋故鏡智禪師碑銘〉，同樣主張南北宗並重，獨孤及點出「能公退而老曹溪，其嗣無聞焉。秀公傳普寂，寂公之門徒萬，升堂者六十有三。」〔註239〕顯見當時普寂弟子遍天下的狀況，

〔註233〕宋・李昉等編，《文苑英華》卷820，頁4329。
〔註234〕宋・李昉等編，《文苑英華》卷861，頁4545～4548。
〔註235〕宋・李昉等編，《文苑英華》卷861，頁4547。
〔註236〕宋・李昉等編，《文苑英華》卷860，頁4538。
〔註237〕唐・李華，〈衢州龍興寺故律師體公碑〉：「器爲外物，挹泉者器，有以濟饑渴也；身爲妄聚，奉道者身，有以成大覺也。泉不離器，道不離身。器存則饑渴洗除，身脩則大覺無礙。故律爲知見根本。」宋・李昉等編，《文苑英華》卷860，頁4540。
〔註238〕宋・李昉等編，《文苑英華》卷862，頁4548。按：「議」應爲「儀」之誤，
〔註239〕唐・獨孤及，〈舒州山谷寺覺寂塔隋故鏡智禪師碑銘并序〉，宋・李昉等編，《文

獨孤及〈揚州慶雲寺律師一公塔碑〉，推崇靈一之「嚴持律藏」，〔註240〕可見其紹承李華注重佛教戒律的看法；李華與獨孤及師徒二人同為北宗弟子，言禪宗師承時均不廢南宗，同樣強調佛教戒律的重要，其所本者，是儒家「禮」的發揮。

二、梁肅與天台

　　梁肅師承獨孤及，為天台九祖荊溪湛然之俗家弟子，梁肅為湛然所著之《維摩經略疏》作序，自言：「肅嘗受經於公門，遊道於義學。雖鑽仰莫能，而嗟歎不足。」〔註241〕大曆九年，沙門法禺在建安寺西北隅建精舍，請湛然轉法輪，梁肅在〈常州建安寺止觀院記〉，言：「小子忝遊師門，故不敢不志。」〔註242〕此可確定梁肅為天台宗徒；梁肅闡揚天台教義不遺餘力，解釋空假中「三諦」，見於〈止觀統例議〉，〔註243〕贊寧〈唐台州國清寺湛然傳〉：

> 其朝達得其道者，唯梁肅學士。……觀夫梁學士之論儗議偕齊，非此人何以動鴻儒，非此筆何以銘哲匠。蓋洞入門室，見宗廟之富，故以是研論矣。吁吾徒往往有不知然之道。詩云：「維鵲有巢，維鳩居之。」梁公深入佛之理窟之謂歟。〔註244〕

梁肅得「深入佛之理窟」的高譽，贊寧是就其對天台宗，詳敘其傳承「正統」之功言其深入佛窟；〔註245〕梁肅對禪宗的不滿，比起李華與獨孤及，更有過

<hr>

苑英華》卷864，頁4562。

〔註240〕宋・李昉等編，《文苑英華》卷864，頁4560。

〔註241〕唐・梁肅，《維摩經略疏序》，轉引自清・董誥等編，《全唐文》卷518，頁5270。

〔註242〕清・董誥等編，《全唐文》卷519，頁5274。

〔註243〕唐・梁肅，〈止觀統例議〉：「夫三諦者何也？一之謂也；空假中者何也？一之目也。空假者相對之義，中道者得一之名，此思議之說，非至一之旨也。至一即三，至三即一，非相含而然也，非相生而然也，非數義也，非強名也，自然之理也。」清・董誥等編，《全唐文》卷517，頁5256。

〔註244〕宋・釋贊寧，《宋高僧傳》卷6〈唐台州國清寺湛然傳〉。《大正藏》第50冊，頁740。

〔註245〕唐・梁肅，〈台州隋故智者大師修禪道場碑銘并序〉：「得大師之門者千數，得深心者三十有二人。纂其言，行於後世者，曰章安大師諱灌頂灌；頂傳縉雲威禪師；禪師傳東陽；東陽與縉雲同號，時謂小威；小威傳左谿朗禪師。自縉雲至左谿，以原珠相付，向晦宴息而已。左谿門人之上首，今湛然大師，道高識遠，超悟辯達，凡祖師所施之教，形於章句者，必引而伸之。」《全唐文》卷520，頁5287。按：梁肅此記臚列天台宗智者大師以下的師承，後世天台宗人以初祖龍樹至九祖湛然的看法，本於梁肅。

之，梁肅之力闢禪宗，純爲闡揚天台，〈天台法門議〉云：

> 今之人正信者鮮。啓禪關者，或以無佛無法、何罪何善之化化之。中人以下，馳騁愛欲之徒，出入衣冠之類，以爲斯言至矣。且不逆耳，私欲不廢，故從其門者，若飛蛾之赴明燭，破塊之落空谷。殊不知坐致焦爛，而莫能自出。雖欲益之，而實損之。與夫衆魔外道，爲害一揆。〔註246〕

梁肅將禪宗末流，等同於衆魔外道，其獨尊天台教義，以天台止觀等同儒家復性說，此爲其會通儒、釋之論；〔註247〕梁肅「復性說」，李翱以之作〈復性書〉，李翱不似梁肅單止於統合儒、釋，李翱〈復性書〉三篇，多引《周易・繫辭》、《論語》、《中庸》，特別是《中庸》，李翱表面上抬高儒教，實際上大闡佛教的心性之理，所謂陽儒陰釋，此從李翱排斥佛教〔註248〕卻接受佛教思想可知。

　　智顗所創之天台宗，是中國第一個佛教宗派，主張由定生慧，定、慧雙修（止觀雙修），把禪定修習與般若智慧合而爲一，除了改變了一般人將禪定視爲枯坐冥想，因禪坐而產生神通的看法，智顗爲禪定修習打下哲學基礎，此外，更將般若的抽象哲學思考，引導至實踐證悟一途，智慧與實踐結合，也就是哲學與禪的結合，天台宗的止觀雙修，爲後來的南宗禪開創了一條康莊大道，李華與梁肅在會通儒、釋的過程中，均特別強調戒律的重要，此在唐代奉佛的士大夫當中，可謂愛深責切的表現。

三、柳宗元之中道觀

　　柳宗元與李華、梁肅一樣，均不滿禪宗僧人之不守戒律，不同的是，柳

〔註246〕清・董誥等編，《全唐文》卷517，頁5256。

〔註247〕梁肅會通儒佛之論，見於〈止觀統議例〉：「夫止觀何爲也？導萬法之理，而復於實際者也。實際者何也？性之本也。物之所以不能復者，昏與動使之然也。照昏者謂之明，駐動者謂之靜；明與靜，止觀之體也。……舉其要，則聖人極深研幾窮理盡性之說乎！」《全唐文》卷517，頁5256～5257。

〔註248〕李翱排佛，見〈去佛齋并序〉，其動機大別爲二：一、就蒼生經濟；李翱言：「故其徒也，不蠶而衣裳具，弗耨而飲食充。安居不作，役物以養己者，至於幾千百萬人，推是而凍餒者幾何人可知矣！於是築樓殿宮閣以事之；飾土木銅鐵以形之；髡良人男女以居之，雖璇室象廊，傾宮鹿臺，章華阿房，弗加也，是豈不出乎百姓之財力歟？」二、就儒家道統；李翱言：「佛法之流染於中國也，六百餘年矣。始于漢，浸滛于魏晉宋之間，而瀾漫于梁，蕭氏遵奉之以及于茲，蓋後漢氏無辨而排之者，遂使夷狄之術行于中華，故吉凶之禮謬亂，其不盡爲戎禮也無幾矣。」《李文公集》卷4，《四部叢刊》本，初編，集部，頁16～17。

宗元多強調他派的優點，而非專力於批評禪宗，此爲其不同於梁肅處；在〈無姓和尚碑銘并序〉中，柳宗元盛讚無姓和尚：「戒爲之墉，慧爲之戶。以守則固，以居則安。」〔註249〕〈南嶽彌陀和尚碑〉，肯定彌陀和尚「示專念、書塗巷、刻谿石。」〔註250〕不論是稱揚無姓和尚之守戒明慧，或是彌陀和尚之專念淨土，柳宗元均強調二人之「中道」精神，〔註251〕而在〈龍安海禪師碑〉，柳宗元言禪宗之大病，在於離眞而益誕，〔註252〕同時也點出禪宗之悖離「中道」，總的來說，柳宗元於佛教之中道觀，認爲戒定慧三學，缺一不可；柳宗元對於戒律的重視，多見於其爲律師所作的碑銘，〈南嶽般舟和尚第二碑〉：

> 佛法至于衡山及津大師，始修起律教。由其壇場而出者，爲得正
> 法。……嗚呼！無得而修，故念爲實相；不取於法，故律爲大乘。
> 〔註253〕

柳宗元重律教爲「得正法」的看法，另見於〈衡山大明寺律和尚塔碑銘并序〉；〔註254〕柳宗元仰慕持律之僧人，其〈送濬上人歸淮南覲省序〉：

> 其有脩整觀行，尊嚴法容，以儀範于後學者，以爲持律之宗焉。上
> 人窮討祕義，發明上乘，奉威儀三千，雖造次必備。嘗以此道宣於
> 江湖之人，江湖之人悦其風而受其賜，攀慈航望彼岸者，蓋千百計。
> 天子聞之徵至闕下，御大明祕殿以問焉。〔註255〕

守戒律之僧人，形之於外表，如：濬上人之「脩整觀行，尊嚴法容。」獲得

〔註249〕宋・姚炫編、四庫全書館考證，《唐文粹》卷64（臺北：世界書局，1989），頁436。下引版本同。

〔註250〕唐・柳宗元，〈南嶽彌陀和尚碑〉，《柳河東集》卷6（臺北：河洛圖書出版社，1974年），頁94。下引版本同。

〔註251〕唐・柳宗元，〈無姓和尚碑銘并序〉：「嗚呼！佛道逾遠，異端競起，唯天台大師爲得其說。和尚紹承本統，以順中道，凡受教者不失其宗。」《唐文粹》卷64，頁436。〈南嶽彌陀和尚碑〉：「凡化人，立中道而教之權，俾得以疾至。……丕勤誘掖，以援于下。不求而道備，不言而物成。」《柳河東集》卷6，頁94。

〔註252〕唐・柳宗元，〈龍安海禪師碑〉：「故傳道益微，而言禪最病。拘則泥乎物，誕則離乎眞，眞離而誕益勝。故今之空愚夫失惑縱傲自我者，皆誣禪以亂其教，冒于囂昏，放于淫荒。」《柳河東集》卷6，頁98。

〔註253〕唐・柳宗元，〈南嶽般舟和尚第二碑〉，《柳河東集》卷7，頁103～104。

〔註254〕唐・柳宗元，〈衡山大明寺律和尚塔碑銘并序〉：「儒以禮立仁義，無之則壞；佛以律持定慧，去之則喪。是以離禮於仁義者，不可與言儒；異律於定慧者，不可與言佛。達是道者，唯大明師。」《唐文粹》卷62，頁423。

〔註255〕唐・柳宗元，〈送濬上人歸淮南覲省序〉，宋・李昉等編，《文苑英華》卷732，頁3809。

千百之人的宗仰是必然的，而與之相反的言禪者，因爲不讀經論，爲禪之大蠹，柳宗元的形容是：「妄取空語」、「顛倒眞實」，〔註256〕以一個俗家弟子的眼光，柳宗元對禪學末流的評斷實爲中肯。

柳宗元在永貞革新失敗後貶永州司馬，於〈西軒記〉言：「余知釋氏之道且久」，〔註257〕〈送巽上人赴中丞叔父召序〉言：「吾自幼好佛，求其道積三十年。」〔註258〕知柳宗元接觸佛教是由來已久，柳宗元〈送僧浩初序〉，言韓愈對他信佛的非議，並坦言自己信佛的動機，與大多數的唐代文人一樣，是著眼於佛法與《周易》、《論語》相通的部分，〔註259〕惠能提倡頓悟創南宗禪，柳宗元僅以《禮記》之「人生而靜」，〔註260〕言儒、釋之相通處總結惠能之功，並未對惠能頓悟之妙要有其他的謬讚之詞，其統合儒、釋的見解可謂持平。

四、唐代僧人之會通儒、釋

李正曉認爲，早期的道教造像是模仿佛教造像，「東漢之後，蓮花座的出現和禪定式老子像的出現，標誌著佛教與道教的圖像逐漸分化。」〔註261〕而在唐代，寺、觀供百姓瞻仰的塑像，仍然有「老子作浮屠形」的佛、道不分，而在唐代僧人身上，則有融儒、釋於一家的「孝僧」；自中唐開始，出現援儒

〔註256〕唐‧柳宗元，〈送琛上人南遊序〉：「法之至，莫尚乎般若；道之大，莫極乎涅槃。世之上士，將欲由是以入者，非取乎經論，則悖矣！而今之言禪者，有流蕩舛誤，迭相師川，妄取空語而脫畧，方便顛倒眞實，以陷乎已，而又陷乎人。」宋‧李昉等編，《文苑英華》卷732，頁3810。

〔註257〕唐‧柳宗元，〈西軒記〉：「永貞中，余名在黨人不容於尚書省，出爲邵州道，貶永州司馬。至則無以爲居，居龍興寺西序之下。余知釋氏之道且久，固所願也。」宋‧李昉等編，《文苑英華》卷821，頁4334。

〔註258〕唐‧柳宗元，〈送巽上人赴中丞叔父召序〉：「或問宗元曰：『悉矣！子之得於巽上人也，其道果何如哉？』對曰：『吾自幼好佛，求其道積三十年，世之言者，罕能通其說，於零陵，吾獨有得焉。』」《柳河東集》卷25，頁423。

〔註259〕唐‧柳宗元，〈送僧浩初序〉：「儒者韓退之與余善，嘗病余嗜浮圖言，訾余與浮圖遊。近隴西李生礎，自東都來，退之又寓書罪余，且曰：『見送元生序，不斥浮圖。』浮圖誠有不可斥者，往往與《易》、《論語》合。」轉引自：宋‧李昉等編，《文苑英華》卷732，頁3809。

〔註260〕唐‧柳宗元，〈曹溪第六祖賜謚大鑒禪師碑〉：「孔子無大位，沒以餘言持世。更楊、墨、黃、老益雜，其術分裂。而吾浮圖說後出，推離還源，合所謂生而靜者。」《柳河東集》卷6，頁92。

〔註261〕〔韓〕李正曉，〈中國早期佛像的特點與有關問題〉，《中國早期佛教造像研究》（北京：文物出版社，2005年），頁143。

入佛，大力宣揚報恩思想的孝僧，〔註262〕此一現象的產生，與古文家會通儒釋一樣，僧人也「援儒入佛」，顧況言：「陰陽不測，唯佛而已。」〔註263〕王維認爲：「道生一，一生二，二生三，三生萬物，又近佛經八識。」〔註264〕顧況視佛法爲究竟，王維代表的是進一步對佛理的認識，強調的是萬法唯心，亦即人類具有自主一切的能力，唐代「一切自主」的僧人，有許多是以兼賅內、外典的學養而獲得文士的敬重；玄宗朝，律師曇一，遠近瞻仰視如宗師，曇一經常向公卿大夫問《周易》、論《史記》，張說等人「皆以同聲並爲師友」〔註265〕廣明年間，號鑑水闍黎的釋元表，「兼勤外學，書史方術無不該覽。」〔註266〕宋僧贊寧於《宋高僧傳》，大談乾坤變動之道，〔註267〕贊寧師承唐末的易學大師釋希覺，〔註268〕可以說，唐代許多精通內、外典的僧人，都是會通儒、釋的高僧。

　　玄奘歸國後，在〈謝敕送大慈恩寺碑文表〉言：「竊以八卦垂文，六爻發繫。觀鳥制法，泣麟敷典。聖人能事，畢見於茲。將以軌物垂範，隨時立訓。陶鑄生靈，抑揚風烈。」〔註269〕解讀玄奘此番「援儒以入佛」的言論，同意

〔註262〕佛教所謂「四重恩」，父母、三寶、國家、眾生，並無特別強調報父母之恩，圭峰宗密譯《盂蘭盆經疏》二卷，強調佛陀與目連出家，都是爲了救渡父母，與宗密同時（宗密卒於會昌元年），出現了一批以孝出名的「孝僧」，如：元嵩、道丕、道縱。

〔註263〕唐・顧況，〈陰陽不測之謂神論〉。轉引自清・董誥等編，《全唐文》卷529，頁5374。

〔註264〕唐・王維，〈奉敕詳帝皇龜鏡圖狀〉。轉引自清・董誥等編，《全唐文》卷324，頁3291。

〔註265〕宋・釋贊寧，《宋高僧傳》卷14〈唐會稽開元寺曇一傳〉：「（曇一）然刃有餘地，時兼外學。常問周易於左常侍褚無量；論史記於國子司業馬貞；遂漁獵百氏，囊括六籍。增廣聞見。……。公卿嚮慕，京師籍甚。時丞相燕國公張說、廣平宋璟、尚書蘇瓌、兗國陸象先、祕書監賀知章、宣州涇縣令萬齊融，皆以同聲並爲師友。」《大正藏》第50冊，頁798。

〔註266〕宋・釋贊寧，《宋高僧傳》卷16〈梁京兆西明寺慧則傳附元表傳〉。《大正藏》第50冊，頁809。

〔註267〕宋・釋贊寧，《宋高僧傳》卷30〈宋宜陽柏閣小宗淵傳〉：「乾一也，坤一也，殆乎因動成變。以變求占，則生象不一歟。」《大正藏》第50冊，頁899。

〔註268〕宋・釋贊寧，《宋高僧傳》卷16〈漢錢塘千佛寺希覺傳〉：「（希覺）外學偏多長有易道，著《會釋記》二十卷。解易至上下繫及末文甚備，常爲人敷演此經。付授于都僧正贊寧。」《大正藏》第50冊，頁810。

〔註269〕唐・慧立本、釋彥悰箋，《大唐大慈恩寺三藏法師傳》卷9。《大正藏》第50冊，頁269。

玄奘的出發點是為了順依國主則「法事」易立，倒不如肯定在玄奘心中，認為會通儒、釋，是欲「陶鑄生靈」的聖人，必須先行具備的器識，玄奘的看法，可以代表唐代欲續佛慧命，上通明主，下接王侯，以會通儒、釋為使命的僧人，內心共同的理念。

第四節　小　結

　　唐代僧俗交涉之方方面面，除了帝王支持、文士參與之外，社會環境的變遷是風貌多樣的主因；本章就大行於唐，與佛教有關的文化、節日，世俗的文學，唐代古文家與僧人，齊為會通儒、釋所做的努力，以見僧俗交涉下，對於唐文化的觸發與創建所代表的意義；最後，論僧人之世俗化與社會化，略窺僧俗交涉下的唐代僧人群像。

　　吳兢於長安、景龍年間，以左拾遺起居郎兼修國史，在〈請總成國史奏〉中，除了對兼領國史的武三思、張易之、張昌宗、紀處訥、宗楚客、韋溫等人，形容：「三思等立性邪佞，不修憲章。苟飾虛詞，殊非直筆。」更將自己積二十餘年，自隋大業十三年至開元十四年，所作之「唐書九十八卷，唐春秋三十卷。」向玄宗推薦其為「皇家一代之典」；〔註270〕李元紘〈請令張說吳兢就史館修史奏〉，提到「張說在家修史，吳兢又在集賢撰錄。」〔註271〕建議玄宗命張、吳二人「就史館參詳撰錄」（按：太宗時，禁中始立史館。）可見唐代士人平日即有在家「修史」之事，士人「在家修史」的行為，是唐代筆記、小說產生的溫床，多虧了士人的「史官意識」，唐代僧俗交涉之方方面面，才被忠實記載下來。

　　本章首論唐代佛教對於「財施」觀念的深化，最能使帝王亦具「同體大悲心」的，莫過於由僧人所負責帶領的「慈善事業」；唐玄宗在安史亂發逃往四川，沙門英干在成都街上施粥救濟災民，祈願國運再清，此事經高力士奏與玄宗，使得一向重道而不甚敬佛的玄宗，「勅建大聖慈寺九十六院八千五百區」〔註272〕而施貧濟苦的三階教「無盡藏」，在則天朝與玄宗開元年間，被兩度檢校之後，並未就此從寺院消失，只不過被換個「無盡財」的名稱繼

〔註270〕唐・吳兢，〈請總成國史奏〉，《全唐文》卷298，頁3023～3024。
〔註271〕清・董誥等編，《全唐文》卷300，頁3040。
〔註272〕宋・釋志磐，《佛祖統紀》卷53〈建寺造塔〉。《大正藏》第49冊，頁464。

續存在；而由《宋高僧傳》有關圓觀、神湊、道標的三則記載，顯示武則天、唐玄宗檢校三階教「無盡藏」以後，寺院「無盡財」一名，已取代了「無盡藏」，宋代寺院之常住三寶物，不論是「無盡財」或是「長生錢」，其源皆始於唐代貞觀年間，三階教之「無盡藏」，在三階教僧人僧邕、靜默、德美、曇獻等人的推動下，三階教徒視慈善布施與虔誠供物為一，富者因多施，能勸發善心；貧者因少施，而更增同於菩薩之菩提心，由菩薩品德之一的「無盡藏」，到一般百姓經由布施獲得具有菩薩行的品德，這是一種具有高度「傳染性」的行為，三階教義要信徒廣為布施，將供物作有效的分配與流動，在對佛教不甚支持的太宗貞觀朝，其安定社會之功不可滅。

　　印度僧人採遊方托缽的方式修行，唐代禪宗僧人行「叢林制度」，恪遵俗稱佛祖「暖皮肉」（意為：真精神）的禪宗「清規」，清規戒律的普及程度，就是佛教中國化的明確指標，或有將百丈懷海創立清規，視為真正打破奉大乘佛教而行小乘戒律之矛盾現象，此乃僅著眼於北宗巨擘多居律寺的情形，〔註273〕而忽略了道宣所創之南山律宗，自貞觀九年後已大行，北宗禪師多居律寺，自是多受南山律的影響；王建光認為，儒、釋融合與大乘菩薩戒的普及，使得佛教戒律世俗化，〔註274〕由唐帝王帶領的，受菩薩戒的風潮；由文士與孝僧聯手推動的儒、釋交流，唐代佛教戒律逐漸世俗化，也正突顯南山律宗之難行，然而，唐代佛教在世俗化的同時，唐人心中對律宗僧人的尊敬，也正肯定道宣奠定中國大乘戒律之功。

　　唐代僧俗交涉對於世學之創建，在文學方面，首推皎然的「境論」，皎然晚年完成《詩式》（貞元五年，789），是他作詩歷程的心得總要，皎然在苦思冥搜，逐步實踐後歸納出「造境」於「自然」，留給後人作詩法度的指南，以方外之人行此方內之事，其功值得肯定。興起於盛、中唐，以靈一、靈澈、皎然等名僧，與孟郊、劉長卿、耿湋、皇甫冉等名士所組成，在吳越一帶，因仰慕晉代支遁、湯惠休、謝靈運、許詢等人參禪作詩，以源自詩僧支遁隱居的剡州沃山為名所形成的群體，世稱「沃洲禪」（見《全唐文》卷四、卷七八三），浙西詩人群在撰序作文、酬唱聯句、題詠賽詩、談詩論藝等方面，賡續了初、盛唐之集會唱和詩，在中、晚唐名僧與高士的集會宴游中，皎然之

〔註273〕湛如，〈敦煌佛寺禪窟蘭若的組織及性質〉，《敦煌佛教律儀制度研究》，頁70～71。

〔註274〕王建光，《中國律宗思想研究》（四川：巴蜀書社，2004年），頁311。

詩論，在兼融各宗，詩禪交涉下的沃州禪派，逐步融入隨緣自在的洪洲禪，
皎然造境於自然之「境論」，於其中起過不可低估的作用。

中國是世界上最愛喝茶的民族，〔註275〕開元年間，已奠定茶為「國飲」
的地位，喜好養生的日本人，認為茶是「原子時代的飲料」，〔註276〕日本「茶
道」，溯本源流，乃傳自中國，〔註277〕唐御史中丞封演《封氏聞見記》：「有常
伯熊者，又因鴻漸之論，廣潤色之，於是茶道大行。」〔註278〕皎然〈飲茶歌
誚崔石使君〉：「孰知茶道全爾真，唯有丹丘得如此。」由皎然和封演所記，「茶
道」一詞，實源於中國。

唐代是書法藝術的高峰時代，張彥遠《歷代名畫記》載吳道子：「學書於
張長史旭、賀監知章，學書不成因工畫。」〔註279〕吳道子在興善寺，能將佛
頭上的圓光一筆完成，〔註280〕是得自於早年在書法方面下過苦功；《酉陽雜俎》
記大曆年間，在洛陽天津橋上，有一乞兒，「無兩手，以右足夾筆，寫經乞錢。」
「書跡官楷，手書不如也。」〔註281〕至如歐陽詢之子歐陽通，「常自矜能書，
必以象牙、犀角為筆管。」〔註282〕是書法世家的誇財行為，由吳道子「學書」

〔註275〕在法國人眼裡，茶代表的是「浪漫、溫柔、詩意」；在英國，由宮廷到民間，
喝早茶、下午茶的英國人，視茶為「健康之液，靈魂之飲。」在日本，茶除
了是日常生活的必需品，「茶道」更成為日本文化的代表，茶除了是「萬病之
藥」，在中國文人眼中的「七寶」——琴棋書畫詩酒茶，與一般百姓心中的「七
寶」——柴米油鹽醬醋茶，茶都佔有一席之地。

〔註276〕1945年，日本廣島、長崎的居民被原子彈襲擊後，因受輻射後遺症的影響，
產生了很多怪病；日本科學家發現一些生活在產茶區而有飲茶習慣的人，受
輻射感染的程度遠低於非產茶區的人，經研究後發覺輻射對人體破壞最強的
是「鍶90」，它會在很短的時間入侵脊髓，破壞中樞神經，需要三十六年才
會減低對人體的殺傷力，在輻射元素中屬於頭號殺手，而茶葉中所含的「兒
茶素」，能在短時間內與「鍶90」產生氧化結合，因此總結出與電腦長期接
觸的人，最好能多喝茶。

〔註277〕日僧最澄和空海，於唐代曾到浙江天台山國清寺留學，回國時帶了茶籽，種在
日本滋賀縣，宋孝宗乾道四年（1168），榮西禪師（1141—1215）到中國留學，
認為茶是「上天的恩物」、「聖藥之本源」，著有《吃茶養生記》一書，以茶葉治
好了當時鎌倉幕府將軍——源實朝的糖尿病，榮西禪師被日本人尊為「茶祖」。

〔註278〕唐·封演，《封氏聞見記》卷6，頁1。

〔註279〕唐·張彥遠，《歷代名畫記》卷9（北京：中華書局，1985年），頁284～285。

〔註280〕唐·朱景玄，《唐朝名畫錄》，記龍興寺有八十餘歲的老僧嘗云：「吳生畫興善
寺中門內神
圓光時，長安市肆老幼士庶竟至，觀者如堵。」頁4。

〔註281〕唐·段成式，《酉陽雜俎》前集卷5，頁52。

〔註282〕唐·張鷟，《朝野僉載》卷3：「詢之子，善書，瘦怯於父。……狸毛為心，

與乞兒「寫經」，均可見書法之爲「國藝」，已深入唐人生活。

唐代帝王對於佛教的吸收與改造，多是在潛移默化中進行；在音樂方面，《唐會要》提到盛唐時期，共有五十多種胡改爲漢的樂曲，王小盾認爲這些樂曲原來就是佛曲，「《樂府詩集》卷六一把『緣於佛老』看作『雜曲』的重要來源，可見佛曲構成了隋唐新俗樂的一個重要方面。」〔註283〕而在思想方面，從白居易〈三教論衡〉所述，〔註284〕可看出儒、釋、道三教均不敢輕忽帝王舉辦的三教論衡；唐代文人對於佛教的吸納，最具代表的，是受《維摩詰經》與佛寺中維摩詰居士像的影響，不僅使唐宋以後，歷代文人多以「居士」爲號，維摩詰的生活態度，孟郊〈讚維摩詰〉：「貌是古印，言是空音。在酒不欺，在色不淫。非獨僧禮，小使儒欽。」〔註285〕維摩詰所締造的居士形象，是周遊三教的唐代文人心折的主因。

《世說新語》載謝安、王羲之、許詢，多與桑門支遁遊，襄陽名士習鑿齒與道安一見兩相歡，道安弟子慧遠，在東林與劉遺民、雷次宗等當代名士，約一百二十多人共結蓮社，被視爲林下風流之盛事，而在追求新奇、流行、熱鬧的唐代文人，對於當代「風潮」，大別有兩種看法，一是反對、抵制後從俗，如白居易在〈秦中吟・賣花〉批評過賞牡丹的風潮，自己卻也跟著湊熱鬧，和元稹同往西明寺、崇敬寺看牡丹；〔註286〕此外如韓愈，批佛且冒死諫迎佛骨，其詩文中卻不乏與僧人來往的記載；〔註287〕唐代文人對「風潮」熱衷的第二種情

　　　覆以秋兔毫；松煙爲墨，末以麝香；紙必須堅薄白滑者，乃書之。蓋自重其
　　　書。」頁67。

〔註283〕王小盾，〈唐代酒令藝術的文化背景〉，《唐代酒令藝術——關於敦煌舞譜、早期文人詞及其文化背景的研究》，頁251。

〔註284〕唐・白居易，〈三教論衡〉，其次序爲「僧問」，白（白居易）「對」，僧「難」，白「對」，「問僧」，「僧」答，「難」僧，「僧」答，「問道士」，「問」道士，道士「答」，「難」道士，道士「對」，「難」道士，道士「對」，「退」，其中雖均未錄「僧答」與「道士對」的部分，然亦可見其程序次第。《全唐文》卷677，頁6921～6924。

〔註285〕清・董誥等編，《全唐文》卷684，頁6997。

〔註286〕唐・白居易，〈西明寺牡丹花時憶元九〉、〈代書詩一百韻寄微之〉、〈重題西明寺牡丹〉，《全唐詩》卷432、436、437，頁4768、4826、4844。

〔註287〕韓愈是史上公認的反佛猛士，其「特立獨行」、「不顧人之是非」，最具體的表現是唐憲宗元和十四年，上表諫天子勿迎鳳翔法門寺，每三十年一開的護國眞身塔內，釋迦指骨入禁中供養，終而被貶爲潮州刺史一事。韓愈孤身挑戰君主率百姓供佛之事，寫下差點讓自己沒命的〈論佛骨表〉，在被貶潮州途中遇到了通儒釋道三教，被柳宗元以「山人」稱之的元集虛，韓愈一見傾心，

形，有「隱」有「晦」，「隱」者如李肇說長安風俗，提到唐人「侈于游宴」、「侈于書法圖畫」、「侈于博弈」、「侈于卜祝」、「侈于服食」；〔註288〕「晦」者，意即「潛移默化」，文人在詩文創作時，常不經意的表現出內心的趨向，〔註289〕就連標榜儒道的唐代古文家，在倡導古文運動的同時，也不自覺的，以「集團」的方式，助長彼此之間的崇佛心理，個別集團之間的父、兄、弟子關係，〔註290〕與其他集團間的互動，其相濡以沫的情形，不僅僅在倡導古文一事，「集團」成員對佛學更有著共同的好樂，此由古文家之多作佛事文章，可見佛教於唐代文士的影響，是普遍廣泛，既深且鉅；林伯謙認爲韓愈之排佛，「骨子裡卻是受到佛教傳承的激發，才創立道統之說；而佛教注重付法傳受，也與中國學術講究傳授淵源密不可分。」〔註291〕在韓愈之前的古文家，早就將「陽儒陰釋」視爲生活的一部份，蕭穎士內心「不耐煩」，轉換心情的方法之一便是「論釋典」，〔註292〕李華故意將〈弔古戰場文〉「雜置梵書之庋」，〔註293〕騙蕭穎士來讀該

寫下了〈贈別元十八協律六首〉；抵達潮州後，更主動邀請大顛禪師相聚十餘日，韓愈在潮州任職八個多月，離別之前，對大顛愛不能捨，「留衣爲別」。韓愈有〈與大顛書〉三封，一年後，韓愈要解釋自己並未如外人所言，在潮洲與大顛親近而動搖反佛理念，韓愈寫下答覆孟簡的〈與孟尚書書〉。〈與大顛書〉三封，《韓集》不收，然自宋朝歐陽修起，多位宋朝文人如蘇東坡、王安石等，就對〈與大顛書〉三封，展開眞僞之辯。除了大顛之外，韓愈欣賞的僧人多爲藝僧，如：會彈琴的穎師，其他與韓愈往來的僧人，難入韓愈之眼。

〔註288〕唐・李肇，《唐國史補》卷（下）。楊家駱主編，《唐國史補等八種》，頁60～61。劉航認爲中唐人是「敏於感受，短於思索。」在無所適從的變化中，「唯有用豐富奢華的世俗生活來撫慰自己的心靈。」《中唐詩歌嬗變的民俗觀照》（北京：學苑出版社，2004年），頁117。

〔註289〕程薔、董乃斌，《唐帝國的精神文明——民俗與文學》，認爲唐代文人聞「風」（風潮）而動，「其實正是他們自己醞釀、掀發起來，然後又合力推波助瀾而成。」（北京：中國社會科學出版社，1996年），頁223。下引版本同。

〔註290〕集團之間的互通，以蕭穎士、李華、韓愈、柳宗元四大集團爲代表：韓愈兄韓會與柳宗元之父柳鎮、獨孤及的弟子梁肅，三人爲好友；而韓會與獨孤及均是李華的弟子；韓會、梁肅又跟蕭穎士之子蕭存友善；與柳鎮有親戚關係的柳并、柳冕，柳并是蕭穎士的弟子，柳冕是蕭穎士的好友。參見：何寄澎，〈唐代古文家與佛教之關係〉，《第一屆國際唐代會議論文集》（臺北：學生書局，1989年），頁262～263。

〔註291〕林伯謙，〈由韓愈道統論談佛教付法與中國文化的交互影響〉，東吳大學中國文學系主編，《唐代文化學術研討會論文集》，2000年，頁51。

〔註292〕唐・蕭穎士，〈贈韋司業書〉：「頃來志若轉不耐煩，觀圍碁、讀八分書亦憤悶，除經史老莊之歈，所未忘者有：碧天秋霽、風琴夜彈、良朋合坐、茶茗間進、評古賢、論釋典。」轉引自：宋・李昉等編，《文苑英華》卷678，頁3493。

文，由架子上堆滿了梵書，可證李華之「晚事浮圖法」，[註294] 是確有其事；李華誘蕭穎士觀〈弔古戰場文〉順便看佛經，可見兩人平日均有讀佛經的嗜好，[註295] 由蕭、李二人之例，知唐代古文家會通儒、釋的努力，在文學集團中所起的作用，一如帝王影響百姓崇佛布施以邀冥福，都是具有引領風潮的行為。

　　唐代高僧深諳外典，對儒家典籍，特別是《周易》，將易理與占卜結合，「習」以為常者，不在少數；天師一行，「陰陽讖緯之書，一皆詳究。」玄宗召見後，一行以「占其災福，若指于掌。」贏得玄宗的器重，也使得道士邢和璞「莫窺其際」，發出「一行和尚真聖人也」的讚嘆；[註296] 釋泓師，「頗善地理之學占擇塋兆」，「每行視山原，即為圖狀。」中宗、睿宗二朝，泓師因占相之言，未嘗差謬，號為國師；[註297] 慈恩寺僧明慧中夜誦經，見白虹貫天，知玄奘已經圓寂，明慧此占雖是經由個人讀書善記而來，[註298] 然亦可見精通內、外典的僧人，不在少數。

〔註293〕宋・歐陽修、宋祁撰，《新唐書》卷 203：「華文辭縟麗，少宏傑氣，穎士健爽自肆，時謂不及穎士，而華自疑過之。因作〈弔古戰場文〉，極思研攉，已成，汙為故書，雜置梵書之度。它日，與穎士讀之，稱工，華問：『今誰可及？』穎士曰：『君加精思，便能至矣。』華愕然而服。」頁 5776。

〔註294〕宋・歐陽修、宋祁撰，《新唐書》卷 203，頁 5776。

〔註295〕五代、後晉・劉昫等撰，《舊唐書》卷 190（下）〈李華〉：「乃為〈祭古戰場文〉，熏汙之如故物，置於佛書之閣。華與穎士因閱佛書得之。」頁 5048。

〔註296〕宋・釋贊寧，《宋高僧傳》卷 5〈唐中嶽嵩陽寺一行傳〉。《大正藏》第 50 冊，頁 733。

〔註297〕宋・釋贊寧，《宋高僧傳》卷 29〈唐京兆泓師傳〉。《大正藏》第 50 冊，頁 890。

〔註298〕唐・慧立本、釋彥悰箋，《大唐大慈恩寺三藏法師傳》卷 10：「又慈恩寺僧明慧，業行精苦，初中後夜念誦經行無時懈廢。於法師亡夜，夜半後旋遶佛堂行道，見北方有白虹四道，從北亘南貫井宿，直至慈恩塔院。皎潔分明，心怪所以。即念往昔如來滅度，有白虹十二道，從西方直貫太微。」《大正藏》第 50 冊，頁 277。

第十章 結 論

　　本論文探討唐代帝室貴族、官吏文人、平民百姓，在僧俗交涉下，對政治、社會、文化所產生的諸多影響。唐代僧人身處有如江海之納百川的唐代社會，除了帝王的限佛政策必須遵循之外，佛門戒律並未對多數的僧人起到自律的效果，加上為避徭役的「偽濫僧」充斥，道心不堅的僧人，在唐代百姓眼中，是與「百姓僧」無異，相對於「百姓僧」，志行俱佳、儒、釋兼通的僧人，或以其佛學素養，或以其出於常人的藝能與異能，顛倒上自帝王貴胄，下至士庶的芸芸眾生，本論文旨在彰顯其互動的過程，希望呈現唐人與佛教最近距離的接觸。

　　第一章緒論，首論筆者之研究動機與研究目的，共有三點：唐代帝王禮遇高僧的原因，亦即唐人對佛教的普遍看法；其次，由僧人與文士聯手共創的唐代佛教文學，試探唐代僧人與他朝僧人大不相同的宗教與世俗生活；最後，針對唐代的「藝僧」與「異僧」，略述其對後代釋學與世學之觸發與創建。前人之研究成果，與唐代佛教有關的碩、博士論文，有專就唐代寺院議題、《全唐詩》所記之唐人游藝活動、佛教典籍與制度、佛教觀念與社會、詩歌與佛家思想、詩人與佛教的關係、詩僧的創作論研究等；在專書方面，學界對於和佛教有關的唐人文化、生活、信仰，以及唐代佛教與文學，佛教與世俗社會之相關書籍頗多，其中不乏提及佛教影響下的唐代政治、社會、文化，然而，尚未見有關以人為本位來審視唐人與佛教的全面論述。本論文之研究方法，對於資料的選取運用，以最全面彰顯唐人生活的御定《全唐詩》九百卷為主；在文章選取與相關歷史事件方面，以《全唐文》、《資治通鑑》、《唐會要》、兩唐書為主；在佛教文獻方面，以《續高僧傳》、《宋高僧傳》為主，此

外，多爲史書所採之筆記、雜史、小說方面，以《太平廣記》六百卷爲主。於史事方面，盡量採用對比互參，於探討歷史事件或特殊現象，以史書、文集、僧傳、小說並重。唐代文士對於佛教的看法，一言以蔽之，曰「見仁見智」，本論文在僧人與文士的部分，力求闡述文士直接的看法，盡量不探討其詩文背後的創作動機，對唐代佛教影響深遠的事件，則採用詳述，分就縱橫二線，概列唐代僧俗交涉之型態，以唐代僧徒與帝王、貴族、官吏、文人、庶民的來往爲主軸，僧俗交涉之類型爲橫切面。

　　第二章論唐代帝王與佛教，首論唐代帝王的佛教政策：一、初唐三帝均有「道先佛後」的主張，其中互有不同，高祖主張老先、次孔、末釋，太宗列道士、女冠在僧尼之上，高宗之道先佛後，是爲了與武后爭權；二、唐帝王對於度牒與僧尼籍的控管，祠部負責僧尼度牒，是國家以政令直接管理佛教事物，公度是進一步控管僧尼人數的做法，沙汰僧尼則是帝王對佛教最具體的，「去蕪存菁」的方法，唐帝王沙汰僧尼，大別以三種方式進行：以僞濫僧沙汰，以「試經」沙汰，視爲「蠹物」沙汰，而影響佛教最深遠的，就是會昌毀佛；四、會昌毀佛，文宗時已有官員力請將僧尼視爲「蠹物」沙汰，武宗時，在經濟考量爲先，道士慫恿於後的情形下，唐帝王對佛教最迅猛的政策，在大批僞濫僧還俗的同時，顯示唐朝廷對僧品控管的決心始終不變。唐帝王除了對度牒與僧尼籍控管，另一個掌控在朝廷手中的，是「官寺」的名額，唐帝王對佛、道二教的政策，從高宗、武后、中宗、玄宗，各令天下諸州置一寺、一觀，最能看出「官寺」在表面上是帝王保護佛教，實際上是爲控制佛教進一步擴張的措施。第二節論唐代帝王對於佛教的利用，有基於鞏固政權的需要，如：太宗藉武僧之助定天下；則天藉造經以安天下，其中，值得肯定的是唐初諸帝對於譯經事業的貢獻，使得許多佛經在具有高翻譯水準的中外僧人手中進行重譯。第三節論唐代帝王與僧人之交涉，唐帝王對僧人之禮遇，大別有：延爲內道場供奉、賜紫方袍、賜寺額與謚號；唐代帝王與異僧之交涉，基於帝業永續的想望，唐帝王最愛預言僧人，如：「帝師」萬迴與「天師」一行，其次是天旱時不可缺少的祈雨僧，以及在企求長生與治療家族遺傳病「風疾」之下，所接觸的丹藥僧。

　　第三章唐代皇室貴族與佛教，首論沙門致拜君親，參與者多爲當朝貴要，就東晉至隋代已討論並平息的沙門「致禮」問題，唐代帝室貴族認爲沙門不敬君、親，違反儒家禮法；而基於佛教輪迴果報的信仰，卻多立寺、造像以

邀冥福。唐帝王奉迎佛骨，直接帶動百姓的崇佛熱潮；皇室成員之法事活動，主要有為亡者追福以及受菩薩戒；此外，皇室貴族與胡僧的互動，間接引起唐僧對密教的留意，以及庶民對密教神通的興趣。第一節論唐代沙門「致禮」問題，在敦煌僧詩中，除了濟世度人，最多的是「尊師」的題材，此點與儒家的尊孔相同，漢地沙門亦不例外，「尊師」，亦即尊一切祖制，佛教禮儀入中國，除了沙門「袒服」不合禮儀，也因「偏食」引起爭辯，而與儒家最大的抵觸，就在致拜君親的問題。唐代沙門「致禮」問題較前朝複雜，前朝沙門多被要求致禮君王，唐代沙門被要求致敬的對象不僅是君主，還由君王擴大到拜父母、俗人，爭執的焦點已由樹立君權的形象，上綱到對儒家道統的維護；唐太宗首先下詔僧、尼須致拜父母，高宗詔令僧、尼不得受父母以及尊者禮拜之外，還強調基於維護「名教」，在「揚孝」、「宣禮」的人倫大義下，詔令僧尼致拜的對象，包括國君、皇后、皇太子、父母；議論拜與不拜的官員總共高達八百九十三人，議不拜的一方佔多數，高宗於龍朔二年六月八日，終於下〈停沙門拜君詔〉，威秀、崇拔與譯經僧人靜邁，以及京師二百多名僧人，共同為沙門不拜奔走努力，其中，道宣給高宗第六子沛王，以及武后之母榮國夫人的書信，動用到皇室成員的影響力，是釋門最後得勝的要因，道宣之舉，側面顯示佛教僧人對於皇室貴冑，有切割不開的利益關係；玄宗開元二年的詔令，沙門致拜的對象，已去掉國君、皇后、皇太子，然對於拜父母，唐朝廷仍未讓步，玄宗兩度下詔要僧、尼拜父母，可說是佛教教團與唐朝廷之間，最後的「主導權」之爭。第二節論皇室貴族的輪迴信仰，唐初帝室成員的立寺、造像之舉，使得「處處彌陀佛，家家觀世音。」可確定彌陀與觀音信仰，最晚在盛唐時已普及民間；除了造寺、造像以邀福，唐代帝王影響百姓跟著邀福的舉措，就是迎佛骨舍利入禁中供養，憲宗元和十四年與懿宗咸通十四年，是唐代兩次迎佛骨的盛況，元和年間迎佛骨，韓愈提到已有假僧為盜的情形，而在咸通年間，更有「妖言」惑眾之事，懿宗與憲宗一樣，均崩於迎佛骨的同一年，「識者以為物極為妖」，代表知識份子對迎佛骨的看法。第三節論貴族之法事活動，由朝廷「追福院」的設立，可看出唐皇室重視為亡者追冥福，以厚邀來生福的心理；帝王受菩薩戒，朝臣追隨唯恐不及，經常是集體受戒，受菩薩戒在帝王與官吏中大受歡迎，官吏的女性親屬成了唐代佛教深入民間的傳媒，唐代婦女之受菩薩戒，多少受到帝王、大臣、大臣之妻（貴婦）崇佛活動的影響。第四節論皇室貴族與胡僧之交涉，

讓胡僧有展現神通的舞台，除了爲唐代士庶開啓世界之窗，更使密教得以在中國生根發展。

第四章論唐代官吏與佛教，首論唐代官吏爲了維護儒家倫常與社會安定，在僧人違戒時，除了採取自由心證之外，對違戒僧人，有因個人夙怨以及對佛教的維護，對僧人判處重刑，從中可看出良吏與劣僧並存。次論官吏襄助譯經與飯僧邀福，首述唐代譯場之分職與譯場概況，次論官吏飯僧邀福的行爲，帝王或官吏之大規模飯僧，需有雄厚之財力爲後盾，此與奢靡的生活型態密不可分。又次，論唐代官吏與異僧之交涉，唐代官吏與帝王、百姓一樣，傾倒於預言僧人知前世今生與明禍福休咎的本領，至於法術僧人，則無不樂與結交。最後，論唐代宦官與佛教，唐代宦官基於身爲刑餘之人，期盼「完整」來生的念頭，多相信佛教之輪迴轉世觀，掌握大權之後，其娶妻養子以光門楣的做法，與正常官吏無異，唐代宦官妻、女之崇佛，其背後的動機與宦官一樣，均期待有一「完整」的來生，宦官之妻、女與其他奉佛官吏之妻、女奉佛之出發點不同，更多了一份對命運無告的控訴。

唐帝王對佛教的最大貢獻是支持譯經事業，文治武功並重的太宗，命于志寧、李義府等大臣襄助譯經，擔任潤色、校閱等工作，這班國之要員在助譯的同時，不免向玄奘問義，其後大力贊助譯經的高宗、武后，亦均派大批朝臣參與，如高宗朝，以不修國史爲恨的薛元超亦參與譯經工作，可以說，太宗命大臣參與譯經工作，在「監督」的同時，也開啓了身任官吏的文人，與佛法接觸的機緣，使佛法大行於士大夫間，開風氣之先的唐太宗，派大臣襄助譯經工作，此舉使佛法得以流行於上層社會，其功值得肯定。唐代官吏對佛教的一大貢獻，亦是參與譯經事業，玄奘「光價終憑朝貴」的說法，使得官吏在參與譯經的同時，不無藉譯經以邀福的想法，而參與譯場「潤文」一職的唐代官吏，在兩全儒、釋二家之美的過程中，對於佛法的了解，是唐代士大夫對佛教，最近距離的接觸；此外，唐代官吏參與譯經工作，除了崇佛邀福的心理，帝王令官吏參與譯場的潤文、監護等工作，使得奉命加入譯場的官員，心生類似修史的無上榮寵，官吏因爲加入譯經的工作，與負責譯經的義學沙門時相親近，對於佛學的接受與佛法的光大，有先行之功。

唐代帝王的「飯僧」行爲，來自輪迴業報觀，官吏個人的「飯僧」行爲，有基於贖罪心態，以及感謝重生；唐代官吏崇佛類型，有素食守戒型，如：蕭璟、崔元綜、王維、裴休，有奏請爲僧者，如：蕭瑀、劉總，不論是對前

世今生的好奇，或是對個人禍福休咎的關注，唐代官吏多相信「異僧」具有神通力，樂於進一步親之近之，唐代官吏最在意的是與一己仕進有關的預言內容，平心而論，若以預言內容是否以宣揚佛教爲目的，作爲符合僧人身份的表徵，則此一標準，不管是唐僧或胡僧，鮮少有人及格，因爲在佛、道不分的唐代，能解決問題的預言僧，才是臺閣重臣喜聞，才會被小說家感興趣而記錄下來；胡僧（或梵僧、天竺僧）所表現的異能，披露給後人的，是唐人超感經驗的奇幻世界，比起宣教時是否具有佛教色彩，更能直搗唐人內心。

安史亂後，權力大增的宦官，篤信佛教輪迴說，宦官之妻、女皈依佛門的行爲，同樣是爲求得更好的來生，對佛教輪迴業報說深信不疑；宦官收養子、女，目的是了養子任官職，以鞏固並擴大　己之權勢，宦官之養女，則是與位高之大臣或宦官聯姻，唐代宦官之妻奉佛，可分爲三種：一是嫁給宦官後，因夫信佛才跟著奉佛；二是丈夫死後才信佛；三是丈夫死後，直接出家爲尼；宦官之妻在宦官死後信佛或出家，宦官之養女亦然，宦官之妻與養女出家，是唐代奉佛婦女特殊的一群。

第五、六章分論唐代文士與佛教，首論文士親近佛寺之因，大別有三：基於文化浸潤的休閒因素，離苦得樂的宗教因素，遙體僧情的社交因素。其次，論文士游寺題詩之作，有：一、因景生情、就地取材而題詩；二、有於僧房題詩，文士題詩僧房，多因對僧人之崇敬，與訪僧不遇題詩作別；三、於影堂題詩，則多基於對前賢或已故僧人之宗仰。又次，論文士與僧人之交涉，分別就其共通的生活嗜好，如：飲茶、作詩、弈棋、彈琴、蒔花藥、共結林中社，爲文人與僧人共同之生活內容。最後，論文士寓止佛寺與習業山林，以見唐代官吏於佛寺宦遊，以及士子在佛寺習業的情形；繼論文士訪僧不遇與共僧同宿，知唐帝王多次禁止僧俗往還的詔令，並未徹底施行；其次，文士與僧人之情分，多見於戲僧、悼僧與別僧之作；又次，論唐代士人之釋門文章，有帝王敕作與應邀而作兩種；大別有：爲佛寺、經像撰碑銘、序記；爲譯經、注經作序；爲僧人作塔銘、碑文、序文。

第五章第一節，論文人佛寺紀游的動機，唐代文士遊歷佛寺，在文化休閒與離苦得樂的宗教因素之外，另有拜訪高僧、兼遇名流的社交因素，三種因素交織下所呈現出的，文學與佛學的互融互涉，是唐代文學不能忽視的重要一環；文人遊佛寺觀壁畫，對書法、繪畫的藝術欣賞，遠超過其對宗教的渴望，至於沒有藝術作品好吸引文士的寺院，在唐代並未被冷落，此與唐代

文人的「頻游」心態有關，「頻游」之餘，對於佛寺的「佛事」問題，唐代文人是普遍關心的，表現在文人作品中的，寺院與「民生」有關的建設，以及茂林修竹，花草樹木，均是文人借題發揮，題詩以誌的好材料；唐代文人喜在花季出遊，到寺裡賞花的同時，也兼及應酬。對於唐代文人，能助其離苦得樂者，便是高僧；文士遊寺，不論是單獨或是集體，大都有一共同目的——尋求心靈治療，而最直接的方式，就是與僧作林下之遊。

中唐的「清吟」之風，與僧人的聚會，特別是跟詩僧的集會聯句，有直接的關係；與僧人來往的中唐詩人，所展現的「清吟」風貌，與「苦吟」不同的地方是，多了一份追求心靈的安定與清淨；作詩於唐代文人，除了是儒家「立言」的使命，更是青雲之梯的必備，親近佛寺，能夠「就地」尋得安身立命之所，詩人在「清吟」聲中，蘊含著對生命的不安定感，文人對於能詩的僧人，也因此不無惺惺；文人除了欲休人事，形體得閒，與僧人間的互動往來，主要是求「心閒」，對多情的文人來說，向禪師學坐禪，求安心法門；而對僧人來說，接觸「苦吟」的友人，也只有以教其坐禪的方式來對治，文人與僧相親，在禪境的醞釀下，於中晚唐詩人一片苦吟聲裡，富有生命況味的「清吟」詩，十分值得重視。

去除名韁利鎖，是唐代文人跡向寺院，求僧安心的主因，此外，文人下第之感傷，多藉由題詩僧房的舉動得以抒解，唐代文人對有緣得以親近的高僧，最常傾倒的是高僧的入定功夫，坐禪僧之令人難忘，與唐人把坐禪融入生活有直接的關連；文人主動與僧親近，另一個原因是傾倒於僧人不凡的容儀風範，在文人對僧人的讚美聲中，可感受到僧人與文士之間，深摯關切的友誼，至於獲得內殿頻徵，既得道又會吟詩，稱得上「空門才子」的僧人，唐代文人可說是全面拜倒，而對於傳法僧人，文人亦給予極高的肯定。

第二節論文人游寺題詩，唐朝廷對於書法的重視，加上官吏「旬休」的制度，以及尚游風氣的影響，使得文人每到寺院遊覽，無不題名以誌其事，唐代文人於寺院互較文采，就在寺院的題壁詩；因景生情者，常就地取材題詩；對僧人心生仰慕者，則進一步於僧房與影堂題詩，最能襯托寺院幽深景致的松、檜，文人遊寺時，經常引入詩句中，而最能直接觸動禪思，引發詩情的是鐘、磬之聲；文人遊寺之詩，很多是歸來後的情思發酵，而最能展現文人才思敏捷的，是就地取材，隨手題詩，有題於竹子、樹木，竹木與樹葉保存的效果遠不如山門、棟樑，而較門樓與梁棟更能保存長久的，就是石片

與牆壁；文人題詩於僧人房中壁上，多是基於對僧人風範的崇敬，與僧人之間匪淺的交情，大致有兩種情況：一、在主人的允許下題詩；二、訪僧不遇留詩而別，與僧人交情不深者，在題壁詩中，會盡力表達內心對出世與入世的看法，多是以儒道爲本；與僧人交情深厚者，則多表達出對高僧的讚嘆，兼寓一己出塵之思，其上乘者，是在題詩僧房的同時，將一己對心靈的追求，投射到僧人身上，當中的最高「境界」者，是描述僧人的禪悅生活。

文人訪僧不遇時題詩而別，文人多會對不遇僧人有所猜想，可看出文人想前緣再續的念頭，訪僧不遇留題的情形，還有題於「舊房」、「舊院」、「故居」，僧房的主人，不是遷往他處，不再回來，就是人已物故，後一種最能看出僧俗交往的情分，僧人與文士若爲異代者，更可看出文人內心的崇敬之情。文人之影堂題詩，內容大別有二：一、純就畫面緬懷遙想；二、面對高僧容貌，大嘆生前無緣得見，而對於相識的高僧，多回憶其昔日的風采。唐代寺院中，支遁與慧遠的壁畫與影堂，最能吸引文士駐足遙想，有名氣兼有經濟能力的文人，對於素所崇敬的僧人，會出資爲其寫眞，之後作讚；文士遊寺，在參觀高僧影堂之後寫下的詩作，是追摹想像的高度發揮。

第三節論文士與僧人之交涉，鄰近帝京的佛寺，因爲有名花栽植，有名畫展示，加上經常有皇室與名臣親臨，文士結伴遊寺，除了賞花看畫，如前所述，亦有結交名人的動機；文士與僧人品茶論詩，聽琴下棋，甚至學僧人栽植花藥，與僧人作林下遊，可看出唐代文士，平日的文化休閒活動。唐代僧人多奇藝，如皎然，是詩僧也是茶僧，而令唐代文人爲之驚豔的，是精通世俗才藝的「藝僧」，文士與「藝僧」之間的互動，直接可看出唐代社會中的「藝能」概況；村婦爲「棋待詔」王積薪之師，以及朝廷召新羅國朴球爲「棋待詔」，均透露出下棋活動，在唐朝十分盛行，至於下得一手好棋的僧人，劉禹錫詩中提到浩初師的三品棋藝可以「取幸於士大夫」，可見文人對「棋僧」喜愛；文人愛找僧人下棋，除了僧人棋藝高超，文人更愛的是在寺院下棋的環境，而在寺院之外，文人也常主動邀僧人下棋，與僧人下棋，文人內心的爭競之心被多少挑起，這應是文人找僧人下棋的最大樂趣所在；反過來說，僧人終日下棋，在「百無禁忌」的唐代，是一種全民娛樂，而在《全唐詩》中，聽僧人彈琴的詩作，雖遠不如與僧人下棋的多，能「狎琴僧」者，其本身對音樂的鑑賞力自不待言，文獻中提及棋僧，多不見其名，但對於能琴的僧人，卻多於詩題點名，可看出琴僧在文人心中，是欣賞與崇敬兼具。

　　唐人的家居生活中，種藥是「家業」之一，送藥一如贈茶，都是十分生活化的禮物；唐人詩中常出現花園與藥圃，「種花藥」是唐代文人生活的一部份，自娛之外還期待有人同享，寺院僧人致力於新品種花藥的開發，是受到道教以藥餌養生的影響，唐詩中常見文人描述僧人種藥、採藥、洗藥、曬藥，與僧人一同以藥爲食的情景，僧人與文人在寺院的周邊與自家住宅後面，開闢花園與藥圃，希求長壽的心理並無二致，文人和「以衆花爲佛事」的僧人一樣，闢花圃、藥圃，於其中力耕，使得道院、寺院均隨處可見藥圃，藥圃可說是唐人自家的後院，此「後院」在無形中，已然成爲僧俗共創的，心靈之清淨道場。

　　第四節論文人寓止佛寺與習業山林，唐代文士與僧人，效法慧遠與劉遺民等十八人共結蓮社，在中晚唐時期特別明顯，僧俗結社的目的跟活動內容也更富變化，出現在《全唐詩》中的西方社、菩提香火社、僧社，可見中、晚唐結社之盛行，不僅文人愛與僧人結社，僧人更愛與高僧結社，在文士內心，加入「西方社」，是取得進入佛國的通行證，這種非專主某一宗派的結社情形，在晚唐僧人身上十分常見，齊己的「東林社」、「蓮社」，多以品茶、作詩、聯唱爲主；文人結社的內容，大別有：談空說禪，品茶論詩，禪修避靜，僧人與文士之間的短期詩會、聚會，雖不同於庶民發起的，具長期性質的邑社組織，卻在詩人帶豐富情感的筆鋒下，見證了唐代僧俗之間，最富情趣的林下風流。

　　唐代佛寺的題壁詩，呈現出唐代文人內心世界中，或多或少的宗教情懷，而在山林寺院中習業的舉子，睹名人之題壁詩作，作爲自己學習的範本，舉子習業山林，是唐代士子血淚交織的仕途縮影，於其文章事業多有觸發之功。寓止寺院的文人，有因避亂選擇暫居，然較常見的是「客遊」與「宦遊」，士人客遊他鄉求功名，是居寺的主因，而地方官吏，選擇佛寺暫居，是爲「宦遊」，「宦遊」居寺，原因有二：一是貧，二是閒；名人長期居寺，對寺僧來說，是難得的因緣際會，與名僧唱和，以致被譏爲走「終南捷徑」者，多少亦因此留名，至於不得名人「公薦」的士子，多把暫隱山林作爲前進仕途的階梯，會昌毀佛後直到晚唐，士人於寺院讀書的風氣更加盛行，晚唐士人多選擇大寺，主要是前人習業有成的誘因，來日成爲「紗籠中人」的夢想，是唐代文人到山寺讀書的主因；爲求功名而居寺讀書的士子，最悲慘的遭遇不是被寺僧冷落，而是生前死後，均無人知的悲哀，唐代小說家以之寄寓筆端

的用意，除了爲客死佛寺的書生寄予同情，間接也道盡唐代士子仕途之坎坷。

第五節論文人訪僧不遇與共僧同宿，文人訪僧不遇，以及遊寺後與僧同宿的作品，最能看出文人與僧人間的情分，訪僧不遇所產生的遺憾，是因爲長時間的懷念所導致的眞情流露；與僧同宿所生發的情愫，是來自相處甚歡時的交心，此可看出不管是文士或僧人，都是紅塵俗世中的有情人，特別是兼具師友情份者；一般士人到寺訪僧，有如見故交的熟稔，而在期待落空之後，文人如何自處，從文人的訪僧不遇之作，多少可以看出各自的人格特質。訪僧不遇，文人有時訪的是「故居」，詩中之所以稱爲「故居」，主人不是換了道場就是已經亡故，文人面對這種「最後一次的別離」所表現出的，往往是最深摯的感情。

第六節論文人之戲僧與悼僧，文人戲僧之作，大都題於僧壁，具有自我標榜的用意，詩人最常拿來當作戲僧題材的是寺院景物，其中又以花最能表現文士謔而不虐的幽默；文士別僧之作，大都有意突顯僧俗之間交心的程度，文士悼僧，其難捨之情，會強調「三生」之說可信，亦即接受輪迴因果觀，由唐代文人的悼僧詩，可見佛教的業報說已深植人心，

第七節論唐代士人之釋門文章，唐代文人經常接受僧人的邀請，爲佛寺、經像、鐘幢的落成撰寫碑銘，文人在碑銘文中，除了展現自身對佛法的了解，最主要的，是羅列出參與營建修造的功德主的姓名、事蹟，爲佛事撰文，具有提高一己知名度的效果；奉帝王之命參與譯經的官吏文人，爲譯經作序文，是至高無上的榮耀，而最能看出文人涉入佛事之深的，就是爲已故僧人作碑銘，至於文士與僧人日常書信的往來，更是僧俗交涉的第一手資料，此資料多見於《全唐文》與僧傳，從中可略窺唐代文人接觸佛教的心理轉折。文人主動作佛菩薩像讚，多跟其本身信仰有關，應邀而作者，則多是因當時好文之風氣使然，寺院主動請文人爲寺院作碑文，名家記寺院的佛畫、佛像，爲的是多召遊客。

承繼南宗禪的馬祖道一，以道一爲首的洪州禪，力主「平常心是道」，「平常心」被僧人與文士極力奉行的結果，使得禪宗僧人與文士的交往，更加白熱化，可謂坦誠相見，百無禁忌，僧人作詩、與文士共遊、共宿俗人家，袈裟下的塵世生活，成了禪宗僧人的「選佛場」，僧俗交涉在「平常心」的助長下，對於詩僧群的形成，文人之功不可沒；詩僧在唐代的地位，爲各朝代所不及，唐代僧人的生活型態，因爲有了文士的參與，詩作的內容呈現多樣化，

不論是詩僧、茶僧、書僧、棋僧、琴僧、醫僧，甚至如以詩供奉的紅樓院應制僧廣宣，文人莫不樂與結交，留給後人的諸般文學風貌，不僅是望風懷想而已。士人是社會的菁英份子，身負著文化傳承的重責大任，唐代文人在佛寺，不論是個人的眼見、耳聞、心感，或是團體中，各種動態與靜態的活動，文士與僧人間的往來，共同締造出唐代佛教文學最燦爛的篇章。

第七章論唐代庶民與佛教，首論唐人消災追福之法事活動，有：捨宅以邀福、立邑社同修福、造像與寫經、為亡者追福；其次，論冥報故事與佛典的啓示，唐人福善禍淫的觀念，表現在因善得福與不善致禍，唐代佛典的流行，可由百姓唸佛、抄經得見梗概，初唐《法華經》與中唐《金剛經》最為流行；最後，論唐代婦女與佛教，唐代婦女的社會地位，於唐初曾一度提升，由佛門對女性的歧視，可知唐代婦女的社會地位，與家庭與家族密不可分，經由以華情學梵事的唐代比丘尼，最能反應唐代婦女的地位。

第一節論庶民消災追福之法事活動，捨宅為寺是唐代百姓最大宗的布施，百姓因懼惡業追逼而捨宅，亦有感於善業而建寺，其參與大規模的崇佛行為，短期的如拜迎佛骨；長期固定且具自願性質的，如造經活動的「造經社」，以及供奉不同佛像的「邑社」，「造經社」與「邑社」因有僧人帶領，無形中使得佛教更深入民間，此種由出家人與一般民眾基於共同的信仰所產生的，載有權力與義務的「宗教契約」，在唐以前多是以「邑」的名稱出現，唐以後逐漸由「社」取代，其活動內容也不僅止於和所祀神明「共存共榮」，到後來多演變成以共同的興趣為主要的結社目的，牛肅《紀聞》載開元初年，同州界數百戶人家，同奉普賢菩薩之「普賢邑社」，應為唐代百姓「立社」之最早記錄，一州之內有「百家」規模的邑社存在，反映出開元初年，百姓有「每日設齋」的奉佛能力，由唐初至唐末，百姓的結社行為從未間斷，唐代僧俗共同參與的消災追福活動，表現出佛教大乘救渡的精神。

營造佛像與寫經，與「立邑社」奉佛像，同樣被百姓視為無上功德，均是一種追福行為，唐代百姓除了會為去世之人追福，也會為各種動物追福，漢地百姓為動物追福的動機，不同於敦煌百姓為辛苦終生的動物追福，漢地百姓多出於懺罪的原因，而從百姓為犬、驢、羊等動物追福，知寺院豢養「長生豬」、「長生羊」、「長生牛」，都是追福行為下的產物。

第二節論冥報故事與佛典的啓示，其對唐代百姓奉佛行為的助長，唐臨《冥報記》中，許多有關誦《法華經》得救的記載，均顯示《法華經》在唐

初，是天下第一經，萬歲通天元年（696），李丘一言：「冥間號《金剛經》最上功德」，《金剛經》取代《法華經》，成為唐代百姓心中的「最上功德」，最遲應是武后掌政期間，至晚唐，持《金剛經》之功德力，已被認為在《法華經》、《金光明經》之上，且設齋、造像的功德，均不如曾經持誦過《金剛經》或《金剛經》經題，最重要的是，今生就能得受《金剛經》之功德福佑，不必等到來生，對唐代百姓來說，無疑是最大吸引。

第三節論唐代婦女與佛教，唐初，太宗主張將叔為嫂服喪，以及同為舅、姨服小功五月，納入《貞觀禮》，高宗時「八母之服」的規定，以及則天朝，主張為生母服喪三年，以上均是初唐帝王對抬高婦女地位所作的貢獻；中唐之後，雖有元、白等人為婦女鳴不平，然在其作品中，仍透露出視女人為「妖物」、「禍水」的看法，可見在唐代士大夫眼中的中、下層婦女，其地位並不高；佛經中關於「永離女身」的說法，認為女人修行的成果，永遠都比不上男人，佛門對婦女的輕視是其來有自，佛教經典明示女身不如男身，唐代比丘亦多認為女人不如男人，比丘尼與「俗人」無異，其地位還遠在居士之下，懷讓的弟子雖有歧視比丘尼的做法，然在代宗，卻有「國師」級的比丘尼，沙門飛錫為尼如願所作的墓誌銘中，記門人弟子、公主、上座、寺主、律師、大德，數千人送葬的場面，尼如願以宗室女出家，此亦可見唐代比丘尼除了本身的修為之外，與本家的關係十分密切。唐代受菩薩戒的風氣，是帝王、官吏首倡於上，庶民追隨於下，唐代受菩薩戒進而受具足戒的出家婦女，必須「隸名」於某寺，仍可與家人同住，雖不住寺，仍是正式的比丘尼，《唐代墓誌彙編》與《續編》所記大批奉佛婦女，其信守菩薩戒的情況，以不殺生、茹素最為普遍，唐代奉佛婦女除了求一己之功德，更有令子出家者，可見唐代的奉佛婦女，是普遍遵守「五戒」。

唐代比丘尼去世之後，通常由其弟子負責起塔安葬，世俗的親屬，也同時負有營辦喪事的職責，唐代比丘尼「不離親屬」的行為，是佛教世俗化最好的證明，此半華半梵的行止，顯現出唐代佛教異於印度佛教的，不捨眾生的入世精神。論唐代庶民與佛教，提及庶民之消災追福活動，與奉佛婦女普遍受菩薩戒的情形，均是受到帝王與朝中官吏，其崇佛行為的影響，此為唐人之「共業」，故一併論及。唐人消災追福之法事活動，論其心理動機，多是來自冥報故事與誦讀佛典的啟發；佛教文化在唐代生根發芽之後，唐代婦女之信仰佛教，乃梵事不敵華情的證明。

　　第四節論唐代僧人之世俗化與社會化，「門僧」出入官吏之家，身份的特殊爲世俗僧人之「典範」，「客僧」直至唐末，仍被視爲「鄰道諜人」，門僧與客僧，是唐代僧人中特殊的一群，反映出唐帝王對佛教僧人的管理始終未鬆懈，也顯示佛教之深入民間；異僧與狂僧，其異能之展現，一向爲小說家津津樂道，相較於胡僧屢現之神異事蹟，漢地異僧欠缺的是「識寶」的本領，胡僧識寶於唐朝，外在條件有：諸胡在唐人數眾多，有優渥的生活環境，加上帝王喜以「胡夷之技」慶生，主動倡胡俗於上；內在條件是：胡僧本身多有集多聞、望氣、識寶於一身的本領，然而，胡僧一如凡人，也有貪念，小說家記下胡僧與新羅僧的「盜寶」行爲；「識寶」之胡僧，本身亦多「懷寶」，其「寶」作何用途，可判其是否具有佛心；而在詩人筆下形形色色的，能辨識「異物」，與文士交往的胡僧，其多聞、高壽、擅長說法，更見證了「萬國拜冕旒」的大唐，胡僧與漢地僧人不同的形象，詩人對胡僧老病寄予同情之時，也正顯示唐代之僧俗交涉，煩惱即菩提的人生。

　　第八章論唐代僧俗交涉所彰顯之寺院功能，首論寺院傳奇，主要有鎮寺之寶、寺院傳說與奇僧逸聞；其次，論寺院濟貧救苦之設施，於荒年中，有僧俗共住的普通院，收留貧病百姓的悲田養病坊；又次，論寺院提供的文化休閒與娛樂，主要有上元燈節、賞牡丹花、觀百戲與聽俗講。

　　第一節論寺院傳奇，唐代寺院，以其宏偉的建築、生動的壁畫、造型巨大的佛像，吸引百姓前往禮拜瞻仰、捐輸財物，對於佛教藝術的保存，有相當重要的貢獻；此外，佛寺中特殊的風物，高僧大德的靈驗傳說，加上經常舉行與民眾生活相接軌的各種世俗活動，使得唐人的娛樂生活，與寺院文化密不可分。寺院珍藏的寶物，主要來自佈施，除了鎮寺之寶，與佛像、佛畫有關的神跡或傳說，更是寺院能廣招人氣的要因。唐代寺院提供百姓休閒的內容，不僅僅是靜態的展示，還有動態的藝能活動，此外，與寺院有關的傳說，以及奇僧之逸聞，在百姓的口耳相傳下，成爲筆記小說家汲取的素材。

　　第二節論寺院濟貧救苦之設施，除了社會文化的休閒娛樂功能，唐代寺院在荒年中，變成僧俗可以共食、共宿的「普通院」，而寺院所附設的，針對一般百姓開放，具恤老救貧功能的「悲田養病坊」，更是佛教深入唐代社會的證明，由朝廷辦理的「悲田養病坊」始於武后朝，武后設置專使負責悲田養病坊的事務，其發心爲何，正史均未見記載，筆者認爲武則天是受到洪昉禪師建「病坊」的影響，爲植一己之福；從長安年間至開元二十二年，唐朝廷

管理病坊的方法是，官府以利息收入來支付病坊的費用，在此期間，佛寺「病坊」與國家於寺院設立的「悲田養病坊」同時並存，會昌毀佛後大批僧尼還俗，使得寺院病坊無人管理，李德裕建議由人品俱佳之鄉里耆壽者負責，至懿宗朝，又轉由僧人負責，懿宗還動用內庫錢予以救濟，至黃巢之亂，病坊的窮人數目多到在神策軍「父子聚泣」之時，擔起「戰士勤王」的重任，從玄宗開元二十二年，病坊收容乞兒，到僖宗黃巢亂起，病坊出現大批「勤王」的窮人，顯示唐代的寺院病坊已由收留窮病之人，變成貧民收容所。

　　第三節論寺院文化休閒與娛樂功能，土地廣大的唐代寺院，其休閒功能由上元節燃燈的規模可知，盛唐的上元節，已成了君臣同歡的國定假日，在詩人筆下的「上元夜」，因而成了「金吾夜」，從玄宗開元元年到僖宗幸蜀之前，長達一百三十年左右的上元燈節，時間是從元月十五夜持續到十七夜。李肇言京城尚牡丹長達三十年，唐代文人的「牡丹情結」，多被小說家擷取為創作養料，在描寫唐人到寺院賞牡丹的同時，也點出該寺牡丹花的獨特之處，以「牡丹甲天下」的慈恩寺為例，慈恩寺牡丹之所以享譽四方，不僅因寺中牡丹冠於全國，品種為他處少見，讓京城士庶瘋狂的原因還有牡丹花期較長，花開得多，花色為他處所無，加上寺僧的用心栽培，引為秘寶的紅牡丹曾遭人偷盜。唐代牡丹之傾城傾國，其大要有：在賞花期間，到寺院參觀的名士多於寺壁題詩；文人於己宅競相種植牡丹，以設酒邀宴；佛寺遍植牡丹，是為招信眾入寺隨喜；玄宗以花瓣上的露水為貴妃醒酒，稱牡丹為「花妖」；李白曾奉命為牡丹作〈清平調〉三首；韓愈之侄韓湘子，對韓愈展現「染牡丹花」的絕技，小說家在搜奇獵異的同時，也顯示出牡丹確為大唐「國花」。

　　最能顯示唐代佛寺動態的娛樂功能者，非「雜戲」莫屬，道宣《量處輕重儀本》在「諸雜樂具」一節，列有「雜劇戲具」、「戲具」，律寺尚有這種「蕩逸之具」，可知其他非律寺的寺院，備有「雜劇戲具」以供百戲上演。寺院的百戲一如天橋雜耍，寺院有大型場地供民眾表演，參與百戲演出的，還有寺院的淨人，圓仁記會昌毀佛時刮檢長安寺院的奴婢，將寺院奴婢分為三等，如此多的寺院淨人，其中有技藝者，多為負責百戲的演出者。隋煬帝在洛陽闢戲場陳百戲以驕示諸蕃，被認為是元宵節的由來，寺院上演百戲，是寺院成為大型娛樂場的主因，由《洛陽伽藍記》載長秋寺、景樂寺的百戲內容，多見於唐代寺院的戲場，長安慈恩寺的戲場，連萬壽公主都親自往觀，可見寺院百戲對唐人的吸引力。

道宣《續高僧傳》，記善伏於貞觀三年開俗講的概況，可知俗講在唐初已盛行，唐代寺院的俗講之吸引文人，並非全因俗講師的個人魅力，《北里誌》記文人在每月的三八日至保唐寺聽俗講，是爲了看諸妓；〈南柯太守傳〉言淳于棼因聽契玄法師講《觀音經》得識槐安國之群女姑娣，可見唐人到寺院聽俗講，含有社交的誘因。唐代寺院的講經活動分爲「僧講」與「俗講」，由韓愈〈華山女〉一詩，得知開俗講的不一定是佛教僧人；俗講的內容，亦不限於講說與佛經有關的故事，演說眞訣的華山女，「白咽紅頰長眉青」，是讓民眾具有視覺娛樂的主因，張籍〈送律師歸婺州〉：「鄉僧爭就學威儀」，知俗講僧人的「儀表」，亦是吸引信眾不可或缺的要素，此外，俗講僧有講有唱的「講聲」魅力，在圓仁稱爲長安俗講第一的文漵身上，亦發揮得淋漓盡致，文漵在俗講時，除了援引生動的佛教壁畫，在唱經時的善於吟經，是他得以進入「內道場」，成爲俗講供奉僧的主要條件。

第九章論唐代僧俗交涉對於文化之觸發與創建，首論僧俗交涉對於佛教文化之觸發共有三點：一、對「財施」觀念的強化，由唐初三階教「無盡藏」院，探討武則天與玄宗檢校「無盡藏」的舉措，後代寺院繼之以無盡財與長生錢、長生庫的名稱，繼續鼓動百姓施財；二、對佛教戒律的奠定，大唐第一律師釋道宣所創之南山律宗，在唐初即已獲得肯定，使唐代僧人有戒律可循；三、對佛教節日與佛教文物的創建，有盂蘭盆會的定型、經幢與舍利塔的興建。其次，論僧俗交涉對於中國文化之創建，在世學方面，第一部韻書與字典、辭典，均成於唐代僧人之手；在詩學觀念與詩體的新創，皎然首創「造境」之詩學觀念，義淨與貫休對詩體之新創，亦不可忽視；「茶僧」皎然與「茶神」陸羽，對茶文化的推行，有其篳路藍縷之功；對書法藝術之創建，書僧懷素之草書，是唐代書法藝術的極致階段。又次，論唐代古文家與僧人之會通儒、釋，古文家李華強調禪定不廢儒家之禮，與柳宗元之中道觀，其會通儒、釋之功，多顯現在其與精通儒、釋的僧人之交往。最後，論唐代僧人之世俗化與社會化，唐代僧人貪鄙趨利之違戒情形，是其世俗化與社會化的主因，門僧、客僧、異僧與狂僧，可說是唐代的另類僧人；此外，唐代社會流行的胡俗，以及人數眾多的域外僧人，在《全唐詩》中多見，胡僧爲唐代社會增添的奇異成分，最能夠展現大唐風貌之兼容並蓄。

第一節論僧俗交涉對於佛教文化之觸發，於「財施」觀念之強化，唐代百姓施財佛寺的行爲，在三階教盛行的唐初達到最高點，武后與玄宗檢校三

階教無盡藏院，使得中唐以後的寺院，轉以無盡財與「長生錢」、「長生庫」的設立，來強調財施的無上功德；而在僧人戒律方面，道宣律師將屬於印度小乘的《四分律》植入中國土壤，以教團內部的清規、戒律來規範僧尼生活，開創了前所未有的戒律觀，在四分律宗之後的南山律宗，之所以在中國佛教戒學一枝獨秀，與道宣將《四分律》提高到「經」的地位，確立唯有重視戒律者，才是真正的大乘學者有關；對於盂蘭盆節的定型，高宗以前，盂蘭盆節僅在帝王令下的官寺施行，到了玄宗，地方寺院已普遍舉行盂蘭盆會，代宗朝，盂蘭盆節已是國定大典，裴鉶《傳奇》記貞元中，番禺開元寺在中元日，佛、道二教已在同一日舉行救渡法會，今日佛、道並重的中元節，最遲在中唐時已合流；佛教盂蘭盆會意在救拔眾苦，而在佛教建築中，「經幢」的作用在獲致太平，兩者同有鎮魔驅邪的法力，兩者同樣大行於盛唐時期；經幢是密教特有的產物，隨密宗傳入中國，「幢」原為佛像前面，用寶物與絲帛裝飾的竿子，後來演變為固定的石柱造型，密教之所以能在玄宗朝流行，外在因素是，域外僧人如不空，與道士鬥法經常得勝，開元三大士在奉詔祈雨時，展現出漢地僧人所不及的高強法力，引起上自貴族下至百姓的興趣，更使得一流的漢地僧人向他們拜師學藝；內在原因是，除了善無畏與不空所譯的密教經典之外，能獲致太平，具鎮魔驅邪作用的石製經幢普被興建，開元時，隨著密教的流行，造陀羅尼幢以得冥福的觀念已深植人心，密教陀羅尼經幢的外型與塔十分相近，柱上及頂上多刻有經文，造型簡單卻功效神速，因為材質的易於保存，見證了盛唐以後，密教的普遍流行。唐代高僧火化後建「舍利塔」以供養舍利，此風之盛行，除了與《長阿含經》之佛陀遺教有關外，唐代僧人荼毗後多燒出舍利，更是助長普建「舍利塔」的風氣；唐代高僧所留下的，畢生修行的見證，其門徒除了本寺起塔供養之外，還多分予他處，張說認為舍利的功用，是讓人「常持清淨蓮花葉」，《宋高僧傳》中，記唐代僧人圓寂後燒出舍利，有成千上百者，有確切數目者，為唐代大批的「舍利塔」留下文字見證。

　　第二節論僧俗交涉對於中國文化之創建，首論唐代僧人對於世學之創建，敦煌莫高窟之韻學殘卷有唐代僧人守溫三十字母，創「等韻」者，不管是舍利、守溫、或是了義，「字母」確為唐代沙門所造；漢僧學梵語，所使用的「學語樣」（梵漢字典），是義淨的功勞，義淨的《梵唐千字文》，是中國最早的雙語字典，另外，義淨《悉曇章》和《讀梵本》，內容為梵語常識，為譯經或西行求法之漢

地僧人所必讀，全眞依義淨《梵唐千字文》作《唐梵文字》，把義淨《梵唐千字文》拆解開來，成漢梵對照的單詞，另外加上密教詞語，成爲密教專用的「學語樣」，義淨與全眞在初唐時期，爲來到唐朝的外國僧人與深入經藏的翻經沙門，提供基礎的入門書，是唐代僧俗交涉之能呈現多種域外風貌的主因；慧琳積二十多年的心力整理出《一切經音義》，將佛學術語加上印度的名物、風土，以及漢語詞彙，其中，佛經的音譯名詞爲註釋的重點，包含了中古以前許多的文字、音韻、詞彙，從中可知中國古代翻譯史、中西交通史、中外文化交流史、博物學史，《一切經音義》可說是古代漢語的白科辭典。

　　《華嚴經》以畫師依心作畫，比喻一切諸法皆由心造，唐初，李師政〈內德論空有篇〉肯定大乘由識造境的看法，到了中唐皎然，言張志和的畫：「盼睞方知造境難。」首先提出「造境」一詞，皎然詩中，各種「境」界隨處可見，詩家入手處，就在詩緣境發之「緣境」，作詩與體道等同論之，道心即詩心，詩境如禪境，皎然詩中，不論是令心無擾的「禪境」，或是令身閒適的「清境」，還是萬緣俱息的「空境」，過寺感懷之「眞境」，都可清楚看到皎然於「造境」的努力；直到盛唐，對於聯句詩，詩人們是偶一爲之，中唐的浙西詩人聯唱，不僅戲作的成分增多，僧俗之間互相逞才較勁，講究鍊字、修辭、詩境，將聯句詩發揮到前所未有的境地，皎然於貞元五年（789）完成的《詩式》，爲詩學理論的代表作。此外，唐代僧人對於詩體的創新，以義淨與貫休爲代表，義淨〈在西國懷王舍城〉，因其形式，又名〈一三五七九言〉，王小盾認爲李白創作「三五七言」、白居易等人之「一字至七字詩」、成用「一字至九字詩」、杜光廷「一言至十五言詩」，均受義淨此詩的影響；貫休對於詩體的新創，在於把兩個音節改爲一個音節，造成節奏自由，如〈灞陵戰叟〉：「尋班超傳空垂淚，讀李陵書更斷腸。」〈懷南岳隱士二首〉：「藏千尋瀑布，出十八高僧。」雖破壞了詩律的和諧，卻擴大了詩的表現力。

　　奠定唐代「飲茶之道」，對茶文化居功厥偉的先行者，就是陸羽《茶經》，陸羽《茶經》之完成，是受到開元時期，寺院僧人首創飲茶之風，以及襄助陸羽寫作《茶經》的茶僧皎然影響；《佛祖歷代通載》記開元年間，僧志崇與王休互較煮茶，所透露之重點有二：一、僧人志崇的煮茶技術居上；二、開元年間，已有僧俗共聚的大型「茶會」，皎然不論是蓋杼山妙喜寺供陸羽專心寫作《茶經》，或是在寺裡廣邀詩人聯吟，皎然以一己對茶的認識與喜愛，直接與間接提供陸羽寫作《茶經》的「資源」。

　　唐代書法藝術達於最高極致，保留至今的，眾多的佛經抄本，可以看到
各體兼備；書法藝術盛行於整個唐代，與抄寫佛經有關的兩個原因是：一、
開元年間，玄宗下令禁止民間專業的寫經手繼續抄經，由此限令可知唐人藉
寫經功德邀冥福的同時，寫經手也把書法藝術藉由經書保存下來；二、暫居
寺院抄經餬口準備參加科考的清寒文士，必備一定的書法水平，可知書法在
唐代，是士子求仕必備的敲門磚；而將草書推向極致的書僧懷素，經由觀看
夏雲的變化，悟出運筆之勢，此與中唐盛行的禪宗，主張「當下即是」的「瞬
間頓悟」較為接近，不同於僧人抄經時，將書法視為「布施」的宗教情操。
第三節論唐代古文家與僧人之會通儒、釋，古文家李華與梁肅，均鍾情天台
教義，可說是唐代奉佛士人夫當中之孤明先發者，李華為律師所作的碑銘，
多讚美律師行儀，其對當時禪宗僧人之不重戒律，深不以為然，因此多方強
調戒律雙修，定慧等持的重要；李翱不似梁肅單止於統合儒、釋，李翱〈復
性書〉三篇，表面上抬高儒教，實際上大闡佛教心性之理；柳宗元與李華、
梁肅一樣，均對不守戒律的禪宗僧人表示不滿，不同的是，柳宗元多強調他
派的優點，而非專力於詆譭禪宗；律宗僧人之獲得普遍宗仰，與禪宗不讀經、
不守戒之僧人，被視為禪之大蠹，在古文家的言論中特別明顯。唐代古文家
與僧人之會通儒、釋，多著眼於佛法與《周易》、《論語》相通的部分，李華
與柳宗元深入佛教經藏，不懷門戶之見，二人可說是唐代古文家奉佛的代表，
其會通儒、釋之用心值得肯定，對於北宋契嵩之會通儒、釋，起過一定的影
響；從玄宗朝曇一到僖宗朝元表，唐代僧人當中，有許多是因學賅內、外典
而獲得文士的青睞，進而與之交往。

　　第十章結論，總結唐代帝王、皇室貴族、官吏、文士、庶民，與佛教僧
人的互動往來，以及唐代寺院與唐人密不可分的社會文化功能，唐代僧俗交
涉下，對於後代佛教文化與世學之觸發、創見，最後，論唐代正史、筆記小
說所記的各類型僧人，以見唐代僧俗之交涉，是多方存在的普遍現象，其中，
文人之訪僧不遇、與僧同宿，以及寄僧、別僧、悼僧之作，文人替佛寺、經
像、僧人作碑銘，參與譯經工作，經成後為作序文，足見唐代文人與僧人往
來，涉入佛事之深，為他朝所不及；唐代僧人，在唐文化中屬於既特殊又普
遍的一群，特殊的是其釋子的身份，普遍的是，律宗之外的大多數僧人，其
日常生活與凡人無多大差異，對僧人的社群文化作分類，會產生對作品的不
同詮釋，可窺見唐代佛教文化異於他朝之特殊風貌。

參考文獻

壹、參考書籍

一、經籍、史書、工具書

1. 漢・司馬遷撰、馬持盈注，《史記今註》，臺灣：商務印書館，1983 年。
2. 南朝宋・范曄撰，《後漢書》，楊家駱主編，《新校本後漢書并附編十三種》，臺北：鼎文書局，1981 年。
3. 梁・蕭子顯，《南齊書》，楊家駱主編，《新校本南齊書附索引》，臺北：鼎文書局，1987 年。
4. 唐・房玄齡等撰，《晉書》，楊家駱主編，《新校本晉書並附編六種》，臺北：鼎文書局，1976 年。
5. 唐・長孫無忌等編、劉俊文點校，《唐律疏議》，北京：法律出版社，1998 年。
6. 唐・李肇，《唐國史補》，楊家駱王編，《唐國史補等八種》，臺北：世界書局，1991 年。
7. 唐・趙璘，《因話錄》，楊家駱主編，《唐國史補等八種》，臺北：世界書局，1991 年。
8. 唐・李綽，《尚書故實》，北京：中華書局，1985 年。
9. 唐・劉餗，《隋唐嘉話》，北京：中華書局，1997 年。
10. 唐・張鷟，《朝野僉載》，北京：中華書局，1997 年。
11. 唐・蘇鶚，《杜陽雜編》，北京：中華書局，1985 年。
12. 唐・李延壽，《南史》，楊家駱主編，《新校本南史附索引》，臺北：鼎文書局，1985 年。
13. 唐・裴庭裕，《東觀奏記》，北京：中華書局，1994 年。

14. 唐‧裴鉶，《傳奇》，轉引自：楊家駱主編，《唐國史補等八種》，臺北：世界書局，1991 年。

15. 唐‧薛用弱，《集異記》，楊家駱主編，《唐國史補等八種》，臺北：世界書局，1991 年。

16. 唐‧高彥休，《唐闕史》，《四庫全書》文淵閣本。

17. 唐‧鄭棨，《開天傳信記》，北京：中華書局，1985 年。

18. 唐‧劉肅，《大唐新語》，北京：中華書局，1997 年。

19. 唐‧鄭處誨，《明皇雜錄》，北京：中華書局，1997 年。

20. 唐‧李濬，《松窗雜錄》，北京：中華書局，1991 年。

21. 唐‧段成式，《酉陽雜俎》，臺北：源流文化事業公司，1983 年。

22. 唐‧范攄，《雲溪友議》，楊家駱主編，《唐國史補等八種》，臺北：世界書局，1991 年。

23. 唐‧封演，《封氏聞見記》，《畿輔叢書》第五函，臺北：藝文印書館，影印百部叢書集成，1966 年。

24. 唐‧李林甫等撰、陳仲夫點校，《唐六典》，北京：中華書局，1992 年。

25. 唐‧張固，《幽閑鼓吹》，北京：中華書局，1991 年。

26. 唐‧孫棨，《北里志》，楊家駱主編，《唐國史補等八種》

27. 唐‧陸羽撰、程啓坤等點校，《茶經》，上海：上海文化出版社，2003 年。

28. 唐‧張又新，《煎茶水記》，北京：中華書局，1991 年。

29. 唐‧張彥遠，《歷代名畫記》，北京：中華書局，1985 年。

30. 唐‧朱景玄，《唐朝名畫錄》，四川：美術出版社，1985 年。

31. 唐‧韋述，《兩京新記》，臺北：藝文印書館，原刻景印《百部叢書集成》。

32. 五代‧王仁裕，《開元天寶遺事》，《四庫全書》文淵閣本。

33. 五代、後晉‧劉昫等撰，《舊唐書》，臺北：鼎文書局，據北京：中華書局，1975 年點校本。

34. 五代‧王定保撰、姜漢椿校注，《唐摭言》，上海：社會科學院出版社，2003 年。

35. 後唐‧馮贄編、張力偉點校，《雲仙散錄》，北京：中華書局，1998 年。

36. 後蜀‧何光遠，《鑑誡錄》，北京：中華書局，1985 年。

37. 宋‧黃休復，《益州名畫錄》，北京：人民美術出版社，1964 年。

38. 宋‧王灼，《碧雞漫志》，北京：中華書局，1991 年。

39. 宋‧趙彥衛，《雲麓漫鈔》，北京：中華書局，1996 年。

40. 宋‧張君房，《雲笈七籤》，北京：齊魯書社，1988 年。

41. 宋‧陳暘,《樂書》,王雲五主編,《四庫全書珍本》,臺灣:商務印書館,1973 年。

42. 宋‧姚炫編、四庫全書館考證,《唐文粹》,臺北:世界書局,1989 年。

43. 宋‧王欽若等撰,《冊府元龜》,臺北:大化書局,1984 年。

44. 宋‧張齊賢撰,《洛陽搢紳舊聞記》,北京:中華書局,1985 年。

45. 宋‧范祖禹,《唐鑑》,北京:中華書局,1985 年。

46. 宋‧歐陽修、宋祁撰,《新唐書》,臺北:鼎文書局,據北京:中華書局,1975 年點校本

47. 宋‧王讜撰、周勛初校證,《唐語林》,北京:中華書局,1997 年。

48. 宋‧李昉等編,《太平廣記》,北京:中華書局,2003 年。

49. 宋‧宋敏求編、洪丕謨等點校,《唐大詔令集》,上海:學林出版社,1992 年。

50. 宋‧司馬光,《資治通鑑》,北京:中華書局,1956 年。

51. 宋‧王溥,《唐會要》,北京:中華書局,1998 年。

52. 宋‧孫光憲,《北夢瑣言》,臺北:源流文化事業公司,1983 年。

53. 元‧李好文,《長安志圖》,王雲五主編,《四庫全書珍本》,臺灣:商務印書館,1973 年。

54. 明‧胡我琨,《錢通》,王雲五主編,《四庫全書珍本》,臺灣:商務印書館,1973 年。。

55. 明‧吳之鯨,《武林梵志》,王雲五主編,《四庫全書珍本》,臺灣:商務印書館,1973 年。。

56. 清‧葉封,《嵩陽石刻集記》,王雲五主編,《四庫全書珍本》,臺灣:商務印書館,1973 年。

57. 清‧陳元龍,《格致鏡原》,《四庫全書》文淵閣本。

58. 清‧倪濤,《六藝之一錄》,上海:上海古籍出版社,1991 年。

59. 清‧葉昌熾,《語石》,臺灣:商務印書館,1976 年。

二、總集、別集

1. 唐‧顏眞卿,《顏魯公集》,《四部備要》集部,中華書局據《三長物齋叢書》本校刊。

2. 唐‧元稹,《元氏長慶集》,《四部叢刊》本。

3. 唐‧杜牧,《樊川文集》,《四部叢刊》本。

4. 唐‧李翱,《李文公集》,《四部叢刊》本,初編,集部。

5. 唐‧柳宗元,《柳河東集》,臺北:河洛圖書出版社,1974 年。

6. 宋・李昉等編，《文苑英華》，北京：中華書局，1995 年。

7. 宋・歐陽修，《六一居士詩話》，北京：中華書局，1985 年。

8. 宋・葛立方，《韻語陽秋》，北京：中華書局，1985 年。

9. 宋・周必大，《文忠集》，《四庫全書》文淵閣本。

10. 宋・計有功，《唐詩紀事》，楊家駱主編，《歷代詩史長編》第五種，臺北：鼎文書局，1971 年。

11. 金・元好問，《遺山集》，楊家駱主編，《新校元遺山箋注》，臺北：世界書局，1982 年。

12. 元・辛文房，《唐才子傳》，北京：中華書局，1991 年。

13. 明・胡震亨，《唐音癸籤》，《四庫全書》文淵閣本。

14. 清・董誥等編，《全唐文》，北京：中華書局，1982 年。

15. 清・季振宜等編，《全唐詩》，臺北：文史哲出版社，1978 年。

16. 清・汪辟疆，《唐人小說》，臺北：文史哲出版社，1993 年。

三、釋　書

1. 《大正新修大藏經》（《大正藏》），臺北：新文豐出版，1983～1988 年。

2. 後漢失譯，《受十善戒經》，《大正藏》，第 24 冊。

3. 後漢竺大力、康孟詳合譯，《修行本起經》卷 45。

4. 後秦・佛陀耶舍共竺佛念譯，《長阿含經》，《大正藏》第 1 冊。

5. 姚秦・鳩摩羅什譯，《禪法要解》，《大正藏》第 15 冊。

6. 姚秦・鳩摩羅什譯，《維摩詰所說經》，《大正藏》第 14 冊。

7. 姚秦・鳩摩羅什譯，《維摩詰所說經》，《大正藏》第 14 冊。

8. 元魏・吉迦夜共曇曜譯，《雜寶藏經》，《大正藏》第 4 冊。

9. 元魏・菩提留支譯，《大薩遮尼乾子所說經》，《大正藏》第 9 冊。

10. 北魏・楊炫之，《洛陽伽藍記》，《大正藏》第 51 冊。

11. 北涼・曇無讖譯，《大方等無想經》，《大正藏》第 12 冊。

12. 北涼・曇無讖譯，《優婆塞戒經》，《大正藏》第 24 冊。

13. 北涼・曇無讖譯，《菩薩戒本》，《大正藏》第 24 冊。

14. 北涼・曇無懺譯，《大般涅槃經》，《大正藏》第 12 冊。

15. 晉・佛馱跋陀羅譯，《大方廣佛華嚴經》，《大正藏》第 9 冊。

16. 晉・聶道眞譯，《菩薩受齋經》，《大正藏》第 24 冊。

17. 晉・法力、法炬共譯，《佛說諸德福田經》，《大正藏》第 16 冊。

18. 晉・竺法護譯，《佛說盂蘭盆經》，《大正藏》第 16 冊。

19. 晉・安法欽譯，《阿育王傳》，《大正藏》第 50 冊。

20. 梁・慧皎，《高僧傳》，《大正藏》第 50 冊。

21. 梁・僧祐，《弘明集》，《大正藏》第 52 冊。

22. 梁・僧祐，《出三藏集記》，《大正藏》第 55 冊。

23. 隋・釋吉藏，《金光明經疏》，《大正藏》第 39 冊。

24. 隋・達摩笈多譯，《佛說藥師如來本願經》，《大正藏》第 14 冊。

25. 隋・釋吉藏，《維摩經義疏》，《大正藏》第 38 冊。

26. 隋・智顗說、灌頂錄，《金光明經文句》，《大正藏》，第 39 冊。

27. 隋・費長房，《歷代三寶記》，《大正藏》第 49 冊。

28. 隋・吉藏，《百論疏》，《大正藏》第 42 冊。

29. 隋・闍那崛多等譯，《無所有菩薩經》，《大正藏》第 14 冊。

30. 〔新羅〕慧超、唐・釋圓照等撰，《遊方記抄》，《大正藏》第 51 冊。

31. 唐・實叉難陀譯，《大乘四法經》，《大正藏》第 17 冊。

32. 唐・釋玄奘譯，《說無垢稱經》，《大正藏》第 14 冊。

33. 唐・玄奘譯，《大般若波羅蜜多經》，《大正藏》第 7 冊。

34. 唐・玄奘譯，《瑜伽師地論》，《大正藏》第 30 冊。

35. 唐・菩提流志譯，《大寶積經》，《大正藏》第 11 冊。

36. 唐・菩提流志譯，《寶雨經》，《大正藏》第 55 冊。

37. 唐・彥悰錄，《集沙門不應拜俗等事》，《大正藏》第 52 冊。

38. 唐・達摩流支譯，《佛說寶雨經》，《大正藏》第 16 冊。

39. 唐・釋道宣，《釋迦方志》，《大正藏》第 51 冊。

40. 唐・釋道宣，《廣弘明集》，《大正藏》第 52 冊。

41. 唐・釋道宣，《集古今佛道論衡》，《大正藏》第 52 冊。

42. 唐・釋道宣，《續高僧傳》，《大正藏》第 50 冊。

43. 唐・釋道宣，《四分律刪繁補闕行事鈔》，《大正藏》第 40 冊。

44. 唐・釋道宣，《中天竺舍衛國祇洹寺圖經》，《大正藏》第 45 冊。

45. 唐・釋道宣，《集神州三寶感通錄》，《大正藏》第 52 冊。

46. 唐・釋道宣，《量處輕重儀本》，《大正藏》第 45 冊。

47. 唐・釋道宣，《教誡新學比丘行護律儀》，《大正藏》第 45 冊。

48. 唐・釋道宣，《妙法蓮華經・弘傳序》，《大正藏》第 9 冊。

49. 唐・釋僧詳，《弘贊法華傳》，《大正藏》第 51 冊。

50. 唐・釋義淨，《南海寄歸內法傳》，《大正藏》第 54 冊。

51. 唐・釋義淨《梵唐千字文譯注》,《大正藏》第 54 冊。

52. 唐・佛陀波利譯,《佛頂尊勝陀羅尼經》,《大正藏》第 19 冊。

53. 唐・阿地瞿多譯,《佛說陀羅尼集經》,《大正藏》第 18 冊。

54. 唐・慧立本、彥悰箋,《大唐大慈恩寺三藏法師傳》,《大正藏》第 50 冊。

55. 唐・法藏,《華嚴經探玄記》,《大正藏》第 35 冊。

56. 唐・釋智昇,《開元釋教錄》,《大正藏》第 55 冊。

57. 唐・釋一行,《七曜星辰別行法》,《大正藏》第 21 冊。

58. 唐・釋法照,《淨土五會念佛誦經觀行儀》,《卍續藏》第 85 冊。

59. 唐・釋復禮,《十門辯惑論》,《大正藏》,第 52 冊。

60. 唐・唐臨,《冥報記》,《大正藏》,第 51 冊。

61. 唐・遁倫集撰,《瑜伽論記》,《大正藏》第 42 冊。

62. 唐・釋全眞,《唐梵文字》,《大正藏》第 54 冊。

63. 唐・實义難陀,《大方廣佛華嚴經》,《大正藏》第 9 冊。

64. 唐・釋神清,《北山錄》,《大正藏》第 52 冊。

65. 唐・釋道世,《法苑珠林》,《大正藏》第 53 冊。

66. 唐・釋圓照集,《代宗朝贈司空大辨正廣智三藏和上表制集》,《大正藏》第 52 冊。

67. 〔新羅〕崔志遠,《唐大薦福寺故寺主翻經大德法藏和尚傳》,《大正藏》第 50 冊。

68. 〔日〕圓仁,《入唐求法巡禮行記》,台北縣：文海出版社,1976 年。

69. 《像法決疑經》,《大正藏》,第 85 冊。

70. 宋・釋道誠集,《釋氏要覽》,《大正藏》第 48 冊。

71. 宋・釋宗曉編,《四明尊者教行錄》,《大正藏》第 46 冊。

72. 宋・釋道原,《景德傳燈錄》,《大正藏》第 51 冊。

73. 宋・釋贊寧,《宋高僧傳》,《大正藏》第 50 冊。

74. 宋・釋贊寧,《大宋僧史略》,《大正藏》第 54 冊。

75. 宋・釋普濟,《五燈會元》,《卍續藏》第 80 冊。

76. 宋・釋志磐,《佛祖統紀》,《大正藏》第 49 冊。

77. 宋・陳田夫,《南嶽總勝集》,《大正藏》第 51 冊。

78. 宋・釋元照,《四分律行事鈔資持記》,《大正藏》,第 40 冊。

79. 元・釋德煇重編,《敕修百丈清規》,《大正藏》第 48 冊。

80. 元・覺岸,《釋氏稽古略》,《大正藏》第 49 冊。

81. 元・釋念常集,《佛祖歷代通載》,《大正藏》第 49 冊。

82. 元‧盛熙明,《補陀洛迦山傳》,《大正藏》第 51 冊。

83. 明‧釋如巹續集,《緇門警訓》,《大正藏》第 48 冊。

84. 清‧儀潤,《百丈清規證義記》,《大正藏》第 63 冊。

四、專 著

1. 謝思煒,《唐宋詩學論集》,北京:商務印書館,2003 年。

2. 向達,《唐代長安與西域文明》,河北:河北教育出版社,2001 年。

3. 季羨林,《佛教十五題》,北京:中華書局,2007 年。

4. 沈冬,《唐代樂舞新論》,北京:北京大學出版社,2004 年。

5. 孫昌武,《唐代文學與佛教》,臺北:谷風出版社,1987 年。

6. 孫昌武,《佛教與中國文學》,臺北:東華書局,1989 年。

7. 孫昌武,《道教與唐代文學》,北京:人民文學出版社,2001 年。

8. 孫昌武,《禪思與詩情》,北京:中華書局,1997 年。

9. 孫昌武,《文壇佛影》,北京:中華書局,2001 年。

10. 孫昌武,《詩與禪》,臺北:東大圖書股份有限公司,1994 年。

11. 程亞林,《詩與禪》,江西:人民出版社,2000 年。

12. 李淼,《禪宗與中國古代詩歌藝術》,高雄市:麗文文化事業公司,1993 年。

13. 張海沙,《初盛唐佛教禪學與詩歌研究》,北京:中國社會科學出版社,2001 年。

14. 蕭麗華,《唐代詩歌與禪學》,臺北:東大圖書公司,1997 年。

15. 張伯偉,《禪與詩學》,浙江:人民出版社,1994 年。

16. 王敏華,《中國詩禪研究》,廣西師範大學出版社,1997 年。

17. 周裕鍇,《中國禪宗與詩歌》,高雄市:麗文文化事業公司,1994 年。

18. 吳言生,《禪宗詩歌境界》,北京:中華書局,2001 年。

19. 覃召文《禪月詩魂——中國詩僧縱橫談》,北京:三聯書店,1995 年。

20. 〔法〕謝和耐著、耿昇譯,《中國五～十世紀的寺院經濟》,臺北:商頂文化出版社,1994 年。

21. 〔法〕謝和耐、蘇遠鳴等著、耿昇譯,《法國學者敦煌學論文選萃》,北京:中華書局出版,1993 年。

22. 姚南強,《禪與唐宋作家》,江西:江西人民出版社,1998 年。

23. 賈靜華,《唐代集會總集與詩人群研究》,北京:北京大學出版社,2001 年。

24. 廖芮茵,《唐代服食養生研究》,臺北:學生書局,2004 年。

25. 榮新江主編,《唐代宗教信仰與社會》,上海:辭書出版社,2003 年。

26. 〔日〕礪波護著、韓昇、劉建英譯,《隋唐佛教文化》,上海:古籍出版社,2004 年。

27. 郭紹林,《唐代士大夫與佛教》,臺北:文史哲出版社,1993 年。

28. 陳允吉,《唐詩中的佛教思想》,臺北:商鼎文化出版社,1993 年。

29. 谷更有,《唐宋國家與鄉村社會》,北京:中國社會科學出版社,2006 年。

30. 林文勛、谷更有,《唐宋鄉村社會力量與基層控制》,雲南:雲南大學出版社,2005 年。

31. 劉玉峰,《唐代工商業型態論稿》,濟南:齊魯書社,2002 年。

32. 曾仲勉,《通鑑隋唐紀比事質疑》,北京:中華書局,2004 年。

33. 俞曉紅,《佛教與唐五代白話小說研究》,北京:人民出版社,2006 年。

34. 羅時進,《唐詩演進論》,江蘇:古籍出版社,2001 年。

35. 羅時進,《唐宋文學論札》,陝西:人民出版社,1993 年。

36. 劉進寶,《敦煌學論述》,臺北:紅葉文化公司,1995 年),頁 69～70。

37. 劉進寶,《敦煌學述論》,蘭州:甘肅教育出版社,1991 年。

38. 陳寅恪,《陳寅恪先生論文集》(上),台北縣:文理出版社,1977 年。

39. 任繼愈主編,《中國道教史》上卷,北京:中國社會科學出版,2001 年。

40. 陳海濤、劉惠琴,《來自文明十字路口的民族——唐代入華粟特人研究》,北京:商務印書館,2006 年。

41. 甯志新,《隋唐使職制度研究》,北京:中華書局,2005 年。

42. 周勛初主編,《唐人軼事彙編》,上海:上海古籍出版社,1995 年。

43. 吳海勇,《中古漢譯佛經敘事文學研究》,北京:學苑出版社,2004 年。

44. 謝海平,《唐代詩人與在華外國人之文字交》,臺北:文史哲出版社,1881 年。

45. 謝海平,《唐代文學家及文獻研究》,高雄市:麗文文化事業公司,1996 年。

46. 謝海平,《唐代留華外國人生活考述》,臺灣:商務印書館,1978 年。

47. 吳鋼主編,《全唐文補遺》,陝西:三秦出版社,1994 年。

48. 任爽,《唐朝典章制度》,長春:吉林文史出版社,2001 年。

49. 趙超,《古代墓誌通論》,北京:紫禁城出版社,2003 年。

50. 王毅,《中國園林文化史》,上海:上海人民出版社,2004 年。

51. 孫立群,《中國古代的士人生活》,北京:商務印書館,2003 年。

52. 周裕鍇,《中國禪宗與詩歌》,高雄市:麗文文化事業公司,1994 年。

53. 陳允吉，《古典文學佛教溯源十論》，上海：復旦大學出版社，2002 年。

54. 王敏華，《中國詩學研究》，桂林：廣西師範大學出版社，1997 年。

55. 黃永武，《中國思學——思想篇》，臺北：巨流圖書公司，1980 年。

56. 李建崑，《中晚唐苦吟詩人研究》，臺北：秀威科技出版，2005 年。

57. 李建崑，《韓孟詩論叢》（上冊），臺北：秀威科技出版，2005 年。

58. 蕭馳，《佛法與詩境》，北京：中華書局，2005 年。

59. 李澤厚，《中國思想史論三部曲——古代、近代、現代》，天津：天津社會科學院出版社，2007 年。

60. 鄺健行主編，《中國詩歌與宗教》，香港：中華書局，1999 年。

61. 王亦軍、裴豫敏編註，《李益集註》，甘肅：人民出版社，1989 年。

62. 嚴耕望，《嚴耕望史學論文選集》，臺北：聯經出版事業公司，1991 年。

63. 吳在慶，《唐代文士的生活心態與文學》，安徽：黃山書社，2006 年。

64. 劉寧，《唐宋之際詩歌演變研究》，北京：師範大學出版社，2002 年。

65. 王樹海，《禪魄詩魂——佛禪與唐宋禪詩的變遷》，北京：知識出版社，2000 年。

66. 王夢鷗，《唐人小說校釋》上、下集，臺北：正中書局，1983 年。

67. 胡遂，《佛教與晚唐詩》，北京：東方出版社，2005 年。

68. 呂澂，《中國佛學源流略講》，臺北：甲仁書局，1985 年。

69. 李定廣，《唐末五代亂世文學研究》，北京：中國社會科學出版社，2006 年。

70. 劉航，《中唐詩歌嬗變的民俗觀照》，北京：學苑出版社，2004 年。

71. 湛如，《敦煌佛教律儀制度研究》，北京：中華書局，2003 年。

72. 張國剛，《佛學與隋唐社會》，河北：人民出版社，2002 年。

73. 張國剛，《唐代政治制度研究論集》，臺北：文津出版社，1994 年。

74. 姚平，《唐代婦女的生命歷程》，上海：古籍出版社，2004 年。

75. 段塔麗，《唐代婦女地位研究》，北京：人民出版社，2000 年。

76. 鄧小南主編，《唐宋女性與社會》（下），上海：辭書出版社，2003 年。

77. 周紹良主編，《唐代墓誌彙編》，上海：古籍出版社 1992 年。

78. 李淼，《禪宗與中國古代詩歌藝術》，高雄市：麗文文化事業公司，1993 年。

79. 郭紹林，《唐代士大夫與佛教》，臺北：文史哲出版社，1993 年。

80. 胡可先，《中唐政治與文學——以永貞革新為研究中心》，合肥：安徽大學出版社，2000 年。

81. 劉子瑜，《敦煌變文和王梵志詩》，河南：大象出版社，1997 年。

82. 謝思煒，《禪宗與中國文學》，北京：中國社會科學出版社，1993 年。

83. 周慶華，《佛教與文學的系譜》，臺北：里仁書局，1999 年。

84. 程薔、董乃斌，《唐帝國的精神文明——民俗與文學》，北京：中國社會科學出版社，1996 年。

85. 任半塘，《敦煌歌辭總編》，上海：古籍出版社，1987 年。

86. 白化文，《寺院與僧人》，河南：新華書店，1997 年。

87. 楊鴻年，《隋唐兩京坊里譜》上海：古籍出版社，1999 年。

88. 賴永海，《佛道詩禪——中國佛教文化論》，北京：中國青年出版社，1990 年。

89. 黃苗子編著，《吳道子事輯》，北京：中華書局，1991 年。

90. 劉亞丁，《佛教靈驗記研究——以晉唐爲中心》，四川：巴蜀書社，2006 年。

91. 趙爲民，《唐代二十八調理論體系研究》，北京：商務印書館，2006 年。

92. 釋星雲編，《佛教與世學》，《佛光教科書》，高雄縣：佛光文化出版，2000 年。

93. 魏承思，《中國佛教文化論稿》，上海：人民出版社，1991 年。

94. 李壯鷹，《詩式校注》，濟南：齊魯書社，1987 年。

95. 景遐東，《江南文化與唐代文學研究》，北京：人民文學出版社，2005 年。

96. 王小盾，《唐代酒令藝術——關於敦煌舞譜、早期文人詞及其文化背景的研究》，臺北：文津出版社 1993 年。

97. 熊秉明，《中國書法理論體系》，台北縣：谷風出版社，1987 年。

98. 閆豔，《唐詩食品詞語語言與文化之研究》，四川：巴蜀書社，2004 年。

99. 葛兆光，《禪宗與中國文化》，臺北：里仁書局，1987 年。

100. 孫琴安，《唐詩與政治》，上海：人民出版社，2003 年。

101. 毛水清，《唐代樂人考述》，北京：東方出版社，2006 年。

102. 王汝濤，《唐代小說與唐代政治》，湖南：岳麓書社，2005 年。

103. 程毅中，《唐代小說史》，北京：人民文學出版社，2003 年。

104. 李浩，《唐代關中士族與文學》，北京：中國社會科學出版社，2003 年。

105. 戴偉華，《地域文化與唐代詩歌》，北京：中華書局，2006 年。

106. 王永平，《六朝江東世族之家風家學研究》，江蘇：古籍出版社，2003 年。

107. 范子燁，《中古文人生活研究》，山東：教育出版社，2001 年。

108. 李劍亮，《唐宋詞與唐宋歌妓制度》，浙江：浙江大學出版社，2006 年。

109. 方立天,《方立天文集》,《隋唐佛教》,北京:中國人民大學出版社,2006年。

110. 崔際銀,《詩與唐人小說》,天津:天津古籍出版社,2004年。

111. 譚正璧編,《中國文學家大辭典》,上海書店,1981年。

112. 楊鴻年,《隋唐兩京考》,湖北:武漢大學出版社,2000年。

113. 王亦軍、裴豫敏編注,《李益集注》,四川:巴蜀書社,2004年。

114. 王立,《佛經文學與古代小說母題比較研究》,北京:昆侖出版社,2006年。

115. 陳允吉,《唐詩中的佛學思想》,臺北:商鼎文化出版社,1993年。

116. 李富華,《中國古代僧人生活》,臺灣:商務印書館,1998年。

117. 〔韓〕梁銀景,《隋代佛教窟龕研究》,北京:文物出版社,2004年。

118. 藍吉富主編,《三階教殘卷》,臺北:彌勒出版社,1982年。

119. 李希泌主編,《唐大詔令集補編》,上海:古籍出版社,2003年。

120. 張黌弓,《漢傳佛文化演生史稿》,臺北:新文豐出版公司,2005年。

121. 余欣,《神道人心──唐宋之際敦煌民生宗教社會史研究》,北京:中華書局,2006年。

122. 王壽南,《唐代的宦官》,臺北:臺灣商務印書館,2004年。

123. 陳弱水,《唐代的婦女文化與家庭生活》,臺北:介晨文化,2007年。

124. 謝元魯,《唐代中央政權決策研究》,臺北:文津出版社,1992年。

125. 賴瑞和,《唐代基層文官》,臺北:聯經出版公司,2004年。

126. 程喜霖,《唐代過所研究》,北京:中華書局,2000年。

127. 胡如雷,《隋唐五代經濟史論稿》,北京:中國社會科學出版社,1996年。

128. 周一良、趙和平,《唐五代書儀研究》,北京:中國社會科學出版社,1995年。

129. 韓國磐,《唐代社會經濟諸問題》,臺北:文津出版社,1999年。

130. 陳國燦,《唐代的經濟社會》,臺北:文津出版社,1999年。

131. 曲金良,《敦煌佛教文學研究》,臺北:文津出版社,1995年。

132. 孫修身,《敦煌與中西交通研究》,蘭州:甘肅教育出版社,2002年。

133. 高國藩,《敦煌民間文學》,臺北:聯經出版社,1994年。

134. 高國藩,《敦煌民俗學》,上海:上海文藝出版社,1989年。

135. 李斌城、李錦繡等著,《隋唐五代社會生活史》,北京:中國社會科學出版社,1994年。

136. 〔日〕周藤吉之等著,《敦煌學譯文集──敦煌吐魯番出土社會經濟文書

研究》，蘭州：甘肅人民出版社，1985 年。

137. 羅世平，《敦煌吐魯番學研究論集》，北京圖書館敦煌吐魯番學資料中心、台北《南海》雜誌社合編，臺北：書目文獻出版社，1996 年。

138. 〔日〕高田時雄著、鍾等譯，《敦煌‧民族‧語言》，北京：中華書局，2005 年。

139. 孟憲實，《漢唐文化與高昌歷史》，濟南：齊魯書社，2004 年。

140. 黃敏枝，《唐代寺院經濟的研究》，《國立臺灣大學文史叢刊》，1971 年。

141. 林伯謙，《唐代文化學術研討會論文集》，東吳大學中國文學系主編，2000 年。

142. 黃玫茵，《第五屆唐代文化學術研討會論文集》中國唐代學會、國立中正大學主編，高雄市：麗文文化事業公司，2001 年。

143. 〔日〕平野顯照著、張桐生譯，《唐代的文學與佛教》，臺北：業強出版社，1987 年。

144. 陳尚君，《唐代文學叢考》，北京：中國社會科學出版社，1997 年。

145. 馬銘浩，《唐代社會與元白文學集團關係之研究》，臺北：臺灣學生書局，1991 年。

146. 〔日〕岡村繁著、張寅彭譯，《唐代文藝論》，華東師範大學東方文化研究中心編譯，《岡村繁全集》第五卷，上海：上海古籍出版社，2002 年。

147. 榮新江主編，《唐代宗教信仰與社會》，上海：辭書出版社，2003 年。

148. 趙杏根，《佛教與文學的交會》，臺北：臺灣學生書局，2004 年。

149. 唐耕耦，《敦煌寺院會計文書研究》，臺北：新文豐出版公司，1997 年。

150. 黃永年，《唐代史事考釋》，臺北：聯經出版公司，1998 年。

151. 〔日〕堀敏一著、韓昇、劉建英譯，《隋唐帝國與東亞》，昆明：雲南人民出版社，2002 年。

152. 〔日〕池田溫著、孫曉林等譯，《唐研究論文選集》，北京：中國社會科學出版社，1999 年。

153. 王耘，《唐代美學範疇研究》，上海：學林出版社，2005 年。

154. 李芳民，《唐五代佛寺輯考》，北京：商務印書館，2006 年。

155. 〔韓〕李正曉，《中國早期佛教造像研究》，北京：文物出版社，2005 年。

156. 馬自力，《中唐文人之社會角色與文學活動》，北京：中國社會科學出版社，2005 年。

157. 李鵬飛，《唐代非寫實小說之類型研究》，北京：北京大學出版社，2004 年。

158. 王建光，《中國律宗思想研究》，四川：巴蜀書社，2004 年。

159. 王永會，《中國佛教僧團發展及其管理研究》，四川：巴蜀書社，2003 年。
160. 王青，《西域文化影響下的中古小說》，北京：中國社會科學出版社，2006 年。
161. 侯迺慧，《詩情與幽境──唐代文人的園林生活》，臺北：東大圖書公司，1991 年。
162. 南京大學古典文獻研究所主編，《古典文獻研究》第六輯，江蘇：古籍出版社，2003 年。
163. 葉珠紅，《寒山詩集論叢》，臺北：秀威科技出版，2006 年。

貳、論 文

一、學位論文

1. 蔡秀敏，《唐代敦煌飲食文化研究》，中正大學中國文學研究所碩士論文，2003 年 1 月。
2. 林曉眞，《唐五代川蜀地區的佛教文化──以高僧、寺院、造像爲考察中心》，清華大學歷史研究所碩士論文，1991 年 7 月。
3. 李寶玲，《唐代長安佛寺發展及其對詩歌之影響》東海大學中國文學系博士論文，2006 年 5 月。
4. 林韻柔，《唐代寺院結構及其運作》，東海大學歷史學系碩士論文，2002 年 6 月。
5. 高逸華，《唐代佛教寺院之功能探討》，中國文化大學史學研究所碩士論文，1996 年 6 月。
6. 陳正平，《唐詩所見游藝休閒活動之研究》，東海大學中國文學系博士論文，2006 年 7 月。
7. 許文惠，《唐代傳奇所反映的唐代社會》，東吳大學社會學研究所碩士論文，1989 年 1 月。
8. 葉蓁蓁，《圓仁法師《入唐求法巡禮行記》所見的唐代文化》，政治大學中國文學研究所碩士論文，1989 年 7 月。
9. 蔡榮婷，《唐代詩人與佛教關係之研究──兼論唐詩中的佛教語彙意象》政治大學中國文學研究所博士論文，1992 年 7 月。
10. 蔡榮婷，《景德傳燈錄之研究──以禪師啓悟弟子之方法爲中心》，政治大學中國文學研究所碩士論文，1984 年 6 月。
11. 黃運喜，《唐代中期的僧伽制度──兼論與其當代社會文化之互動關係》，中國文化大學史學研究所博士論文，1997 年 6 月。
12. 黃運喜，《會昌法難研究──以佛教爲中心》，中國文化大學史學研究所碩士論文，1986 年。

13. 趙國光，《唐代官場文化與飲酒生活》，中國文化大學史學研究所碩士論文，1998 年。

14. 林珍瑩，《唐代茶詩研究》，中正大學中國文學研究所博士論文，2002 年。

15. 李書群，《唐代飲茶風氣及其對文學影響之研究》，臺灣大學中國文學研究所碩士論文，1992 年 5 月。

16. 林裕盛，《佛教的果報觀與唐代社會》，東海大學歷史學系碩士論文，2004 年 6 月。

17. 黎金剛，《唐代詩歌與佛家思想》，臺灣師範大學國文研究所博士論文，1980 年 7 月。

18. 黃秀琴，《唐代詩禪相互影響論》，中央大學中國文學研究所碩士論文，1997 年 12 月。

19. 曹愉生，《唐代詩論與畫論之關係研究——僅以詩畫論之專著爲研究對象》，政治大學中國文學研究所博士論文，1991 年 1 月。

20. 彭雅玲，《唐代詩僧的創作論研究——詩歌與佛教的綜合分析》，政治大學中國文學研究所博士論文，1999 年 6 月。

21. 陳鍾琇，《唐代和詩研究》，東海大學中國文學研究所碩士論文，2001 年 6 月。

22. 郭雅鈴，《女冠、女仙與唐代社會》，東海大學歷史研究所碩士論文，2003 年 6 月。

23. 林雪鈴，《唐詩中的女冠》，中正大學中國文學研究所碩士論文，2001 年 5 月。

24. 張福政，《唐代妓女的類別與性質研究》，政治大學中國文學研究所博士論文，2001 年 6 月。

25. 鄭育萱，《唐代婦女書寫文本中的社會反應》，中正大學歷史研究所碩士論文，2005 年 7 月。

26. 張耀方，《敦煌文書所見唐代節慶之研究》，逢甲大學中國文學研究所碩士論文，2003 年 6 月。

27. 許麗玲，《唐人題畫詩研究》，東吳大學中國文學研究所碩士論文，1991 年 6 月。

二、期刊論文

1. 寇養厚，〈唐初三帝的三教共存與道先佛後政策——唐代三教並行政策形成的第一階段〉，《文史哲》1998 年第 4 期。

2. 馮金忠，〈唐代病坊當議〉，《西域研究》2003 年第 4 期。

3. 張文斌，〈唐代宦官養子制度探略〉，《雲夢學刊》，2007 年 2 月。

4. 向達，〈補說唐代俗講二三事〉，《敦煌變文論文集》上冊，臺北：明文書

局，1985 年。

5. 王永平，〈識釋唐代諸帝多餌丹藥之謎〉，《歷史研究》1999 年第 4 期。

6. 趙杏根，〈唐代小說中的法術僧人與另類僧人〉，《蘇州鐵道師範學院學報》第 19 卷第 2 期，2002 年 6 月。

7. 顏娟英，〈盛唐玄宗朝佛教藝術的轉變〉，《中央研究院歷史語言研究所集刊》1995 年 6 月。

8. 何寄澎，〈唐代古文家與佛教之關係〉，《第一屆國際唐代會議論文集》，臺北：學生書局，1989 年。

9. 謝重光，〈論唐代佛教徒對社會的巨大貢獻〉，《佛教與中國文化國際學術會議論文集》（上輯）1995 年 7 月。

10. 胡可先〈論武則天時期的文學環境〉，廣西師範大學出版社主編，《唐代文學研究》第十　輯，2006 年。

11. 〔香港〕劉衛林，〈中唐詩學造境說與佛道思想〉，《唐代文學研究》第九輯，廣西師範大學出版社，2002 年。

12. 蔣寅，〈大曆浙東浙西聯句述論——兼論聯句的發生與發展〉，董健主編，《文學研究》第 2 輯，江蘇：南京大學出版社，1992 年。

13. 李永展，〈從土地使用的觀點看長安城的空間結構〉，《臺灣大學建築與城鄉研究學報》第 2 卷第 1 期，1983 年。

14. 趙俊波，〈唐百戲賦簡論〉，《上海交通大學學報》2003 年第 1 期。

15. 金其楨，〈唐代碑文化研究〉，《南方文物》2004 年第 3 期。

16. 查明昊、司立芳，〈唐代僧人與科舉〉，《西南交通大學學報》第 6 卷第 5 期，2005 年 9 月。

17. 楊梅，〈唐代尼僧與世俗家庭的關係〉，《首都師範大學學報》2004 年第 5 期。

18. 王秀林，〈唐代士大夫喜歡結交僧徒的原因探討〉，《中國青年政治學院學報》2007 年第 5 期。

19. 崔岩，〈也談唐代太原「黃坑」葬俗的宗教屬性〉，《洛陽大學學報》第 18 卷第 3 期，2003 年 9 月。

20. 李小榮，〈關於唐代的俗講與轉變〉，《九江師專學報》2004 年第 4 期。

21. 杜文玉，〈唐代宦官婚姻及其內部結構〉，《學術月刊》2000 年第 6 期。

22. 李志生，〈唐代百姓通婚取向探析〉，《河北學刊》第 21 卷第 4 期，2001 年 7 月。

23. 吳敏霞，〈從唐墓志看唐代世俗佛教信仰〉，《佛學研究》1996 年。

24. 黃清發，〈唐代僧尼的出家方式與世俗化傾向〉，《南通師範學院學報》第 18 卷第 1 期，2002 年 3 月。

25. 景遐東，〈唐代文士和詩僧的憤世嫉俗詩〉，《湖北師範學院學報》第 22 卷第 1 期，2002 年。

26. 葛兆光，〈從中唐思想史看洪州宗的意義〉，《杭州師範學院學報》，1994 年第 5 期。

27. 葛兆光，〈重新清理唐代宗教的歷史——讀吉川忠夫編《唐代の宗教》〉，《佛學研究》，2000 年。

28. 劉寶才，〈唐代思想家與佛教僧人交往的原因——讀劉禹錫送僧詩〉，《西安聯合大學學報》2001 年第 3 期。

29. 邵文實，〈敦煌佛教文學與邊塞文學〉，《敦煌學輯刊》2001 年第 2 期。

30. 仲景玲，〈略述唐代域外物品的傳入〉，《文教資料》1998 年第 3 期。

31. 董惠民，〈唐代中後期「錢荒」原因探析〉，《湖州師專學報》第 20 卷第 2 期，1998 年 4 月。

32. 陳澤泓，〈唐代佛教密宗入粵及文物考述〉，《嶺南文化研究》2002 年第 5 期。

33. 李浩，〈唐代園林別業與文人隱逸的關係〉（上），《陝西廣播電視大學學報》1999 年。

34. 溫翠芳，〈唐代長安西市中的胡姬與絲綢之路上的女奴貿易〉，《西域研究》2006 年第 2 期。

35. 王元軍，〈干祿仕進與唐人的書法〉，《陝西師大學報》第 23 卷第 3 期，1994 年 9 月。

36. 葛曉音，〈論唐前期文明華化的主導傾向——從各族文化的交流對初盛唐詩的影響談起〉，《中國社會科學》，1997 年第 3 期。

37. 張建華，〈隋唐時期佛教寺院經濟的膨脹與「會昌毀佛」〉，《天中學刊》第 17 卷第 6 期，2002 年 12 月。

38. 鄭顯文，〈唐代《僧道格》研究〉，《歷史研究》，2004 年第 4 期。

39. 鄭炳林、邢豔紅，〈晚唐五代宋初敦煌文書所見都師考〉，《西北民族學院學報》，1999 年第 3 期。

40. 蘇金花，〈唐五代敦煌寺院土地佔有形式〉，《中國社會經濟史研究》，2004 年第 3 期。

41. 蘇金花，〈從「方外之賓」到「釋吏」——略論漢唐五代僧侶政治地位之變化〉，《敦煌學輯刊》1998 年第 2 期。

42. 杜正乾，〈唐代的《金剛經》信仰〉，《敦煌研究》，2004 年第 5 期。

43. 蘇士梅，〈從墓志看佛教對唐代婦女生活的影響〉，《史學月刊》，2003 年第 5 期。

44. 焦杰，〈從唐墓志看唐代婦女與佛教的關係〉，《陝西師範大學學報》，2000

年 3 月。

45. 楊君，〈《金剛經》與唐朝民眾崇經活動及其觀念〉，《西華師範大學學報》，2003 年第 6 期。

46. 舟萬里，〈唐代捨宮為寺考略〉，《西北大學學報》，2005 年 9 月。

47. 王維坤，〈唐代長安與西方宗教文化交流的研究〉，《西北大學學報》，2002 年 10 月。

48. 王福昌，〈日人圓仁視野中的唐代鄉村社會〉，《華南農業大學學報》，2007 年第 1 期。

49. 崔際銀，〈唐代釋僧小說的文化觀照〉，《山西大學學報》，2007 年 1 月。

50. 黃雲鶴，〈唐代舉子游丐之風——《太平廣記》所見唐代舉子生活態之一〉，《古籍整理研究學刊》，2004 年 1 月。

51. 陶希聖，〈唐代寺院經濟概說〉，《現代佛教學術叢刊》第九冊，1980 年 10 月。

52. 葉珠紅，〈論吳道子因妒殺人〉，中興大學文學院《興大人文學報》第 38 期，2007 年 3 月。

53. 葉珠紅，〈從敦煌文書〈請賓頭盧疏〉看唐代的賓頭盧信仰〉，逢甲大學人文社會學院《「唐代文化」教與學學術研討會論文集》2007 年 4 月。

54. 葉珠紅，〈三階教滅亡芻議〉，中興大學文學院《興大人文學報》第 39 期，2007 年 9 月。

55. 葉珠紅，〈論楊國忠與天寶戰爭〉，《暨大電子雜誌》第 49 期，2007 年 9 月。